Kinder der Rückkehr

kinder de zi leb

Ernst Berger · Ruth Wodak

Kinder der Rückkehr

Geschichte einer
marginalisierten Jugend

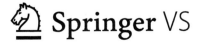

Ernst Berger
Wien, Österreich

Ruth Wodak
Lancaster, Großbritannien

ISBN 978-3-658-20849-3   ISBN 978-3-658-20850-9 (eBook)
https://doi.org/10.1007/978-3-658-20850-9

Die Deutsche Nationalbibliothek verzeichnet diese Publikation in der Deutschen Nationalbibliografie; detaillierte bibliografische Daten sind im Internet über http://dnb.d-nb.de abrufbar.

Springer VS
© Springer Fachmedien Wiesbaden GmbH, ein Teil von Springer Nature 2018
Das Werk einschließlich aller seiner Teile ist urheberrechtlich geschützt. Jede Verwertung, die nicht ausdrücklich vom Urheberrechtsgesetz zugelassen ist, bedarf der vorherigen Zustimmung des Verlags. Das gilt insbesondere für Vervielfältigungen, Bearbeitungen, Übersetzungen, Mikroverfilmungen und die Einspeicherung und Verarbeitung in elektronischen Systemen.
Die Wiedergabe von Gebrauchsnamen, Handelsnamen, Warenbezeichnungen usw. in diesem Werk berechtigt auch ohne besondere Kennzeichnung nicht zu der Annahme, dass solche Namen im Sinne der Warenzeichen- und Markenschutz-Gesetzgebung als frei zu betrachten wären und daher von jedermann benutzt werden dürften.
Der Verlag, die Autoren und die Herausgeber gehen davon aus, dass die Angaben und Informationen in diesem Werk zum Zeitpunkt der Veröffentlichung vollständig und korrekt sind. Weder der Verlag noch die Autoren oder die Herausgeber übernehmen, ausdrücklich oder implizit, Gewähr für den Inhalt des Werkes, etwaige Fehler oder Äußerungen. Der Verlag bleibt im Hinblick auf geografische Zuordnungen und Gebietsbezeichnungen in veröffentlichten Karten und Institutionsadressen neutral.

Titelbild: Butterfly on barb wire © shutterstock
Verantwortlich im Verlag: Frank Schindler

Gedruckt auf säurefreiem und chlorfrei gebleichtem Papier

Springer VS ist ein Imprint der eingetragenen Gesellschaft Springer Fachmedien Wiesbaden GmbH und ist ein Teil von Springer Nature
Die Anschrift der Gesellschaft ist: Abraham-Lincoln-Str. 46, 65189 Wiesbaden, Germany

Für unsere Eltern

Danksagung

Ohne die Unterstützung, Mitarbeit, Geduld und Hilfe unserer Interviewpartner und -partnerinnen wäre dieses Buch niemals entstanden. Insofern sind wir sehr dankbar, dass sich so viele „Kinderjausner" und „Kinderjausnerinnen" sowie auch deren Kinder zur Verfügung gestellt, uns auch persönliche Dokumente überlassen und uns in ihre privaten Erinnerungen Einblicke gestattet haben.

Weiters danken wir dem Zukunftsfonds der Republik Österreich (Projekt-Nr. P11-1017), der Kulturabteilung der Stadt Wien (MA 7 – 5433/11) und der Kahane Foundation für die finanzielle Unterstützung unserer Forschung und unserer Projektpartnerin Dr. Helene Maimann für die Zusammenarbeit. Unsere Interviewerinnen, Dr. Helga Amesberger, Dr. Brigitte Halbmayr und Dr. Verena Krausneker, haben sehr gute Gespräche geführt und Erstverschriftungen gemacht. Außerdem haben Dr. Brigitte Halbmayr und Dr. Markus Rheindorf bei der Interviewauswertung intensiv mitgearbeitet und einige Kapitel mitverfasst. Dr. Georg Hauptfeld hat unser Buchmanuskript genau lektoriert und dadurch wesentlich zur besseren Lesbarkeit beigetragen. Frank Schindler vom Springer-Verlag hat von Anbegin unser Buch sehr unterstützt und uns mit vielen guten Hinweisen weitergeholfen, Magistra Monika Mülhausen entwarf ein ansprechendes Cover und begleitete uns schnell und effizient durch die vielen Etappen der Buchproduktion.

Auch bei unseren Familien wollen wir uns bedanken, bei Margit, Katja, Georg und Jakob, die sich über fünf Jahre das typische Auf und Ab einer Projektarbeit anhören mussten und uns bei allfälligen Schwierigkeiten und Krisen immer zu Seite gestanden sind.

Ernst Berger
Ruth Wodak

Wien, Jänner 2018

Inhalt

1 **Prolog. Gedanken über Rückkehr** 1
   Hazel Rosenstrauch

2 **„Warum sind sie zurückgekommen?":**
   Unsere Forschungsinteressen und interdisziplinären Zugänge 7
   Ruth Wodak und Ernst Berger
   2.1 Es beginnt in einem Wiener Kaffeehaus 7
   2.2 Zum interdisziplinären Forschungsprozess 11
   2.3 Die „Kinderjause" 13
   2.4 Die Eltern/die erste Generation 14
   2.5 Die Kinderjause-Gruppe/die zweite Generation 15
   2.6 Die Kinder/dritte Generation 18
   2.7 Was nun folgt: Kurzer Überblick 19

3 **Die „Kinderjause" und ihr Hintergrund** 23
   Ernst Berger
   3.1 Zurück in Österreich 23
   3.2 Sozialisationsinstanzen 29
   3.3 Kulturkanon 35
   3.4 Die „Freie Österreichische Jugend" (FÖJ) 38
   3.5 Krisen, Abkehr und Ausschluss 42
   3.6 Die Rückkehrer und der Kalte Krieg 43
   3.7 Die Weltfestspiele der Jugend und Studenten in Wien 45
   3.8 Die Stubenbastei, die Borodajkewycz-Affäre, das Jahr 1968
       und die Folgen 50

4 Theoretischer Hintergrund ... 59
4.1 Einige Überlegungen zum Konzept der „Marginalisierung" ... 59
Ruth Wodak und Ernst Berger
- 4.1.1 Begriffsklärungen ... 59
- 4.1.2 Marginalisierung – subjektiv und objektiv ... 62
- 4.1.3 „Vom Rand in die Mitte" ... 64
- 4.1.4 Das Erleben von Ausgrenzung ... 66

4.2 Haltungen, Überzeugungen und transgenerationale Aufträge ... 69
Ernst Berger

4.3 Resilienz und Trauma ... 74
Ernst Berger
- 4.3.1 Widerstandsfähigkeit/Resilienz ... 75
- 4.3.2 Transgenerationale Traumata ... 77
- 4.3.3 Andere Kriegskinder ... 82
- 4.3.4 Kinder der Rückkehr/Belastungsfaktoren ... 84

4.4 „Tränenthemen" ... 88
Ernst Berger und Ruth Wodak

4.5 Individuelle und kollektive Erinnerung/en – die diskursive Konstruktion von Geschichte ... 94
Ruth Wodak, Ernst Berger und Markus Rheindorf
- 4.5.1 Lebensgeschichten, Erinnerungen und ihre Repräsentation ... 94
- 4.5.2 Erfahrung, Erinnerung und Authentizität ... 98
- 4.5.3 Erinnerungsvermittlung ... 101
- 4.5.4 Vier Modelle der Bewältigung traumatischer Vergangenheit/en ... 103
- 4.5.5 Geschichte und Geschichten: Erzähltheoretische Perspektiven auf erzählte Erinnerungen ... 104

5 Methodisches Vorgehen ... 107
Ernst Berger, Markus Rheindorf und Ruth Wodak
5.1 Zurück zu den Forschungsfragen ... 107
5.2 Ein ethnografisches Projekt ... 109
5.3 Die Interviewerhebung ... 109
5.4 Perspektiven der (psychotherapeutisch orientierten) Biografie- und Entwicklungsforschung ... 111
Ernst Berger und Brigitte Halbmayr
- 5.4.1 Qualitative Inhaltsanalyse ... 111
- 5.4.2 Nachbarbereiche einschlägiger Forschung ... 112

5.5	Sprachwissenschaftliche Perspektive		114
	Markus Rheindorf und Ruth Wodak		
	5.5.1	Themenzentriertes Forschungsdesign	114
	5.5.2	Die Erzählsituation	117
	5.5.3	Raum, Zeit und Erzählstrukturen	119
	5.5.4	Die handelnden Personen	124
	5.5.5	Die Verknüpfung der handelnden Personen	125

6 Die Kinderjause-Gruppe im Spiegel der Interviews 131
   6.1 Wie sie wurden, die sie sind 131
      Ernst Berger und Brigitte Halbmayr
      6.1.1 Entwicklung von Persönlichkeit und Identität 131
      6.1.2 Kindheit 137
      6.1.3 Jugend 145
      6.1.4 Familien, Erziehungsstil 150
      6.1.5 Bildung 153
      6.1.6 Überzeugungen und Aufträge 154
      6.1.7 Elternbilder 158
      6.1.8 Peergroup, Jugendkultur 159
      6.1.9 Adoleszenz-Konflikte 161
      6.1.10 Familienromane/Narrative 163
      6.1.11 Belastungen und protektive Faktoren in den Interviews 166
      6.1.12 Wer war ich, wer bin ich, wer möchte ich sein – Selbstbild heute 170
   6.2 Die Kinderjausner erzählen: sprachwissenschaftliche Analysen ... 178
      Markus Rheindorf und Ruth Wodak
      6.2.1 Das „Ich" in den Erzählungen 178
      6.2.2 Der Erzählschleier 184
      6.2.3 Zeitlose Orte 187
      6.2.4 Familienmythen und „berühmte Geschichten" 192
      6.2.5 Die handelnden Personen – Protagonisten in den Erzählungen 196

7 Fallstudien 209
   7.1 Lili Kolisch 209
      Ernst Berger
   7.2 Bert Fragner 219
      Ruth Wodak
      7.2.1 Ein „austromarxistisches Produkt" 219

		7.2.2	Die Eltern	221
		7.2.3	Der weitere Weg	225
		7.2.4	Zentrale Erinnerungen	227
	7.3	\multicolumn{2}{l}{Georg Herrnstadt, Leon Herrnstadt, Joel Herrnstadt}	233

    7.3 Georg Herrnstadt, Leon Herrnstadt, Joel Herrnstadt 233
        Ruth Wodak
        7.3.1 Lebensweg, Berufswahl und Ausbildung 233
        7.3.2 Der Blick in die Vergangenheit 238
        7.3.3 Erinnerungen und Emotionen 245
        7.3.4 Auftrag 247
        7.3.5 Die Söhne: Leon und Joel Herrnstadt 248
    7.4 Familie Friedler 256
        Ernst Berger
    7.5 Zwei Kommunistenkinder 273
        Ernst Berger

8 Die dritte Generation 283
    Ernst Berger
    8.1 Das Wissen über die Geschichte der Großeltern 286
    8.2 Die individuelle Bedeutung der Zwei-Generationen-Geschichte ... 289
    8.3 Prägung des (kindlichen) Lebensumfeldes 292
    8.4 Vermittlung von Haltungen und Bedeutung für die Gestaltung
        des eigenen Lebens 292
    8.5 Marginalisierung und Reaktion des Umfeldes auf die
        Großeltern-Biografie 294
    8.6 Persönlicher Bezug zum Judentum 295
    8.7 Parallele und diskrepante Elternbiografien 297
    8.8 Weitergabe an die nächste Generation 299

9 Vom Rand in die Mitte? 301
    Ruth Wodak und Ernst Berger

10 Literatur 309

11 Epilog – Zwei Nachrufe 319

12 Interviewleitfäden 327

Prolog
Gedanken über Rückkehr[1]

Hazel Rosenstrauch

Mein Vater ist so schnell wie möglich, bereits Ende April 1946 von England nach Wien übersiedelt. Das war gar nicht so einfach. Man brauchte damals (soviel ich weiß) sowohl eine Ausreisegenehmigung der englischen Behörden wie Papiere für die Einreise in das eben erst wieder gegründete Land, das nun nicht mehr zum Tausendjährigen Reich gehörte. Für ihn wie für all jene, die sich als „politische Flüchtlinge" sahen, die ins Exil gegangen sind, nicht in die Emigration, war diese Rückkehr selbstverständlich. Sie wollten das demokratische (oder vielleicht doch sozialistische) Österreich aufbauen und dachten im fernen England sogar, man würde sie brauchen. Und, wie er später in Gesprächen oft betonte: Sie waren jung und trauten sich alles zu.

Der Unterschied zwischen politisch und rassisch verfolgt war wichtig, auch wenn die meisten „Politischen" nach Definition der Nürnberger Gesetze jüdisch waren. Im heutigen Jargon würde man sagen: Die Politischen bezogen ihre Identität aus ihrer politischen Tätigkeit, sie waren aktiv – im Widerstand, im Gastland oder auch im KZ. Sie wussten, warum sie verfolgt wurden, und versuchten, den Zufall ihrer jüdischen Herkunft zu ignorieren. Nicht selten mit haarsträubender Naivität und tödlichen Folgen. (Mein Vater war vor dem Einmarsch der Nazis Leiter des kommunistischen Jugendverbands im 9. Bezirk. Heute versteht das kaum jemand mehr, aber nach 1934 gab es gute Gründe, warum so viele junge Juden von der Schul zur KP überliefen … aber das ist ein andres Thema.)

Der Konflikt zog sich durch meine Kindheit in den 50er- und frühen 60er-Jahren. Meine Eltern, Jahrgang 1918 (er) und 1922 (sie) hatten sich im Austrian Centre in London kennengelernt, im Wien des Ständestaats war mein Vater wegen Flugblät-

---

[1] Vortrag bei der Veranstaltung zum Theodor Kramer-Preis im Psychosozialen Zentrum ESRA, Wien, 10. September 2015, erste Publikation in: Zwischenwelt. Zeitschrift für Kultur des Exils und Widerstands, hg. von der Theodor Kramer Gesellschaft, Wien 2015.

© Springer Fachmedien Wiesbaden GmbH, ein Teil von Springer Nature 2018
E. Berger und R. Wodak, *Kinder der Rückkehr*,
https://doi.org/10.1007/978-3-658-20850-9_1

tern, die bei einer Hausdurchsuchung gefunden wurden, im Gefängnis gesessen. In späteren Erzählungen wurde das romantisch überhöht, ein Abenteuer. Es führte immerhin dazu, dass er gewarnt war und rechtzeitig floh, über die grüne Grenze in die Tschechoslowakei, die damals sehr großzügig Flüchtlinge aufnahm.

Für meine Mutter war es überhaupt nicht selbstverständlich, nach Wien „zurück"zugehen. Sie erinnerte sich nicht an heldenhafte politische Aktionen, sondern an Erniedrigung, Beschimpfungen, das für sie unverständliche, plötzlich veränderte Verhalten von Mitschülerinnen, Lehrern und Nachbarn. Sie war mit einem Kindertransport nach England entkommen, rassisch verfolgt. Auch sie war jung, am Kriegsende knapp 23. Und: Sie hatte, als die Frage der Rückkehr zur Debatte stand, zwei kleine Kinder, 1942 und 1945 geboren. Es waren zwar auch seine Kinder, aber für politische Aktivisten, zumal Kommunisten, war das zweitrangig, die Weltveränderung war wichtiger. Sie folgte ihrem Mann im Herbst 1946 nach, ihre Reise war mühsam, Züge gingen nicht, sie blieb sechs Tage in Paris hängen, und wartete dort mit ihren zwei kleinen Kindern auf die Papiere. Übernachtung im Stundenhotel mit Wanzen gehört zu den Familienerzählungen. Auch dass ich – knapp eineinhalb – am Bett angebunden wurde, wenn sie zu den Behörden musste. Meine Schwester erzählt solche Geschichten, auch dass sie, damals noch keine fünf, auf mich aufpassen musste. Mein Vater holte uns mit einer Pferdekutsche vom noch zerstörten Wiener Westbahnhof ab. Wohnung hatte er noch nicht gefunden, wir kamen erst einmal – zu viert – im Kabinett eines Bekannten unter.

In London lebte man nach dem Krieg auch nicht üppig, aber mit zwei kleinen Kindern 1946 nach Wien zu fahren, klingt in meinen Ohren – im Nachhinein – verrückt. Die Emigranten, zumal die jüdischen, waren bekanntlich in Österreich nicht willkommen, sie wurden mit einer über den Verlust ihres Führers unglücklichen Bevölkerung konfrontiert; Essen war schwer beschaffbar, Arbeit und Unterkunft ein riesiges Problem für eine vierköpfige Familie, die sieben Jahre weg gewesen war und keine Verwandten mehr hatte. Wenn ich mir vorstelle, dass es damals weder Plastikwindeln noch Waschmaschinen gegeben hat, ersterbe ich vor Bewunderung für diesen Idealismus bzw. diese Verzweiflungstat.

Ich glaube ja nicht, dass mein Vater seine Frau gefragt hat, ob sie mitkommen will. Wahrscheinlich hat er gesagt, sie müsse wissen, was sie will. War es Überzeugung, war es Liebe oder Illusion, als sie ihm nachreiste? „Sie hat sich gefügt", was hätte sie auch tun sollen? Hätte sie als Kuchenverkäuferin oder Putzmamsell allein mit den Kindern in London bleiben sollen, wo ja auch nicht alle Zuwanderern und Juden gegenüber freundlich gesinnt waren? Für sie war die Erinnerung an das Wien ab 1938 viel traumatischer als für meinen Vater, der als Kämpfer und Aktivist für alles eine vernünftige Erklärung hatte. Soviel ich weiß, hat sich die Familie bei der jüdischen Gemeinde registrieren lassen; man kam nur so an die nötigen Hilfen für die erste Zeit. Ob sie aus der Kultusgemeinde ausgetreten sind oder ausgetreten wurden, weil die jüdische Gemeinde an diesen unjüdischen Rückkehrern nicht interessiert war, lässt sich nicht mehr rekonstruieren.

Es gab auch unter denen, die überlebt haben, viele unterschiedliche Arten, jüdisch zu sein. Um aus einem Interview zu zitieren, das ich für eines meiner Bücher gemacht habe: Die Einzigen, die wussten, was ein Jude ist, waren die Nazis – die es im Nachkriegsösterreich noch reichlich gab. Sie erkannten noch Juden, auch kleine im Exil geborene Jüdinnen, an ihrem Namen und Ponim und behandelten mich so, wie sie es von ihren Eltern gelernt hatten.

Das unterschiedliche Selbstverständnis der Rückkehrer hat sich auf die Wahrnehmung und auf die Erzählungen ausgewirkt, die später aus diesen Erlebnissen gemacht wurden. Mein Vater, der sich (zumindest bis ins hohe Alter, als er dann doch wieder in die Jüdische Gemeinde eintrat) nicht als „Jude" sah, betonte immer wieder, er habe keine Diskriminierung im Nachkriegsösterreich erlebt. Meine Mutter erzählte von den ehemaligen Nachbarn, auf deren Schreibtisch sie den Briefbeschwerer ihres – inzwischen ermordeten – Vaters sah, von ehemaligen Nazis als Professoren an der Universität und von Genossen, die aus ihrem antisemitischen Herzen keine Mördergrube machten. *Er* fühlte sich gebraucht, *sie* fühlte sich keineswegs willkommen.

Gesprochen haben wir über derlei Dinge erst sehr spät, als ich mich im Gefolge der Studentenbewegung dafür zu interessieren begann und es auch in Österreich Diskussionen und Veranstaltungen gab, die Nachfragen provozierten.

Seit ich diese Zusammenhänge von Erinnerung und Selbstbild kenne, schwanke ich zwischen Empathie und Misstrauen, wenn ich Geschichten über Erlebnisse aus der Nachkriegszeit höre und lese. Das trifft auch für meine eigenen Erinnerungen zu, z. B. an lustig gemeinte antisemitische Äußerungen und meine, wie ich mir einbilde, selbstbewussten Reaktionen darauf. In diesem Punkt bin ich froh, dass mein Vater mehr Einfluss auf mich hatte als die viel verletzlichere Mutter. Er hat uns gelehrt, man müsse klüger sein als die verhetzten Überbleibsel einer vergangenen Zeit, ich soll diese Leute aufklären, lernen, mit gutem Beispiel vorangehen. *Sie* hat, wenn ich nachfragte, schnell geweint.

Wäre diese sogenannt „erste Generation" empfindsamer gewesen und schon nach ihrer Rückkehr so erinnerungsfreudig, wie das erst Ende der 1980er-Jahre möglich und nach und nach sogar erwünscht war, hätten sie es wahrscheinlich in Österreich gar nicht ausgehalten. Der manchmal anstrengende Blick nach vorn samt ideologisch unterfüttertem Zukunftsglauben dieser Remigranten war, denke ich, ein Überlebensmittel. Eine Betreuung für Traumatisierte gab es damals noch nicht.

Anlässlich dieser Veranstaltung und an Theodor Kramer denkend, sinniere ich über die Frage, was aus mir und andererseits aus Österreich geworden wäre, wenn all diejenigen, die man jetzt Remigranten nennt, *nicht* zurückgekommen wären. Ich fange dort an, wo inzwischen viel Tinte oder Druckerschwärze drübergeflossen ist. Österreich ohne Remigranten. Es wäre vermutlich noch rassistischer und autoritärer, als es bis weit in die 1980er-Jahre war. Was ich immer dann gerne betone, wenn meine deutschen Freunde mit nackigem Finger auf das unaufgeklärte Österreich zeigen: Alle, die sich – angeregt von amerikanischen, deutschen, skandinavischen Aufbrüchen (ob politisch, in der Musik, im Geschlechtsleben oder auch nur lesend) – für die jüngste Vergangenheit interessierten, sind über kurz oder lang auf einen von diesen assimilierten linken Remigranten gestoßen, die häufig jüdisch waren, aber weder den antisemitischen noch den philosemitischen Klischees entsprachen. Emanzipierte Frauen, unreligiöse Juden, Nicht-Nazis ... also aufrechte Menschen ihrer Elterngeneration, die in der sogenannt „normalen" Bevölkerung schwer zu finden waren. Auch wenn viele der linken Remigranten bis 1956 und manche bis 1968 auf dem linken Auge blind waren, Rassisten waren sie nicht. Selbst wenn sie von der Nazizeit sprachen, taten sie das oft mit jenem speziellen Humor, von dem ich nicht weiß, ob er jüdisch oder altkommunistisch ist. Sie waren gegen Nazi-Professoren wie Borodajkewycz,[2] haben gegen asoziale Mietrechtsgesetze protestiert (ich erinnere mich an das Transparent, das mein Vater, waghalsig aus den Fenstern hängend, quer über unser Wohnhaus gespannt hat), allerdings auch *für* den Sozialismus in Ungarn. Sie haben Elternvereine gegründet, sind gegen prügelnde Lehrer eingeschritten und haben dann durch ihre Kinder, aus denen Ärzte, Journalistinnen, Künstlerinnen, Lehrer und sonstwie bedeutende Persönlichkeiten wurden, weit mehr Einfluss gehabt, als ihnen statistisch entsprechen würde. Ohne Remigranten hätte es auch keine Regierung Kreisky mit all ihren Reformen und Projekten gegeben (zu denen, wie ich neulich erfuhr, auch die allseits beliebte Donauinsel gehört).

Wenn ich darüber nachdenke, was aus mir geworden wäre, falls wir in England geblieben wären, so denke ich daran, dass meine Eltern dort ja Gastarbeiter waren ... (wiewohl es mein tüchtiger Vater als Arbeiter in einer Metallwarenfabrik zum Betriebsratsobmann gebracht hat). Meine Mutter, die nach vielen – mehr und weniger grauslichen – Jobs im Austrian Centre Kuchen verkaufte, hätte vermutlich nicht studieren können. Wir Kinder wären wohl, wie die Cousins und Cousinen,

---

2 Die „Borodajkewycz-Affäre" 1965: Eine Vorlesungsmitschrift des späteren Finanzministers Ferdinand Lacina hatte die antisemitischen Äußerungen des Universitätsprofessors Taras Borodajkewycz an der damaligen Hochschule für Welthandel publik gemacht. Siehe Kapitel 3.

die in England, USA und Israel aufgewachsen sind, gewöhnliche kleinbürgerliche Hausfrauen geworden. Wir hätten uns vielleicht manche „Identitätskonflikte" und Therapien erspart – und die Auseinandersetzungen, die ich mit antisemitischen Linken und philosemitischen Kindern von Nazis erlebt habe, wären mir entgangen (und es wäre manches Buch, das Folge der Konflikte und Projektionen ist, die ich mit meinem „schönen jüdischen Namen" erlebt habe, nicht entstanden).

Komischerweise liebe ich England, wo ich geboren wurde, samt Muff der inzwischen elektrifizierten Kamine und geblümten Polstermöbel. Mein Leben wäre vielleicht ruhiger, bequemer, womöglich „netter" geworden – und mir wäre vieles entgangen. Insofern ist mein Verhältnis zu dieser Rückkehr ambivalent – und Ambivalenz ist eines meiner Lebensthemen geworden.

Die Welt ist nicht mehr so eindeutig, wie sie im Kalten Krieg schien, es gibt so viele Optionen, kaum je nur *eine* richtige Antwort und die Situationen ändern sich ständig. Die Probleme des 21. Jahrhunderts lassen sich nicht bewältigen, wenn die identitätssuchenden Österreicher, Deutschen, Engländer, Dänen, Italiener, Griechen oder auch Türken und Syrer nicht lernen, mit Ambivalenzen umzugehen, Widersprüche auszuhalten und pragmatische Lösungen zu finden.

Ich wollte mit einem Hohelied auf ein Jonglieren zwischen englischem Common Sense und österreichischem „sowohl entweder als auch oder" schließen ... und dann habe ich mit einem Wiener Freund telefoniert, der mir von den rassistischen, antidemokratischen Parolen gut gekleideter Politiker (auch Politikerinnen) erzählt hat, die Verunsicherungen für sich und ihre Karriere ausnutzen. In solchen Fällen bin ich für Eindeutigkeit.

„Warum sind sie zurückgekommen?": Unsere Forschungsinteressen und interdisziplinären Zugänge

Ruth Wodak und Ernst Berger

2.1 Es beginnt in einem Wiener Kaffeehaus

In Wien beginnt vieles im Kaffeehaus – so nahmen auch die ersten Ideen und Pläne zu einem einzigartigen Projekt ihren Anfang. Ernst Berger und Ruth Wodak trafen einander im Herbst 2011 im bekannten Wiener Café Bräunerhof und überlegten gemeinsam, wie sie eine Gruppe, die sich selbst als „Kinderjause" bezeichnet, und deren Lebensgeschichten bzw. die erinnerten Geschichten ihrer Eltern systematisch erfassen könnten. Es geht um Kinder von Eltern, die die Zeit des Nationalsozialismus als Kommunisten bzw. revolutionäre Sozialisten im Exil, auf der Flucht, im Widerstand, im Untergrund, in den Armeen der Alliierten kämpfend, in den Gefängnissen der Gestapo eingesperrt oder deportiert und interniert im KZ überlebt hatten. Diese Gruppe von nun ca. 60- bis 75-Jährigen trifft sich seit 2001 regelmäßig jedes zweite Jahr (und seit 2016 jährlich). Sie bilden kein Netzwerk, das sich etwa genaue Ziele und Funktionen vorgegeben hätte. Es geht vielmehr darum, sich auszutauschen und einander weiter als FreundInnen bzw. Bekannte zu begleiten. Doch diese Gruppe verbinden recht ähnliche Erfahrungen, oft von frühester Kindheit an, im Nachkriegsösterreich, wo die rückkehrenden Eltern – allesamt Opfer des Nationalsozialismus – vielfach nicht willkommen waren. Einzelheiten dazu jedoch später (vgl. Kapitel 3).

Auch wir, die beiden Herausgeber dieses Buches, gehören zu dieser Gruppe. Die Eltern von Ernst Berger und Ruth Wodak hatten ebenfalls Austrofaschismus und Nationalsozialismus mit großen persönlichen Verlusten und großem Leid überlebt. Als Kommunist wurde Ernsts Vater nach seiner Beteiligung an den Kämpfen des Februar 1934 und bei den Interbrigaden in Spanien sechs Jahre im KZ inhaftiert. Seine Mutter wurde als Mitglied einer Gruppe des Kommunistischen Jugendverbandes in Ottakring verhaftet und wegen Beihilfe zum Hochverrat angeklagt.

Ruths Vater, anfangs Revolutionärer Sozialist und später Kommunist, beteiligte sich ebenfalls an den Februarkämpfen 1934 und wirkte dann im Untergrund. Ihm gelang mithilfe der internationalen Gewerkschaftsbewegung eine abenteuerliche Flucht nach England. Wegen des Hitler-Stalin-Pakts 1939 kehrte er der Kommunistischen Partei umgehend den Rücken und trat der Sozialdemokratischen Partei bei, der er auch vor 1934 angehört hatte. Im Exil lernte er seine Frau kennen, Erna Mandel, Tochter eines Wiener Rabbiners aus dem 10. Wiener Gemeindebezirk, die als junge Chemiestudentin mithilfe eines Affidavits nach England flüchten konnte. Nach Kriegsende 1945 kehrten beide Elternpaare nach Wien zurück.

Seither wurden wir immer wieder mit der Frage konfrontiert: „Warum sind Eure Eltern zurückgekehrt?" Viele Menschen, vor allem im Ausland, können nicht verstehen, warum Vertriebene, Gefolterte, Gedemütigte und Inhaftierte, Ausgeschlossene und Marginalisierte in jenes Land zurückkehren wollten, in dem sie so viel Leid erfahren haben. Schließlich hatten sie alles verloren, viele Lebenswege und Berufschancen waren ihnen verwehrt worden, und Tätern und Täterinnen begegnete man weiterhin im Beruf, bei den Behörden oder auf der Straße.

An jenem Nachmittag im Kaffeehaus begannen wir ausführlich darüber zu diskutieren, wie die Eltern ihren Kindern ihre Erlebnisse und Entscheidungen vermittelt hatten. Was hatten sie überhaupt erzählt, über die Zeiten des nationalsozialistischen Terrors und des Widerstands? Wie hatten sie den Kindern ihre Rückkehr erklärt? Welche Ziele verfolgten die Eltern, welche Visionen und Werte hatten sie; und haben sie diese weitervermittelt, explizit oder implizit? Wie gingen sie mit dem Schweigen und Leugnen von Kriegsverbrechen im offiziellen Österreich um? Und wie erlebten die Kinder die nicht selten dogmatischen Einstellungen und Ideologien ihrer Eltern – angesichts des Kalten Krieges, des Aufdeckens stalinistischer Verbrechen, der Krisen in Osteuropa und der demokratischen Neuerfindung der österreichischen Republik?

Auf viele Fragen hatten wir damals, im Jahr 2011, nur spekulative Antworten. Wir beschlossen daher, ein Forschungsprojekt zu planen und beim Zukunftsfonds einzureichen. Wir wollten zumindest eine Stichprobe aus den circa 200 uns bekannten Gruppenmitgliedern zu den oben aufgelisteten Fragen interviewen, und zwar sowohl in halb standardisierten Interviews wie auch mithilfe von Tiefeninterviews. Im Laufe vieler darauffolgender Gespräche beschlossen wir darüber hinaus, einige Kinder der Kinder, also Enkelkinder der Eltern zu befragen, um auf diese Weise etwaige Familiengeschichten und Familiengeheimnisse aufzuspüren; denn uns war damals schon klar, dass den Enkeln manchmal mehr erzählt wurde als den eigenen Kindern. Ziel war schließlich nicht eine Reise in unsere eigene, individuelle Vergangenheit und unsere eigenen Erinnerungen, sondern das Aufspüren kollektiver Muster von erinnerten Lebensgeschichten und Entscheidungsprozessen.

2.1 Es beginnt in einem Wiener Kaffeehaus

Außerdem interessierte uns, wie und warum es der zunächst doch isolierten, ja sogar marginalisierten Gruppe von Kindern kommunistischer Rückkehrer gelang, sich in der österreichischen Nachkriegsgesellschaft „vom Rand in die Mitte" zu bewegen, sowohl beruflich wie auch in ihren privaten Beziehungen und Lebensverhältnissen. Mussten sie dabei viele Kompromisse schließen? Übernahmen sie die meist implizit, oft aber auch explizit vermittelten Werte und Haltungen der Eltern, sich für ein „Nie wieder" einzusetzen und für eine „bessere, neue Welt" zu kämpfen? Und wie sehr empfinden sie die schwierige, leidvolle wie kämpferische Geschichte ihrer Eltern als Herausforderung, als nachzuahmendes Modell oder als Belastung?

Das Leben der InterviewpartnerInnen war unmittelbar mit dem größten Drama des 20. Jahrhunderts verknüpft, mit NS-Herrschaft und Shoah sowie der nachfolgenden Entwicklung: Das Interesse daran, diese Schicksale nachzuvollziehen und zu verstehen, war wohl das zentrale Motiv für unser Vorhaben.

Wissen wir nun, warum unsere Eltern zurückgekommen sind? Können wir die vielen Fragen beantworten, die uns zu Beginn und während der Forschungsarbeit beschäftigten? Zweifellos haben wir jetzt viel mehr Informationen, können einige wichtige Muster erkennen, die die meisten erzählten Lebensgeschichten prägen, und zumindest relevante Tendenzen und Zusammenhänge feststellen. Dennoch – dies muss betont werden – verbleibt jede Lebensgeschichte individuell, von vielen bewussten und unbewussten Faktoren beeinflusst. Insofern müssen wir mit Generalisierungen und Interpretationen vorsichtig umgehen.

Jedenfalls: Unsere Forschungen, die wir detailliert und jeweils anhand bestimmter Interviewausschnitte illustriert in diesem Buch vorstellen, brachten einige durchaus überraschende, relevante Ergebnisse zutage.

Erstens zeigt sich, dass die meisten GesprächspartnerInnen nur wenige Einzelheiten über die Flucht bzw. Gefangenschaften ihrer Eltern kannten. Sie hatten auch selten genau nachgefragt. Wenn überhaupt, waren es eher die Töchter, die genauer recherchierten. Die Vergangenheiten blieben vielfach lange Zeit begraben und verdeckt, wie unter einem alle Erinnerungen bedeckenden Schleier. Dieses einzigartige Phänomen bezeichnen wir im Weiteren als *„Erzählschleier"*, er manifestiert sich in vielen Diskurselementen und Erzählstrukturen (vgl. Kapitel 6.2).

Erzählungen über Flucht, Vertreibung, Exil und Haft sind vor allem durch Orte, nicht aber über genauere Zeitangaben erinnert. Dieses Ergebnis deckt sich mit anderen Studien zu Flucht und Exil (in anderen Erdteilen und gesellschaftspolitischen Situationen). *„Zeitlose Orte"* scheinen für Fluchtbewegungen und Überlebenskämpfe charakteristisch zu sein.

Zweitens weisen die meisten Interviewten eine erstaunliche *Resilienz* auf. Trotz großer Rucksäcke, voll von Leid, Angst, Kampf, Verlust, Visionen, Aufträgen, politischen Prinzipien und vielen anderen Werten und Gefühlen, die sie von ihren

Eltern mitbekommen hatten und weitertragen mussten und wollten, schlugen sie kreative Lebenswege ein, erkämpften sich interessante berufliche Perspektiven und ließen sich durch manche Ausgrenzungen und Diskriminierungen von ihren eigenen Zielen nicht abhalten (vgl. Kapitel 6.1).

Ein Phänomen überraschte uns besonders: Viele haben eine „Achillesferse", eine Erinnerung, die – immer wieder fast wortgleich erzählt – mit großer Emotionalisierung, mit Weinen und stockendem Erzählen verbunden war. Dies sind die sogenannten „*Tränenthemen*", bestimmte szenische Erinnerungen, in denen sich das besonders Leidvolle und Furchterregende der Nazizeit verdichtet. Selbst die rationalsten InterviewpartnerInnen wurden an einer jeweils spezifischen Stelle ihrer Erzählungen von Emotionen übermannt. Dieses Tränenthema und die zugehörige Erinnerung sind – so glauben wir – abgespalten. Sie tauchen nur bei bestimmten Anlässen auf, ohne sich anzukündigen. Dieses Ergebnis könnte für viele Sozialarbeiter und Therapeuten, für alle Experten, die mit Geflüchteten arbeiten, relevant sein. Denn hier ergibt sich ein Anknüpfungspunkt, um abgespaltene traumatische Gefühle und Erinnerungen sinnvoll zu bearbeiten.

Die Kinder der Rückkehr haben im Laufe ihrer einzigartigen Biografien allesamt von ihren Eltern klare politische und moralische Haltungen mitbekommen, teilweise explizit, teilweise implizit. Dies hat uns nicht so sehr überrascht wie die Tatsache, dass mit diesen Werten – sich für ein „Nie wieder" und eine bessere Welt einzusetzen – sehr unterschiedlich umgegangen wurde und wird – auch unter den Enkeln der Rückgekehrten. Die Kinder wählten kreative, soziale, therapeutische und intellektuelle Berufe, wurden aber auch Geschäftsleute, Angestellte und Beamte; kaum einer oder eine blieb nach der Studienzeit in der offiziellen Politik. Mit zwei Ausnahmen verließen auch alle die politische Heimat ihrer Eltern. So sind sie alle „*in der Mitte der Gesellschaft*" gelandet, was ihre Berufswahl und ihren Lebensstandard betrifft. Eine kritisch-linke, politische Positionierung behielten jedoch alle bei.

Die heutige Beziehung der Kinder zu ihren politischen Wurzeln ist durch *Ambivalenz* gekennzeichnet: Es gibt einerseits viel Verständnis für den antifaschistischen Kampf ihrer Eltern, andererseits zeitweise auch großes Unverständnis für parteiinterne Dogmatik. Daher sind die Interviews von Nähe und Distanz charakterisiert, oft auch widersprüchlich, sie schwanken zwischen Heldenverehrung und Ablehnung. Insofern erlebten die Kinder der Rückkehr meist eine andere Adoleszenz als ihre Altersgenossen in Österreich (vgl. Kapitel 6.1).

2.2 Zum interdisziplinären Forschungsprozess

Im Zuge der genaueren Planung luden wir die Zeithistorikerin Dr. Helene Maimann, ebenfalls Mitglied der Kinderjause, in unser Projekt ein. Uns war klar, dass wir eine differenzierte historische Perspektive benötigten, um die Erzählungen besser in einen gesellschaftspolitischen Zusammenhang einbetten zu können. Das Projekt wurde bewilligt, und nach fünf Jahren gaben wir im Sommer 2016 einen gemeinsamen Bericht ab. Daraus ist unter anderem das vorliegende Buch entstanden, das sich vor allem der Interviewanalyse aus diskurshistorischer, erzähllinguistischer und psychotherapeutischer Sicht widmet. Die Teilergebnisse des Projekts wurden bereits bei verschiedenen Tagungen vorgestellt (Österreichische Gesellschaft für Exilforschung März 2013; beim Georgetown Roundtable, Washington, DC, 2015; Werkstattgespräch Zukunftsfonds April 2015; Rheindorf, Wodak 2017).

Besonders wichtig war uns, den eigenen Forschungsprozess kontinuierlich zu reflektieren, um für die Textanalysen genügend Distanz aufzubringen – in stetem Dialog miteinander und im Feedback unserer MitarbeiterInnen und InterviewpartnerInnen. Als Teil der Kinderjause schreiben wir – mithilfe anderer – manche Teile unserer eigenen Geschichte. Das ist selbstverständlich ein genuines Forschungsmotiv, aber ist es forschungsmethodisch auch legitim? Wir glauben ja: Man könnte diese Perspektive als eine spezifische Form von teilnehmender Beobachtung verstehen. Damit geht es vor allem um Fragen der Balance zwischen Nähe und Distanz: Haben wir als ForscherInnen die erforderliche Distanz zu unserem Forschungsgegenstand? Mit welchem persönlichen Interpretationsrahmen treten wir an die Analyse des Materials heran? Verengt und verzerrt die persönliche Involvierung in die zu analysierenden Biografien den analytisch-wissenschaftlichen Blick?

Diese Fragen sind zweifellos berechtigt und können nicht vorschnell vom Tisch gewischt werden. Deutlich wird aber auch, dass potenziellen methodischen Gefahren erhebliche Vorteile des Erkenntnisgewinns gegenüberstehen.[3] Da ist vor allem der unmittelbare Einblick in die komplexen biografischen und historischen Zusammenhänge dieser Gruppe. Andere ForscherInnen bräuchten einen aufwendigen Vorlaufprozess und kämen bei manchen Aspekten auch gar nicht ans Ziel. Denn die Bereitschaft der InterviewpartnerInnen, über oft schwierige Details ihrer

---

3   Ruth Wodak zählt allerdings nicht zur engen Gruppe der Kinderjause, da ihre Eltern nach 1945 der Sozialdemokratischen Partei angehörten. Sie wurde aufgrund persönlicher Beziehungen zur „Kinderjause" mitgenommen, brachte aber keine eigenen Erfahrungen aus dem KP-Milieu der Nachkriegsjahre zur Projektarbeit mit. Auch Ernst Berger und Helene Maimann – beide der engen Gruppe der Kinderjause zugehörig – hatten sehr unterschiedliche Kindheitserlebnisse, innerhalb und außerhalb der KP-Jugendorganisationen.

Lebensgeschichte zu sprechen, hängt in hohem Maße vom Vertrauen ab, dass diese Informationen in den richtigen historischen Zusammenhang gestellt und nicht missbräuchlich verwendet werden. Manche Lebensgeschichten enthalten Details aus Perioden, in denen die Gesprächspartner von der Staatspolizei überwacht wurden. Es geht um KZ-Haft und Flucht und vor allem um die Verankerung in einer politischen Bewegung – der Kommunistischen Partei (und anderen linken Bewegungen, wie den Revolutionären Sozialisten) –, die im heute dominierenden Geschichtsbild fast ausschließlich negativ konnotiert ist. Die Sorge um missverständliche Interpretation ist also durchaus nachvollziehbar. Selbstverständlich wurden alle Interviewten um ihr Einverständnis zur Nennung und zur Publikation bestimmter Auszüge aus den Interviews ersucht; die Fallgeschichten wurden von den Betroffenen genau geprüft und freigegeben. Wenn wir einzelne, kurze Interviewpassagen illustrativ zitieren, dann wurden diese anonymisiert. Bei längeren Passagen, bei denen ein etwaiges Erkennen der Interviewten unter Umständen möglich ist, ersuchten wir schriftlich um Freigabe und Erlaubnis der Namensnennung.

Ein zweiter Vorteil ergibt sich aus dem Team selbst: Unsere interdisziplinären Zugänge und die Tatsache, dass alle Texte von mehreren ForscherInnen analysiert und interpretiert wurden, ergaben einen aufwendigen Diskussionszusammenhang – ganz im Sinne der Oevermann'schen Objektiven Hermeneutik (vgl. Titscher et al. 2000) –, der gleichzeitig den Horizont jeder und jedes Einzelnen von uns erweitert hat. Der Zugang eines Forschungsteams garantiert immer Distanz, weil ein Konsens über Interpretationen gewonnen werden muss und einzelne, womöglich verengte Sichtweisen oder Projektionen aufgehoben werden. Denn jede Biografie ist trotz ähnlicher Muster einzigartig und bedarf sehr vorsichtiger und genauer Analyse. An dieser Stelle möchten wir die Gelegenheit nutzen, uns bei allen MitarbeiterInnen zu bedanken. Markus Rheindorf und Brigitte Halbmayr arbeiteten an Teilen unserer Analysen vollinhaltlich mit, theoretisch wie methodisch. Ihre fordernden Fragen haben unsere Überlegungen stark inspiriert. Und unsere Interviewerinnen, Verena Krausneker, Brigitte Halbmayr und Helga Amesberger, führten intensive und genaue Interviews, die sie in einem ersten Arbeitsschritt aufgezeichnet haben.

Auch wenn sie nicht direkt vorkommt, handelt dieses Buch in gewissem Sinne von der Geschichte unserer Eltern, von Widerstand und Verfolgung, die in Österreich allzu lange ausgeblendet und verschwiegen wurden, und zwar von allen Beteiligten: von den Opfern, den Mittätern, den Mitwissern und den Tätern. Wir erfüllen damit eine selbst gesetzte „Verpflichtung" oder auch einen *transgenerationalen Auftrag* (diesem Thema widmen wir uns – bezogen auf die Interviews – in einem eigenen Abschnitt; vgl. 4.2).

Schließlich ist auch das Lebensalter zu berücksichtigen: Die Tatsache, dass mittlerweile zwei InterviewpartnerInnen verstorben sind, macht deutlich, dass diese

Forschung an der Grenze einer Zeitperiode angesiedelt ist, an der ein Interviewprojekt gerade noch möglich ist. Auch dieser Umstand ist ein relevantes Forschungsmotiv.

Es ist für uns als WissenschaftlerInnen natürlich auch reizvoll, am Ende der eigenen wissenschaftlichen Laufbahn unser jeweiliges Arbeitsinstrumentarium auf die Geschichte der eigenen Peergroup und auf uns selbst anzuwenden, um unsere Eltern, deren Entscheidungen, Wünsche und Enttäuschungen wie auch Visionen besser zu verstehen.

Die interdisziplinäre Konstellation unseres Teams ist ein Spezifikum, das im Bereich von Biografie-Forschung, Erzählanalyse und Oral History nicht üblich ist. Diskurshistorischer Ansatz, Erzählanalyse und (psychotherapeutisch orientierte) Biografie- und Entwicklungswissenschaft arbeiten mit unterschiedlichen Denkmodellen und Terminologien, unterschiedlichen Forschungsinstrumenten und Interpretationsansätzen.

Wir beide, Ernst Berger und Ruth Wodak, haben schon in früheren Projekten – auch zur Auseinandersetzung mit der NS-Vergangenheit (beispielsweise, Berger 2007) – positive und anregende Erfahrungen mit interdisziplinärer Projektarbeit gemacht. Natürlich gab es Themenbereiche, in denen die Unterschiedlichkeit der Perspektiven in den Vordergrund getreten ist, etwa beim Umgang mit dem Spannungsfeld von historischer „Wahrheit" und subjektiver Erinnerung oder bei der Interpretation latenter Bedeutungen. An solchen Punkten haben wir uns entschlossen, gegebenenfalls auch unterschiedliche Positionen nebeneinander bestehen zu lassen. Das komplexe Mosaik von Motiven, einer Bandbreite von großen und kleinen Forschungsfragen, unterschiedlichen theoretischen wie methodischen Zugängen und Interpretationen haben wir im Forschungsprozess immer wieder reflektiert, um potenzielle Fallstricke auszuräumen und Fehlinterpretationen nach Möglichkeit zu vermeiden.

2.3 Die „Kinderjause"

Im Zentrum des Projekts stehen 29 Personen der Geburtsjahrgänge 1939–1953, die durch eine über Jahrzehnte währende Form der Zusammengehörigkeit miteinander verbunden sind. Diese Zusammengehörigkeit, die durchaus individuell unterschiedlich ausgeprägt ist, materialisiert sich in regelmäßig wiederkehrenden Treffen unter der Bezeichnung „Kinderjause". Die halb standardisierten, etwa 1,5-stündigen Interviews, die mit diesen Personen in den Jahren 2012–2015 durchgeführt wurden, bilden das wichtigste Material des Projekts. Diese Personengruppe ist eng verzahnt mit der Generation ihrer Eltern und ihrer Kinder. Die Kindergeneration (dritte Generation) ist ebenfalls durch Interviews im Projekt präsent. Die Elterngeneration (erste Generation) bildet den nur indirekt sichtbaren, aber inhaltlich höchst relevanten Hintergrund, der ein zentrales Einschlusskriterium für die Interviewgruppe liefert: In der Biografie von mindestens einem Elternteil findet sich die Zugehörigkeit zu einer kommunistischen Organisation, Widerstand und/oder Haft und/oder Flucht in der NS-Zeit. Zusätzlich erhielten wir für dieses Buch Zugang zu einigen Interviews mit den Eltern, die in Archiven des Dokumentationsarchivs des Österreichischen Widerstands gelagert sind. Wir hatten daher – nach Ende des Projekts – die Möglichkeit, weitere wichtige Materialien in die Fallgeschichten einzuarbeiten (vgl. Kapitel 7). In manchen Fällen können wir deshalb die erinnerten Erfahrungen der rückgekehrten Eltern mit den vermittelten Erinnerungen der Kinder vergleichen.

Zur Mehr-Generationen-Perspektive gehören einige, schon erwähnte Fragestellungen. Vor allem die Frage, ob sich die markanten Spuren, die die Biografien der ersten Generation geprägt haben, fortsetzen und in der nächsten und übernächsten Generation noch zu finden sind, ob Belastungen und Traumata einerseits, Kampfeswille und Widerständigkeit andererseits über eine oder zwei Generationen weitergegeben werden. Während Eltern- und Kindergeneration einen großen Teil ihrer Lebensspanne parallel erleben, ist die Enkelgeneration vom Schicksal der Großeltern schon relativ weit entfernt. Manchmal ist der direkte Kontakt noch prägend, manchmal werden die historischen Inhalte nur über Familienmythen weitergegeben.

2.4 Die Eltern/die erste Generation

Geboren im Zeitraum etwa zwischen 1900 und 1920 im politisch-geografischen Raum der ehemaligen österreichisch-ungarischen Monarchie, stehen die Eltern im Zentrum der Ereignisse des Nationalsozialismus – Margarete Mitscherlich (2011) spricht von der „Erlebnisgeneration". Sie stellen sich großteils aktiv auf die Seite der NS-Gegner, einige von ihnen – auch Mütter – im bewaffneten Kampf. Viele geraten in NS-Haft, einige davon in NS-Konzentrationslager. Wir bezeichnen sie im Kontext des Projekts als „Widerstandsgeneration".

- 28 Elternpaare
  - N = 6 biologischer Vater nicht ident mit dem sozialen Vater
- Biografische Kategorien (überschneidend!)
  - Widerstand:
    - Frauen 16 (1 Internationale Brigaden, 2 Rote Armee)
    - Männer 23 (5 Internationale Brigaden, 5 jugoslawisches Bataillon)
  - Haft
    - Frauen 10 (5 KZ)
    - Männer 15 (7 KZ)
  - Exil, Emigration
    - Länder: Großbritannien, Frankreich, Belgien, Schweiz, Sowjetunion, USA
    - Teilweise Rückkehr in den Reihen der alliierten Armeen

Zu den inhaltlichen Spezifika der Elterngruppe gehören folgende Tatsachen:

- Alle kehrten zwischen 1945 und 1948 nach Österreich zurück. Der Blick auf die Familien, insbesondere auf – ebenfalls geflüchtete – Geschwister zeigt, dass dieser Schritt keineswegs selbstverständlich war und somit als bewusste Entscheidung zu werten ist. Wir sehen in diesem Umstand ein zentrales Charakteristikum, das auch für die nächste Generation bedeutsam wird. Dieses Charakteristikum ist mit dem nächsten eng verknüpft.
- Ihr Selbstverständnis ist geprägt durch das Bewusstsein, Kämpfer gegen Faschismus und Nationalsozialismus zu sein und nicht (primär) Opfer dieser historischen Ereignisse.
- Der überwiegende Teil geht in den folgenden Jahrzehnten – manche bereits 1956, andere spätestens nach 1968 – auf Distanz zur Kommunistischen Partei. Einige verbleiben – zumindest formal – Parteimitglieder.

2.5 Die Kinderjause-Gruppe/die zweite Generation

Die 29 InterviewpartnerInnen (davon 1 Geschwisterpaar) dieser Gruppe stehen in unterschiedlicher Nähe oder Distanz zur „Kinderjause" – bei der sich jene Menschen treffen, die während ihrer Kindheit und Jugend in ihren politischen Zugehörigkeiten und Aktivitäten meist eng verbunden waren, die private Freundeskreise geteilt und oft auch Partnerschaften und Ehen geschlossen haben. 20 von ihnen sind jüdisch, die anderen nicht. Die Geburtsjahre verteilen sich wie folgt:

- 1939–1944: N = 14
  - Länder: Großbritannien, Frankreich, Schweiz, Sowjetunion, Österreich
- 1945–1946: N = 3
- 1947–1953: N = 12

David Alexander
Fischer-Kowalski Marina
Fragner Bert
Fried Wladimir
Friedler Georg
Friedler Eva
Fritz Ernst
Grumiller Ingo
Grusch Peter
Herrnstadt Georg
Horvat Michel
Horvat Toni
Koch Max
Kolisch Lili
Lettner Robert
Margulies Jean
Nitsch-Spira Liesl
Ribarits Eva
Rosenstrauch Hazel
Schindel Robert
Scholl Susanne
Schönfeld Georg
Soswinski Peter
Stern Johanna
Wachs Rudi
Weber Stefan
Wehsely Hans
Zimmermann Gabi
N. N. (ein Mitglied aus dem Sample will anonym verbleiben)

2.5 Die Kinderjause-Gruppe/die zweite Generation

Die scheinbare Homogenität dieser Gruppe täuscht. Neben zahlreichen Gemeinsamkeiten sind auch Unterschiede zu berücksichtigen, die für eine korrekte Analyse des Forschungsmaterials relevant sind:

Zuallererst spielen die deutlichen Unterschiede der Geburtsperioden eine große Rolle. Knapp die Hälfte unserer InterviewpartnerInnen ist noch in der Zeit der NS-Herrschaft zur Welt gekommen. Auf ihren Geburtsurkunden stehen jene Städte, in denen ihre Eltern Zuflucht gefunden haben. Schon allein dadurch waren sie – spätestens beim Schuleintritt – als außerhalb der Mainstreamgesellschaft stehend erkennbar. Für einige war die Geburt auch mit einer Trennung von den Eltern, ein Leben im Verborgenen verbunden, jedenfalls aber mit „atypischen" Lebensbedingungen in der frühkindlichen Entwicklungsperiode. Die ältesten von ihnen kamen knapp vor dem Schuleintritt nach Österreich – mit einer anderen Muttersprache.

Nur ein kleiner Teil der InterviewpartnerInnen ist in der unmittelbaren Nachkriegsperiode der Jahre 1945/46 geboren. Diese Zeit war für die Eltern mit dem aktiven Kampf um den Aufbau einer neuen Gesellschaft in Österreich verbunden – und mit dem Optimismus, dass dieser auch gelingen könnte. Gleichzeitig waren in dieser Gruppe aber auch die in der NS-Zeit erlittenen Belastungen und Traumata noch sehr frisch. Das Lebensumfeld war durch die Präsenz der Besatzungstruppen geprägt, die für die Eltern und damit auch für die Kinder allerdings Befreier waren.

Für jene, die den Geburtsjahrgängen zwischen 1947 und 1953 angehören, war die Lage deutlich anders. Der Optimismus der Eltern, in Österreich eine neue Gesellschaft aufzubauen, war bald geschwunden. Die Reintegration der Nationalsozialisten schritt rasch voran. Die Volksschulzeit war bereits – zumindest teilweise – durch den Staatsvertrag 1955 und die Klitterung des Geschichtsbildes eines „neuen Österreich" geprägt.

Ein zweiter Unterschied ist die Zugehörigkeit zum Judentum, die allerdings nicht so einfach zu definieren ist, wie es auf den ersten Blick scheint, da sich bei einigen biologischer und sozialer Vater diesbezüglich unterscheiden. Die Analyse der Interviews wird zeigen, dass hier große Unterschiede bestehen – sowohl hinsichtlich der Familientraditionen als auch der Entwicklungen zwischen der gemeinsamen Kindheit und heute. Während in allen Familien die jüdische Identität anfangs – wenn überhaupt – nur am Rande eine Rolle spielt, verändert sich das später bei manchen. Meist ist die „Waldheim-Periode" 1986–1992 Anlass dafür.[4] Diese

---

4 Der frühere UNO-Generalsekretär Kurt Waldheim wurde im Jahr 1986 zum Symbol für den typisch „österreichischen" Weg, die Nazi-Vergangenheit Österreichs und die aktive Beteiligung vieler Österreicher und Österreicherinnen an den Nazi-Verbrechen (nicht) aufzuarbeiten. Während der Bundespräsidentenwahl 1986, bei der Waldheim für die konservative Österreichische Volkspartei kandidierte, veröffentlichte das österreichische Wochenmagazin Profil zu Beginn des Wahlkampfes die Information, dass Waldheim im

„Trennlinie" – jüdisch oder nicht – ist auch innerhalb der Gruppe wahrnehmbar und wird in manchen Interviews direkt angesprochen.

Für alle gemeinsam gilt, dass die Geschichte ihrer Eltern im offiziellen Geschichtsunterricht nicht vorgekommen ist. Widerstand und Flucht hatten keinen Platz in der Geschichte des „neuerstandenen Österreich", einer großen, scheinbar allumfassenden „Opfergemeinschaft" nach 1945 (De Cillia, Wodak 2009).

2.6 Die Kinder/dritte Generation

Mit 11 Kindern (davon 3 Geschwisterpaaren) von InterviewpartnerInnen der zweiten Generation wurden Interviews geführt. 5 von ihnen sind zwischen 1964 und 1970 geboren, 6 zwischen 1971 und 1991.

| Fischer Boris |
| Grusch Sonja |
| Herrnstadt Joel |
| Herrnstadt Leon |
| Kolisch Nicole |
| Kolm Eva |
| Margulies Martin |
| Margulies Peter |
| Oremovic Simone |
| Wehsely Sonja |
| Wehsely Tanja |

griechischen Saloniki als persönlicher Übersetzer des berüchtigten Wehrmachtgenerals Löhr stationiert gewesen war. Er musste folglich von den furchtbaren Kriegsverbrechen gewusst haben, die an griechischen Zivilisten begangen worden waren, und von der Deportation tausender griechischer Juden nach Auschwitz – etwas, das Waldheim zuvor geleugnet hatte, indem er meinte, er habe diesen Abschnitt seines Lebens in seiner Autobiografie zu erwähnen „vergessen". Der daraus entstehende internationale Skandal zwang viele, sich – zum ersten Mal in aller Offenheit – mit der Rolle als Verbrecher, Mittäter oder Zuschauer zu beschäftigen, die ihre Familienmitglieder gespielt hatten (vgl. Wodak et al. 1990).

Auch in dieser Gruppe sind die unterschiedlichen Geburtsjahrgänge von Bedeutung, wenngleich die hier gewählte Zäsur des Jahres 1970 relativ willkürlich ist. Doch ist es zum Beispiel nicht irrelevant, ob die Waldheim-Periode als Ereignis in der Kindheit eine gewisse Rolle gespielt hat oder ob diese historisch-politische Zäsur bereits Anlass für eigenes politisches Engagement war. Und natürlich ist auch wichtig, ob die Großeltern für die Enkelkinder noch als aktiver Teil ihres kindlichen Lebensumfeldes präsent waren oder nur mehr in den Erzählungen der Eltern oder teilweise auch in Büchern auftauchten.

Zentrales Forschungsmotiv für die Aufnahme dieser Gruppe in den Kreis der InterviewpartnerInnen war die Frage, welche Spuren Geschichte und Geschichten der Erlebnisgeneration im Bewusstsein und in der Biografie der Enkelgeneration hinterlassen haben.

2.7 Was nun folgt: Kurzer Überblick

Bevor wir uns den einzelnen Lebensgeschichten zuwenden, müssen wir den historischen Kontext im Nachkriegs-Österreich näher beleuchten. Kapitel 3 liefert Informationen über den gesellschaftspolitischen Hintergrund der Nachkriegsjahre, während der Besatzung durch die Alliierten und auch nach dem Staatsvertrag 1955, als Österreich ein neutraler Staat außerhalb von NATO und Warschauer Pakt wurde, durchaus aber in den Westen integriert.

In dieser Zeit erlebten viele Kinder der Rückkehr eine straffe Sozialisation in die Werte der österreichischen Kommunistischen Partei, durch Jugendlager, Kinderbücher und Jugendbewegungen. Von der Mainstream-Gesellschaft wurden sie ausgegrenzt, marginalisiert – auch wenn viele dies nicht negativ erlebten. Möglichen prägenden Mustern wird genau nachgegangen, die natürlich in der frühen Kindheit besonders wirksam sind.

Fast alle Kinderjausner kehrten spätestens 1968 der KPÖ den Rücken; viele engagierten sich in der österreichischen 1968er-Bewegung und begannen während des Studiums, ihre eigenen Berufs- und Lebenswege zu planen. Erst ein solcher ausführlicher, historischer und gesellschaftspolitischer Hintergrund macht es möglich, die erzählten Erinnerungen zu verstehen und einzuordnen, denen wir uns in den darauffolgenden Abschnitten widmen. Davor müssen sowohl theoretische wie methodologische Ansätze diskutiert und geklärt werden; denn unsere Interpretationen beruhen selbstverständlich auch auf theoretischen Annahmen und analytischen Kategorien über transgenerationale Haltungen und Aufträge wie auch auf der breiten Literatur zu Erinnerung und Gedächtnis. Es geht nicht so sehr darum, nachzuforschen (und dies wäre auch zwecklos), ob die Erinnerungen auf Tatsachen beruhen; vielmehr geht es um subjektiv Erlebtes und Erinnertes und dessen Einordnung in die jeweils eigenen Identitätskonstruktionen. Verschiedenste theoretische Stränge mussten dafür eingearbeitet werden, aus der Trauma- und Holocaust-Forschung, den Memory Studies, der Kognitionsforschung und der linguistischen wie literarischen Erzähltheorie. Durch die theoretische Fundierung konnten wir unsere zunächst recht spekulativen Annahmen und die vielen Forschungsfragen immer genauer fassen – in einem abduktiven Verfahren, oszillierend zwischen Theorie und Empirie.

Anschließend stellen wir unsere Auswertungsverfahren vor – einerseits ein eher inhaltsanalytisches Vorgehen (Kapitel 5.1), andererseits eine erzähllinguistische Methodologie (Kapitel 5.2). Methoden mögen zwar manchmal und für manche eher zweitrangig sein; aber für eine sinnvolle und adäquate Analyse von Interviewmaterialien müssen wir unser analytisches Vorgehen sehr genau angeben, um den Interpretationsprozess verständlich und nachvollziehbar zu gestalten. Denn jeder Text ließe sich prinzipiell auf viele verschiedene Arten und auf ganz unterschiedliche Fragestellungen hin analysieren. Daher sind sowohl die forschungsleitenden Fragen und Annahmen als auch die Nachvollziehbarkeit der Beschreibungen und Kategorisierungen von eminenter Bedeutung. Selbstverständlich beruhen alle Analysekategorien und Methoden wie auch die Materialauswahl auf unseren expliziten Entscheidungen als ForscherInnen; derart werden sie jedoch nachvollziehbar und damit einer kritischen Reflexion zugänglich.

Kapitel 6 und 7 stellen die wichtigsten Ergebnisse unserer Analysen dar, gegliedert nach unterschiedlichen Themenbereichen und Erzählmustern. Auffallend ist die riesige Bandbreite an Erinnerungen, an individuellen Zugängen und Erklärungen und an einzigartigen Storys – Geschichten, die das Leben schrieb und schreibt, die aber auch in einem guten dramatischen Film Platz gehabt hätten. Die Fallstudien erlauben Einblick in einzelne Familien, mindestens über drei und einmal sogar über vier Generationen hinweg. Weil tatsächlich Erlebtes der erzählten und damit mindestens zweifach vermittelten Erinnerung gegenübergestellt wird, lassen sich die Überlebenskämpfe, der Widerstand, der Mut und die ungebrochene Kampfeslust, aber auch Trauer, Wut, Verlust und Schmerz über die Generationen hinweg nachvollziehen. Diese Materialien sind allesamt einzigartig und müssen mit Respekt und Vorsicht behandelt werden. Deshalb haben wir absichtlich auf übermäßige und überzogene Interpretationen verzichtet (solche bedürften mehrfacher Interviews bzw. sogar langjähriger therapeutischer Gespräche) und überlassen unseren GesprächspartnerInnen den Raum, ihre eigenen Erfahrungen zu schildern. In Kapitel 8 kommen auch die Kinder der Kinderjausner zu Wort. Oft haben nämlich die Rückkehrer ihren Enkeln mehr erzählt als den eigenen Kindern: aus vielen

Gründen, die wir im letzten Kapitel zu deuten versuchen. Es fällt auf, wie die dritte Generation ihre Mehrfachidentitäten sehr bewusst reflektiert und sich auch – falls vorhanden – mit ihrem Judentum näher zu beschäftigen beginnt.

Trotz aller Verschiedenheiten gibt es übergreifende Stränge und Muster: Werte und Haltungen, die (fast) allen gemeinsam sind und weiterhin lebensbestimmend bleiben. Das letzte, 9. Kapitel fasst unsere Interpretationen zusammen und weist darauf hin, dass Flucht und Exil globale und Jahrhundert-übergreifende, epochale Themen waren und sind. Insofern gewinnt das „Nie wieder", dem sich unsere Eltern verpflichtet hatten, immer aufs Neue zentrale Bedeutung.

Die „Kinderjause" und ihr Hintergrund

Ernst Berger

3.1 Zurück in Österreich

Der Name „Kinderjause" ist eigentlich metaphorisch. Er geht auf die gemeinsame Vergangenheit einer Nachkriegsgeneration zurück. Trotz unterschiedlicher Lebenswege hat diese Generation wichtige Bezugspunkte in der Gegenwart. Eigentlich müsste dieser Abschnitt mit „es war einmal ..." beginnen: Es war einmal eine große Schar von Kindern, die aufgrund der Geschichte ihrer Eltern mit einem gemeinsamen Schicksal aufgewachsen sind. Heute ist die „Kinderjause" ein Seniorentreffen.

Kinderjause, 2001 (Privatarchiv Ruth Wodak)

© Springer Fachmedien Wiesbaden GmbH, ein Teil von Springer Nature 2018
E. Berger und R. Wodak, *Kinder der Rückkehr*,
https://doi.org/10.1007/978-3-658-20850-9_3

Man trifft sich – mittlerweile im Jahresintervall – zum Gedankenaustausch über das Heute und das Gestern, das mehr als fünfzig Jahre zurückliegt. Das erste dieser Treffen fand 2001 statt. Gestern, das war die Nachkriegszeit, dann die Zeit des Kalten Krieges in Österreich und die Aufbruchszeit der 1960er-Jahre. Das Gemeinsame liegt in den Biografien der Eltern: Sie alle waren von den Nationalsozialisten vertrieben und/oder in Gestapo-Gefängnissen und Konzentrationslagern interniert worden. Die meisten waren schon vor 1938 als Sozialisten oder Kommunisten im Kampf gegen den Austrofaschismus aktiv. Nach 1945 kehrten sie – oft als Kommunisten – nach Österreich zurück. Sie waren überzeugt, einen Beitrag zum Aufbau des neuen, demokratischen, vielleicht sozialistischen Österreich leisten zu können.

Die Lebensgeschichten dieser Menschen – denen Helene Maimann den Namen „Kinderjausner" gab (Maimann 2016) – waren individuell sehr unterschiedlich. Noch größer aber waren die Unterschiede, die sie von anderen Jugendlichen der 1950er- und 1960er-Jahre trennten. Begeben wir uns daher im Folgenden auf die Suche nach den Gemeinsamkeiten. Denn diese bilden noch heute für etwa 200 Personen, die mittlerweile 65 bis 75 Jahre alt sind, das Fundament ihrer Zusammengehörigkeit. Die „Kinder der Rückkehr" sind zum Teil noch in jenen Ländern zur Welt gekommen, die ihren Eltern vor der NS-Verfolgung Schutz geboten haben und ihnen in dieser Zeit auch eine zweite Heimat geworden sind. Andere sind in den ersten Jahren nach der Rückkehr in Österreich geboren. Für jene Eltern, die 1945 aus Konzentrationslagern und Gefängnissen befreit wurden, war die Rückkehr nach Österreich wohl meist eine naheliegende Entscheidung – ihnen fehlten ja andere Bezugspunkte für ihr künftiges Leben. Für jene Eltern, die während der NS-Zeit zumindest zeitweise in anderen Ländern gelebt hatten, gilt das nicht. Manche wären nach dem Ende der NS-Zeit durchaus gern in ihren Exilländern geblieben: „Most of us do not want to return to Austria … They wish to remain British soldiers", schreibt Theo Neumann an den Kommandanten seiner Militäreinheit in Großbritannien (Kuschey 2008, S. 210). Auch Robert Rosner[5] schreibt dazu:

> „Die genauen Nachrichten, die nach Kriegsende aus Österreich kamen, und das schlechte Abschneiden der KPÖ bei den Wahlen im November 1945 zeigte, … dass eine Widerstandsbewegung nur eine untergeordnete Rolle gespielt hat und dass ein großer Teil der Österreicher bis zum Schluss mit den Nazis kooperiert hatte. Das veranlasste einige der Emigranten, die vorher geplant hatten, nach Österreich zurückzukehren, das noch einmal zu überdenken. Dazu gehörte der bekannte Dichter und Schriftsteller Erich Fried." (Rosner 2015)

---

5 Robert Rosner, geb. 1925, von 1939 bis 1946 im Exil in England http://www.centropa.org/de/biography/robert-walter-rosner#W%C3%A4hrend%20des%20Krieges (Download 16. 5. 2017).

"Studien belegen, dass der Entschluss für oder gegen die Rückkehr selten auf ein oder wenige Motive zurückzuführen war, sondern dass meist ein Bündel von Argumenten den Ausschlag gab." (Neugebauer, Ganglmaier 2003, S. 98) Oft wollten die Männer zurück und ihre Frauen haben diesen Entschluss dann mehr oder weniger mitgetragen. Für die Rosners galt das nicht:

> "Im September 1946 sind wir nach Wien zurückgekommen. Meine Frau wollte immer nach Österreich zurück, und ich bin in England durch ‚Young Austria'[6] zur Kommunistischen Partei gekommen und wollte mithelfen, ein neues Österreich aufzubauen." (Rosner 2015)

Rückkehr war also keine Selbstverständlichkeit, sondern eine politische Entscheidung. Zumindest für die Kommunisten unter den Emigranten war sie mit der Vorstellung verbunden, an einer „sozialistischen Perspektive für Österreich" (Kuschey 2008, S. 216) mitzuwirken.

Die Rückkehrerinnen und Rückkehrer[7] mussten schnell erfahren, dass sie nicht mit offenen Armen empfangen wurden. Der Wunsch nach Rückkehr der Emigranten war kein Bestandteil der offiziellen österreichischen Politik (Neugebauer, Ganglmaier 2003). Das wird auch an einem Beispiel über die Rückholung von Wissenschaftlern an die Universität Wien deutlich:

> "Allzu fremd sollten die Heimkehrer aber auch wieder nicht sein: Vor allem sollten sie der politischen Rechten nahestehen und keine Juden sein. Eine dafür bezeichnende Episode wirbelte im Sommer 1946 einigen Staub auf. ... [in einem] Schreiben des Dekans der Wiener Medizinischen Fakultät an einen 1938 entlassenen Kollegen ... habe es ... geheißen, diese Einladung ergehe, ... trotzdem vermutet wird, daß der Eingeladene Jude, ja sogar Sozialist sein." (Fleck 1996, S. 79)

Das traf auch auf die Alltagsbegegnungen zu – vor allem für jüdische Emigranten. Als Beispiel soll hier ein Interview dienen, das Gundula Herrnstadt-Steinmetz für das Spielberg-Archiv gegeben hat:

---

6 Organisation österreichischer EmigrantInnen in England. Sonja Frank (Hg.): Young Austria. ÖsterreicherInnen im britischen Exil 1938–1947. Für ein freies, demokratisches und unabhängiges Österreich. 2. erweiterte Auflage, mit DVD. Verlag der Theodor Kramer Gesellschaft, Wien 2014.

7 Die quantitativen Angaben schwanken je nach Eingrenzung des Rückkehrzeitraums und der RückkehrerInnen-Gruppe (kommunistisch-sozialistische vs. Emigration allgemein). Manche sprechen von 3.500–4.500, andere, die den Rückkehrzeitraum weiter spannen, schätzen, dass bis 1959 etwa 8.000 (von ca. 130.000 Geflüchteten) zurückgekehrt sind (vgl. Neugebauer, Ganglmair 2003).

> „Einmal habe ich unser altes Wohnhaus aufgesucht. Unsere alte Hausbesorgerin hat mich freudig umarmt ‚wie schön, dass du wieder da bist'. Sie beklagte sich, dass ihr Mann, von dem ich wusste, dass er Nazi war, Aufräumarbeiten machen musste. An der Wand des Hauses stand noch: ‚Steinmetz – Saujud'. Auf meine Frage, ob sie keine Zeit gehabt hat, das wegzuwaschen, sagte sie ‚ich schwör ihnen, das habe ich nie gesehen …'. Das war mein erster und letzter Besuch in diesem Haus." (Herrnstadt-Steinmetz 1997)

Dieses ambivalente Umfeld, das trotzdem von einer optimistischen Zukunftsorientierung geprägt war, hat die Kindheit der „KinderjausnerInnen" bestimmt. Mit dem Thema „erzählen oder nicht erzählen" gingen die meisten Eltern ähnlich um. Auf eine einfache Formel gebracht, kann man festhalten, dass die Elterngeneration ihre Geschichte von Widerstand und Verfolgung, von Flucht und Haft nicht verschwiegen hat. Alle Kinder haben im Laufe ihrer Kindheit und Jugend davon erfahren, meist aber nur ausgewählte Details – ein Umstand, der im vorliegenden Buch als „Erzählschleier" bezeichnet wird.

Die Frage nach dem Grund für diese Zurückhaltung der Eltern ist nicht einfach zu beantworten. Die ältesten der Kinder, die noch in den Exilländern zur Welt gekommen sind, waren in der unmittelbaren Nachkriegszeit im Vorschulalter. Sie hatten eigene Erinnerungen – Bombardements, Leben im Versteck – mitgebracht. Da gab es wohl nichts zu erzählen. Jene Kinder, die in den ersten Jahren nach Kriegsende geboren sind, waren erst Mitte der 1950er-Jahre in einem Alter, das für Erzählungen in Betracht kommt. Da war für die Eltern das aktuelle politische Geschehen vermutlich wichtiger als die Erinnerung an den Widerstand. Bei allen stellte sich für die Eltern die Frage, was und wie sie den Kindern von ihren – oft schrecklichen – Erlebnissen erzählen sollen.

Die Position von Gundula Herrnstadt-Steinmetz ist als typisch zu werten:

> „Erzählt haben wir unseren Kindern von unseren Erfahrungen nichts. Wir wollten nicht, dass sie mit dem Eindruck aufwachsen, Kinder von ‚Helden' zu sein. In dieser Haltung waren wir uns im Freundeskreis absolut einig. Ich glaube auch heute noch, dass das richtig war, denn wahrscheinlich hätten wir das auch gar nicht in einer Weise vermitteln können, die für unsere Kinder fassbar gewesen wäre. Sie haben sich diese Geschichte später selbst erarbeiten müssen." (Herrnstadt-Steinmetz 1997)

Die Kinder wussten trotzdem spätestens bei Schuleintritt, dass ihre Eltern Widerstandskämpfer gewesen, dass sie von den Nationalsozialisten verfolgt, vertrieben und verhaftet worden waren. Sie wussten aber kaum etwas über konkrete Erlebnisse und Erfahrungen. Ruth Steindling beschreibt in der Biografie ihrer Mutter Vilma, die im französischen Widerstand aktiv gewesen und verhaftet worden war

3.1 Zurück in Österreich

und die Konzentrationslager Auschwitz und Ravensbrück überlebt hatte, die tiefe Ambivalenz dieser Erzählungen:

> „Davon abgesehen, dass sie als berufstätige Frau und Mutter gar keine Zeit dafür hat, spricht sie kaum über die Gräuel, die sie im KZ erlebt hat. Wenn sie über diese Zeit spricht, dann verzerrt sie ihre Erlebnisse ins Groteske und erzählt gerne, wie es ihr gelungen ist, die SS immer wieder hinters Licht zu führen. Ihre Erzählungen erwecken den Eindruck, dass es im KZ lustig zugegangen wäre. … Ihre Schilderungen sind Heldentaten darüber, wie sie überlebt hat. Ihr Leid und die Qualen klammert sie tunlichst aus. Vilmas Schilderungen der Gräuel, die sie dabei jeweils ins Komische verzerrt hat, waren für ihre beiden Töchter befremdlich." (Steindling, Erdheim 2017, S. 150)

Zwischen dem Inhalt der Erzählungen und den Emotionen, die diese Erzählungen begleiten, gab es offensichtlich eine große Kluft. Ähnliches wird in mehreren Interviews beschrieben und kann als charakteristisch für den Erzählmodus der Eltern gewertet werden (siehe Kapitel 6.2).

Die Kinder sind also im Bewusstsein aufgewachsen, dass ihre Eltern eine ganz andere Biografie hatten als die meisten ÖsterreicherInnen, doch sie hatten keine konkrete Vorstellung davon, worin dieses Anderssein besteht. Die Erlebnisse der Eltern waren kein Thema in den Kontakten mit anderen ÖsterreicherInnen und wurden auch innerhalb der Elterngruppe nur wenig thematisiert. Widerstand und Verfolgung waren nicht Teil des Nachkriegsdiskurses der österreichischen Gesellschaft, und innerhalb der Familien war es vermutlich ebenfalls schwierig, über Erlebnisse, Belastungen und Traumata zu reden. Verdrängung, Verleugnung und Schuldgefühle waren wahrscheinlich wirksame Blockademechanismen. Das Schweigen war allumfassend, der Diskurs von Opfern wie Tätern unterschied sich – zumindest in der Öffentlichkeit – wenig: Wie Hannes Heer richtig formuliert hat – „die Täter verschwanden" (vgl. Heer et al. 2003/2008; Wodak et al. 1990; Wodak, Auer-Boreo 2008; De Cillia, Wodak 2009).

Die vermutlich relevanteste Gemeinsamkeit war das Leben innerhalb einer Randgruppe der österreichischen Gesellschaft, in den Organisationen der Kommunistischen Partei, während der Zeit der Restauration der konservativ-klerikalen Nachkriegsgesellschaft und des Kalten Krieges. Die KPÖ hatte im Kampf gegen das NS-Regime die aktivste Rolle gespielt und die meisten Opfer zu beklagen (Neugebauer 2008, S. 68 f.), doch sie war nur in den ersten Nachkriegsjahren eine relevante politische Kraft. Anders als in vielen anderen europäischen Ländern hat der aktive antifaschistische Kampf der Kommunisten in Österreich nie zu ihrer gesellschaftlichen Anerkennung beigetragen. Die politische Bedeutung der KPÖ stützte sich damals ausschließlich auf die Sowjetunion, die als eine der vier Besatzungsmächte die politische Entwicklung in Österreich maßgeblich beeinflusste. Schon bei den ersten beiden Wahlen zum Nationalrat (1945, 1949) erhielt die KPÖ nur etwa 5 % der Stimmen. Im ersten Kabinett von Leopold Figl, das aus der Wahl des Jahres 1945 hervorging, war die KPÖ nur mehr mit einem Minister (Energieminister Karl Altmann) vertreten (Garscha 2005). Dass die KPÖ fast ausschließlich als verlängerter Arm der Sowjetunion wahrgenommen wurde, lag einerseits an ihrem eigenen Selbstverständnis, das diesem Bild weitgehend entsprach, andererseits an der konsequent antikommunistischen Politik der beiden Regierungsparteien, die sehr bald einen Konkurrenzkampf um die Gewinnung der ehemaligen nationalsozialistischen Mitläufer begannen (Minderbelasteten-Amnestie 1948). Die Vorstellung der aus dem Exil und den NS-Lagern Rückgekehrten, am Aufbau eines neuen, nach Möglichkeit sozialistischen Österreich mitzuwirken, zerbrach spätestens zu dieser Zeit. Der Kalte Krieg war in Österreich nun das bestimmende Element.

Das Leben in der gesellschaftlichen Randposition[8] der KPÖ-dominierten Kreise und Organisationen war einerseits durch ein hohes Maß an Zusammenhalt geprägt. Andererseits wäre die Vorstellung einer homogenen Gruppe verfehlt. Die unterschiedlichen Lebenswege zwischen 1934 und 1945 hatten ganz spezifische Persönlichkeiten geprägt und auch zu unterschiedlichen Freundeskreisen innerhalb der Partei geführt. Die „Englische Emigration"[9] hatte z. B. in diesen Jahren ganz andere Erfahrungen gemacht als die „Französische Emigration" oder die „Sowjetische Emigration" (DÖW 1977), ganz zu schweigen von den Häftlingen der NS-Konzentrationslager. Die Beteiligung an der französischen Resistance, ihren illegalen Kämpfen nach der Besetzung Frankreichs und (für viele) die nachfolgende Deportation in die NS-Konzentrationslager stellten einen anderen Erfahrungshintergrund dar als das Leben in der Sowjetunion unter den Bedingungen relativer Sicherheit, aber unter der Bedrohung durch den stalinistischen Terror (Schaffranek 1990).

Die Einschätzung der Rolle und der relativen Bedeutung dieser verschiedenen Gruppen innerhalb der KPÖ ist auch heute noch Inhalt von Historikerdiskussionen (Mugrauer 2017). Kommunisten konnten nur eine kurze Zeit lang in verschiedenen gesellschaftlichen Bereichen beruflich Fuß fassen und Einfluss gewinnen. Die KPÖ nützte diese Periode, um – mithilfe der sowjetischen Besatzungsmacht – Leitungspositionen in der Wiener Polizei und anderen Bereichen der Verwaltung zu besetzen (Mugrauer 2016; Hautmann 2012a) und einen auf den Handel mit

---

8 Die Bedeutung dieser Randposition wird mit dem Begriff der „Marginalisierung" im Kapitel 4.1 ausführlich beschrieben.
9 Ca. 28.000 ÖsterreicherInnen haben in Großbritannien Asyl gefunden (Rosner 2015).

den COMECON-Staaten orientierten Wirtschaftsapparat[10] (der noch Jahrzehnte lang die finanzielle Basis der KPÖ darstellte) aufzubauen. Auch der Kreis der hauptamtlichen Parteifunktionäre bildete eine jener Subgruppen, die zwar nicht voneinander abgegrenzt waren, aber doch spezifische Akzente der Zusammengehörigkeit und inneren Verbindung hatten. Es gab auch noch weitere Trennlinien innerhalb des kommunistischen Milieus: Latenter und manchmal auch offener Antiintellektualismus und Antisemitismus prägten immer wieder die politischen Auseinandersetzungen (siehe Kapitel 6.1.12, Abschnitt Judentum).

3.2 Sozialisationsinstanzen

Die Familienstruktur der Rückkehrer unterschied sich nicht von der umgebenden österreichischen Gesellschaft – es waren im Wesentlichen bürgerliche Kleinfamilien mit klassischen Rollenteilungen und einem breiten Spektrum verschiedener Erziehungsstile, von autoritär bis kameradschaftlich. Der Unterschied lag im Bereich der Freizeitgestaltung, die sich – teilweise bei beiden Elternteilen – zu einem großen Teil um die Parteiarbeit und um den gemeinsamen Freundeskreis (als „Schicksalsgemeinschaft") drehte. Dazu gehörte das „Kolportieren" der Volksstimme, der Tageszeitung der KPÖ, die am Wochenende von den Parteifunktionären von Haus zu Haus getragen wurde; dazu gehörte bei vielen auch die Teilnahme an politischen Schulungen und die eigene Referententätigkeit in Parteiorganisationen. Diese Parteiarbeit nahm neben der beruflichen Tätigkeit oft so viel Zeit in Anspruch, dass die Kinderbetreuung in den Hintergrund trat. Umso größer war das Bemühen um Freizeitstrukturen für die Kinder, um Kindergruppen für den Alltag und für Ferienzeiten. Gemeinsame Familien-Schi- und Sommerurlaube standen viele Jahre auf der Tagesordnung. Ein ehemaliges Skoda-Schloss in Gaaden bei Wien, das von der (kommunistisch dominierten) Kulturvereinigung der Polizei geführt wurde, war Urlaubsort für Familien und Sommerheim für Kinder.[11]

---

10 „Zur Finanzierung der Partei wurden mehrere Handelsunternehmen zum Handel mit den Oststaaten gegründet. Einige kaufmännisch erfahrene Remigranten halfen der Partei bei der Gründung dieser Handelsgesellschaften, wie der Österreichisch-Polnischen Kohlenhandlungsgesellschaft durch Stefan Kaufmann. Aber beim weiteren Ausbau dieses Wirtschaftsapparates waren auch viele der jüngeren Rückkehrer beschäftigt, die über das Young Austria zur Partei gekommen sind." (Rosner 2015) Siehe auch Seliger (2006).

11 „Von 1948 bis 1954 verbrachten insgesamt 1.470 Polizeikinder im schulpflichtigen Alter von sieben bis vierzehn Jahren die Sommerferien in Gaaden, das während der

„Das Beschäftigungs- und Unterhaltungsprogramm in Gaaden war kindergerecht, sinnvoll, abwechslungsreich und bar jeglichem Versuchs einer kommunistischen Indoktrination. Man unternahm Wanderungen auf den Anninger und nach Heiligenkreuz, veranstaltete Sportwettbewerbe, animierte die Kinder zum Lesen von Büchern, Hören von Schallplatten, Chorsingen, Tanzen, Aufführen kleiner Theaterstücke und Sketche, brannte jeden Samstag ein Lagerfeuer ab und holte an den Sonntagen einen Kinooperateur aus Wien für eine Filmdarbietung. ... Auf einer Waldlichtung neben dem Badeteich war der Fußballplatz, der von den Polizeisöhnen eifrig frequentiert wurde." (Hautmann 2012b, S. 4)

So beschreibt Hans Hautmann[12] den Kinderturnus. Nach dem Abschluss des Staatsvertrages 1955, als Auslandsreisen möglich wurden, gab es 1956 ein Zeltlager (vermutlich unter der Ägide der sozialdemokratischen Naturfreunde) in Senigallia (Italien), in dem viele Familien gemeinsam mit den Kindern ihren Sommerurlaub verbrachten. Später entstand in derselben Stadt ein Sommerkinderheim der Kulturvereinigung der Polizei. Dieses Zusammensein schuf de facto eine Großfamilie, in der auch andere Eltern zu vertrauten Bezugspersonen wurden, die beispielsweise in pubertären Auseinandersetzungen mit den eigenen Eltern ausgleichend wirken konnten. Das Leben in dieser vertrauten Subkultur bildete ein wichtiges Gegengewicht zu den Ausgrenzungen, die Kommunisten und Juden in der österreichischen Nachkriegsgesellschaft häufig erlebten.

Die Kinder besuchten öffentliche Kindergärten und öffentliche Schulen. In unseren Interviews wird deutlich, dass der Schulalltag immer wieder Quelle von Erlebnissen des „Andersseins" war. Die Kinder- und Jugendorganisationen der KPÖ („Kinderland", Gründung März 1946) prägten die Freizeit der Kinder. Es gab Bezirksgruppen der „Sturmvögel" (für die 6- bis 10-Jährigen) und der „Jungen Garde" (für die 10- bis 14-Jährigen) (Korp 1996), in denen „Heimabende" stattfanden, und es gab Ferienheime, in denen (in der Regel 3-wöchige) Sommer-Turnusse abgehalten wurden. An diesen Ferienturnussen nahmen auch Kinder teil, die nicht aus der Kinderland-Organisation kamen. Das Wiener Jugendhilfswerk[13] (Wijug) unterstützte die Ferienaufenthalte für die einzelnen Kinder finanziell.

---

anderen Monate auch den erwachsenen Mitgliedern der KV zur Erholung offen stand. Von der Beliebtheit des Heimes zeugt die Tatsache, dass 1952/53 nicht weniger als 5.300 Erwachsene, Polizeiangehörige mit ihren Frauen, aber auch KPÖ-Mitglieder und Parteifunktionäre diese Möglichkeit nutzten." (Hautmann 2012b, S. 4)

12 Hans Hautmann (geb. 1943), Univ.-Doz., Historiker an der Universität Wien, Sohn von Rudolf Hautmann, einem der führenden Kommunisten beim Aufbau der Wiener Polizei.

13 https://www.wien.gv.at/wiki/index.php?title=Wiener_Jugendhilfswerk (Aufruf 12. 3. 2017).

3.2 Sozialisationsinstanzen

Für die GruppenleiterInnen gab es einen Ratgeber (180 Seiten, DIN A5) in drei Teilen: Teil A „Praktische Beschäftigung", Teil B „Kulturelle Beschäftigung", Teil C „Im Ferienheim". In der Einleitung stand:

> „Wir wollen den Kindern, die wir in den Kindergruppen haben, heitere und ernste Stunden in der Gemeinschaft bereiten, wir wollen ihnen eindrucksvolle Erlebnisse vermitteln und wollen zu ihrer Erziehung zu tüchtigen, anständigen Menschen beitragen. Erziehung der Kinder zur Gemeinschaft, zur Demokratie, zur Liebe zur Heimat. ... Um diese Ziele zu erreichen, braucht der Gruppenleiter nicht nur die Liebe zu den Kindern, die eine Grundvoraussetzung jeder Erziehungsarbeit ist, sondern auch bestimmte Unterlagen und Materialien, welche ihm ermöglichen, die Kinder mit unserer Auffassung vertraut zu machen ..." (Kinderland – Junge Garde, o. J.)

Die Kapitel des Teils A waren: Spiele, Sport, Wandern, Basteln. In Teil B ging es um: Feiern, Feste, Lieder, Gedichte, Theater, Tänze, Erzählungen. Teil C bezieht sich auf die Tätigkeit in den Kinderland-Ferienheimen und vermittelt einen Einblick in die pädagogischen Prinzipien von Kinderland:

> „Seid in eurem Auftreten bestimmt, wenn es z. B. um die Einhaltung der Mittags- und Nachtruhe geht. Die Buben und Mädel müssen merken, dass daran nicht zu rütteln ist. Vermeidet aber einen harten oder scheltenden Ton und versucht, ihnen zu beweisen, dass ihr als ihr Freund [Hervorhebung im Original] nur das Beste wollt." (Teil C, S. 2)

Dem „Fahnengruß", dem Morgenritual des Heimbetriebs, wurde besondere Bedeutung beigemessen. Alle Kinder und BetreuerInnen versammelten sich nach dem Frühstück um den Fahnenmast, an dem die österreichische Fahne hochgezogen wurde:

> „Der Fahnengruß hat besondere erzieherische Bedeutung. Er fördert das Gemeinschaftsgefühl und die Disziplin ... Vermeidet, dass eure Buben und Mädel in lässiger Haltung und schlampig, womöglich gar mit den Händen in den Taschen bei der Fahne stehen ..." (Teil C, S. 9 f.)

Als Fahnenspruch wurden z. B. folgende Texte vorgeschlagen:

„Das ist der Jugend sieghafte Kraft,
Dass sie am Werk der Zukunft schafft.
Unbeschwert von Formen und Zwang,
Hell begeistert vom Tatendrang.

Der Moral erstes Gesetz ist: Bilde dich selbst. Und ihr zweites: Wirke auf andere durch das, was du bist." (Teil B, S. 51)

Die pädagogischen Konzepte sind zwar im Kontext ihrer Zeit – den 1950er- bis 1970er-Jahren – zu deuten. Sie wurzelten aber eindeutig in der Pädagogik der Pionierlager der Sowjetunion und nicht in einer modernen Pädagogik. Wie diese Pädagogik die Persönlichkeitsentwicklung und das Denken der Kinder der Rückkehr geprägt hat, wurde erst gegen Ende der 1960er-Jahre im Kontext der antiautoritären Jugendbewegung reflektiert.

Die Inhalte der pädagogischen Arbeit zeigen sich auch in den Gedichten und den Vorschlägen für die Gestaltung von Festen. Der Abschnitt Gedichte umfasst 43 Seiten, davon sind 13 Seiten dem Thema „Heimat" gewidmet, eingeleitet mit dem Grillparzer-Text „Mein Vaterland": „Sei mir gegrüßt, mein Österreich/Auf deinen neuen Wegen ...", gefolgt von dem Gedicht „Österreich" von Lilly Weber-Wehle:

„Wie wunderbar doch unsere Heimat ist!
Mit Bergen, grünen Wäldern, blauen Seen,
mit kleinen Dörfern, Städten groß und schön,
herrliches Österreich, sei mir gegrüßt!

Wie stark und tüchtig unsere Heimat ist!
Es reiht sich Werk an Werk; des Starkstroms Kraft
Für unser Leben reichen Nutzen schafft.
Mein fleißiges Österreich, sei mir gegrüßt!

Wie froh und freundlich unsere Heimat ist!
Hell klingen Lieder dort von Mund zu Mund,
es gilt ein gutes Wort zu jeder Stund'.
Mein liebes Österreich, sei mir gegrüßt!

Kein besser' Land ich mir zur Heimat wüßt'!
Und gäb' man alle Schätze mir der Welt,
dies Land mich fest mit jeder Faser hält.
Mein teures Österreich, sei mir gegrüßt!"

3.2 Sozialisationsinstanzen 33

Gruppenwanderung auf den Hochobir (Juli 1960), Frühstücksvorbereitung
(Privatarchiv Ernst Berger)

Die folgenden 11 Seiten sind dem Thema „Arbeit" gewidmet, danach kommt der
1. Mai, es folgen „Frieden und Völkerfreundschaft", „Gedenken" und Erinnerung
an die Opfer des 12. Februar und der NS-Herrschaft. Auch „Frau und Mutter" darf
nicht fehlen. Gedichte über die Oktoberrevolution gehen nahtlos über in Lagerfeuer-Gedichte, die dem Selbstverständnis von Kinderland – Junge Garde entsprechen:

> „Die ‚Junge Garde' wandert gerne durch die Heimat und am Lagerfeuer wird von
> den großen Österreichern erzählt." (Kubin 1949, S. 22)

> „Am Lagerfeuer
> Hell lodern auf die Flammen,
> der Menschheit ein Symbol,
> dass ihrem hellen Lichte
> das Dunkel weichen soll.

Mag auch das Dunkel toben,
das Licht es bricht sich Bahn,
dann fängt für alle Menschen
ein neuer Morgen an.

Reicht Brüder euch die Hände
und schwört beim Feuerschein:
Ihr wollt der Menschheit Kämpfer
für Licht und Freiheit sein." (Teil B, Abschnitt Gedichte, S. 47)

Knapp ein Drittel des Ratgebers war der Vermittlung eines (relativ) unpolitischen Österreich-Bewusstseins (mit Gedichten von Grillparzer, Wildgans, Rosegger, Stelzhamer usw.) – einschließlich Mundart-Gedichten aus den verschiedenen Bundesländern – gewidmet, etwas mehr als zwei Drittel politischen Themen im weitesten Sinn.

Die meisten Kinder der Rückkehr waren in diese Kinderorganisation integriert. In den Interviews wird deutlich, dass viele – zumindest im Rückblick – dem pädagogischen Stil, wie er in den Auszügen aus dem Ratgebertext zum Ausdruck kommt, ambivalent bis ablehnend gegenüberstehen.

Das Konzept der Ferienaktion hat sich im Lauf der Jahrzehnte zwischen 1946 und 1966 deutlich gewandelt. Die ursprüngliche Vorstellung eines Angebotes an alle Kinder hat sich verengt. Im Jahre 1966 heißt es über die Situation der Ferienaktion:

> „Die Zusammensetzung der Kinder in den Ferienheimen verändert sich immer mehr in der Richtung, dass die Zahl der Kinder, die wir während des Jahres in den Sturmvogel- und Junge Garde-Gruppen erfassen, zurückgeht und ... denen daher unsere Erziehungsziele, das Leben in der Gemeinschaft, fremd sind." (Kinderland – Junge Garde 1966)

Zur Gründung 1946 hatte der erste Präsident von Kinderland, Ernst Fischer,[14] noch gesagt:

> „,Kinderland' soll eine ,Einheitsorganisation' ohne Parteischranken sein und die Erwachsenen solidarisch mit den Kindern verbinden. ,Kinderland' verteidigt immer und überall die Lebensinteressen aller Kinder und macht sich in allen Fragen der Kinder zu deren Sprachrohr." (Korp 1996, S. 5)

---

14 Ernst Fischer (1899–1972) war Mitglied der provisorischen Regierung 1945 und bis 1959 Nationalratsabgeordneter. Er war Schriftsteller und Kulturhistoriker und Mitglied des Pol-Büros der KPÖ. In der NS-Zeit lebte er im Moskauer Exil. Seine Tochter, Marina Fischer-Kowalski, war Interviewpartnerin im Rahmen des Forschungsprojekts, das diesem Buch zugrunde liegt.

Schon drei Jahre später wird hinter dieser Vorstellung die Wirklichkeit sichtbar, wenn anlässlich des ersten Bundeskongresses von „Kinderland – Junge Garde" im April 1949 die österreichischen Kinderorganisationen (Jungschar als Kindervereinigung der katholischen Kirche, Wölflinge als Kinderorganisation der Pfadfinder, Rote Falken als Teil der SPÖ) der Jungen Garde gegenübergestellt werden.

> „Die Roten Falken sind ein Teil der SPÖ und ihre Erziehung geht im Rahmen dieser Partei vor sich. Die SPÖ aber hat heute eine ausgesprochen reaktionäre Führung. … In der Jungen Garde werden die Kinder zu fortschrittlichen Menschen erzogen …" (Kubin 1949, S. 22)

Das Selbstverständnis des Jahres 1966 hat sich vom ursprünglichen Konzept noch weiter entfernt. Während 1946 noch eine Einheitsorganisation ohne Parteischranken propagiert wurde, wird 20 Jahre später – offenbar mit Bedauern – festgestellt, dass die Zahl von Kindern aus anderen Bevölkerungskreisen, die den KPÖ-Organisationen fernstehen, ansteigt. Diese Diskrepanz zeigt einerseits, dass die Realität dieser 20 Jahre die kommunistischen Organisationen auf sich selbst verwiesen hat, andererseits, dass man dem Zustrom anderer Kinder hilflos gegenüberstand. Diese Hilflosigkeit wird besonders deutlich in den Schlussfolgerungen, die aus der Ferienaktion gezogen wurden:

> „… Wir sollen keine Angst vor modernen Formen in Spiel und Unterhaltung … haben … Tanzpartys für die größeren Kinder, Einführung in Jazz, Songs etc. … Durchführung von Diskussionen über die verschiedenen ‚heißen Eisen'. Z. B. Problem ‚Bub-Mädel' … ‚kosmetische Ratschläge für Mädchen' … sittlich-ethische Fragen der Liebe und des Verhaltens zum anderen Geschlecht … Sofern die Zusammensetzung des Erzieherteams und die Persönlichkeit des Heimleiters eine positive Gestaltung solcher Themen ermöglicht. Bei aller Berücksichtigung mannigfaltigster moderner Formen sollen wir aber am Inhalt unserer politischen Erziehungsarbeit, an unseren Symbolen nichts ändern. … überalterte Formen … sollten fallen gelassen werden … Dasselbe gilt auch für die Wahl der Filme. (Beispiel: Der Film ‚Wie der Stahl gehärtet wurde' wirkte in einem Heim direkt negativ.)" (Kinderland – Junge Garde 1966)

3.3 Kulturkanon

Zum gemeinsamen Sozialisationsumfeld gehörte auch das kulturelle Umfeld. Die KPÖ hatte einen deutlichen kulturpolitischen Schwerpunkt, der unter anderem in der Person von Ernst Fischer wurzelte. Er hat im Moskauer Exil im ersten Kriegsjahr 1941 einen Gedenkartikel über Franz Grillparzer geschrieben, 1945 einen Essay über „Die Entstehung des österreichischen Volkscharakters" und 1952 einen Essay über Nikolaus Lenau (vgl. Mayenburg 1977, S. 549 f.). Diese Betonung eines österreichischen Patriotismus[15] hat ihren Vorläufer im englischen Exil bei Young Austria:

> „Der Linie der KP folgend, die neben dem Kampf gegen den Nazifaschismus die Wiederherstellung der Souveränität Österreichs zum zentralen Thema machte, wurden die Heimabende und Veranstaltungen in diesem Sinn gestaltet, um einen österreichischen Patriotismus zu entwickeln. Es wurde ein Chor gegründet und Volkstanzgruppen geschaffen, die in Dirndln und Lederhosen auftraten." (Rosner 2015)

Dieses „Kulturprojekt" der KPÖ wurde zu einem großen Teil vom Globus-Verlag[16] getragen, in dessen Buchproduktion Kinderbücher etwa ein Fünftel der Verlagsproduktion ausmachten (Hall 2011). Die Buchprodukte des Globus-Verlags pflegten ein traditionell-patriotisches Österreich-Bild, das auch in den Schulungsunterlagen der Kinderorganisation zu finden ist. Österreichische Klassiker wie Grillparzer, Nestroy, Rosegger, Ebner-Eschenbach wurden von der „Buchgemeinde" herausgegeben und mit Vorworten renommierter österreichischer Literaturwissenschaftler versehen.

Diese Literatur gehörte ebenso zur Kindheit wie qualitativ hochwertige Zeichentrick-Kinderfilme, die in den Nachbarländern Österreichs produziert wurden und (als „Ostblock-Produkte") nie auf den allgemeinen Kinomarkt gelangten. Die Kinderzeitschrift „Unsere Zeitung" („UZ") wurde 1946 bis 1953 (pro Jahr in durchschnittlich 24 Heften) von der Kinderorganisation „Kinderland – Junge Garde" im Globus-Verlag herausgegeben (Köstner 2001). Sie war eine inhaltlich und formal moderne Kinderzeitschrift, die von Mira Lobe,[17] Susi Weigel, Lilly Weber-Wehle und anderen gestaltet wurde. Politik im engeren Sinne war kein Thema, weltanschauliche Themen wie Frieden und Solidarität hingegen schon. Im Februar gab

---

15 Der politische Hintergrund des Österreich-Patriotismus ist dort zu suchen, wo sich die KPÖ bereits in den 1930er-Jahren von den deutschnationalen Orientierungen, die in der sozialistischen Partei dominierten, abgrenzte und sich als dezidiert „österreichisch" präsentierte. Alfred Klahr (1904–1944), Mitglied des ZK der KPÖ, nach seiner Flucht aus dem KZ Auschwitz in Warschau von der SS ermordet, entwickelte 1937 das Konzept der „österreichischen Nation". Vgl. Alfred Klahr, Zur österreichischen Nation. Mit einem Beitrag von Günther Grabner, hg. von der KPÖ, Wien, Globus-Verlag 1994.

16 „In dem von der KPÖ gegründeten Globus-Verlag sollten nicht nur die Presseorgane der Partei erscheinen, sondern es wurde auch ein Buchverlag gegründet, der die Aufgabe hatte, die gesamte österreichische Literatur aus Vergangenheit und Gegenwart abzudecken" (Rosner 2015).

17 Siehe http://www.miralobe.at/ und http://www.wienmuseum.at/uploads/tx_wxexhibition/Folder_Ich_bin_ich_Mira_Lobe_und_Susi_Weigel.pdf (Aufruf 29. 8. 2017).

3.3 Kulturkanon

es im Eislaufverein regelmäßig ein großes „UZ-Faschingsfest" – ein unpolitisches Volksfest für Kinder.

Der Lesestoff umfasste auch Bücher, die sich mit dem Aufbau des Sozialismus in der Sowjetunion befassten, mit dem Kampf der Sowjetunion im „Großen Vaterländischen Krieg" gegen Nazi-Deutschland oder mit dem Leben junger Menschen in anderen Ländern: „Timur und seine Freunde", „Die Junge Garde"[18], „Pablo der Indio", „Wie der Stahl gehärtet wurde"[19], „Ein Karren zog durch England", „Das Totenschiff". In der Zeitschrift „Jugend und Sozialismus" (3/3, 1950) werden sozialkritische Romane empfohlen: „Germinal" (Zola), „Die Mutter" (Gorki), „Straße zur Freiheit" (Fast), „Ditte Menschenkind" (Nexö[20]), die alle von der Buchgemeinde herausgegeben wurden.

„Das Neue Theater in der Scala" (1948–1956) kann nur bedingt als Baustein des „Kulturprojekts", aber durchaus als einer der Bausteine von Gemeinsamkeit gewertet werden. In der Monografie der Schauspielerin Carmen-Renate Köper (1995) wird deutlich, dass außer einigen Schauspielern, wie Karl Paryla, Wolfgang Heinz u. a., eigentlich niemand hinter dem Projekt stand, im Nachkriegs-Wien des Jahres 1946 ein neues Theater zu gründen – noch dazu ein genossenschaftliches Theater mit kollektiver Leitung, das sich an ein Arbeiterpublikum wenden sollte. Sowohl Stadtrat Viktor Matejka (zu jener Zeit KPÖ-Mitglied) als auch die KPÖ selbst standen dem Projekt höchst skeptisch gegenüber.[21] „Ich war aus zwei Gründen dagegen", zitiert Köper einen Rückblick von Ernst Fischer aus dem Jahr 1988, „ein noch so gutes von Kommunisten geleitetes Theater musste im Wien des Kalten Krieges sich und seine Mitglieder isolieren, und zu seiner Erhaltung waren kommunistische, also sowjetische, Subventionen erforderlich. Beides hielt ich für unzweckmäßig" (Köper 1995, S. 44). Dementsprechend lange dauerte die Realisierung des Projekts, das – zunächst von einem „Vorbereitenden Komitee" österreichischer Künstler am 5. Mai 1945 erdacht – im September 1948 in seine erste Spielzeit startete. Dazwischen lagen

---

18 Alexander Fadejew (1901–1956), Die Junge Garde, 1945 (deutsch 1949, Verlag für fremdsprachige Literatur, Moskau). Roman über den Kampf einer Jugendgruppe in der besetzten Sowjetunion gegen die Deutschen.

19 Nikolai Ostrowski (1904–1936), Wie der Stahl gehärtet wurde (deutsch 1934 im Stern Verlag, Wien). Roman über die Zeit des Bürgerkriegs in der Sowjetunion (siehe auch Kapitel 6.1 Abschnitt Jugend).

20 Martin Andersen-Nexö (1869–1954), dänischer Schriftsteller, der ab 1951 in der DDR lebte: „Ditte Menschenkind" (deutsch 1948, Dietz Verlag, Berlin).

21 Über die Endphase der Scala schreibt der Schauspieler Otto Tausig: „Mir schwante, dass die KP gar nichts dagegen hätte, wenn die Scala ‚umgebracht' würde. In den Augen der Partei waren die Schauspieler unsichere Kantonisten geworden, die stalinistische Praktiken ablehnten" (Tausig 2005, S. 126).

die Verhandlungen um das Gebäude (Favoritenstraße 8), die am 1. April 1948 mit der leihweisen Überlassung durch die sowjetische Besatzungsmacht abgeschlossen wurden. Trotz des Werbeslogans „Theater zu Kinopreisen" konnte in der Zeit des Kalten Krieges, in der das Theater als Russentheater verunglimpft und die Produktionen u. a. von Hans Weigel[22] verrissen wurden, für seine 1.256 Sitzplätze kein ausreichendes Publikum gewinnen. Die kollektive Leitung funktionierte nur zwei Jahre (danach übernahm Wolfgang Heinz die Leitung). Die Subventionen der KPÖ führten zu einer gewissen Abhängigkeit und schließlich dazu, dass dem Theater ein Parteivertrauensmann (Martin Rathsprecher) als Leiter diktiert wurde. Dennoch hat das Theater in den acht Jahren seiner Existenz relevante inhaltliche Akzente gesetzt: Nestroy-Stücke wurden in ihrer politischen Aussage inszeniert (eine Tradition, die erst in den 1980er-Jahren von der „Gruppe 80" fortgesetzt wurde), Brecht-Stücke konnten auch in der Zeit des Wiener Brecht-Boykotts (bei dem Hans Weigel eine zentrale Rolle spielte) aufgeführt werden. Für Kinder der Rückkehr waren vor allem die Kinderstücke relevant, die es in den anderen Wiener Theatern dieser Zeit nirgends gab: Zur Weihnachtszeit 1950 wurde „Zirkus in Putzerlbach" von Ernst Waldbrunn gespielt, 1952 „Tom Sawyer" (dramatisiert von Stefan Heym und Hanus Burger), 1953 „Herr Hecht und der Geheimverein" (Mira Lobe). Das Kinderstück „Onkel Demetrius und seine Freunde" (1954) wurde für Kinderland – Junge Garde produziert. Auch in der Scala spielte der Österreich-Schwerpunkt eine Rolle: 25 (von insgesamt 92) Produktionen waren Stücke österreichischer Autoren (Grillparzer, Raimund, Nestroy, Wildgans u. a.).

3.4 Die „Freie Österreichische Jugend" (FÖJ)

Die „Freie Österreichische Jugend" (FÖJ) wurde 1945 – aufbauend auf die Exilorganisation „Young Austria" (England) – gegründet und prägte die (politische) Sozialisation der Kinder der Rückkehr. In diesem Rahmen verbrachten sie den Großteil ihrer Freizeit – bei wöchentlichen Heimabenden, Pfingst- und Sommerlagern, Schikursen, politischen Demonstrationen, politischen Schulungen und Teilnahmen an internationalen Jugendtreffen. Hier fanden sie ihre ersten – bei einigen auch lebenslangen – Partnerschaften. Hier probten sie – in schaumgebremster Intensität (siehe Kapitel 6.1) – den pubertären Widerstand gegen die Elterngeneration. Die FÖJ stand in einem sehr engen Naheverhältnis zur KPÖ, das bis

---

22 Joseph McVeigh (2015), The Cold War in the Coffeehouse: Hans Weigel and His Circle of Writers in the Café Raimund, in: Journal of Austrian Studies, Volume 48/3, S. 65–87.

3.4 Die „Freie Österreichische Jugend" (FÖJ)

in die späten 1960er-Jahre anhielt. Erst das Jahr 1968 (Studentenbewegung, Neue Linke, Prager Frühling) läutete das Ende dieser Bindung ein, die 1970 durch einen formellen Bruch und den Ausschluss der FÖJ-Mitglieder aus der KPÖ vollzogen wurde. Das „Forum der Mittelschüler"[23] und die „Vereinigung Demokratischer Studenten" waren – neben und in Kooperation mit der FÖJ – wichtige Gruppen gemeinsamer politischer Aktivität.

Die KPÖ gab in den 1950er-Jahren unter dem Titel „Jugend und Sozialismus" eine „Monatsschrift für die junge Generation" heraus. Die Nr. 1 des Jahres 1950 (3. Jahrgang) manifestiert einige charakteristische Elemente der Jugendarbeit der KPÖ. Im ersten Beitrag beschreibt Jenö Kostmann (Rückkehrer aus der englischen Emigration, Redakteur der Parteizeitung „Volksstimme") die eben erfolgte Gründung der Deutschen Demokratischen Republik, gefolgt von einem Brecht-Gedicht zu Lenins Todestag (21. 1. 1924):

---

23 Mittelschüler-Organisation der KPÖ, die u.a. von Bobby Jensen und Teddy Prager geleitet wurde.

„Als Lenin gestorben war,
Sagte, so wird erzählt, ein Soldat der Totenwache
Zu seinen Kameraden: ich wollte es
Nicht glauben. Ich ging hinein, wo er liegt, und
Schrie ihm ins Ohr: Iljitsch,
Die Ausbeuter kommen! Er rührte sich nicht. Jetzt
Weiß ich, dass er gestorben ist.

Wenn ein guter Mann weggehen will,
Womit kann man ihn halten?
Sagt ihm, wozu er nötig ist.
Das hält ihn."

Der nächste Beitrag stammt von Emmi Brichacek (Mitglied der FÖJ-Leitung, Rückkehrerin aus dem englischen Exil, Frau des FÖJ-Vorsitzenden Otto Brichacek und wie er 1935/36 an der Leninschule in Moskau) (Köstenberger 2016): Eine Kurzbiografie („Unsere Helden") über Ludwig Schmidt, ZK-Mitglied des Kommunistischen Jugendverbandes, als Resistance-Angehöriger 1939 in Frankreich von der Gestapo verhaftet und in Berlin ermordet, schließt sie mit den Worten: „Ludwig hatte sein Leben aufgebaut auf den Säulen der Wissenschaft des Marxismus-Leninismus. Diese Erkenntnis gab ihm die Kraft und den Glauben an eine bessere Zukunft. Dieser Sache blieb er treu." (Brichacek 1950).

Hermann Langbein[24] schreibt einen Schulungsartikel im Frage-Antwort-Format zum Thema „Was ist die Diktatur des Proletariats?":

„… Es gibt keinen Staat, der über den Klassen steht. Jeder Staat mit seinem weitverzweigten Apparat – Polizei und Heer, Gericht und Verwaltung, Schulen und Ämtern – ist ein Machtinstrument in den Händen der herrschenden Klasse. Und in diesem Sinn kann man jeden Staat als eine Art Diktatur bezeichnen. … Diktatur des Proletariats heisst also: Führung des Staates durch die Arbeiterklasse zu einer sozialistischen Gesellschaft ohne Ausbeutung und Klassenkampf …" (Langbein 1950)

Der letzte Beitrag gibt eine Resolution des Politischen Büros des Zentralkomitees der KPÖ (Dezember 1949) wieder. Unter dem Titel „Die Aufgaben der Partei zur Gewinnung der jungen Generation" wird der Ausgang der Nationalratswahl 1949, bei der die KPÖ nur 5 % der Stimmen erhielt, selbstkritisch analysiert:

---

24 Interbrigadist, KZ-Häftling in Dachau und Auschwitz, nach 1945 Leiter der KPÖ-Parteischule, Sekretär des Internationalen Auschwitzkomitees, Autor zahlreicher Bücher: über Auschwitz, über den Auschwitzprozess, über die Massentötungen durch Giftgas usw.; Ausschluss aus der KPÖ 1958, siehe auch: Brigitte Halbmayr (2012).

3.4 Die „Freie Österreichische Jugend" (FÖJ)

> „Die Ergebnisse der Wahlen haben uns auf die Schwächen und Mängel unserer gesamten Arbeit unter der Jugend aufmerksam gemacht. ... Das ist ein äußerst ernster Mangel und muss von der Partei zum Ausgangspunkt gemacht werden, um unsere gesamte Jugendarbeit kritisch zu überprüfen ... Eine besondere Rolle ... kommt der Arbeit der Kommunisten in der Freien Österreichischen Jugend zu. In einer kritischen Untersuchung dieser Arbeit hat das Sekretariat der Partei die Jugendgenossen auf eine Reihe von Schwächen und Fehlern aufmerksam gemacht. ... Mehr als bisher wird es Aufgabe der FÖJ sein, die Jugendlichen nur bis 21 Jahre zu erfassen ... Die Trennung zwischen politischer marxistisch-leninistischer Erziehungsarbeit und einem gesunden geselligen Leben und entsprechender Tätigkeit der Jugend (Sport, Spiel, Unterhaltung, Tanz usw.) muss beseitigt werden. ... Die FÖJ betrachtete sich oftmals als ausschließlich politische Organisation. Das muss anders werden. Sie muss sich ganz auf die Jugend einstellen. ... Der Jugendfunktionär darf nicht nur Funktionär sein, sondern er muss vor allem Freund und Kamerad sein ..." (Politisches Büro 1950)

In einem Abschnitt „Mädelarbeit" wird ein kleinbürgerliches Rollenbild propagiert, das weit hinter die Ideen der austromarxistischen Jugendbewegung der 1920er-Jahre zurückfällt:

> „Wo immer wir die Möglichkeit haben, sollen wir junge Mädchen für ihre speziellen Wünsche und Interessen zusammenfassen, z. B. in Nähkursen, eigenen Sportzusammenkünften, Vorträgen, Heimabenden usw. ... In der FÖJ selbst muss den Mädeln ein größeres Betätigungsfeld geschaffen werden ..." (Politisches Büro 1950)

Der Aufbau des Heftes zeigt die Ziele der Jugendarbeit: Der Bezug zur Geschichte der Arbeiterbewegung (Lenin-Gedicht und Kurzbiografie) dient der Identitätsbildung, gefolgt von Beiträgen zur politischen Grundschulung und zu aktuellen politischen Fragen (Gründung der DDR, Wahlergebnis in Österreich).

In der Resolution des Pol-Büros fällt vor allem das Selbstverständnis in der Beziehung zwischen Partei und FÖJ auf: Die FÖJ, der Verantwortung für die Wahlniederlage zugeschrieben wird, erhält Direktiven für die künftige politische und organisatorische Arbeit, die von der Vorstellung einer selbstverantwortlichen und eigenständigen Jugendorganisation weit entfernt sind.

Unvermeidbar war zu dieser Zeit ein Beitrag zur Apotheose Stalins.[25] Ernst Fischer schreibt 1949 zum 70. Geburtstag Stalins einen Beitrag unter dem Titel „Stalin glaubt nicht an das Schicksal", den er mit den Sätzen schließt:

---

25 Der „Personenkult" um Stalin hat nach dem Sieg der Sowjetunion über den Hitlerfaschismus einen neuen Höhepunkt erreicht und wurde erst 1956 – drei Jahre nach seinem Tod – durch Chruschtschow relativiert.

„Stalins Weg – das ist der Weg der revolutionären Arbeiterklasse aus der Schmach der Bürgerwelt zum Sieg des Sozialismus. Stalins Gestalt – das ist die Verkörperung der unbesiegbaren Kraft der Arbeiterklasse und der größten Idee des Menschengeschlechts. Stalins Werk – das ist der Sieg des menschlichen Willens, des menschlichen Bewusstseins über das dunkle Schicksal der Vergangenheit." (Fischer 1949)

3.5 Krisen, Abkehr und Ausschluss

Solche Vorstellungen, Werte und Verhaltensregeln prägen die Kinder der Rückkehr bis in die zweite Hälfte der 1950er-Jahre. Erst 1956 – nach dem 20. Parteitag der KPdSU und nach dem Einmarsch der Roten Armee in Ungarn Anfang November – begannen in der KPÖ die ersten Zweifler, diese dogmatisch-ideologischen Bilder in Frage zu stellen. Dass Ernst Fischer, der die stalinistische Realität der Sowjetunion aus eigenem Erleben im Moskauer Exil im Hotel Lux[26] kennengelernt hatte, zu dieser Zeit noch begeisterter Apologet Stalins war, ist heute kaum noch nachvollziehbar. Der DDR-Sänger Wolf Biermann erinnert sich in seiner Autobiografie an ein Gespräch mit Ernst Fischer im Jahre 1965:

„‚Habt ihr denn nicht gemerkt, dass Genossen, die ihr aus dem Kampf gegen Hitler kanntet, in Moskau als Gestapospitzel diffamiert und weggeschleppt, gefoltert und erschossen wurden?' – ‚Ja', sagte Fischer, ‚wir haben alles gemerkt und gesehen – aber wir konnten nichts machen. Jeder hatte Angst um sein Leben, um das Leben seiner Liebsten, der Kinder, aber noch mehr Angst um >unsere große Sache<. Wir dachten, diese Verbrechen sind tragische Irrtümer oder Verbrechen von Verrückten in der Führung, die bald vom Genossen Stalin durchschaut und mit starker Hand korrigiert werden.'" (Biermann 2016, S. 148)

Zwischen dem Gespräch und seiner Niederschrift liegen 50 Jahre. Auch wenn die Authentizität der Worte möglicherweise nicht ganz verlässlich ist, zeigen sie doch den Weg vieler Kommunisten, die bis in die 1960er-Jahre in der KPÖ geblieben sind. Zum Zeitpunkt des Gesprächs mit Biermann war Ernst Fischer bereits auf dem Weg der Distanzierung von den stalinistischen Traditionen und der dogmatischen Politik der kommunistischen Parteien. Sein Ausschluss aus der KPÖ erfolgte dann 1969. Diesen Weg sind viele der Kinder der Rückkehr mitgegangen. Warum er so lange gedauert hat, bleibt eine der schwer zu beantwortenden Fragen. Ein Teil der Antwort ist zweifellos im Wissensdefizit zu suchen. Der Begriff des

---

26 Ruth von Mayenburg (1978), Hotel Lux. Mit Dimitroff, Ernst Fischer u. a. im Moskauer Quartier der Kommunistischen Internationale, Bertelsmann Verlag, München.

„Stalinismus" war damals mit „Personenkult" und „Parteisäuberung" verbunden, aber nicht mit dem „großen Terror", der sich gegen ganze Bevölkerungsgruppen richtete. So wurden z. B. die historischen Fakten der „Sonderumsiedlungen" des Februar 1933 – gestützt auf die Auswertung sowjetischer Archive – erst 2007 publik: Zwei Millionen verarmter und hungernder Menschen strömten damals in die Großstädte, wurden verhaftet und nach Sibirien deportiert, wo sie verhungerten und zu Kannibalen wurden (Figes 2008).

Dieses Detailwissen war in den 1960er-Jahren noch nicht vorhanden. Hinzu kam, dass es vielen schwerfiel, sich von Überzeugungen abzuwenden, denen sie einen Teil ihres Lebens geopfert hatten. Gundula Herrnstadt-Steinmetz stellt, auf ihren Kampf gegen den Faschismus zurückblickend, die Frage „Für einen ganz großen Betrug an der Menschheit habe ich mein Leben eingesetzt?" und betont an anderer Stelle, dass es beim Aufbau des Widerstandes gegen den Faschismus keine andere Alternative gegeben hätte (Herrnstadt-Steinmetz 1997). Auch der große österreichisch-britische marxistische Historiker Eric Hobsbawm bilanziert, dass die Welt außerhalb der USA ohne die Oktoberrevolution wahrscheinlich aus verschiedenen Varianten von autoritären und faschistischen Staaten bestehen würde (Hobsbawm 1995).

3.6 Die Rückkehrer und der Kalte Krieg

Im Österreich der 1950er-Jahre dominierte der Antikommunismus in allen Gesellschaftsbereichen.

> „Der alle rechtlichen und politischen Schranken relativierende Antikommunismus führte auch dazu, dass höchst belastete ehemalige NSDAP-Eliten oder Fachleute aus der NS-Rüstungsindustrie aus ‚nationalem Interesse' integriert wurden, während man etwa Künstler/innen, die im als kommunistisch stigmatisierten Neuen Theater in der Scala für die sowjetische Filmindustrie oder die ‚Russische Stunde' der RAVAG gearbeitet hatten, ausgrenzte. … So besitzt also der Antikommunismus meiner Meinung nach sowohl auf der Ebene der Eliten als auch im gesellschaftlichen Diskurs nach 1945 eine wesentlich wichtigere verbindende Funktion als etwa der Mythos der Lagerstraße, das heißt die gemeinsamen traumatischen Erinnerungen von späteren Funktionären der ÖVP und SPÖ an die NS-Konzentrationslager oder -Gefängnisse." (Rathkolb 2015, S. 33 und 35)

Auch wenn der Oktoberstreik des Jahres 1950 für die meisten der Kinder der Rückkehr keine unmittelbare Bedeutung hatte, prägte er doch ganz entscheidend das Klima, in dem diese jungen Menschen – damals noch Kinder – aufwuchsen. Die

Streikbewegung, die als Protest gegen das Lohn-Preis-Abkommen der Regierung entstand und in der amerikanisch besetzten Zone in Steyr ihren Anfang nahm, dauerte – in mehreren Phasen – vom 27. September bis 5. Oktober (Hautmann 2010). Die Regierung und viele österreichische Medien behaupteten, die KPÖ hätte, motiviert und unterstützt von der sowjetischen Besatzungsmacht, langfristig einen Putsch zur Machtübernahme geplant. Dass diese „Geschichtslegende" (Hautmann) jeder Grundlage entbehrte, wurde u. a. durch eine Analyse der sowjetischen Besatzungspolitik belegt (Mueller 2005).

> „Ein wichtiges Ereignis für die österreichische Identitätsbildung ist in diesem Zusammenhang der angebliche kommunistische Putschversuch vom September/Oktober 1950. … Alle vorhandenen Quellen und die beinahe einheitliche Meinung der entsprechenden wissenschaftlichen Analysen schließen eine derartige Planrichtung als unrealistisch aus, doch der ‚Putschversuch' von 1950 bleibt ein Mythos, der trotz zahlreicher Studien immer noch präsent ist, ein Mythos, der aus der Österreich-Identität der Nachkriegsgeneration nicht wegzudenken ist." (Rathkolb 2015, S. 34)

Diese Legende erfüllte eine wichtige – und langfristig wirksame – Funktion in der Periode des Kalten Krieges in Österreich. Der Kalte Krieg, der mit der Truman-Doktrin 1947 seinen Anfang nahm und zwischen 1947 und 1951 seine explosivste Phase hatte (Hobsbawm 1995, S. 289), war für die Kinder der Rückkehr von unmittelbarer und prägender Bedeutung. Er begründete die antikommunistisch (und antisemitisch) akzentuierte Ausgrenzung, die im Alltagsleben der Kinder immer wieder spürbar wurde. Er war auch die Bedingung eines Bedrohungserlebnisses im Jahre 1953. In den USA wurde das Ehepaar Rosenberg – Eltern von zwei Söhnen, der Jüngere Jahrgang 1946 – unter dem Vorwurf der Atomspionage zugunsten der Sowjetunion hingerichtet (vgl. Meeropol 2008), und in Wien wurde Kurt Ponger, Rückkehrer aus dem US-Exil, unter dem Vorwurf der Doppelspionage von den Amerikanern verhaftet und in die USA verschleppt, wo er bis Anfang der 1960er-Jahre im Gefängnis saß (Moses 1974). Seine Kinder, deren Mutter bald danach verstarb, wuchsen – ebenso wie die Rosenberg-Kinder – bei Freunden auf. Die Bedrohungen des Kalten Krieges, der in Korea ein heißer war, waren durch solche und ähnliche Ereignisse ganz nahe. Otto Tausig, Schauspieler an der Scala, beschreibt das Klima dieser Jahre:

> „Wir schreiben das Jahr 1948, seit Kriegsende sind drei Jahre vergangen. Die Erinnerung an das Konzentrationslager, in dem Sozialisten und Schwule, Zigeuner und Christlichsoziale, Monarchisten, Schwarzschlachter und Kommunisten gemeinsam um ihr Leben zitterten, verblasst langsam. Es hat Wahlen gegeben, bei denen die Kommunisten aus der Regierung geflogen sind, und jetzt kämpfen die Parteien wieder gegeneinander um die Wähler – und miteinander gegen die Kommunisten. Noch

fahren die vier Besatzungsmächte im selben Jeep, aber schon gibt es einen eigenen amerikanischen Sender und eine ‚Russische Stunde' im österreichischen Rundfunk und bald wird ein Schauspieler, der bei dem einen mitwirkt, beim anderen auf einer schwarzen Liste stehen und nie mehr beschäftigt werden. Die Russen finanzieren die angeblich überparteiliche Zeitung ‚Neues Österreich' und die Amerikaner Friedrich Torbergs Kulturzeitschrift ‚Der Monat', die einige Zeit später zu einem Boykott gegen Bert Brecht aufrufen wird. Der Kalte Krieg wird kälter, die Bandagen werden härter." (Tausig 2005, S. 89)

In diesem gesellschaftlichen Klima – geprägt durch die konservativ-klerikale Restauration und den Kalten Krieg – sind die Kinder der Rückkehr in der isolierten Ecke der KPÖ und ihrer Organisationen aufgewachsen und haben hier ihre politische Sozialisation erfahren. Das Wiener Festival 1959 – korrekt: die Weltfestspiele der Jugend und Studenten – war für viele ein markantes Erlebnis. Es ist gleichzeitig ein – wenngleich in seiner Größe einmaliges – typisches Beispiel für eine politische Aktivität der FÖJ und ihr Verhältnis zur KPÖ.

3.7 Die Weltfestspiele der Jugend und Studenten in Wien

Das Wiener Festival war das siebente in einer Reihe, die 1947 in Prag begonnen hatte und im Zweijahresrhythmus (Budapest, Berlin, Bukarest, Warschau, Moskau) fortgesetzt wurde. Es war das erste, das nicht in der Hauptstadt einer „Volksdemokratie" abgehalten wurde.[27]

Im März 1958 informierte Bundeskanzler Julius Raab das Vorbereitungskomitee, das aus Vertretern aus 50 Ländern bestand, über den einstimmigen Beschluss der österreichischen Bundesregierung, der Abhaltung des Festivals zuzustimmen. Öffentliche Gegenstellungnahmen wurden bald danach von der ÖVP-Jugend, der Österreichischen Hochschülerschaft und vom SPÖ-Bundesvorstand veröffentlicht, die das Festival als kommunistische Propagandaaktion darstellten. Die politische Losung des Festivals lautete: „Frieden, Freundschaft und Verständigung unter der Jugend aller Völker".

Die vorbereitenden Aktivitäten begannen im Frühjahr 1959 unter anderem mit einer Österreich-Tour des weltbekannten tschechischen Leichtathleten-Paares Emil (Olympiasieger 1952) und Dana Zatopek, die für das Sportprogramm des Festivals warben.

---

27 LBIGG, Archiv der Freien Österreichischen Jugend, Signatur 1.7.1.

In den Junge Garde-Gruppen wurden Geschenke für die FestivalteilnehmerInnen gebastelt. Da die Stadt Wien die Nutzung der Schulen verweigerte, war die Beschaffung ausreichender Quartiere nicht einfach. Neben dem FÖJ-Badegrund an der Alten Donau und Zeltlagern (u. a. im Prater) wurden für die Zeit des Festivals vom 26. 7. bis 4. 8. 1959 auch 1.500 Betten in privaten Wohnungen zur Verfügung gestellt. Die KPÖ mobilisierte alle Ressourcen, die ihr in Wien zur Verfügung standen. Insgesamt waren es ca. 3.000 freiwillige Helfer, die auch aus den Reihen der Kinder der Rückkehr kamen – als BegleiterInnen der FestivalteilnehmerInnen auf ihren Wegen durch die Stadt in ihre Quartiere, als DolmetscherInnen, als BetreuerInnen – manche von ihnen noch recht jung.

Das Festival hatte ein reichhaltiges Programm, das vom Tag der „Kolonialjugend" über den „Tag der Mädchen" bis zum Tag des Friedens reichte. Das Kulturprogramm „Reise um die Welt" präsentierte Aufführungen aus Schottland, Indien und China – im Nachkriegsösterreich absolut einzigartig.

3.7 Die Weltfestspiele der Jugend und Studenten in Wien

Absolute Highlights des Festivals waren ein Festumzug auf der Ringstraße und ein Fest auf dem Heldenplatz. Paul Robeson[28] sang („Old Man River") und Klaus Kinski[29] rezitierte (Villon, Brecht, Majakowski usw.). Beide waren weltberühmt – vor allem aber: Der überfüllte Heldenplatz gehörte den TeilnehmerInnen des Festivals und nicht – wie wenige Monate zuvor im Rahmen der „Schillerfeier"[30] – den deutschnationalen Burschenschaftern.

> „‚Die Jugend der Welt wird zu Gast bei uns sein und das Leben wird schön wie die Zukunft sein' – das war der Text des Festivalliedes von Berlin. Den hatten wir im Kinderlandheim gelernt und er hat das ausgedrückt, was wir damals empfunden haben. Das Schlagwort von der internationalen Solidarität war jetzt konkret. Auch Jugendliche aus Korea waren da, die eben noch den Koreakrieg erlebt haben. Die algerische Delegation durfte ihre Fahnen nicht entrollen. Die Kolonialmacht Frankreich hatte auf diplomatischem Wege Einspruch erhoben. Auch wenn wir in unserem Land Außenseiter waren – jetzt bestimmten wir das Geschehen und konnten zeigen, dass wir zu einer riesigen internationalen Gemeinschaft gehörten." (Berger 2018, S. 159)

Das politische Klima, in dem sich dieses Festival ereignete, war jedoch ein anderes. Österreich hatte sich im Kalten Krieg vom antifaschistischen Grundkonsens, der den Anfang der Zweiten Republik geprägt hatte, mittlerweile ein gutes Stück entfernt. Das Dokumentationsarchiv des österreichischen Widerstandes – gegründet 1963 von Herbert Steiner (Rückkehrer aus dem englischen Exil und Mitbegründer der FÖJ[31]) – resümiert im Jahre 2003: „Die so genannten ‚Schillerfeiern' 1959 verdeutlichten der breiten Öffentlichkeit ebenso wie der politischen Ebene, in welchem bis dahin nicht vermuteten Ausmaß ein deutschnational geprägter Rechtsextremismus und Neonazismus in den vergangenen Jahren wieder erstarkt waren."[32]

---

28 Paul Robeson (1898–1976), promovierter Jurist, US-amerikanischer Schauspieler und Sänger, überzeugter Sozialist, unterstützte die Internationalen Brigaden im Spanischen Bürgerkrieg, in der McCarthy-Ära als Kommunist verfolgt, Mentor von Harry Belafonte.
29 Klaus Kinski (1926–1991), prominenter deutscher Schauspieler, lebte von 1955 bis 1960 in Wien.
30 „Bereits 1959 war die österreichische Öffentlichkeit bei den so genannten ‚Schillerfeiern' auf das breite Spektrum der wieder bzw. neu erstandenen rechtsextremen und neonazistischen Organisationen, besonders unter Jugendlichen, mit Erschrecken aufmerksam geworden." Brigitte Bailer-Galanda http://www.nachkriegsjustiz.at/service/archiv/Bailer_60erJahre.php (Download 18. 5. 2012).
31 Biografie von Brigitte Halbmayr: Herbert Steiner – Auf vielen Wegen, über Grenzen hinweg, Weitra: Bibliothek der Provinz (edition seidengasse) 2015.
32 DÖW-Mitteilungen 162/2003, S. 2.

Der Widerstand gegen das Festival[33] kam aus allen politischen Richtungen und war gut organisiert: Die Erzdiözese Wien wies im Juli 1959 in einem Rundschreiben auf das Diözesanblatt Nr. 122 als Informations- und Argumentationsgrundlage gegen das Festival hin. Die ÖVP veranstaltete ein dreitägiges Seminar, bei dem u. a. Vorträge über „das kommunistische Menschenbild" und über „Koexistenz – kommunistische Strategie und Taktik" gehalten wurden. Das „Neue Österreich" berichtete am 4. März 1959 über eine von der Österreichischen Hochschülerschaft gemeinsam mit dem Bundesjugendring abgehaltene Protestwoche unter dem Motto „Ablehnung der kommunistischen Weltjugendfestspiele" sowie über den Aufruf der ÖH zu einem Hörerstreik am 6. März 1959 mit Unterstützung der Rektorenkonferenz. Die Sozialistische Jugend beschloss auf ihrem 7. Verbandstag eine Resolution mit dem Titel „Keine sozialistische Teilnahme an den kommunistischen Weltjugendfestspielen!". Die Aktivitäten eines Teils der SPÖ, der einen „Bund zur Betreuung ausländischer Gäste" (später „Sommerkursus") zur Propaganda unter den ausländischen Delegationen organisierte, führten zu einer Warnung des SPÖ-Vorsitzenden, Vizekanzler Bruno Pittermann, vor offenen Konfrontationen wegen der Gefahr eines außenpolitischen Schadens für das neutrale Österreich. Am 16. Juli 1959 wurden im Souterrain-Lokal der FÖJ in der Klagbaumgasse im 4. Bezirk sämtliche Fensterscheiben eingetreten. Die Zeltlager der FestivalteilnehmerInnen mussten von einem Ordnerdienst der KPÖ und FÖJ gegen potenzielle Angriffe geschützt werden.

In diesem Spannungsfeld zwischen einer feindlichen politischen Umwelt und dem hautnahen Erleben der Zugehörigkeit zu einer weltweiten politischen Bewegung machten die Kinder der Rückkehr ihre ersten eigenen politischen Erfahrungen.

Der Bundesobmann der FÖJ, Walter Wachs, resümierte in der August-Nummer der FÖJ-Zeitschrift „Jugend voran"[34]: „18.000 Vertreter der Jugend aus 112 Ländern, Mitglieder aus mehr als 1200 Jugend- und Studentenorganisationen verschiedenster Ansichten und Bekenntnisse waren nach Wien gekommen" (Wachs 1959). Obwohl es sich um ein Jugendfestival handelte, war der eigentliche Organisator nicht die FÖJ, sondern die KPÖ. Vorsitzender des Österreichischen Organisationskomitees (Konstituierung März 1959) war Walter Hollitscher, Mitglied des Zentralkomitees und Univ.-Prof. an der Humboldt-Universität in Berlin/DDR. Parallel dazu gab es ein Organisationskomitee der KPÖ (Konstituierung im November 1959), dem Friedl Fürnberg, Generalsekretär der KPÖ, und Heinrich Fritz, Kaderchef der KPÖ, angehörten. Die zusammenfassende Einschätzung wurde unter dem Titel

---

33 LBIGG, Archiv der Freien Österreichischen Jugend, Signatur 1.7.1.9.
34 Die Zeitschrift „Jugend voran", das Organ der Freien Österreichischen Jugend, erschien später unter dem Titel „Jugend 19xx" (Beifügung der jeweiligen Jahreszahl).

3.7 Die Weltfestspiele der Jugend und Studenten in Wien

„Ergebnisse der 7. Weltfestspiele in Wien" vom Politischen Büro des ZK der KPÖ „zweite Hälfte August 1959" erstellt: „Es muss festgehalten werden, dass unsere Partei ... zum Hauptträger des Festivals wurde – unmittelbar nach einem schweren Wahlkampf, der mit einer Niederlage endete." Vorsichtig wird Kritik geübt: „Einige Mitglieder des Internationalen Komitees waren gewohnt, nur allgemeine Direktiven zu geben, ohne selbst bei der Arbeit mit Hand anzulegen." Das gilt zweifellos den Funktionären der Bruderorganisationen aus den Volksdemokratien. In die gleiche Richtung zielt der Bundesobmann der FÖJ, Walter Wachs, der allerdings erst Mitte Februar 1960 in „ergänzenden Bemerkungen" Stellung nimmt und ebenfalls die organisatorischen Unstimmigkeiten – insbesondere zwischen dem internationalen und dem österreichischen Komitee – vorsichtig andeutet.

Knapp zwei Jahre später, im April 1961, fand der erste bemannte Raumflug statt – die Sowjetunion hatte den Wettlauf im All gewonnen. Juri Gagarin war der erste Mensch im Weltraum. Er war 1962 Gast beim nächsten Festival in Helsinki, aber schon kurz vorher, im Mai 1962, auf Besuch in Wien. In der Stadthalle gab es ein Treffen mit SchülerInnen der Russischklassen der Stubenbastei, des Bundesrealgymnasiums (BRG) I, unter ihnen viele der Kinder der Rückkehr, die dem Kosmonauten und Helden der Sowjetunion die Hand schütteln durften.

Gagarin in der Wiener Stadthalle (Privatarchiv Ernst Berger)

3.8 Die Stubenbastei, die Borodajkewycz-Affäre, das Jahr 1968 und die Folgen

Die Stubenbastei war für viele Kinder der Rückkehr ein subkultureller Mikrokosmos, ein wirksames Gegengewicht gegen die Ausgrenzung von der Mainstreamgesellschaft. Hier, in der Schule, erlebten sie sich tonangebend, hegemonial im wahrsten Sinn des Wortes. Schon im Schuljahr 1946/47 war der – auch heute noch bestehende – Russischunterricht aufgenommen worden. Russisch konnte als erste lebende Fremdsprache von der ersten bis zur achten Klasse gelernt und als Maturafach gewählt werden. Das motivierte viele im KPÖ-Milieu beheimatete Eltern, ihre Kinder in diese Schule zu schicken. Dazu kam noch die Tatsache, dass die Russischklassen koedukativ geführt wurden. Mädchen und Buben gemeinsam in einer Klasse – das war damals in den Sekundarstufen des Wiener Schulsystems noch nicht sehr weit verbreitet und für progressive Eltern zweifellos attraktiv. Trotz der spezifischen politischen Konstellation war die Stubenbastei ein Spiegelbild der österreichischen Nachkriegsgesellschaft.

„Da gab es ja Mitschüler, die damals kein Hehl daraus machten, dass ihre Väter Nationalsozialisten waren. Oder christliche Widerstandskämpfer. Oder Mitläufer. Oder Kommunisten. Andere waren da schweigsamer. Wir wussten, wer katholisch war, wer evangelisch und wer ohne religiöses Bekenntnis, schon des Religionsunterrichts wegen, wir hatten Vorstellungen davon, was das politisch bedeutet haben mag ... Persönliche Sympathien und Antipathien? Oder gab es familiäre Feindschaften und Skepsis aus den Tagen des kurz vorher stattgefundenen Krieges? Verlief da in unserer Klasse eine sichtbare oder unsichtbare Frontlinie? ... Das Schweigen über das Geschehene war ausgeprägt. ... Ich habe später auch ein paar Lehrer befragt. Eine Professorin sagte: ‚Es war ein ungeschriebenes Gesetz im Lehrerzimmer, nicht über die Herkunft der Kinder zu sprechen ...'" (Krag 2005, S. 11 f.)

Helen Liesl Krag, damals noch Rosenstrauch, war ein Kind der Rückkehr, geboren 1942, Maturajahrgang 1960 und somit eine der Älteren der „KinderjausnerInnen". In den späteren Jahren waren die Widersprüche, auf die sie hinweist, nicht mehr ganz so scharf ausgeprägt. Aber die Tatsache, dass der Direktor der ersten Nachkriegsjahre der 1934 zwangspensionierte Glöckel[35]-Mitarbeiter Johann Radnitzky war, dem später (1954) Franz Häußler, Schulreformer in der Vor- und Nachkriegszeit, zwischenzeitlich aber Mitglied der NSDAP, als provisorischer Schulleiter und danach der Sozialdemokrat Ernst Nowotny, der Vater des heutigen Nationalbankgouverneurs, folgten, zeigt die widerstreitenden Tendenzen an dieser prominenten Wiener Schule.

---

35 Otto Glöckel (1874–1935), sozialdemokratischer Schulreformer der Ersten Republik.

3.8 Die Stubenbastei, die Borodajkewycz-Affäre, 1968 und die Folgen

Eine Episode wirft ein bitteres Schlaglicht: In einer Maturantenzeitung am Anfang der 1960er-Jahre wurde über einen Lehrer – bezugnehmend auf seine geringe Körpergröße – gewitzelt, dass er sein kleines Skelett testamentarisch dem Naturgeschichtskabinett der Schule vermacht habe. Vermutlich war den Autoren dieses „Witzes" nicht bekannt, dass dieser Lehrer Auschwitzüberlebender war. Auch vom rassenbiologischen Projekt des Anatomen August Hirt, der die Leichen jüdischer Auschwitzhäftlinge 1943 nach Straßburg bringen ließ, um eine jüdische Skelettsammlung anzulegen,[36] wusste damals wohl niemand. Für viele Kinder der Rückkehr war die Stubenbastei trotz allem eine – mittlerweile legendäre – Heimat.

Schon Ende der 1950er-Jahre sind an den Rändern der FÖJ Subgruppen und private Zirkel entstanden, die durch kulturelle Interessen verbunden waren. Das Interesse galt dem Rock'n'Roll, eingebettet in die damals als „Halbstarke" bezeichnete Jugendkultur, und vor allem dem Jazz, dem damals noch verpönten Import aus den USA. In diesen Interessen machte sich innerhalb der KPÖ-Jugendorganisation ein subtiler Protest gegen den Anti-Amerikanismus der KPÖ und gegen die kulturellen und politischen Werte der Eltern Luft. Treffpunkte waren u. a. ein – heute nicht mehr existenter – Jazzkeller Ecke Währinger Straße/Sensengasse oder auch das Art Center am Petersplatz, vielfach auch private Wohnungen. Anders als in der Halbstarkenszene gab es hier aber auch cineastische Interessen, die sich auf den italienischen Neoverismo, den kritischen deutschen Nachkriegsfilm (Wolfgang Staudte „Die Mörder sind unter uns" 1946, „Rosen für den Staatsanwalt" 1959), aber auch auf die Filme des polnischen Regisseurs Andrzej Wajda (z. B. „Asche und Diamant" 1958) richteten.

Durchgängiges Element der Gemeinsamkeit war politisches Engagement. Die Themen der frühen 1960er-Jahre reichten vom Kampf gegen die reaktionäre Restauration der österreichischen Gesellschaft bis zur Solidarität mit internationalen Bewegungen. Der Widerstand gegen das Wiedererstarken der rechten, militaristischen Kräfte in Österreich war ein identitätsbildender Faktor. So veranstaltete der Österreichische Kameradschaftsbund – gegründet 1951, der militärischen Traditionspflege verpflichtet – im Oktober 1962 im historisch eng mit der Familie Krupp verbundenen niederösterreichischen Berndorf ein Treffen. Die FÖJ organisierte eine Großdemonstration und konnte dieses Treffen erfolgreich blockieren.

---

36 http://www.spiegel.de/einestages/ns-verbrechen-a-950002.html (Download 2. 4. 2017). Unethical Nazi Medicine in Annexed Alsace-Lorrain. The Strange Case of Nazi Anatomist Professor Dr. August Hirt, in: Historians and Archivists Essay in Modern German History and Archival Policy, Virginia; 1991, S. 173–208.

7. Oktober 1962 in Berndorf (Privatarchiv Ernst Berger)

Einige Jahre später erschütterte die „Affäre Borodajkewycz"[37] die österreichische Republik. Eine Vorlesungsmitschrift des späteren Finanzministers Ferdinand Lacina machte die antisemitischen Äußerungen des Universitätsprofessors Taras Borodajkewycz an der damaligen Hochschule für Welthandel publik. Eine breite Plattform politischer Organisationen unter der Bezeichnung „Österreichische Widerstandsbewegung" organisierte Demonstrationen in der Wiener Innenstadt. Bei der Großdemonstration am 31. März 1965 wurde der Kommunist Ernst Kirchweger[38] von rechtsradikalen Burschenschaftern tödlich verletzt. Die KPÖ und die FÖJ stellten bei dieser Demonstration wesentliche Teile des Ordnerdienstes. Kirchwegers Begräbnis am 8. April 1965 war Anlass für die größte antifaschistische Demonstration seit 1945, an der sich auch Vizekanzler Bruno Pittermann beteiligte.

---

37 Vgl. Brigitte Bailer-Galanda, Die sechziger Jahre – erster Abschluss und neuer Aufbruch? Der Skandal um Taras Borodajkewycz und der Tod Ernst Kirchwegers, http://www.nachkriegsjustiz.at/service/archiv/Bailer_60erJahre.php (Download 18. 5. 2017).

38 Widerstandskämpfer, Kommunist, Vorstandsmitglied der „Theaterfreunde" (Publikumsorganisation der Scala). Manfred Mugrauer (2015), Ernst Kirchweger (1898–1965), eine biographische Skizze, in: Alfred Klahr Gesellschaft, Mitteilungen 22/2, 1–8.

3.8 Die Stubenbastei, die Borodajkewycz-Affäre, 1968 und die Folgen

Die folgenden Jahre waren geprägt von Demonstrationen gegen den Schah von Persien, gegen den Vietnamkrieg, gegen das Obristenregime in Griechenland, gegen die Bildungspolitik der ÖVP-Alleinregierung (1966–1970) und von der Entstehung der „Neuen Linken". „Arbeiter, Studenten – Solidarität" war eine zentrale Losung, die allerdings – zumindest außerhalb der Kreise der FÖJ und KPÖ – mehr Wunsch als Wirklichkeit war.

Die Borodajkewycz-Demonstration war der erste Schritt, der die Kinder der Rückkehr aus ihrer politischen Isolation herausführte. Der Kampf gegen versteinerte Strukturen und reaktionäre Mehrheiten an den Universitäten, die Formierung des Widerstandes gegen die ÖVP-Alleinregierung (1966–1970) machten Bündnispartnerschaften mit politischen Kräften jenseits des KPÖ-Kreises möglich. Auch die Sozialdemokratie, jetzt – erstmals seit 1945 – Oppositionspartei unter der Führung von Bruno Kreisky, akzeptierte partiell diesen Weg, der schließlich zu Kreiskys Wahlsieg 1970[39] führte.

Ein wesentliches Aktionsfeld war die Universität Wien. Die Studentenbewegung, die im internationalen Maßstab ungleich größer war – ausgehend vom Kampf der amerikanischen Studenten in Berkeley gegen den Vietnamkrieg, übergreifend nach Europa, nach Frankreich und Deutschland – führte auch in Österreich, fast ausschließlich in Wien, zu einer rasanten Politisierung, die allerdings nie die Dimensionen der anderen europäischen Hauptstädte erreichte. In Paris führte die Solidarisierung der – kommunistisch dominierten – Gewerkschaftsbewegung mit den Studenten im Mai 1968 zu einer breiten Bewegung, die sogar die Regierung De Gaulle ins Wanken brachte. Eine solche Verbreiterung der Bewegung, die ein zentrales Anliegen der KPÖ und FÖJ war, gelang in Österreich nicht. Die Verankerung kommunistischer Gewerkschafter war nicht mehr stark genug, und die sozialdemokratischen Gewerkschafter waren von einer Solidarisierung mit der Studentenbewegung weit entfernt. Der sozialdemokratische Wiener Bürgermeister Bruno Marek verhöhnte die Studenten sogar, die nach dem traditionellen Maiaufmarsch auf den Rathausplatz strömten.

Die Studentenorganisation der KPÖ, die Vereinigung Demokratischer Studenten (VDS), gewann in dieser Zeit wachsende Bedeutung innerhalb der KP-Organisationen, was schließlich zur Wahl von zwei VDS-Vertretern ins Zentralkomitee der KPÖ führte. Die VDS konnte in diesen Jahren an der Universität Wien – neben dem VSStÖ – eine führende Rolle übernehmen. Störaktionen gegen die wöchentlichen Treffen der schlagenden Burschenschafter beim Siegfriedskopf[40] in der Aula der

---

39 Erste sozialdemokratische Alleinregierung unter Bruno Kreisky als Bundeskanzler.
40 Der „Siegfriedskopf" wurde zunehmend zum zentralen Symbol für kämpfende Studenten und ihren „Heldentod". So wurde die Langemarckfeier des Nationalsozialistischen

Universität war symbolischer Ausdruck der Auseinandersetzung mit den reaktionären Strukturen und Inhalten der Universitäten. Protest gegen den Vietnamkrieg der USA, gegen die Ermordung Che Guevaras, Solidarität mit Mikis Theodorakis gegen das griechische Militärregime waren wichtige Themen internationaler Solidarität. Mit zwei Aktionen gelang es der VDS damals, markante Akzente zu setzen. Anlässlich des Opernballs fand vor der Oper eine turbulente Demonstration statt. In der Oper warfen Funktionäre der VDS von der Galerie ein Flugblatt in den Ballsaal, mit dem gegen den Nobelball in Zeiten des Vietnamkrieges protestiert wurde. Die beiden Flugblattwerfer wurden kurzzeitig verhaftet, da es ja auch Bomben hätten sein können – so die Argumentation der Polizei.

Flugblatt der VDS zum Opernball 1968

Deutschen Studenten Bunds (NSDStB) am 11. November 1938 – zwei Tage nach dem Pogrom, der sogenannten „Reichskristallnacht" – rund um dieses Denkmal inszeniert. Im Sommer 1990 führte der Beschluss des Akademischen Senats der Universität Wien, den „Siegfriedskopf" aus der Aula zu entfernen, zu einer ungewohnt kontroversiellen öffentlichen Debatte, http://geschichte.univie.ac.at/de/artikel/denkmal-siegfriedskopf (Download 18. 5. 2017).

3.8 Die Stubenbastei, die Borodajkewycz-Affäre, 1968 und die Folgen

Wenig später – im April 1968 – ermöglichte die VDS zwei nordvietnamesischen Regierungsvertretern, bei einer öffentlichen Veranstaltung an der Universität aufzutreten. Die Hochschulautonomie bot den Rahmen für diesen Auftritt, der damals an keinem anderen Ort in Österreich möglich gewesen wäre.

„Das Schussattentat auf Rudi Dutschke im April 68 hat auch in Wien zu einer Radikalisierung der Demonstrationen geführt. Wir haben zwar immer versucht, uns an der Grenze der Legalität zu bewegen, aber die Störung des bürgerlichen Lebens in der Innenstadt und auch die Beschädigung von Sachen waren dabei das bewusst in Kauf genommene Risiko. Wir wollten ja, dass die Zeitungen über uns und unsere Anliegen berichteten. Wir wollten sichtbar sein in dieser Stadt. An den Universitäten war uns das bereits gelungen. Die „schweigende Mehrheit" war dort nicht mehr sichtbar. Aber Mitte 68 begann sich das Blatt langsam zu wenden. Im Anschluss an die offizielle Maidemonstration ist es zu einer Schlägerei mit der Polizei und zu einer Auseinandersetzung mit der Wiener SPÖ-Führung gekommen und Kreisky ist als Parteivorsitzender deutlich auf Distanz zum VSStÖ gegangen. Eine Finanzsperre der Partei war ja schon im Herbst 67 verhängt worden. Im Herbst 68 hat dann der Widerstand der konservativen Kräfte auf allen Ebenen zugenommen. In den Zeitungen ist mit wachsender Aggression gegen die Studenten polemisiert worden und an der Uni ist die Rektors-Inauguration dazu benützt worden, Traditionalismus zu zelebrieren." (Berger 2018, S. 166)

Bei der Hochschülerschaftswahl im Jänner 1969 wurden die realen Kräfteverhältnisse deutlich: Der Stimmenanteil des VSStÖ lag bei 13 %, der der VDS bei 1 %. Im Frühjahr 1970 wurde die erste sozialdemokratische Alleinregierung angelobt, die mit Unterstützung der FPÖ zustande kam. Zu diesem Zeitpunkt war der öffentlich sichtbare Protest der Studenten bereits abgeklungen. Die Bewegung hatte sich mittlerweile in kleine linke Gruppen – Gruppe Revolutionärer Marxisten (GRM), Marxistisch-Leninistische Studenten (MLS) und andere – zersplittert. Für viele waren Mao Tse-tungs politische Konzepte das neue Ideal. Der damit verbundene Personenkult ist aus heutiger Sicht ebenso wenig verständlich wie der um Stalin. Pablo Neruda reiste 1957 (auf dem Weg zum Weltfriedenskongress in Colombo) durch China und schrieb in seinen Memoiren:

„Was mich am chinesischen Prozess abgestoßen hat, war nicht Mao Tse-tung, sondern der Maotsetungismus. Das heißt, der Maostalinismus, die Wiederholung des sozialistischen Götterkultes. ... Während meiner Reise sah ich, wie Hunderte armer, von ihrer Arbeit heimkehrender Bauern ihre Werkzeuge beiseite legten und sich zu Boden warfen, um das Bildnis des nun in einen Gott verwandelten bescheidenen Kriegers aus Hunan zu grüßen." (Neruda 1974, S. 318)

Szenenwechsel: Eine Demonstration gegen den Vietnamkrieg vor der amerikanischen Botschaft im Jahre 1968 – ein Ereignis, wie es seit einigen Jahren bekannt war. Was bisher unbekannt war: die Auflösung der Demonstration durch berittene Polizei, die im Hintergrund des Bildes zu sehen ist:

Cover der Broschüre des SDS (Privatarchiv Ernst Berger)

Der Schauplatz dieser Ereignisse war Sofia im August 1968 während des 9. Weltjugendfestivals. Neun Jahre waren seit dem Wiener Festival vergangen, sechs Jahre seit jenem in Helsinki – das Festival war nach zwei Ausflügen in Hauptstädte kapitalistischer Länder wieder in den Kreis der Volksdemokratien zurückgekehrt.

Die Diskussionen, die innerhalb des SDS (Sozialistischer Deutscher Studentenbund, die tragende Kraft der Studentenbewegung in Deutschland) dieser gewaltsamen Auflösung der Demonstration vorangingen, zeigen die Bruchlinien, die 1968 – am Ende der Studentenbewegung und wenige Wochen vor der Niederschlagung des Prager Frühlings – nicht nur in Deutschland durch die Linke gingen. Provokant demonstrierte Kritik am „realen Sozialismus" Bulgariens auf der Seite der „Antiautoritären" und (kritische) Solidarität mit den „sozialistischen Ländern" auf der Seite der „SDS-Stalinisten". Wie weit beide Seiten von der poli-

3.8 Die Stubenbastei, die Borodajkewycz-Affäre, 1968 und die Folgen

tischen Wirklichkeit entfernt waren, zeigt die Tatsache, dass in der Broschüre der Prager Frühling, dessen Niederschlagung sich bereits abzeichnete, nur in einem kurzen Bericht erwähnt wurde:

> „Auf Bemerkungen von jungen Sozialisten aus der BRD, die ihre Besorgnis über den Klasssencharakter der Entwicklung zum Ausdruck brachten, antworteten die Vertreter der CSSR oft ausweichend ... Auf die Frage, wie die Gäste sich die sympathisierende Berichterstattung der ‚Springer-Presse' für die ‚Liberalisierung' in der CSSR erklären würden, wurde spitz geantwortet, man verstünde nicht, wieso sich Sozialisten durch die reaktionäre Presse verwirren lassen könnten." (SDS, Facit 1968, S. 51)

Bei der Eröffnung des Festivals war die CSSR-Delegation mit der Losung „Unsere Demokratie ist unsere Sache" einmarschiert und begeistert akklamiert worden. Der Widerstand gegen die sowjetische Großmachtpolitik war aber nur oberflächlich betrachtet ein einigendes Band. Unter der Oberfläche gab es bereits tiefe Risse – auch in Österreich.

In der österreichischen Delegation aus FÖJ und VDS war die Solidarität mit den Veränderungen in der CSSR unter Alexander Dubcek unbestritten. Es ging um den Aufbau eines „Sozialismus mit menschlichem Antlitz". Ein vorletztes Mal (das letzte Mal war die Zeit von Gorbatschows Glasnost- und Perestroika-Politik) stand die Hoffnung auf eine Wende vom Staatssozialismus zu echten sozialistischen Gesellschaften im Raum. Der Traum währte nur kurz.

Am 22. August 1968, dem Tag nach dem Einmarsch der Warschauer Pakt-Truppen, fasste das Zentralkomitee der KPÖ einen Beschluss:

> „Das ZK der KPÖ verurteilt die Besetzung der CSSR durch Truppen von sozialistischen Ländern, die eine direkte Verletzung der Normen der Beziehungen zwischen den kommunistischen Parteien und den sozialistischen Ländern darstellt." (KPÖ 1968, S. 58)

Die Jugendorganisationen und die Gewerkschaftsorganisation hielten an diesem Beschluss fest. Die KPÖ entfernte sich schrittweise davon. Die Plenartagung im Oktober 1969 (KPÖ 1969) bereitete den Ausschluss von Ernst Fischer vor, einem der prominentesten Kritiker der Politik der KPdSU, und fasste – gegen das Votum von FÖJ und VDS – Beschlüsse zur Gründung eines Kommunistischen Jugendverbandes. Damit war der Bruch vollzogen.

Für die Kinder der Rückkehr bedeuteten die politischen Auseinandersetzungen dieser Jahre meist eine Neuorientierung und eine Abkehr von der bisherigen politischen Heimat. Über die folgenden Jahre schreibt Kurt Langbein (geb. 1953):

„Erst an der Universität wurde der Kontakt zur organisierten Linken etwas konkreter. Die Stalinisten verachtete ich ebenso wie deren maoistische Ableger, auch die Trotzkisten schienen mir zu sektenhaft, im Sammelbecken der KP-Dissidenten und undogmatischen Linken um die FÖJ-Bewegung für Sozialismus und das ‚Wiener Tagebuch' fand ich vorerst eine Art politischer Heimat. Ein bunt gemischtes Grüppchen aus Intellektuellen, etwas gealterten (sie waren damals um die 30) ehemaligen KP-Jugendfunktionären um Schani Margulies und Herbert Brunner, einigen ‚echten' Arbeitern und sogar Betriebsräten und einer wachsenden Zahl an Studenten aus der undogmatischen Linken. Auch wir schrieben Flugzettel und verteilten sie vor Fabrikstoren, rangen in bürokratischen Sitzungen um den ‚richtigen' Kurs. Zusätzlich betrieben wir allerdings auch offene Einrichtungen, wie den ‚Club links' mit wöchentlichen, intellektuell durchaus bunten Diskussionsabenden und eine Sommerakademie am Neufelder See, wo auch deutsche Größen wie Oskar Negt und Elmar Altvater das Zeltlager, den Volleyballplatz und viele Debatten-Stunden mit uns teilten. Antifaschismus war die Pflicht, basisdemokratischer Sozialismus jenseits von Staatsbürokratie war die Hoffnung." (Langbein 2006)

Die Kinder der Rückkehr waren mittlerweile erwachsen und schließlich auch alt geworden, hatten Partnerschaften und Familien gegründet, Partnerschaften gewechselt, Berufswege eingeschlagen. Ihre Nähe oder Distanz zu ihren politischen Wurzeln war unterschiedlich groß. Mache blieben in KP-Organisationen, die meisten aber nahmen eine kritische, manche auch ablehnende Distanz zu diesem Umfeld ein. Bei heutigen Treffen der „Kinderjause", die seit 2001 regelmäßig stattfinden, spielen diese Themen keine (relevante) Rolle mehr (von einem Treffen 2008 abgesehen). Beim Treffen 2012 kam es anlässlich der Vorstellung des Forschungsprojekts zu einer kontroversiellen Diskussion über das Konzept der ‚marginalisierten Jugend', das diesem Buch zugrunde liegt.

Theoretischer Hintergrund 4

4.1 Einige Überlegungen zum Konzept der „Marginalisierung"

Ruth Wodak und Ernst Berger

4.1.1 Begriffsklärungen[41]

Wenige Begriffe haben den Arbeitsprozess unserer Forschung von Anfang an so intensiv begleitet wie der Begriff der Marginalisierung. Wir haben ihn in den Titel des Buches (und des Forschungsprojekts) eingebettet und ihm einen hohen Stellenwert gegeben, weil wir überzeugt sind, dass er ein konstitutives Merkmal der von uns untersuchten Gruppe erfasst. Sehr bald wurden wir allerdings mit unerwartetem Widerspruch aus der Gruppe konfrontiert. Bei einem Treffen im Jahr 2012 entwickelten sich heftige, teilweise hoch emotionale Diskussionen. Dabei wurde rasch klar, dass einerseits Unterschiede im Begriffsverständnis und in den Konnotationen des Begriffs eine wesentliche Rolle spielten. Andererseits – und das führt uns wohl näher an die Emotionalität der Diskussion heran – gab es Unterschiede in der Interpretation der eigenen gesellschaftlichen Rolle, der subjektiven Wahrnehmung und Befindlichkeit.

Deshalb beginnen wir damit, den Begriff selbst zu definieren und ihn von anderen ähnlichen Begriffen abzugrenzen, nämlich von Exklusion (Ausgrenzung), Stigma und Stigmatisierung (damit im Zusammenhang Stereotypisierung, also Zuschreibung negativer, diskreditierter Eigenschaften) und (struktureller) Diskriminierung (Ungleichbehandlung).

---

[41] In den folgenden Kapiteln werden Zitate aus den Interviews in folgender Weise gekennzeichnet: I = (Standard-)Interview, T = Tiefeninterview (dort RW = Ruth Wodak, EB = Ernst Berger).

Schlägt man in den relevanten Handbüchern und Lexika nach, so wird Marginalisierung meist als Prozess verstanden, der – von bestimmten hegemonialen Eliten in Gang gesetzt – den Zugang zu gewissen Positionen bzw. religiösen, ökonomischen oder politischen Machtsymbolen verhindert. Eine marginalisierte Gruppe kann dabei durchaus auch die Mehrheit einer Bevölkerung sein, wie unter dem Apartheitsregime, wo eine kleine Minderheit von Weißen die große Mehrheit von Schwarzen marginalisierte und diskriminierte. In jedem Fall wird der Begriff Marginalisierung immer in Bezug auf eine Gruppe angewendet, die durch bestimmte, als relevant verstandene Merkmale charakterisiert wird (Scott, Marschall 2015).

Die Grenzen zum Begriff der Exklusion sind fließend. Exklusion wird ebenfalls als Prozess beschrieben, durch den Individuen oder Gruppen von Ressourcen (Einkommen usw.) oder gesellschaftlichen Netzwerken ausgeschlossen werden. Oft ist mit (sozialer) Exklusion einfach Armut gemeint. Soziale Exklusion wird als Begriff in drei verschiedenen Fällen verwendet: (1) Exklusion von sozialen Rechten und von der Ausübung solcher Rechte, (2) im Durkheim'schen Sinn, als soziale bzw. normative Isolation von der Gesellschaft, (3) in Bezug auf extreme Marginalisierung, v. a. in Bezug auf multikulturelle Gesellschaften (ebenda). Marginalisierung wird also auf einem Kontinuum gesehen, an dessen einem Pol Inklusion und Integration stehen, am anderen, entgegengesetzten Pol Exklusion steht.

Stigma und Stigmatisierung hängen eng mit Stereotypen- und Vorurteilsbildung zusammen (Goffman 1963; Link, Phelan 2001; Wodak 2011a, b). Exklusion und Marginalisierung müssen – zumindest in pluralistischen demokratischen Gesellschaften – legitimiert werden, sei es durch Gesetze, Statistiken, Untersuchungen oder Erfahrungen, jedenfalls aufgrund von Abstimmungen und Vereinbarungen in einem öffentlichen Raum, wie dem Parlament. Nur in totalitären Gesellschaften geschieht Marginalisierung und Exklusion top-down, ohne nachvollziehbare und transparente Begründung und wird höchstens ideologisch untermauert (etwa durch die Nürnberger Rassengesetzgebung in Nazi-Deutschland, nach 1933).

Auch hier sind die Grenzen fließend, denn trotz der Menschenrechtskonventionen der UNO und des Europarates finden sowohl Marginalisierung und Exklusion statt, ausgelöst durch herrschende Meinungen (Vorurteile) oder tradierte Normen und Konventionen. Theorie der Menschenrechte und gelebte Praxis in Europa klaffen häufig auseinander, und das wird oft geduldet bzw. gerechtfertigt, weil bestimmte Interessen dahinterstehen. Dabei werden konstruierte Differenzen zwischen Gruppen hervorgehoben und dadurch Prozesse der Stigmatisierung und Diskriminierung in Gang gesetzt und essenzialisiert. Das können konstruierte Differenzen zwischen Nationen sein, wie etwa den „faulen Griechen" und den „fleißigen Deutschen", oder zwischen Religionen (Islam vs. Christentum) oder zwischen biologischen

Merkmalen, die rassistische Ideologien begründen sollen (Hautfarbe, Intelligenz, Körpermerkmale usw.).

Sprachhandeln und Kommunikation kommt in diesen Fällen große Bedeutung zu, denn solche Ausgrenzungen beginnen meist sprachlich und werden auch sprachlich legitimiert (Reisigl, Wodak 2001). Ganz im Sinne des diskurshistorischen Ansatzes, mit dem positive Selbst- und negative Fremddarstellung im Detail diskursiv nachvollzogen werden können, zeigen Link und Phelan (2001, S. 368 ff.), dass Stigmatisierung in vier Stufen abläuft: Zunächst werden die „Anderen" in bestimmter Weise benannt und bezeichnet und damit als Gruppe konstruiert; danach werden dieser Gruppe negative Eigenschaften zugeschrieben; in einem dritten Schritt werden die „Anderen" von „Uns" unterschieden. Am Ende einer solchen Stereotypisierung stehen Diskriminierung, Marginalisierung und letztlich Exklusion (vgl. auch Baker et al. 2008; Delanty et al. 2011; Köhler, Wodak 2011; Krzyżanowski, Wodak 2009; Wodak 2015, 2016).

Diese Prozesse machen also aus Menschen „Fremde", oder aus Nachbaren „Juden" (Rosenstrauch 1988). Stigmatisierung, Marginalisierung und Exklusion wirken sich manifest auf die betroffenen Gruppen aus – nicht nur dadurch, dass diese von gesellschaftlichen Ressourcen abgeschnitten werden, sondern auch dadurch, dass die negativen Stereotype internalisiert und von den Betroffenen selbst übernommen werden. Eine *self-fulfilling prophecy* wird in Gang gesetzt (Van Dijk 1984) – die Ausgeschlossenen verlieren jegliche gesamtgesellschaftliche Perspektive und jegliches positive Selbstbewusstsein und empfinden letztlich den erlebten Ausschluss als individuell gerechtfertigt. Individuelle Diskriminierung tritt auf, wenn beispielsweise ein Jobansuchen oder die Vermietung einer Wohnung aufgrund individueller Charakteristika (etwa wegen „mangelnder Sympathie") abgelehnt wird. Die Grenzen zur strukturellen Diskriminierung sind auch hier fließend, denn solche Begründungen passieren meist nicht zufällig oder idiosynkratrisch, sondern aufgrund ansozialisierter Muster struktureller Diskriminierung (wie es für die USA vielfach nachgewiesen wurde; Link, Phelan 2001, S. 372).

4.1.2 Marginalisierung – subjektiv und objektiv

Ich habe so einen 15 Seiten Stapo-Akt diesbezüglich ... (I 16)[42]

Ich war in einem gutbürgerlichen Realgymnasium ... im 8. Bezirk und war dort schulweit der einzige Kommunist ... (I 15)
Also es hat zwar begonnen mit Schulgebet, wo man halt dann dabei gestanden ist, aber, ich meine, Religionsunterricht, da ist man irgendwo hinabgeführt worden in ein Kammerl ... (I 7)

Diese Interviewpassagen charakterisieren die subjektive Wahrnehmung von objektiven Bedingungen, die dazu beigetragen haben, dass die Gruppe, die durch unsere InterviewpartnerInnen repräsentiert ist und der auch einer der Buchherausgeber (Ernst Berger) angehört, in der Zeit ihrer Kindheit und Jugend nicht im Zentrum der österreichischen Gesellschaft gelebt hat, sondern in einem ihrer Randbereiche. Ein Schicksal, das diese Gruppe durchaus mit anderen geteilt hat:

> „Dann aber kam die Angst, mit diesen Geschichten nicht mehr dazuzugehören, fremd zu sein in einem Land, das andere Erzählungen hören wollte und ihre für unwichtig hielt. Sie wissen, dass ihre Vergangenheit in den österreichischen Geschichtsbüchern nicht vorkommt ... das wissen die Erzähler und haben gelernt zu schweigen." (Haderlap 2012, S. 236)

Maja Haderlap beschreibt in „Engel des Vergessens" die Lebenssituation der zweiten Generation der Kärntner Slowenen, die in mancher Hinsicht jener der Kinderjausner ähnelt. Die Geschichten der Eltern sind aus dem Mainstream-Bewusstsein ausgeschlossen, die eigenen Wurzeln (jüdisch, kommunistisch) sind im Alltagsdiskurs tabuisiert und nur in der Ingroup legitim. Die eigene Geschichte kann und soll auch nicht in die hegemoniale Definition des „Österreicherseins" integriert werden. Das sind offensichtlich Bedingungen einer Marginalisierung.

Für die Eltern der Kinderjausner sind Marginalisierung und Ausschluss keine neuen Erfahrungen: Auch vor 1938 waren die meisten entweder schon im Exil, im Widerstand, im Gefängnis oder illegal politisch tätig. Sie wurden jedenfalls systematisch von relevanten gesellschaftlichen Bereichen ausgegrenzt. Einerseits wegen ihrer politischen Gesinnung, andererseits aufgrund der nationalsozialistischen Rassengesetze, die viele zu Juden und Jüdinnen machte, auch wenn sie atheistisch,

---

42 Aufgrund einer Initiative des damaligen Grün-Abgeordneten Peter Pilz war es 1990 möglich, auf der Grundlage eines Auskunftsbegehrens Informationen aus dem personenbezogenen Akt der Staatspolizei zu erhalten.

4.1 Einige Überlegungen zum Konzept der „Marginalisierung"

säkular oder getauft waren. Diskriminierung und rassistische Exklusion gehörten zum Alltag. Dies verstärkte sich 1938 nach dem sogenannten Anschluss signifikant – die Eltern mussten fliehen, wurden vertrieben oder eingesperrt und deportiert. Manche mussten zwangsweise in der Wehrmacht kämpfen.

Nach der Befreiung vom Nazi-Regime am 8. Mai 1945 kehrten diese Eltern zurück: aus KZs und Vernichtungslagern, aus dem Exil (in England, Frankreich, der Sowjetunion, der Schweiz und den USA), aus der Gefangenschaft, aus Gestapo-Gefängnissen und aus dem Untergrund. Sie kehrten zurück, weil „sie gesiegt hatten" (vgl. Irma Schwager 2016), weil sie eine neue Welt aufbauen wollten, weil sie verhindern wollten, dass „so etwas wieder passiert" und aus vielen anderen Gründen. Sie kehrten in eine Gesellschaft zurück, die sie vorher ausgeschlossen hatte und in der sich nach dem Krieg alle, auch Täter, Mitwissende und Kollaborateure, als Opfer bezeichneten (Wodak et al. 1990). Daher sollten die wirklichen Opfer des Faschismus nicht mehr gelten als alle anderen.

Sie kehrten auch zurück in eine Gesellschaft, über die (fast) alle Akteure einen *Schleier des Schweigens* ausbreiteten, sowohl Opfer als auch Täter (siehe Kapitel 6.2). Interesse an den schrecklichen Erfahrungen bestand nicht, denn dies hätte den Mythos der allumfassenden Opfergemeinschaft ge- und zerstört. Viele hatten auch Angst vor den Rückkehrern, vor deren (fantasierter) Rache und vor materiellen Rückforderungen, und fühlten sich schuldig (Heer et al. 2003, 2008). Auch die Rückkehrer hatten Angst. Sie hatten traumatische Erlebnisse unterdrückt, um zu überleben und zurückkehren zu können. Die Mythen des „Ersten Opfers des Nationalsozialismus" und der „Stunde Null" bildeten das vorherrschende Narrativ im Nachkriegs-Österreich.

Die Kinder der Rückkehr erzählen in unterschiedlichem Ausmaß von erlebter Marginalisierung zu jener Zeit, manche von unangenehmen (auch antisemitischen) Schulerlebnissen. An positivem Selbstbewusstsein scheint es jedoch kaum gemangelt zu haben. Natürlich war die Lebenssituation der einzelnen Familien – trotz aller Ähnlichkeit – keineswegs gleichartig. In einigen Interviews wird deutlich, dass es manche Eltern gar nicht leicht hatten, einerseits mit den erlebten Traumata umzugehen und sich andererseits in die katholisch-konservative österreichische Gesellschaft zu integrieren. Doch es gibt nur wenige explizite Erlebnisse von bzw. Erinnerungen an Marginalisierung aus dieser ersten Nachkriegszeit und der ersten Zeit des Kalten Krieges (siehe Kapitel 6.1).

Dass sie objektiv marginalisiert waren, war damals nur wenigen bewusst – als Kinder von Remigranten und Flüchtlingen, von Holocaust-Überlebenden, von ehemals Inhaftierten und Widerstandskämpfern, und ganz besonders, wenn die Eltern Juden waren. Aus den oben beschriebenen Gründen stand man ihnen distanziert gegenüber – sie waren lebende Mahner und lösten Erinnerungen an begangene Verbrechen aus. In der Welt außerhalb des Subsystems wurde Schweigen verordnet, die Kinder wuchsen mit – für sie häufig unverständlichen – Geheimnissen und Redeverboten auf. Damit waren sie nicht nur marginalisiert, sondern sie marginalisierten sich auch selbst (vgl. Abschnitt 7.3).

4.1.3 „Vom Rand in die Mitte"

Und später? Waren die Kinder der Rückkehr „objektiv" marginalisiert, als sie ihre Berufswege einschlugen und als das kommunistische Subsystem für viele auseinanderfiel?

Wenn wir annehmen, dass eine marginalisierte Gruppe vom Rand in die Mitte gelangt, dann wenden wir eine räumliche Metapher an. Marginalisiert heißt, dass die Gruppe an der Peripherie der spezifischen Gesellschaft angesiedelt ist – oder glaubt, dort angesiedelt zu sein. Gesellschaftliche Gruppen können näher zum oder weiter vom Kern entfernt wahrgenommen werden, je nachdem, wie sie vom Zugang zu wichtigen Netzwerken, Institutionen und gesellschaftlichen Ressourcen ausgeschlossen sind oder welche Hindernisse überwunden werden müssen, um der Mitte näherzukommen.

Aus den Interviews lässt sich schließen, dass die meisten einen Weg in die Mitte suchten und fanden, ohne sich völlig an den Mainstream anzupassen. Doch an bestimmten Punkten der Karriere wurde ihnen die politische Herkunft vorgeworfen oder diente – natürlich implizit – als Grund für eine Zurückweisung. Wie oft, hängt davon ab, wie explizit sich die jeweiligen Kinderjausner mit ihrer Geschichte identifizierten und damit exponierten und welchen Auftrag sie – oft unbewusst – von ihren und für ihre Eltern übernehmen zu müssen glaubten (vgl. Kapitel 4.2).

Auf die Frage nach den historisch belegbaren Fakten wurde im Kapitel 3 bereits eingegangen, daher beschränken wir uns hier auf einige Teilaspekte. Die zahlenmäßige Randständigkeit von Juden und Kommunisten in der österreichischen Nachkriegsgesellschaft ist ein Faktum. Die Vernichtung jüdischen Lebens in der NS-Zeit belegt dies ebenso wie die Mitgliedszahlen der KPÖ und die Wahlergebnisse nach 1945. Eine Analyse der Frühzeit des österreichischen Fernsehens der Jahre 1955–1970 zeigt, dass die antisemitische Vernichtungspolitik nicht thematisiert wurde und dass die Vertreter des Widerstandes in historischen Beiträgen des ORF nur vereinzelt zu Wort kamen (Winter 2014). Die staatspolizeiliche Observanz der Kinder der Rückkehrer wurde bereits im einleitenden Interviewbeispiel erwähnt. Diese Eintragungen beziehen sich unter anderem auf die Teilnahme Zwölfjähriger

4.1 Einige Überlegungen zum Konzept der „Marginalisierung"

an Sommerlagern der KPÖ-nahen Organisation „Kinderland – Junge Garde" in Kärnten.[43]

Einen weiteren Beleg entnimmt Ernst Berger seiner eigenen Erinnerung: Etwa 1960 wurde – dem Erlass des Unterrichtsministeriums folgend – in der 4. oder 5. Klasse des Bundesrealgymnasiums Stubenbastei der „Tag der Fahne" (später zum Nationalfeiertag umgewandelt) begangen. Die SchülerInnen sollten dazu Beiträge liefern. Der Versuch, die Geschichte unserer rückgekehrten Eltern darzustellen, wurde schon in der Vorbereitungsphase ausdrücklich unterbunden, obwohl sie als Widerstandskämpfer den in der Moskauer Deklaration (1943) geforderten eigenen Beitrag zur Befreiung tatsächlich geleistet hatten.

Damit wird die Geschichte der rückgekehrten Eltern aktiv aus dem Mainstream-Bewusstsein ausgeschlossen. Widerstand, Vernichtung und Vertreibung waren und blieben marginalisiert. Der immer wieder beschworene „Sieg gegen den Faschismus" verleugnete die Opfer: Jüdische Familien und jüdische Kultur waren – unwiederbringlich – vernichtet, ebenso ein großer Teil des intellektuellen Kapitals.

Aber in der Schule ... da wurden wir als Feinde betrachtet. Als Menschen, die das Land verraten hätten, statt umgekehrt, als Befreier und Befreite dort gelebt und anerkannt zu werden. Nein, man ist zusätzlich noch angegriffen worden. (I 25)

Die „Kinder der Sieger" werden als Außenseiter stigmatisiert, die man in gewissem Sinne als Repräsentanten des „gesellschaftlich Unbewussten" (Erdheim 1984, S. 221) charakterisieren kann: „Unbewusst muss all das werden, was die Stabilität einer Kultur bedroht." Für die von Restauration geprägte nationale Identitätsbildung Österreichs war die Anerkennung der Geschichte von Widerstand und Vertreibung eine Bedrohung, die verdrängt werden musste. Hätte man diese Geschichte anerkannt, so hätte man gleichzeitig Schuld und Mitschuld, Täterschaft und Mittäterschaft vieler ÖsterreicherInnen zugeben müssen. Diese Einstellung spaltete das „Österreicher-Sein", was umso tragischer ist, als die Definition der österreichischen Nation ursprünglich von einem Kommunisten stammt, nämlich Alfred Klahr. Pointiert weist der bekannte österreichische Schriftsteller Robert Menasse auf diese Lücke im österreichischen Gedächtnis hin:

„Allerdings gab es nach 1945 in Österreich keine Mehrheit, die der Idee einer österreichischen Nation zustimmte. Und es gab auch kein historisch gewachsenes, dann

---

43 Bundesministerium für Inneres, Reg. Nr. 8870 vom 6. 12. 1990. Staatspolizeiliche Eintragungen (1958–1988) betreffend Ernst Berger.

aber verschüttetes Nationalgefühl, das man nun wieder aktivieren hätte können. Das einzige, das es gab, waren die theoretischen Vorarbeiten österreichischer Kommunisten, die, aus welchen politisch-strategischen Gründen auch immer und wie verquer auch immer, die ersten sind, die die Existenz einer österreichischen Nation wissenschaftlich zu begründen versucht hatten, wie, um nur ein Beispiel zu nennen, Alfred Klahr. Diese Ideen wurden außen- und innenpolitisch konsequent umgesetzt und führten, wie wir wissen, tatsächlich zur Unabhängigkeit Österreichs, zu einem österreichischen Nationalgefühl und zu einer internationalen Anerkennung Österreichs als eigenständiger Nation." (Menasse 1993, S. 49)

Mit der daraus resultierenden Tendenz zu einer mehrfachen Identität – einer österreichischen und einer Widerstandsidentität, einer jüdischen und einer kommunistischen – werden wir uns später noch beschäftigen. Jedenfalls bilden sich diese komplexen und widersprüchlichen Elemente in den Interviews deutlich ab. Erst die Studentenbewegung der späten 1960er-Jahre hat diese Spaltung aufgelöst und die Eingliederung in eine größere, allerdings ebenfalls gesellschaftlich oft ausgegrenzte oder zumindest negativ konnotierte Gruppe möglich gemacht. Spätestens in dieser Periode beginnt jener Weg, der die Kinder der Rückkehr zu einem „handlungsmächtigen Subjekt der Geschichte" – so die zweite zentrale Hypothese unserer Forschung – gemacht hat.

4.1.4 Das Erleben von Ausgrenzung

Die subjektive Seite der Marginalisierung ist wesentlich widersprüchlicher als die objektiven Bedingungen. Wieso wurden diese Tatsachen unterschiedlich erlebt? Oder werden sie nur unterschiedlich erinnert? In einigen Interviews finden sich Hinweise darauf, dass die doppelte Ausgrenzung als Kommunisten *und* Juden kumulativ wirksam war. Dennoch verschärfte eine jüdische Familienzugehörigkeit nicht durchgängig das Empfinden von Marginalisierung.

Ich bin damit aufgewachsen, dass die Kinder mich „Judensau" und „Kommunistenschwein" gerufen haben. (I 5)

Aber auch dieses doppelte „Stigma" wird unterschiedlich erinnert:

Ich habe mit meinen Schulkollegen ein sehr gutes Verhältnis und sehr intensive Debatten gehabt … in der Schule war ich der einzige jüdischer Herkunft. Da kann ich mich an einen einzigen antisemitischen Unterton erinnern. (I 15)

4.1 Einige Überlegungen zum Konzept der „Marginalisierung"

Trotz dieser grundsätzlich positiven Erinnerung bleibt bei diesem Interviewpartner das Bewusstsein, Teil einer Minderheit zu sein:

Also diese doppelte Minderheit [jüdisch, kommunistisch], das sehe ich genauso und seitdem ich politisch denken kann, war mir das immer sehr bewusst. (I 15)

Das subjektive Bewusstsein, einer Minderheit anzugehören, die im Kontrast zur Mehrheitsgesellschaft steht, war bei fast allen ein tragendes Element:

… das, was ich bin, also meine Identität – da wurde mir nicht vermittelt „Das ist schön, das ist gut, das hat Werte", sondern „Da muss man aufpassen, da wird man angegriffen, da wird man verfolgt" – Minderheitenproblematik. (I 2)

Ich glaube, marginalisiert ist in gewissem Sinne richtig, im Sinne von man hat nicht zum Mainstream dazugehört. (T 7)

Dennoch wird dieses Bewusstsein von vielen nicht unter den Begriff der Marginalisierung subsumiert:

Jetzt im Rückblick, das als marginalisierte Kindheit zu bezeichnen, das kann ich nur zum Teil nachvollziehen, dass das auf die Mehrheit ausgedehnt werden kann, da bin ich mir nicht ganz sicher. (I 27)

Ich habe mich nie als marginalisiert empfunden. Aber was mir eigentlich schon von klein auf klar war, dass ich eine andere Geschichte habe als die anderen Kinder in Österreich. Und dass wir schon irgendwie zu einer Ausnahmegruppe gehören. Zu einer Gruppe, die nicht wirklich ganz so da ist, also ob sie hergehört oder nicht hergehört. Marginalisiert ist man doch, wenn man an den Rand gedrängt wird und isoliert wird. Ich habe mich nie als isoliert empfunden oder als an den Rand gedrängt. Aber marginalisiert bedeutet ja auch, total abgelehnt und angegriffen. Und das glaube ich eigentlich nicht so sehr. (I 19)

Manche betonen auch das Leben in unterschiedlichen Realitäten – einerseits Teil des Mainstreams in der einen Welt, andererseits Außenseiter in der anderen Welt:

Das war ein absolut interessantes Phänomen, nicht nur in dem einen drinnen zu stecken, sondern auch voll und ganz anerkannt und akzeptiert in einem Milieu leben zu können, in dem ich nicht marginal war, sondern wo ich

Mainstream gewesen bin. Allerdings war dieses politische Phänomen KP sehr stark marginal. (T 26)

Anders – ja, ausgegrenzt – „jein": So könnte man das subjektive Empfinden verkürzt zusammenfassen. In diesen Interviewpassagen fällt auf, dass sich die Diskrepanzen eher auf das Verständnis des Begriffs „Marginalisierung" und seiner Konnotationen beziehen. Das subjektive Erleben, einer Subgruppe angehört zu haben, einer Gruppe, die sich durch verschiedene Merkmale von der Mehrheitsgesellschaft unterscheidet, wird hingegen nicht in Abrede gestellt. Wir wollen die Unterschiede, die hier zum Ausdruck kommen, nicht ignorieren, sondern im weiteren Verlauf noch vertiefende Fragen stellen:

- Gibt es relevante Unterschiede im realen Erleben von Ausgrenzung?
- Gibt es – möglicherweise unterschiedlich erlebte – Kompensationsmechanismen, die das Erleben von Ausgrenzung kompensiert haben?

Für die meisten war die Verankerung in der Gruppe Kraftquelle zur Kompensation der Belastungen durch die Ausgrenzung.

Vergleichen wir diese Geschichte mit jener von jungen Flüchtlingen, die von den Nationalsozialisten vertrieben und in die USA geflüchtet sind, fallen Parallelen auf (Sonnert, Holton 2008). Auch diese Gruppe erlebte sich als ausgeschlossen: „Das soziale Klima [in den USA] verhielt sich Opfergeschichten gegenüber ziemlich ablehnend" (Sonnert, Holton 2008, S. 217). Der spätere überproportionale soziale Erfolg vieler Mitglieder dieser Gruppe (über 15-mal mehr ehemalige Flüchtlinge, als statistisch zu erwarten wäre, findet man auf den Seiten von *Who's Who*) wird von den beiden Autoren als Antwort und Reaktion auf die unvollständige Integration interpretiert.

Das subjektive Verständnis des Begriffs Marginalisierung war also unterschiedlich. Diejenigen, die Marginalisierung als „nicht zum Mainstream gehörend" verstehen, haben mit unserer These kein Problem. Wer mit dem Begriff auch Isolation oder Bedeutungslosigkeit verbindet, lehnt die These – oft auch heftig – ab. Niemand aus dieser Gruppe fühlte sich isoliert oder bedeutungslos. Die – bis heute wirksame – Gruppenzugehörigkeit, die – damals relevante – Verankerung in einer gesellschaftlichen und politischen Bewegung waren die zentralen Wirkmechanismen, die das Erleben von Randständigkeit kompensierten. Einige der hier entwickelten Überlegungen werden wir später nochmals aufgreifen, wenn es um die Ausbildung von Identitäten und um die Resilienz gegen die von den rückgekehrten Eltern erlebten und vermittelten Traumata geht (vgl. Abschnitt 6.1).

4.2 Haltungen, Überzeugungen und transgenerationale Aufträge

Ernst Berger

> *Frage: Welche Werte und Botschaften haben Ihnen denn die Eltern mitgegeben? Antwort: Ganz sicher die Frage der Notwendigkeit, politische Verantwortung zu übernehmen, ganz sicher die Frage der sozialen Verantwortlichkeit und ganz sicher sozusagen auch die Überzeugung, wenn es notwendig ist, Widerstand zu leisten bis hin zum bewaffneten Widerstand ... Was sie mir nicht mitgegeben haben, was sozusagen ein gewisser mühsamer Prozess war, ist eine kritische Position. (I 12)*

Auch wenn nicht alle InterviewpartnerInnen das Thema in der gleichen Schärfe formulieren, ist diese Aussage nicht untypisch.

> *Es war ein sehr hoher moralischer Anspruch, den wir da immer gehabt haben und erfüllen haben müssen. (I 24)*

> *Dass es sicher etwas gibt, wo es notwendig, wichtig ist, dafür einzustehen und das auch zu vertreten. Ich habe das mein Lebtag gemacht. Ich habe zweimal meine Arbeit verloren, weil ich politisch tätig war und beim Bundesheer war ich Kommunist ... Dahinterstehen, was man macht. (I 6)*

Hier wird deutlich, dass die Widerstandsgeneration ihren Kindern weit mehr – spezifischere und umfangreichere – Inhalte mitgegeben hat, als dies zwischen Eltern- und Kindergeneration üblich ist. Was aber ist üblich?

Die Weitergabe von Haltungen und Einstellungen ist ein selbstverständlicher – de facto unvermeidlicher – Bestandteil jedes Erziehungsprozesses. So meint Zimbardo (1983):

> „Eine Einstellung ist eine relativ stabile Disposition, irgendeiner Person, einer Menschengruppe oder Situation gegenüber in beständiger Weise zu reagieren. Die Frage, wie Einstellungen gelernt – und verändert – werden, geht uns alle an. Einstellungen bestehen aus drei Komponenten: a) Überzeugungen oder Vorstellungen darüber, wie die Dinge sind oder sein sollten, b) Affekthaltungen oder Emotionen, die mit diesen Überzeugungen verknüpft sind ..., c) einer Handlungskomponente, einer bestimmten Verhaltensbereitschaft. Wir erwerben Einstellungen zu vielen Dingen in unserem Leben ... Zu ... Einflussgrößen gehören Beobachtung von Modellpersonen und deren Verhaltenskonsequenzen ..." (Zimbardo 1983, S. 614 f.)

Weniger selbstverständlich ist die Einbettung dieser Haltungen in einen Prozess bewusster Reflexion, der sie zu Überzeugungen und Werten macht, zu einer Weltanschauung, die dem Erziehungsprozess einen stabilen Rahmen gibt. Martin Buber, der jüdische Pädagoge und Religionsphilosoph, hält 1935 – in jenem Jahr, in dem ihm im nationalsozialistischen Deutschland die Lehrtätigkeit verboten wurde – eine Rede über die pädagogische Relevanz von Weltanschauung, die er als gemeinschaftliche Erkenntnis der gemeinsamen Wirklichkeit bezeichnet. Er betont, es sei weder möglich noch wünschenswert, weltanschauungsfrei zu lehren. Weltanschauung hänge mit dem praktischen Handeln inhärent zusammen: „Die Wahrheit der Weltanschauung wird nicht in den Wolken erwiesen, sondern im gelebten Leben: wahr ist, was bewährt wird." (Buber 1986, S. 60) Vermutlich hätte niemand aus der Elterngeneration ein Problem damit gehabt, diese Aussagen zu unterschreiben. Die Halleiner Widerstandskämpferin Agnes Primocic schreibt dementsprechend in ihren Lebenserinnerungen:

> „Woher ich meine Kraft nehme? Aus meiner Überzeugung vielleicht. Ich möchte sagen, ich bin eigentlich eine Marxistin. Und Marx hat mir die Grundlage für meine Überzeugung gegeben. Wenn man von etwas überzeugt ist, dann muss man es auch tun." (Zehetner 2004, S. 74)

Diese Betonung der Praxisrelevanz von Überzeugung und Weltanschauung bringt uns möglicherweise dem Phänomen der transgenerationalen Aufträge näher.

Natürlich waren die Eltern als Angehörige antifaschistischer und kommunistischer Organisationen an klare Überzeugungen gebunden, die sie auch bewusst als Werte verstanden und an ihre Kinder weitervermittelt haben. Ebenso wie Eltern, deren Überzeugungen in anderen – z. B. christlichen – Wertesystemen verankert sind. Aus diesen Überzeugungen Aufträge abzuleiten und an die nächste Generation weiterzugeben, ist aber ein Phänomen von anderer Qualität, das neben bewussten auch relevante unbewusste Anteile enthält.

Gibt es in diesem Prozess spezifische Aspekte, die für die Kinderjause-Gruppe charakteristisch sind? Hartmut Radebold (2012, S. 145) geht davon aus, dass sowohl in den Familien von Holocaust-Opfern als auch in Familien von NS-Tätern eine unbewusste Weitergabe von Aufträgen stattgefunden hat. Er bezieht diese Aufträge inhaltlich auf die Verpflichtung, die Eltern für ihre Verstrickung in Leid oder Schuld zu entschädigen. Nehmen wir an, dass diese These zumindest einen relevanten Teil der Wirklichkeit beschreibt. Dann ist zwar das Phänomen transgenerationaler Aufträge kein Spezifikum der Kinderjause-Gruppe, vermutlich aber die weitergegebenen Inhalte. Aus der biografischen Geschichte der Widerstandsgeneration wird der Auftrag zum Widerstand als zentraler Auftrag abgeleitet. Die These Radebolds

4.2 Haltungen, Überzeugungen und transgenerationale Aufträge

fokussiert einen ganz anderen Aspekt – den Aspekt, die Eltern für ihre schuldlose Verwicklung in eine dramatische Geschichte zu entschädigen.

In den psychoanalytischen Studien zu den Folgen von KZ-Haft der Eltern für die zweite Generation wird dieser Aspekt wiederholt beleuchtet. Die Rede ist von unbewusster Hoffnung auf die Erfüllung besonderer Erwartungen, die an die Kinder geknüpft wird (Grubrich-Simitis 1984, S. 10) oder von unbewussten Delegationsaufträgen (Francesconi 1983). Hedi Francesconi hat in ihrer Studie Kinder ehemaliger KZ-Häftlinge mit einer Kontrollgruppe (ohne Traumatisierung der Eltern) verglichen und festgestellt, dass die Kinder der KZ-Häftlinge deutlich häufiger den Delegationsauftrag erhielten, sich zu tarnen (gegenüber einem „Oppositionsauftrag", der bei der Kontrollgruppe häufiger war). Diese Ergebnisse stützen sich auf die Frage: „Zu welcher Haltung rieten Ihnen die Eltern im Umgang mit Lehrern? Selbstbehauptung/Unterwürfigkeit". Hier scheint es fraglich, ob der Begriff des „unbewussten Delegationsauftrags" und die Annahme eines unbewussten Vorgangs berechtigt sind. Für unsere Studiengruppe ist der Auftrag zur Unterwürfigkeit und „Tarnung" jedenfalls absolut untypisch. Wie schon die einleitenden Interviewzitate zeigen, gehen die Aufträge hier in die genau gegenteilige Richtung. Allerdings scheint es auch bei den Kindern ehemaliger KZ-Opfer Spannungen zu geben: In manchen Interviews wird deutlich, dass diese Aufträge mit dem gleichzeitigen Bedürfnis nach Integration in die Mehrheitsgesellschaft oft schwer kompatibel sind.

Für die Kinderjause-Gruppe stellt sich die Situation in sehr spezifischer Weise dar: Der größere Teil der Eltern hat bewusst in der einen oder anderen Form Widerstand geleistet, sich dabei bewusst lebensgefährlichen Risiken ausgesetzt und ist bewusst nach Österreich zurückgekehrt, um an der Neugestaltung oder zumindest am Wiederaufbau des Landes mitzuwirken. Diese Konstellation schafft andere – vermutlich gruppenspezifische – Voraussetzungen für die transgenerationalen Aufträge. Das – auch an die Kinder vermittelte – Selbstverständnis der Eltern, in erster Linie Widerstandskämpfer und erst in zweiter Linie Opfer gewesen zu sein, spielt hier offensichtlich eine zentrale Rolle. Dieses gruppenspezifische Phänomen wird uns noch an anderen Stellen begegnen.

Einen spezifischen Stellenwert im Kontext der transgenerationalen Aufträge hat das Thema des Judentums:

Meine Mutter hat sofort beide Hände über den Kopf zusammengeschlagen und gesagt: „Um Gottes Willen und dann werden sie wieder hervorholen, dass du Jüdin bist!" Das war auch ein ziemliches Erlebnis für mich, weil da ist mir auch klar geworden, dass wir wirklich den Auftrag hatten, uns nicht als Juden zu erkennen zu geben. (I 19)

Diese pointierte Aussage kann zwar keineswegs verallgemeinert werden. Allerdings ist in mehreren Interviews erkennbar, dass das Verhältnis zur eigenen jüdischen Identität oft widersprüchlich vermittelt und verarbeitet wurde. Die elterlichen Haltungen waren ebenso unterschiedlich wie ihre Strategien der Vermittlung. Bei aller Unterschiedlichkeit ist aber das andere Skalenende – die Vermittlung eines transgenerationalen Auftrags jüdischer Identität – in keinem Interview aufzufinden. Folgende Interviewpassage beleuchtet einen markanten Aspekt der Einstellung der Elterngeneration:

> *Ihre [der Mutter] erste große politische Handlung war natürlich das Verlassen des Judentums, also des Religiösen. Als Tochter eines Schächters, sprich, des Angestellten der jeweiligen jüdischen Gemeinde, aus dem Kirchenverband rauszugehen und Atheistin zu werden, das hat sie mir voll vererbt, das bin ich auch. (I 14)*

Dieses Thema wird dort weiter zu bearbeiten sein, wo wir uns mit der Identitätsbildung beschäftigen. Wir werden dort dem Umstand begegnen, dass in einigen Biografien die Zuwendung zur jüdischen Identität erst viel später bedeutsam wird.

Die Aufträge, von denen hier die Rede ist, sind keineswegs unbewusst. Sie sind vielmehr Teil einer bewussten Erziehungshaltung der Eltern und werden von den Kindern auch bewusst wahrgenommen und angenommen. Sie bleiben über die Adoleszenz hinweg erhalten und werden zu einem integralen und stabilen Bestandteil der Persönlichkeit. Die Aufträge sind konkret und zielorientiert. Das „Niemals wieder" repräsentiert den Auftrag der Wachsamkeit gegenüber den weiterbestehenden faschistischen Bestandteilen der österreichischen Nachkriegsgesellschaft. Ein weiterer Auftrag wurzelt in der Zukunftsorientierung der Elterngeneration, in der Vorstellung des Aufbaus einer neuen, einer sozialistischen Gesellschaft. Diese Aufträge bündeln sich in der Beteiligung an der Kinder- und Jugendorganisation der Kommunistischen Partei. Fast alle waren in den Gruppen der Sturmvögel, der Jungen Garde und der Freien Österreichischen Jugend, später auch in der Studentenorganisation, der Vereinigung Demokratischer Studenten, organisiert. Die Tatsache, dass diese Organisationszugehörigkeit in den Interviews auch 50 Jahre später nur sehr selten als Zwang und Indoktrination gesehen wird, zeigt das hohe Maß der Integration dieser Aufträge in die Struktur der sich entwickelnden Persönlichkeit und die dauerhafte Stabilität dieser Integration.

Zweifellos gibt es bei diesen Aufträgen auch unbewusste Anteile. Insbesondere die psychoanalytische Forschung betont diesen Aspekt. Ein Beispiel:

4.2 Haltungen, Überzeugungen und transgenerationale Aufträge

„Die Eltern waren traumatisiert und die Kinder wuchsen in einer dysfunktionalen Familie heran. Die Desorganisiertheit der Eltern, vor allem ihre Unfähigkeit, den Unterschied zwischen den Generationen anzuerkennen, konfrontierte die Kinder mit Schwierigkeiten insbesondere bezüglich Trennung und Aggression." (Oliner 2015, S. 80)

Die erlittenen Traumata wurden nicht kommuniziert. Vielmehr ist das gesamte konkrete Erleben der Elterngeneration den Kindern nur sehr vage bekannt. Der in den Interviews festgestellte „Erzählschleier" beschreibt diesen Umstand. Marion Oliner meint, dass die historischen Ereignisse zu einem Bestandteil des Familienmythos werden, der die – phasentypische – Aggression gegen die Eltern dämpft und gegen die realen Täter richtet; aus dieser Konstellation entwickelt sich der Wunsch, für das historische Unrecht Vergeltung zu üben (vgl. Oliner 2015, S. 106 f.). Diese unbewussten Aufträge der Vergeltung in Verbindung mit der zitierten Aggressionsblockade sind möglicherweise jener Mechanismus, der die stabile Integration in die Persönlichkeit bewirkt.

Aufgrund dieser Überlegungen möchten wir für unser Projekt folgende Konkretisierung vorschlagen: Das Lebensumfeld der Kinderjause-Gruppe war von Anfang an geprägt durch Überzeugungen, die – abgeleitet aus den weltanschaulichen Grundpositionen des Marxismus und aus den subjektiven Erfahrungen des Widerstandes gegen das NS-Regime – die Erziehungshaltungen geprägt haben. Die Auswertung der Interviews verdeutlicht, ob daraus auch transgenerationale Aufträge entstanden sind, die für das weitere Leben dieser Gruppe relevant oder bestimmend waren, wie wir in unseren Hypothesen angenommen haben:

- Die (politische) Geschichte der Eltern stellt – je unterschiedlich – ein bewusstes Element der eigenen Identitätsbildung dar (Berufswahl, gesellschaftliches Engagement).
- Implizite und explizite transgenerationale „Aufträge" sind nachweisbar und wirksam. (Phantasmen von Verantwortung und Rache prägen die Vorstellung, den Kampf der Eltern fortzusetzen. Das Phantasma von Schuld prägt Haltungen der Konfliktvermeidung – auch in der Adoleszenz – gegenüber den Eltern.)

Die Frage, ob derartige Aufträge bewusst waren oder nicht und welchen Stellenwert die in der psychoanalytischen Forschung beschriebenen Mechanismen gehabt haben, kann hier allerdings nicht beantwortet werden, da die gewählte Interviewmethode dies nicht zulässt.

4.3 Resilienz und Trauma

Ernst Berger

Begriffe aus der Fachliteratur – wie „Über-Ich-Pathologie der 1. und 2. Holocaust-Generation", „indirekte traumatische Neurose der Kinder von Verfolgungsgeschädigten" (Grubrich-Simitis 1984), „geerbtes Trauma" (Kellermann 2011) – schienen uns zunächst nicht relevant, da der überwiegende Teil der zweiten Generation sein Leben (erfolgreich) bewältigt hat. Beobachtungen, die wir im Forschungsprozess gemacht haben, gaben jedoch Anlass zu einer vertieften Auseinandersetzung: In einigen Interviews wurde über Kindheitsängste berichtet, die zum Teil bis in die Jugendphase wirksam waren und auch Anlass für psychotherapeutische Interventionen wurden. In anderen Interviews traten während der Erzählung unerwartete emotionale Reaktionen auf, die oft auch für die InterviewpartnerInnen selbst überraschend waren (wir wählten dafür den Begriff „Tränenthemen"). Schließlich konnten und wollten wir die entsprechende wissenschaftliche Literatur, die zur Weitergabe von Traumata erschienen ist, nicht ignorieren. Dennoch war und blieb der Aspekt der positiven Lebensgestaltung im Vordergrund unserer Betrachtung, auch weil die gewählte Methode des narrativen (biografischen) Interviews nicht als Basis eines diagnostisch-therapeutischen Zugangs geeignet war. Wir werden uns im Folgenden also in verallgemeinerter, nicht individueller Form damit auseinandersetzen, ob Traumata der Eltern in den Erinnerungen eine subjektiv relevante Rolle spielen, ob eigene psychische Belastungen erinnert werden und aus welchen Lebensumständen Kraft für die eigene Lebensgestaltung kam.

Der Traumabegriff wird in den Interviews sehr unterschiedlich verstanden und verwendet, daher ist es notwendig, einige Ausführungen dazu – unter Rückgriff auf die Entwicklung des Traumabegriffs in der Psychotherapie – voranzustellen.

> „Die Unklarheiten des Begriffes Trauma resultieren unter anderem daraus, dass oftmals zwischen dem traumatischen Ereignis und den Traumafolgen begrifflich nicht klar unterschieden wird. (S. 339) [...] Die Spätfolgen der Zeit des Nationalsozialismus und des Zweiten Weltkriegs stimulierten die Auseinandersetzung mit dieser Thematik [...] Die Feststellung eines unscharf umrissenen ‚Überlebendensyndroms nach KZ-Haft' wurde vorerst nicht zum Anlass einer Revision des Traumakonzepts genommen." (Kronberger, Berger 2007, S. 340 f.)

Erst in den 1980er- und 1990er-Jahren werden die Konzepte differenziert und vertieft: Neben der „schweren Belastungsreaktion" und der „Anpassungsstörung" wurde im Kontext der Folgezustände des Vietnamkrieges die „posttraumatische Belastungsstörung" als eigenständige Diagnosekategorie entwickelt.

4.3 Resilienz und Trauma

„Im Unterschied zu dieser akut auftretenden und rasch wieder abklingenden Belastungsreaktion wird unter ‚posttraumatischer Belastungsstörung' eine verzögerte oder protrahierte Reaktion auf ein belastendes Ereignis oder eine Situation außergewöhnlicher Bedrohung verstanden. Die Symptome folgen dem Trauma mit einer Latenz, die Wochen bis Monate oder Jahre betragen kann. In manchen Fällen nimmt die Störung einen über viele Jahre gehenden chronischen Verlauf und kann in eine dauernde Persönlichkeitsveränderung übergehen. Dies kann beispielsweise eine Folge von Erlebnissen in Konzentrationslagern, Folter, andauernden lebensbedrohlichen Situationen (z.B. Geiselhaft) sein." (Kronberger, Berger 2007, S. 342)

Wenn wir also im Kontext unseres Buches den Begriff „Trauma" verwenden, ist damit entweder das ursprüngliche Ereignis und/oder eine posttraumatische Belastungsstörung gemeint. Das ursprüngliche Ereignis (oder die Ereigniskette) soll dabei (in der Tradition der Psychoanalyse) folgendermaßen verstanden werden:

„Als Trauma wird ein Ereignis im Leben einer Person bezeichnet, das definiert wird durch seine Intensität, durch die Unfähigkeit des Betroffenen, adäquat darauf zu antworten, durch die Erschütterung und die dauerhaften pathogenen Wirkungen, die es in der psychischen Organisation hervorruft." (Kronberger, Berger 2007, S. 343)

Angesichts der Zeitintervalle, die zwischen den ursprünglichen Ereignissen (Belastungen der ersten Generation in der NS-Zeit) und der Konfrontation unserer InterviewpartnerInnen mit etwaigen Belastungsfolgen ihrer Eltern liegen, ist es wichtig, den Zeitaspekt zu betrachten:

„Ein besonderes Charakteristikum des Traumas liegt in seiner verspäteten Wirkung. Diese Nachträglichkeit beinhaltet auch ein Verarbeiten, eine Erinnerungsarbeit, die ein komplexes Gefüge psychischer Operationen darstellt. Die Zeitspanne zwischen dem traumatischen Erlebnis und seinen späteren Auswirkungen, die so genannte Latenzperiode, kann völlig symptomfrei verlaufen." (Kronberger, Berger, 2007, S. 344)

In diesem komplexen Feld sind unsere Überlegungen zu Trauma und Resilienz angesiedelt.

4.3.1 Widerstandsfähigkeit/Resilienz

„Meine Kindheit hatte mir einige Lehren darüber vermittelt, wie Kinder Unterdrückung und Terror, die gegen ihre Familien gerichtet sind, überwinden können. ... Nachdem meine Eltern getötet worden waren, wurden mein Bruder und ich gewissermaßen Kinder der Bewegung, die dafür gekämpft hatte, sie zu retten. In Schlüsselsituationen meiner Kindheit war ich von dieser unterstützenden Gemeinschaft umgeben und wurde von ihr geschützt. ... Den RFC [Rosenberg Fund for Children] hatte ich nicht nur gegründet, um Kindern zu helfen, die wie ich als Kind gelitten hatten, sondern auch als Teil der Bewegung, dieses System zu verändern. ... Viele dieser Kinder wuchsen in einer sie stützenden Umwelt gesellschaftlich bewusster Erwachsener auf, die verstanden, dass diese Kinder spezielle Bedürfnisse hatten. Als die Kinder erwachsen wurden, hatten sie einander und außerdem viele ‚Eltern', die ein gesundes und produktives Leben führten ... Gleichermaßen wichtig, die Gemeinschaft war nicht passiv; sie organisierte sich, leistete Widerstand, und tut dies bis heute." (Meeropol 2008, S. 355–357)

Robert Meeropol (geb. Rosenberg) ist der Sohn von Julius und Ethel Rosenberg, Mitgliedern der Kommunistischen Partei der USA, die 1953 unter der Anklage der Spionage für die Sowjetunion hingerichtet wurden. Er ist heute Jurist und Direktor des von ihm 1990 gegründeten Rosenberg Fund for Children und seit 1995 in der Bewegung gegen die Todesstrafe aktiv. Die Geschichte der Rosenberg-Kinder war in der Kindheit unserer InterviewpartnerInnen ein markantes Ereignis, das für alle (von den Jüngsten abgesehen) präsent und von manchen aufgrund einer gewissen Parallelität zum „Fall Ponger" (siehe Kapitel 3) auch als bedrohlich empfunden wurde.

Besonders relevant ist hier die dargestellte Dynamik der Bewältigung: die unterstützende und schützende Gemeinschaft, die Teil einer kämpferischen Bewegung war, als Quelle der Resilienz-Kräfte. Robert Meeropol war in der Antikriegsbewegung der 1960er- und 1970er-Jahre aktiv und wurde dann – nachdem er eine psychische Krise in den späten 1980er-Jahren überwunden hatte – zu einem Aktivisten, der Kinder Verfolgter unterstützt und sich gegen die Todesstrafe engagiert. Der Rosenberg Fund hat die Aufgabe, Hilfe zu leisten „für Kinder politischer Gefangener, mit einer positiven Einstellung zu ihren Eltern aufzuwachsen" (Meeropol 2008, S. 276). Die Eltern dieser Kinder gehören verschiedenen Bewegungen an: der Black Panther Party, der Amerikanischen Indianischen Bewegung, den puerto-ricanischen Nationalisten oder weißen Revolutionären (wie den Ohio Seven).

Auch wenn die Ausgangssituation von Robert Meeropol, der Verlust der Eltern im Alter von sechs Jahren durch staatlich verordnete Tötung, sich von der Biografie unserer InterviewpartnerInnen grundlegend unterscheidet, ist seine Biografie aus der Perspektive der Resilienz doch ein wichtiges Modell.

Emmy Werner (2000, S. 116) unterscheidet zwischen der Resilienz als Endprodukt und den schützenden Faktoren, die Risiken und Stress in der Entwicklung nicht eliminieren, sondern abpuffern. Bei Meeropol-Rosenberg zählt die Einbettung in die schützende Gemeinschaft der vielen „Eltern" zu den „protective factors". So betont auch Michael Rutter (2000, S. 653): „The focus ... is strictly on relative resistance to psychosocial risk experience." Nicht Art und Ausmaß der Risiken und Belastungen stehen im Zentrum, sondern die Mechanismen der Bewältigung.

Aus den Lebensgeschichten resilienter Individuen leitet Emmy Werner unterschiedliche protektive Faktoren ab. Die Begegnung mit Personen, die eine sichere Basis für die Entwicklung von Vertrauen, Autonomie und Initiative gewährleisten, ist dabei besonders wichtig (S. 130). Von den Untersuchungen, die Werner zitiert, sind in unserem Kontext zwei von besonderer Bedeutung:

Einerseits publizierte Moskovitz (1983) eine Follow-up-Studie über 24 Kinder, die die Shoah in KZs und Waisenhäusern überlebt haben und nach Kriegsende nach England in ein Therapieheim (Therapeutic Nursery School) gebracht wurden. Im Abstand von 30 bis 40 Jahren zeigen alle Interviews eine außerordentliche Lebensbejahung und weisen auf die Nursery School Teachers hin, die (als Mutterersatz) besonders wichtig waren und Wärme und Fürsorge boten (Werner 2000, S. 126).

Die zweite Studie (Dalianis 1994) wurde mit Männern und Frauen in mittlerem Alter durchgeführt, die ihre Kindheit während des griechischen Bürgerkrieges gemeinsam mit ihren Müttern in einem Hochsicherheitsgefängnis verbracht hatten. Die meisten Väter waren als Widerstandskämpfer getötet worden, die Mütter warteten auf ihre Hinrichtung. Bis zur Befreiung kümmerten sich Mitgefangene (meist Frauen mit einschlägiger beruflicher Ausbildung) um die Kinder, sie lasen, sangen und spielten mit ihnen. In der Nachuntersuchung erwiesen sich diese ehemaligen Gefängnis-Kinder als kompetente und fürsorgliche Erwachsene mit eigenen Kindern und einer guten sozialen Einbettung (Werner 2000, S. 126).

Beide Studien können in gewisser Weise Aufschluss über jene InterviewpartnerInnen unserer Studie geben, die in ihrer frühesten Kindheit versteckt und von den Eltern getrennt lebten. Für die anderen kann man fragen, ob und in welcher Weise sie Belastungen ausgesetzt waren und daher das Risiko eines transgenerationalen Traumas besteht.

4.3.2 Transgenerationale Traumata

Nathan Kellermann (2011) verweist auf eine mittlerweile umfangreiche Literatur von mehr als 500 Publikationen über transgenerationale Traumata und stellt die Frage: „Kann ein Holocaust-Überlebender sein Trauma an sein Kind weitergeben und kann das Kind die Last des Holocaust-Traumas von seinen Eltern ‚erben'? Wenn ja, wie findet diese Traumatransmission statt? Wenn die Nachkommen den Holocaust nicht am eigenen Leib erlebt haben, wie ist es dann möglich, dass sie an seinen Folgen leiden, und wie können sie behaupten, dass der Holocaust ihr Leben geprägt hat?" Dann hält er fest: „Auf diese Fragen gibt es keine einfachen Antworten" (S. 142).

In der psychoanalytischen Literatur, die sich am intensivsten mit der Traumafrage auseinandergesetzt hat, wird die Heterogenität deutlich. Die Forschungen stützen sich meist auf die Erfahrungen, die in der Arbeit mit Patienten gewonnen wurden, also auf eine „klinische Subpopulation". Für diese Gruppe gilt: „Die in der zweiten Holocaust-Generation zu beobachtenden gravierenden psychopathologischen Erscheinungen sind nämlich häufig tatsächlich mit einer beträchtlichen Ichstärke gepaart" (Grubrich-Simitis 1984, S. 14). Allerdings sind auch innerhalb dieser Gruppe Verallgemeinerungen zu vermeiden: „Hier wird einmal mehr deutlich, dass wir uns davor hüten müssen, diagnostische Kategorien und genetische Modelle zu entwickeln, die vermeintlich für alle Patienten aus der zweiten Holocaust-Generation gelten" (Grubrich-Simitis 1984, S. 13). Die Beschäftigung mit den Ergebnissen dieser Forschung ist auch dann relevant, wenn wir uns nicht auf diese Subgruppe beziehen, weil ähnliche Prozesse möglicherweise auch in den Biografien unserer InterviewpartnerInnen eine Rolle spielen können.

Auch die Arbeit von Hedi Francesconi (1983) ist im psychoanalytischen Umfeld angesiedelt, stützt sich aber nicht auf eine klinische Population. Ihre Studiengruppe (30 Nachkommen ehemaliger KZ-Häftlinge, geboren 1945–1955) ist mit jenen zehn InterviewpartnerInnen unserer Gruppe vergleichbar, von denen zumindest ein Elternteil in KZ- und/oder Gestapo-Haft war. Francesconi berichtet, dass die Restsymptome des „KZ-Syndroms" (reaktive Aggression, affektive Anästhesie, Angst, Schuldgefühle, Störung der Objektbeziehungen, Hypochondrie) ebenso feststellbar waren wie Hinweise auf spezifische familiäre Interaktionsmuster, die in unbewussten Delegationsaufträgen, in symbiotischen Tendenzen und in einer besonderen Betonung des Wertes von Ausbildung und intellektueller Leistung zum Ausdruck kommen.

Die symbiotischen Tendenzen beschreibt sie als „Ambivalenz einer sehr starken emotionalen Bindung an die verfolgten Eltern sowie eine endlose emotionale Abhängigkeit" (S. 149).

Elisabeth Brainin, Vera Ligeti und Samy Teicher (1994) nehmen eine differenziertere Position ein: „In vielen Untersuchungen über die zweite Generation wird ein dieser Gruppe gemeinsames pathologisches Element gesucht, als ginge es darum, mit allen Mitteln zu beweisen, dass auch die Nachkommen der Überlebenden, vermittelt über das Trauma der Eltern, stigmatisiert sind. Bei dieser Generation wir noch viel deutlicher, dass es keine generalisierbaren Ergebnisse in Bezug auf *psychopathologische* [Hervorhebung im Original] Entwicklungen gibt. Was man wahrscheinlich als gemeinsames Moment dieser Generation feststellen kann, ist … das Gefühl, einer gesellschaftlichen Randgruppe anzugehören" (S. 40).

Auch Kellermann (2011) betont die Heterogenität der Gruppe: „Es ist deshalb wichtig, diese Population nicht als homogene Gruppe zu betrachten, die entweder an einer spezifischen Psychopathologie leidet oder posttraumatisches Wachstum manifestiert, sondern als Menschen, deren Innenleben zeitlebens vom Zweikampf dieser Kräfte geprägt ist" (Kellermann 2011, S. 160).

Marion Oliner (2015) setzt sich mit dem Verhältnis zwischen Trauma und seinen Folgen auseinander und betont, dass die Beurteilung des Traumas nicht nach der Reizintensität zu erfolgen hat, sondern nach seinen – jeweils subjektiven – Bedeutungen und den davon ausgehenden affektiven Reaktionen (S. 28). Wichtig ist, dass nicht das Einzelereignis, sondern die Reaktion auf potenziell überwältigende Ereignisse als „traumatischer Prozess" zu verstehen ist (S. 70). Sie selbst konnte als Kind 1943 in die Schweiz flüchten, ihre Eltern wurden in Auschwitz ermordet. Auf diesem Erfahrungshintergrund schreibt sie: „Viele Jahre war ich der Meinung, dass ich kein Recht habe, mich mit jenen zu vergleichen, die gelitten haben" (S. 56). Sie geht grundsätzlich von der Möglichkeit einer Weitergabe des Traumas aus, betont aber, dass ein direktes Trauma von einem weitergegebenen Trauma zu unterscheiden ist: „Die Auswirkungen des Schicksals der Eltern erzeugen eine andere Dynamik als die Folgen eines Traumas, das man selbst erleidet" (S. 81). In der Beschreibung des Mechanismus der Weitergabe folgt sie in erster Linie den Modellen der Sozialisationstheorie: Die Kinder leben in einer dysfunktionalen Familie (Eltern können die Elternfunktion nicht adäquat erfüllen), die historischen Ereignisse werden zu einem Bestandteil des Familienmythos, der die Aggression der Jugendlichen gegen die Eltern dämpft. Die Aggression der Kinder richtet sich gegen die realen Täter, die Kinder bleiben aber vom Triumph des Überlebens ausgeschlossen. Diese Dynamik führt zu dem Wunsch, für das historische Unrecht Vergeltung zu üben, während die erste Generation auf Verleugnung angewiesen bleibt (S. 106 f.).

Kellermann (2011) fragt, in welcher Weise eine Weitergabe des Traumas erfolgen könnte. Er entwirft das Konzept einer „Transmissionstheorie" und weist auf ein „Transmissionsmedium" hin, das in den unterschiedlichen Theoriekonzepten unterschiedlich angenommen wird (S. 145).

Theorie	Transmissionsmedium	Transmissionsfaktor
Psychoanalyse	Das Unbewusste	Verdrängte Emotion
Familiensystem	Kommunikation	Verstrickung
Sozialisation	Erziehungsstil	Weitergabe
Biologische Prädisposition	Bluthormone, genetische Faktoren	Angeborene Anfälligkeit

Kellermann paraphrasiert die verschiedenen Theoriekonzepte:

- Die Psychoanalyse geht davon aus, dass das nicht verarbeitete Trauma der ersten Generation unbewusst weitergegeben wird und während der Kindheit durch projektive Identifikation von den Kindern übernommen wird.
- Modelle, die auf sozialisationstheoretischer Grundlage fußen, nehmen an, dass die Holocaust-Überlebenden aufgrund ihrer eigenen Erlebnisse einen Erziehungsstil realisieren, der sie zu „inadäquaten Eltern" macht. Auf diese Weise wird das Trauma der Eltern indirekt über die Erziehung der Kinder wirksam.
- Ein Theorierahmen, der vom vorher genannten (sozialisationstheoretischen) nicht verlässlich zu trennen ist, fokussiert auf die Dynamik des Familiensystems: „Während die Kinder in manchen Familien den Horrorgeschichten ihrer Eltern übermäßig ausgesetzt waren, wurde das Trauma in anderen Familien totgeschwiegen. ... Zwei neuere Arbeiten sind zu dem Schluss gekommen, dass der Mangel an Kommunikation über traumaspezifische Ereignisse wie den Holocaust bei Eltern und Kind eine Mischung aus Wut- und Schuldgefühlen hervorrief" (S. 151). Andererseits wird festgestellt, dass Kinder, „die zu viel gehört haben", sekundär traumatisiert wurden. „Kinder, die dem elterlichen Trauma (Albträume, psychotische Zusammenbrüche, Weinen, Depressionen, obsessive Besorgnis) direkt ausgesetzt waren, waren eher betroffen" (S. 152).
- Ein biologisches Modell schließlich behauptet, „dass der genetische Gedächtniscode eines traumatisierten Elternteils durch bestimmte elektrochemische Gehirnvorgänge auf das Kind weitergegeben würde" und „... Kinder schwer traumatisierter Holocaust-Überlebender ... dann für die Posttraumatische Belastungsstörung (PTBS) ‚prädisponiert'" seien (S. 154).

Zusammenfassend stellt Kellermann fest, dass die empirische Forschung die Annahme eines höheren Ausmaßes an Psychopathologie bei den Nachkommen von Holocaust-Überlebenden nicht bestätigen konnte und „dass es der Generation der Holocaust-Überlebenden trotz widrigster Lebensumstände offensichtlich gelungen war, die psychische Gesundheit ihrer Kinder bis zum Erwachsenenalter zu bewahren" (S. 156). Er verweist jedoch auf eine Teilgruppe der zweiten Generation, die immer wieder psychotherapeutische Hilfe sucht: „Diese klinische Untergruppe leidet offensichtlich an bestimmten Symptomen, die mit dem Trauma ihrer Eltern zusammenhängen. Nach manchen Schätzungen sollen etwa 15 Prozent von ihnen an einer spezifischen Art des so genannten *second generation-Syndroms* leiden. ... In normalen Situationen mag es bei dieser Gruppe keine Anzeichen einer Psychopathologie geben, doch konfrontiert mit einer Krebsdiagnose oder in Kriegssituationen scheinen sie eine höhere Stressanfälligkeit als andere Menschen zu zeigen"

4.3 Resilienz und Trauma

(S. 156). Kellermanns Schlussfolgerung lautet, dass es offenbar große Unterschiede im Umgang mit Elterntraumata gibt; während die einen langfristig darunter leiden, verarbeiten andere dieses „Erbe" als sinnstiftendes Vermächtnis. Er greift auch auf Helmreich (1992) zurück, der zehn Eigenschaften von Holocaust-Überlebenden beschrieben hat, die eine positive und produktive Lebensgestaltung ermöglicht haben:

1. die Fähigkeit, sich rasch an eine neue Umgebung anzupassen;
2. assertiv und initiativfreudig zu sein;
3. stets das Unmögliche für möglich zu halten;
4. eine positive, zukunftsorientierte Lebenshaltung an den Tag zu legen;
5. die persönliche Intelligenz und berufliche Qualifikationen voll auszuschöpfen;
6. das Trauma aus dem Bewusstsein verbannen zu können;
7. einer guten Selbsthilfegruppe anzugehören;
8. die Erkenntnis zu verinnerlichen, dass man überlebt hat;
9. Sinn und Kohärenz im Leben zu sehen;
10. neuen Mut zu schöpfen.

Diese Aufzählung verweist neuerlich auf das breite Spektrum von Resilienzfaktoren. Dabei wird deutlich, dass einfache Ursache-Wirkungs-Modelle auch in diesem Kontext zu kurz greifen. Wir können aber davon ausgehen, dass diese Haltungen und Eigenschaften der Elterngeneration vermutlich auch in unserer Studiengruppe als *protective factors* für die zweite Generation wirksam waren, auch wenn sie den Einzelfall nicht erschöpfend erklären können.

Interessant ist für uns auch ein Forschungsprojekt, das die Familiensituation ehemaliger Widerstandskämpfer aus der Perspektive ihrer Partnerinnen beleuchtet (Anzengruber 2014). Interviews mit Frauen (geboren zwischen 1919 und 1930) von ehemaligen Widerstandskämpfern geben einen Einblick in die Familiensituation, die den Hintergrund für das Aufwachsen der zweiten Generation bildete. Das Spektrum des Widerstandes in diesem Interviewprojekt: 8 Männer aus kommunistischen Widerstandsgruppen (6 KZ-Häftlinge), 1 Kärntner Slowene, 1 republikanischer Spanier, 1 Sozialist. Während die Familiengründung nach 1945 eine Selbstverständlichkeit war, gab es in den 11 Familien nur 5 Kinder. Die Familienstruktur entsprach der traditionellen Kleinfamilie mit dem Mann als Familienoberhaupt, 10 der 11 Frauen waren berufstätig.

Folgende „Besonderheiten" der Familien werden hervorgehoben:

- anhaltende Traumaerinnerungen bei gleichzeitiger Leugnung des Traumas: „Erinnerungen, Bilder, Träume: ja, Trauma und psychische Folgen: absolut nein" (S. 133).

- Schweigen über die Erlebnisse: „Vor allem in den ersten Jahren nach Kriegsende hat keiner der Männer in der Familie aus der Zeit der Verfolgung berichtet; wenn sie davon erzählten, dann außerhalb der Familie im Rahmen ihrer politischen Vortragstätigkeit" (S. 135).

Kämpferbewusstsein, Gefühlsarmut, Rückhalt in der politischen Gruppe, die als Heimat erlebt wurde, sind weitere markante Elemente. Als spätere Belastungen wurden Arbeitsplatzverluste nach 1955 (Auflösung der USIA-Betriebe[44]) und Parteiausschluss nach 1968 (betraf 6 der 7 Kommunisten) erwähnt.

Dieser knappe Literaturüberblick macht deutlich, dass es innerhalb der zweiten Generation große Unterschiede hinsichtlich der Auswirkungen der Elternbiografie gibt. Das trifft zweifellos auch für die Gruppe unserer InterviewpartnerInnen zu.

4.3.3 Andere Kriegskinder

Die Frage nach der Traumabelastung junger Menschen der Kriegs- und Nachkriegsgeneration erscheint uns im Kontext von Randständigkeit in der österreichischen Gesellschaft relevant. Ist die Traumabelastung ein Alleinstellungsmerkmal der Kinder von Widerstandskämpfern und Verfolgten? Ist ihr Umgang mit Traumata der Eltern ein spezifischer? Gabriele Rosenthal (2015/1997), die einen Vergleich von Opfer- und Täterfamilien durchgeführt hat, stellt fest, dass sich die psychischen und kommunikativen Mechanismen in Opfer- und Täterfamilien ähneln: Schweigen über die Vergangenheit, Beeinträchtigung von Autonomieentwicklung, Trennungsängste usw. Allerdings sind die Motive ganz unterschiedlich: Angehörige der Widerstandsgeneration und ihre Kinder schweigen, um ihren Kindern Belastungen durch schmerzhafte Erlebnisse zu ersparen, während das Schweigen in Täter- und Mitläuferfamilien die Funktion des Schutzes vor Vorwürfen und Anklagen erfüllte (Rosenthal 2015/1997, S. 19). Wenn also in der Nachkriegsgeneration Traumata relativ weit verbreitet sind, verbietet sich eine Gleichsetzung. Trauma ist nicht gleich Trauma. Abwehr kann bei formaler Ähnlichkeit ganz unterschiedliche Funktionen erfüllen.

Der Sammelband von Hartmut Radebold (2004) beschreibt die Situation deutscher Jugendlicher, die ihre Kindheit im Zweiten Weltkrieg verbracht haben. Belastende bis traumatisierende Ereignisse (Fliegeralarme, Evakuierungen, Flucht, Vertreibung, Hunger, Armut, langfristige Abwesenheit der Väter, der Mütter und anderer

---

44 USIA: Betriebe, die als ehemaliges deutsches Eigentum in Österreich von der Sowjetunion beschlagnahmt und bis 1955 verwaltet wurden.

4.3 Resilienz und Trauma

Bezugspersonen) haben die Kindheit der meisten geprägt. 25 % der Jahrgänge 1930/32–1947/48 waren lang anhaltenden Einflüssen ausgesetzt, weitere 20–25 % erlebten ihre Kindheit und Jugend unter dauerhaft beschädigenden Einflüssen (S. 23). „Das Leid vieler damaliger Kinder/Jugendlicher war alltäglich …", die Resilienz über den Lebensverlauf hinweg wurde noch nicht ausreichend untersucht (S. 11 ff.). Radebold zitiert aber auch eine Untersuchung deutscher Nachkriegskinder aus dem Jahr 1952, in der die damaligen Schulabgänger (geb. 1938/39) und die damaligen Schulanfänger (geb. 1944/45) als ausreichend körperlich und psychisch gesund beschrieben wurden. Zwei Studien berichten über Flüchtlingskinder. Eine Hamburger Studie (2000) untersuchte 269 Flüchtlinge, die zu Kriegsende 15 Jahre alt waren; von ihnen zeigten 5 % eine voll ausgeprägte posttraumatische Belastungsstörung, bei 25 % war sie partiell ausgeprägt, und 62 % hatten intrusive Symptome (wiederholte Erinnerungen und Träume) (S. 24). In einer anderen Studie wurden 43 Patienten (geb. 1947–1967) aus Flüchtlingsfamilien untersucht und folgende Befunde erhoben: schemenhaftes Wissen, nebulöse Andeutungen; unbewusste Botschaften (ich darf nie mehr Opfer werden; ich muss viel leisten, damit meine Eltern das zurückerhalten, was sie verloren haben). Die mit der Vertreibung verbundenen stärkeren oder diskreteren psychischen Störungen der Elterngeneration hatten einen kumulativ-traumatisierenden Einfluss auf die Kinder. Diese Kinder der Vertriebenen zeigten als Abwehrformen überdurchschnittliche Kreativität oder Depressivität, die durch manischen Aktionismus abgewehrt wird. Die Ablösung von den Eltern ist schwierig; die Berufswahl dient der Kontrolle und Bekämpfung von Gefahr, von Krankheit und Leid (S. 148 ff.).

Gertraud Schlesinger-Kipp hat 198 Fragebögen ausgewertet (380 Bögen waren an Psychoanalytiker ausgesandt worden, die zwischen 1930 und 1945 geboren wurden). Fast alle Väter der damaligen Kinder waren Kriegsteilnehmer, etwa 30 % NSDAP-Mitglieder. Mehr als die Hälfte ihrer Kinder fühlte sich durch die Kriegsereignisse traumatisiert (28 % zeigen bis heute Folgen), die meisten konnten sich durch den Einfluss protektiver Faktoren in der Nachkriegszeit stabilisieren. Unter diesen protektiven Faktoren war die Haltung der Mütter besonders relevant. Insbesondere bei den Jüngsten (geb. zwischen 1943 und 1945) ging es darum, „wie sehr die Mutter oder eine Ersatzperson in der Lage war, trotz des Kriegsgeschehens eine ausreichend sichere und verlässliche Beziehung für das Kind anzubieten …" (S. 351).

Mehrere der hier beschriebenen psychischen Mechanismen und Verhaltensweisen finden wir auch in der Literatur über die Kinder der Holocaust-Generation. Wir können also davon ausgehen, dass es sich um universelle Mechanismen handelt, die der Bewältigung belastender und traumatisierender Erlebnisse dienen.

Die Historikerin Helga Gottschlich (2012) erinnert sich an ihren Vater, der Soldat in der deutschen Armee war und nach dem Kampf um Berlin nicht mehr zurückgekehrt ist. Erst Jahrzehnte später brachte sie in Erfahrung, dass er in all diesen Jahren unter anderem Namen teils in Frankreich, teils in Deutschland und zuletzt in Westberlin gelebt hatte. Sie selbst war Historikerin an der Akademie der Wissenschaften der DDR. Sie beschreibt ihre Erinnerungen an das Bombardement Dresdens, das sie als sechsjähriges Kind unmittelbar erlebt hat, ihre Erinnerungen an den Bombenkeller und an den Verlust ihres geliebten Vaters. Sie beschreibt auch (als Historikerin) die „Heimkehrerproblematik": Entfremdungsprozesse aufgrund der mangelnden Kommunikation der Eltern über die Kriegserlebnisse, eine massenhaft auftretende Desintegration des privaten Zusammenhalts der Familien, eine massive Steigerung der Scheidungsraten. Eine hohe Zahl kriegsbedingter Halbwaisen – „Kriegskinder ohne Väter" – erlebte vielfach eine späte Identitätsproblematik, die sich erst am Ende des Berufslebens manifestiert. Sie postuliert eine „normative biografische Zäsur" dieser Generation im höheren Lebensalter. Aus ihrem eigenen Erleben schildert sie Panikzustände beim Betrachten eines Feuerwerks, die sie als Folgen der Dresdner Bombennacht identifiziert.

Die „Kinder der Rückkehr" stellen innerhalb dieser Generation eine Teilgruppe dar, die spezifische Belastungen zu bewältigen hat. Viele dieser Belastungen sind historisch nicht vergleichbar. Dass es vergleichbare Abwehrmechanismen gibt, zeigt nur, dass Menschen ähnlich reagieren, und kann nicht als Hinweis auf die Vergleichbarkeit der Traumata gewertet werden.

4.3.4 Kinder der Rückkehr/Belastungsfaktoren

Haft- und KZ-Erfahrung

Dass die Elterngeneration durch die NS-Verfolgung schwersten Belastungen ausgesetzt war, haben wir schon mehrfach verdeutlicht. Die Symptome des „KZ-Syndroms" sollen beispielhaft für jene genannt werden, die KZ und Gestapohaft überlebt haben. In den 1950er-Jahren wurden in verschiedenen Ländern – besonders in Dänemark – systematische Untersuchungen ehemaliger Häftlinge durchgeführt, die zu einheitlichen Ergebnissen kamen: „Die ehemaligen Gefangenen, die wir untersucht hatten, ... hatten eine lange Reihe von Krankheiten, sowohl der Verdauungsorgane, des Herz-Kreislauf-Systems als auch der Atmungsorgane. Außerdem litten sie unter Gedächtnisstörungen, Konzentrationsschwierigkeiten, Nervosität, Erregbarkeit, Angst, Schlafstörungen, Alpträumen, Kopfschmerzen ... Wir konnten nachweisen, dass nicht der geringste Zusammenhang zwischen den Verhältnissen vor der Verhaftung, wie Kindheit, Schulzeit, Ausbildung, frühere Krankheiten, sozialer Status usw., und den späteren Leiden der Untersuchten bestand. Gleichfalls bestand kein Zusammenhang zwischen den Verhältnissen nach der Befreiung und den festgestellten Beschwerden. Der einzige Zusammenhang, der – über alle Zweifel erhaben – nachgewiesen werden konnte, war der Zusammenhang zwischen den aktuellen Beschwerden und der Schwere der Verhältnisse in den Konzentrationslagern" (Eitinger 1992, 6 f.). Dennoch ist auch hier Differenzierung nötig. Benedikt Huck (1955) hat auf der Grundlage einer Reihenuntersuchung des Jahres 1945 auf diesen Umstand bereits hingewiesen: „Bezüglich der seelischen Verfassung war ein auffälliger Unterschied [festzustellen] zwischen denjenigen, die vor und während der Nazizeit einen aktiven Kampf gegen den Nationalsozialismus geführt hatten, und denjenigen, die rein passiv Opfer des Rassenwahns geworden waren. Bei den Letzteren, die oft ihre ganze Familie verloren hatten, war die Depression vorherrschend ... Im Gegensatz dazu waren die Erstgenannten, die bewusst gekämpft hatten, trotz ähnlicher Schicksale durchaus aktiv und lebensfroh, obwohl sie vielfach gesundheitlich geschädigt und – im Nachkriegs-Wien – schlecht lebten." Ähnlich waren auch die Ergebnisse einer psychiatrischen Studie an 100 ehemaligen Auschwitz-Häftlingen: Personen, die vor ihrer Verhaftung konspirativ tätig gewesen waren und auch im Lager aktiv auf die Verhältnisse reagierten (also aktive Widerstandskämpfer), ertrugen die Bedingungen des Lagerlebens besser als solche, die passiv blieben. Letztere zeigten 14 Jahre nach der Befreiung eine deutlichere Ausprägung depressiver Symptome (Lesniak et al. 1964).

Flucht- und Emigrationserfahrung

Über die Traumata, die im Kontext von Flucht/Emigration und (häufig damit verknüpft) durch die Ermordung ganzer Familien entstanden sind, ist weniger geschrieben worden. Es gibt jedoch Anhaltspunkte, dass der durch die Lebensbedingungen der Illegalität bedingte Stress ähnliche biologische Konsequenzen hatte wie die Lagerhaft (Moynier 1964). Da es keine differenzierte Forschung darüber gibt, sollen die Berichte von vier Exilanten (England, Frankreich, Sowjetunion) die Situation in den verschiedenen Exilländern beispielhaft veranschaulichen.

> „Schlimmer als die reale Furcht vor physischem Schmerz, vor physischer Vernichtung, waren für viele jene Gefühle unbestimmter und unbestimmbarer Art, die mit dem Fremdwort ‚Angst' auch in der englischen Tiefenpsychologie und Literatur bezeichnet wurden. Diese Angst oder Ängste manifestierten sich häufig des Nachts, in den Träumen oder halbwachen Schreckensstunden, wenn man die gemeinsame Existenz in Frage gestellt und selbst die Zukunft im schwärzesten Dunkel sah", so berichtet Hilde Spiel von ihrem Exil in England (Spiel 1977, S. xxxiv).

Tilly Spiegel stellt das Spektrum österreichischer Exilanten in Frankreich dar, das von der KPÖ über die SPÖ und die RSÖ bis zu führenden Vertretern des Ständestaates reichte: „Aus dem annektierten Österreich war eine große Zahl prominenter antinazistischer Politiker nach Paris gekommen: Die Führungsspitze der Sozialdemokratischen Partei mit dem Sekretär der II. Internationale Friedrich Adler, Otto Bauer … Der Führer der Revolutionären Sozialisten Josef Buttinger; der ehemalige sozialistische Heeresminister und Schutzbundführer, General Julius Deutsch, der mit den Internationalen Brigaden aus Spanien nach Paris gekommen war … Von der Kommunistischen Partei Österreichs ihr Vorsitzender Johann Koplenig … Die führenden Funktionäre Oskar Grossmann, Arpad Haasz, Franz Marek und andere" (Spiegel 1977, S. 53).

Einige dieser Namen tauchen auch in unseren Interviews auf: Franz Marek, den Interviewpartner Schani Margulies als seinen „Wahlonkel" bezeichnet, und Arpad Haasz, der Großvater von Interviewpartnerin Eva Friedler. Franz Marek (2017) schildert die Exilsituation in Frankreich in nüchternen Worten: „Paris, Emigration, unter Pariser Emigranten. Nach kurzem Aufenthalt mit dem falschen Paß legalisierte ich mich, bekam zunächst kurz befristeten Aufenthalt, dann Refus de sejour, schließlich Refoulement, den ich alle 8 Tage bangend verlängern mußte. Vor 8 Uhr am Tor der Prefecture wartend, ging es in rasendem Galopp in einen letzten Start, wo das lange Warten begann. Immer wieder mußte man sich vor der Polizei verstecken, dann wieder 8 Tage Aufenthalt – so ging es bis zur Internierung. Diese Behandlung … hatte ich nicht nur der brutalen Xenophobie der Polizei, sondern auch der antikommunistischen Ausrichtung zu danken" (S. 147). „Knapp vor der deutschen Offensive im Mai wurden wir – eine eigenartige Mischung aus Juden und Nazis – den Engländern als Prestataires [Arbeitskommando] in Nantes überstellt, wo wir marschierten, überflüssige Gräben aushoben und Waggons verluden" (S. 149).

Einer der Exilanten war Lion Feuchtwanger, der die Situation in literarischen Worten schildert: „Obwohl diese Illegalen ununterbrochen ihr Leben aufs Spiel setzten, war ihre Arbeit weder kleidsam noch heroisch, sie war monoton, und was zu erreichen war, stand scheinbar in keinem rechten Verhältnis zu der ungeheuren Gefahr. Aber das mühevolle, langweilige und gefährliche Geschäft, ein winziges Steinchen herbeizuschleppen, gewann Glanz aus der gewaltigen Größe des Baus, für den das winzige Steinchen bestimmt war" (Feuchtwanger 1974, S. 441).

Ruth Mayenburg, die Mutter von Marina Fischer-Kowalski, spricht über ihr Exil in der Sowjetunion, wo sie zwischen 1943 und 1945 in der Propagandaarbeit an der Front eingesetzt war. Sie hatte zuerst den Auftrag, sich im Lager Jelabuga um die aus Österreich stammenden, bei Stalingrad gefangenen Offiziere „zu kümmern". Danach wurde sie in einer Frontbrigade eingesetzt. „Andere Brigademitglieder, auch die Österreicher und ich, konnten an verschiedenen Frontabschnitten mittels der Grabenmegaphone zu den ‚Fritzen' hinübersprechen." In mehreren dieser Situationen war die Todesgefahr im unmittelbaren Frontkampf groß (Mayenburg 1977, S. 144 f.).

4.3 Resilienz und Trauma

Die geschilderten Situationen widersprechen der gelegentlich vertretenen Ansicht, dass die Rückkehrer aus den Exilländern nicht unter die Traumatisierten zu rechnen sind, grundlegend. Die permanente Unsicherheit und Angst, die Bedrohung durch Verhaftung und Auslieferung an die Gestapo im besetzten Frankreich, die Bedrohung durch den stalinistischen Terror und nachfolgend durch die Kriegssituation in der Sowjetunion – all das sind Belastungen, die im Einzelfall durchaus traumatisierend wirken können.

Haft, KZ und Exil brachten – in jeweils unterschiedlichem individuellem Umfang – massive Belastungen und somit potenzielle Traumata mit sich. Alle InterviewpartnerInnen waren als Kinder mit den unmittelbaren Folgen dieser Belastungen, manche mit einer frühen Phase der posttraumatischen Belastung ihrer Eltern konfrontiert. Für die Gruppe der Jüngeren ist die zeitliche Distanz zu diesen Belastungen der Eltern größer.

Der Aspekt der Dysfunktionalität der Familien wurde in diesem Abschnitt bereits erwähnt (Oliner 2015, Anzengruber 2014). Es ist sehr wahrscheinlich, dass dieser Belastungsfaktor, der in der Literatur recht plausibel beschrieben wird, auch in der Kindheit vieler unserer InterviewpartnerInnen wirksam war. Er war aber kein expliziter Bestandteil der Interviews, sodass weitere Überlegungen dazu weitgehend spekulativ bleiben würden.

Anders stellt sich die Frage frühkindlicher Traumata der älteren InterviewpartnerInnen dar. Dazu wird im Abschnitt „Kindheit" (Kapitel 6.1) ausgeführt, dass sich bei ihnen deutliche Belastungsfaktoren mit potenziell traumatisierender Wirkung finden.

Schani Margulies (geboren 1939 in Belgien) erzählt (im Interview) über seinen Studienanfang und nimmt dabei spontan auf den Begriff „Trauma" Bezug:

Ich wollte ja Arzt werden. Habe aber dann gearbeitet usw. und knapp bevor ich ... zum Studieren angefangen habe, habe ich, das war die einzige Situation, wo ich vielleicht ..., Trauma kann man so nicht sagen, ich bin schlampig ... . Und auf einmal habe ich Angst bekommen, dass ich mir die Hände nicht wasche oder was weiß ich, und ich kann nicht Arzt werden. Ich bringe die Leute um anstatt ihnen zu helfen ...

Eva Ribarits (geboren 1943 in England):

Ich habe selber eigentlich sehr früh, Ende der 60er-, Anfang der 70er-Jahre eine Psychoanalyse gemacht – ob ich das gemacht habe, weil ich mich in irgendeiner Weise traumatisiert gefühlt habe – ich habe mich halt eingeengt gefühlt durch mich selber.

Trotz aller Heterogenität kann man abschließend feststellen: Die Erlebnisse der Widerstandsgeneration haben mit großer Wahrscheinlichkeit eine potenzielle Belastung für ihre Kinder dargestellt und sind als Risikofaktor wirksam, auch wenn dies im Einzelfall sehr unterschiedlich sein kann. In der Lebenssituation nach 1945 – insbesondere das spezifische Umfeld der Kinderjause – gab es Ressourcen im Sinne protektiver Faktoren.

4.4 „Tränenthemen"

Ernst Berger und Ruth Wodak

Vier InterviewpartnerInnen haben während des Erstinterviews zu weinen begonnen. In zwei folgenden Tiefeninterviews hat sich diese emotionale Reaktion an genau derselben Stelle und beim demselben Thema wiederholt. In all diesen Fällen hatten wir eine solche Reaktion nicht erwartet; sie passte auch nicht zum gesamten Verlauf der Interviews, wo meist eine recht rationale, oft vage und distanzierte Sichtweise überwog. Explizite Emotionen wurden in den Interviews selten zugelassen; spezifische Orte wie Handlungen wurden durch den „Erzählschleier" verdeckt.

Die abrupten Gefühlsausbrüche geschahen offensichtlich nicht zufällig. Der Nachkriegsdiskurs in Österreich bestand meist aus einem allgegenwärtigen Schweigen – Taten, Täter und Opfer kamen nicht zur Sprache; man erzählte nicht und nichts (vgl. Ziegler, Förster 2017; Schröter 2013; Wodak et al. 1990). Das Schweigen betraf wie gesagt jedoch nicht nur die sogenannte „Tätergeneration" und deren Kinder. Auch die Opfer schweigen, und das aus ganz unterschiedlichen Gründen. Einerseits wollten die Überlebenden und Rückkehrenden aus KZs, Exil und Gefangenschaft ihre Kinder und Familien nicht belasten. Andererseits wollten sie auch selbst nicht erinnert werden. Darüber hinaus interessierte sich – wie viele immer wieder berichteten – niemand oder nur wenige für die schrecklichen Erlebnisse (vgl. Fischer 2017).

Diese jeweils einzigartigen und traurigen Erinnerungen, die in den Interviews völlig überraschend auftauchten, wirken wie abgespalten von den sonstigen, recht kohärenten biografischen Erzählungen – die InterviewpartnerInnen schienen sich dessen nicht bewusst zu sein. Daher beschlossen wir, uns mit diesen „Tränenthemen" eingehender zu beschäftigen.

In der „Fallstudie Fragner" wird das entsprechende szenische Narrativ im Detail analysiert, hier wird die „Donauwalzer-Geschichte" nur kurz gestreift: Es

4.4 „Tränenthemen"

geht darum, dass ein Jude, Herr Goldschmied, aus seinem Versteck geholt wird, um dem Wunsch eines russischen Offiziers zu entsprechen:

> EB: Beim Lesen des Interviews hatte ich den Eindruck, dass dich die Erinnerung an den Herrn Goldschmied irgendwie emotional bewegt hat. Was ist das gewesen?
> Bert Fragner: Das Problem mit dem russischen Offizier.
> RW: ... Mit dem Klavier?
> BF: Wie die sowjetischen Truppen dann gekommen sind – und die haben ja ein Haus nach dem anderen gewissermaßen übernommen, die sind von Wohnung zu Wohnung gegangen ... – – – – Die haben ja ständig an den Goldschmied gedacht, die sind in die Wohnung der Hauseigentümerin, der Hausfrau, die irgendwo auf dem Land war, sicherheitshalber ist die nicht da gewesen. Mein Großvater war der Hausmeister, der hat den Schlüssel gehabt, der hat aufgesperrt. Da ist ein Klavier drinnen gestanden, im ganzen Haus hat es so etwas nicht gegeben. Dann hat der russische Offizier, der offensichtlich ein gebildeter Mensch war, der hat gesagt: „So, jetzt sollen die Befreiten antanzen", er wünscht sich, dass da jetzt jemand den Donauwalzer spielt. Es konnte aber niemand Klavier spielen. Da hat er gesagt: „Das gibt es nicht, in Wien können alle Klavier spielen, das ist die Stadt der Musik." Dann hat irgendjemand gesagt: „Doch, da kann einer Klavier spielen, das ist der Goldschmied." Dann haben sie den Goldschmied aus dem Keller rausgeholt und er hat den Donauwalzer gespielt.
> EB: Ist das noch eine unmittelbare Erinnerung?
> BF: Nein, da war ich zu klein, aber ich muss dabei gewesen sein.
> RW: Das heißt ja, dass er potenziell das Haus gerettet hat.
> (...)
> EB: Noch einmal zurück zum russischen Offizier: Kannst du es fassen, was es ist, was dich bewegt an diesem Bild?
> BF: Was mich bewegt, ist eigentlich die Rückkehr von dem Goldschmied aus einem Extremzustand in eine völlig banale und anspruchslose, trockene Banalität.
> EB: Dieses Wiederauftauchen aus dem Kerker.
> BF: Er ist dort im Verlies und kommt hinauf und stellt sich hin und spielt den Donauwalzer.
> RW: Und noch dazu den Donauwalzer.
> BF: ... was er sicherlich als „seine" Musik verstanden hat ...
> EB: Würde mich ja jetzt in meiner Psychotherapeutenrolle veranlassen zu fragen, was hat dieses Bild des Auftauchens aus dem Versteck mit dir zu tun?
> BF: Das ist interessant.

Diese Geschichte erzählt Bert Fragner in beiden Interviews. Beide Male ist er zutiefst betroffen und beginnt zu weinen. Es bleibt unklar, ob dies aus Glück über die Befreiung, aus Angst (Übertragung von der Mutter), aus Schuld dem jüdischen Nachbarn gegenüber oder aus Entsetzen über die gesamte schreckliche Situation des versteckten jüdischen „U-Boots" geschieht.

Bei den spezifischen Themen wird der „Schleier" zumindest für kurze Zeit im Interview gelüftet, es handelt sich um szenisches Erzählen (Wodak 1980), um eine zeitlich wie räumlich genau einordenbare Geschichte, im Gegensatz zu den sonst oft recht abstrakten Beschreibungen und Reflexionen bzw. den kondensierten *Small Stories* (vgl. Abschnitt 7.2).

Außerdem könnte man diese einzigartigen Geschichten als Metonymie für jegliche Trauer, Angst und andere Emotionen in Bezug auf die Judenvernichtung und die schrecklichen Erlebnisse der Eltern betrachten, quasi als Verdichtung aller Traumata und starker Emotionen. Diese eine Geschichte steht also für eine ganze Reihe anderer Erlebnisse und Gefühle, die entweder explizit oder implizit weitervermittelt wurden. Aufgrund des ansonsten rationalen Umgangs mit Geschichte und Politik verbleibt eine solche Szene abgespalten und bricht ab und zu eruptiv heraus, unvermutet und dem Sprecher bzw. der Sprecherin oft aus unerklärlichen Gründen.

Ein zweites Beispiel entnehmen wir der Fallstudie von Lili Kolisch:

Lili Kolisch: Die erste <u>Riesenwut,</u> die ich bekommen habe, war viel, viel später. Viel, viel später und zwar in dem Moment, als meine Mutter angefangen hat, dement zu werden. Im Pensionistenheim war, in einem normalen der Gemeinde Wien ... Und ich komm eines Tages, da war sie schon auf der Pflegestation dann, in das Zimmer und sehe <u>schöne bunte, große</u> Tafeln mit Namen überall montiert und ..., also <u>sehr liebevoll</u> gemacht. Nur bei ihr steht kein Name. Und ich sage: „Mutti, ich sehe, das ist <u>so schön</u> gemacht. Wieso bei dir nicht?" „Nein." Gut. Dann hat man mich schon geholt zu einer Besprechung und da war dort eine junge Ergotherapeutin, die das alles gemacht hat und die gesagt hat, sie weiß nicht, was sie angestellt hat, meine Mutter hat sich mit Händen und Füßen gewehrt dagegen. Sie durfte das nicht machen, und sie hat es bewusst groß gemacht, dass die alten Leute das auch lesen können. Und dann habe ich noch einmal mit meiner Mutter gesprochen und dann hat sie zu mir gesagt: „Ich will nicht, dass man das lesen kann. Wenn die kommen und mich holen, dann sehen sie gleich, wo ich bin." Meine Mutter ist nie geholt worden, muss man dazusagen. <u>Es war nur die Angst.</u>
Und da habe ich es da gehabt. Das war <u>entsetzlich</u> für mich. Und da habe ich dann eine Wut bekommen, weil ich mir gedacht habe, wie kommt diese 82-, 83-jährige Frau dazu sozusagen, in dem hohen Alter, <u>krank, hilflos, ausgeliefert</u>

4.4 „Tränenthemen"

eigentlich, wirklich schon, dazu, von <u>solchen Ängsten</u> nach Jahrzehnten noch <u>gepeinigt</u> zu werden.

Im weiteren Verlauf des Tiefeninterviews wird diese Passage noch reflektiert:

EB: Du hast jetzt emotional bewegt reagiert.
LK: Ja klar. Du auch.
RW: Ja, ich weiß.
EB: Wir beobachten bei den Interviews, dass sehr distanziert geredet wird über zum Teil Schreckliches und dann gibt es bei manchen Interviews irgendwo einen Punkt, der Emotion weckt. Unsere Hypothese dazu ist, dass das die Punkte sind, wo uns die Traumata der Eltern bewusst werden.
LK: Ja, genau. Also für die anderen kann ich es nicht sagen, aber für mich stimmt das ganz bestimmt.

Ganz ähnlich wie im Kolisch-Interview tritt die Emotion bei anderen Erzählpassagen mit anderen InterviewpartnerInnen hervor, deren Inhalt Trauer und Bewegtheit nahelegen:

[Susanne Scholl] Wie sie erzählt hat, wie sie sie geholt haben und durch die Straßen getrieben haben. ... Und sie hat erzählt, wie ihre Mutter, die sie aus irgendwelchem Grund nicht mitgenommen hat, nebenher gelaufen ist die ganze Zeit. Da hat sie also auch zu weinen begonnen. ------------------ [weint] (I)

[Eva Ribarits] Es gab in der Familie ein paar Tabus, bis zum Schluss, über die nicht geredet werden konnte – über die Eltern der Eltern. Ich kann auch nicht gut darüber reden [schluckt heftig]. Man geht weg, die Eltern kommen um und man selber überlebt. Ich habe ein paar Mal versucht, das anzuschneiden, wie es meinem Vater oder meiner Mutter damit geht – da war eine Mauer. Das sind halt Dinge, über die man, glaube ich, schlecht hinwegkommt. (I)

Im Interview mit Bert Fragner ist die Verknüpfung mit trauriger Erinnerung nicht unmittelbar ersichtlich und auch für Bert Fragner nicht zugänglich.

Der Begriff „Tränenthemen" beschreibt dieses uns zunächst überraschende Phänomen plötzlicher Emotionalität, dem wir uns dann ausführlich gewidmet haben. Wir sind davon ausgegangen, dass die vom Erzähler nicht kontrollierbare emotionale Bewegtheit offensichtlich als Hinweis auf eine Erinnerung zu werten ist, die dem Erzähler – zumindest zum Zeitpunkt des Erzählens – nicht zugänglich ist. Anders formuliert: Die Erzählpassage hat den Charakter einer „Deckerinnerung".

Mit Kurt Langbein (KL) – sein Vater Hermann Langbein, ehemaliger Häftling in den Konzentrationslagern Dachau und Auschwitz, war eine der treibenden Kräfte im Auschwitzprozess, über den er auch ein Buch geschrieben hat – führten wir ein Gespräch über Tränenthemen und Deckerinnerungen. Kurt meinte dazu:

KL: Also sehr oft – es ist so, wie du es auch beschreibst, dass es mir eigentlich gar nicht nachvollziehbar ist, warum jetzt, und ich habe das Gefühl, dass da was Dickeres, Starkes dahinter ist, auch, weil ich die Momente so schnell wieder vergesse. Ich kann sie gar nicht festhalten. ... das ist sozusagen ein bisschen eine andere Ebene und dahinter ... ist so eine ganz, ganz tiefe Betroffenheit, Erschütterung, die dann manchmal in diesen kurzen Emotionsausbrüchen, kurz zum Vibrieren, nicht wirklich zum Vorschein kommt, sondern nur spürbar wird.

Unter der Decke eines Emotions-Tabus, das die Eltern aus der Zeit der Verfolgung mitgenommen hatten und das in vielen Familien Teil des Erziehungskanons und des (dysfunktionalen) Familienstils war, gibt es Erinnerungen und Themenkomplexe, die zum Teil an recht unbestimmten Punkten unvorhersehbar und emotionsgeladen kurzzeitig hochschwappen.

Frage: Sind das, würdest du sagen, auch unsere Traumata oder ist es die Erinnerung oder die Repräsentation der Eltern-Traumata, die da in diesen Komplexen verpackt ist?
KL: – – – – Ich erlebe es als meine. – – – – Und ich weiß nicht, ob ich das dann überhaupt trennen könnte. – – – – Es ist natürlich übernommen, aber es ist meine Wunde, die da wehtut und nicht seine, glaube ich.

Auf der Suche nach den tieferliegenden Wurzeln der emotionalen Bewegung:

KL: Das Einzige, was ich jetzt so ahne, ohne dass ich es ganz genau benennen könnte, es geht sehr oft um Verwandte, andere, also es geht um Beziehung, es geht um Mitleid, es hat immer etwas zu tun mit so einer verwobenen, zwischenmenschlichen Struktur, wo jemand anderer Verantwortung übernimmt oder übernommen hat für jemand anderen. ... also wo jemand mitleidet im Wortsinn oder etwas mittragen muss.

Kurt Langbein entwickelt im weiteren Gespräch einen Gedankengang, der direkt zu einer Version von Lebensbewältigung der Kinderjause-Gruppe führt. Insbesondere betont er eine eigene Rationalität im Umgang mit Emotionen; dieser spezifische ansozialisierte Umgang habe, so meint Kurt Langbein, auch positive Seiten:

4.4 „Tränenthemen"

> KL: *Wobei dieses Emotionstabu, das ja gleichzeitig beinhaltet, möglichst rational und vernunftorientiert zu planen, verbunden mit einem mehr oder weniger sperrigen Gerechtigkeitsbegriff – das hat uns ja auch in die Lage versetzt oder geradezu dahin gedrängt, sich dort hinzubewegen, wo wir uns hinbewegt haben. Das ist ja auch eine Kraft, das ist ja nicht nur ein Defizit, sondern damit ist man ja auch in der Auseinandersetzung vielen anderen Menschen durchaus überlegen. ... für mich gehört das irgendwie zusammen, weil das ist sozusagen dieser Imperativ – deine Gefühle haben keinen Platz, weil das, was zu tun ist, viel wichtiger ist und die Gefühle behindern das. Das bedeutet ja auch, dass ... auch die Hindernisse aus dem Weg geräumt werden müssen, damit dieser Weg gegangen werden kann, und ich glaube auch, dass wir ... in den Auseinandersetzungen mit Institutionen oder Hierarchien um ein Eckerl unerschrockener und konfliktbereiter waren oder sind.*

Greifen wir nochmals auf die psychoanalytische Literatur zurück: Marion Oliner (2015) behandelt aus psychoanalytischer Perspektive das Phänomen der Erinnerung an traumatische Erlebnisse und spricht von „Verkapselung traumatischer Erinnerungen": Die Erinnerung an traumatische Erlebnisse wird verkapselt und von den emotionalen Prozessen abgelöst. Dieser Prozess ermöglicht es, die Erinnerung ihrer schmerzhaften Begleitemotion zu entkleiden. Das führt zu einer Dissoziation zwischen dem Erinnerungsinhalt, der in die Gegenwart mitgenommen wird, und der Emotion. „Das Individuum erinnert Bruchstücke, ohne zu wissen, dass das Ich oder das Subjekt, das die Dinge erlebt hat, ein anderes ist als dasjenige, das sich daran erinnert ..." (S. 90).

Oliners theoretisches Erklärungsmodell der Traumabewältigung weist einige Parallelen zu den Überlegungen von Kurt Langbein auf: „Reflexion, Emotion und Selbstgewahrsein werden unter die Vorherrschaft der äußeren Realität gebracht und sollen effektives Handeln im Dienste des Überlebens ermöglichen." Es handelt sich unter den Extrembedingungen der KZ-Situation um eine „erfolgreiche Reorganisation der Persönlichkeit, ohne die der Mensch Extremsituationen nicht überleben kann." „Die Art und Weise, wie die Erfahrung künftig im Gedächtnis weiterlebt, hängt von zahlreichen Faktoren ab" (S. 86). Eine Variante ist die „Verkapselung der traumatischen Erinnerung".

Diese „verkapselten traumatischen Erinnerungen" prägen offenbar nicht nur die Erinnerungen der Widerstandsgeneration. Sie sind auch in den Erinnerungen der zweiten Generation vorhanden. Es sind teilweise „weitergegebene Erinnerungen", die aber in der eigenen Biografie mit eigenständigen subjektiven Bedeutungen gefüllt und als „eigene Wunden" (Kurt Langbein) erlebt werden. Auch dort, wo es sich um eigene Erinnerungen handelt, wie im Beispiel Lili Kolisch, ist die Verankerung in den Traumata der Eltern deutlich erkennbar.

Abschließend können wir also feststellen, dass das Phänomen der „Tränenthemen" als deutlicher Hinweis auf die Existenz von Traumaelementen bei einigen Angehörigen der zweiten Generation zu werten ist. Weiter wird deutlich, dass eine enge Verbindung zum Phänomen des „Erzählschleiers" und zum Emotionstabu der Widerstandsgeneration besteht. Trotz der teilweisen Abspaltung und Verdrängung darf nicht übersehen werden, dass diese Phänomene auch wichtige Bewältigungsmechanismen sind, die für die psychische Stabilität und damit für die Persönlichkeitsentwicklung bedeutsam geworden sind und wichtige Anpassungsleistungen erfüllen.

4.5 Individuelle und kollektive Erinnerung/en – die diskursive Konstruktion von Geschichte

Ruth Wodak, Ernst Berger und Markus Rheindorf

4.5.1 Lebensgeschichten, Erinnerungen und ihre Repräsentation

Die Geschichte, die sich aus biografischen Interviews als nachträgliches und mit Bedeutung aufgeladenes Narrativ ergibt, ist stets eine subjektive Konstruktion – wie es Lebensgeschichten im Allgemeinen sind. Allgemein anerkannte Geschichten sind demnach Ergebnis gemeinsamer, kollektiver Konstruktion. Diese Konstruktion bestimmt letztlich, welche Geschichten und Narrative über vergangene Ereignisse die Werte und Wahrnehmungen der Mehrheit (der jeweiligen Gesellschaft) ausdrücken und transportieren können und in der Folge als hegemoniale Erinnerungen akzeptiert werden. Der Prozess der kollektiven Konstruktion von Erinnerung bietet breiten Raum für Konflikte und Kontroversen (Heer et al. 2008). Dieses vermittelte Verhältnis zur Vergangenheit, durch die Gegenwart und eine imaginierte Zukunft, wird immer mittels sprachlicher oder anderer diskursiver und materieller Praxen repräsentiert und realisiert. Koselleck (2002, S. 18) führt diesen Zusammenhang wie folgt aus:

> „Auch wenn die Sprache im Vollzug des Handelns und Leidens – streckenweise – nur sekundärer Faktor gewesen sein mag, sobald ein Ereignis in die Vergangenheit geraten ist, rückt die Sprache zum primären Faktor auf, ohne den keine Erinnerung und keine wissenschaftliche Transposition dieser Erinnerung möglich ist. Der anthropologische Vorrang der Sprache für die Darstellung der geschehenen Geschichte

4.5 Individuelle und kollektive Erinnerung/en

gewinnt damit einen erkenntnistheoretischen Status. Denn sprachlich muß entschieden werden, was in der vergangenen Geschichte sprachlich bedingt war und was nicht. Anthropologisch konstituiert sich jede ‚Geschichte' durch die mündliche und schriftliche Kommunikation der zusammenlebenden Generationen, die ihre je eigenen Erfahrungen einander vermitteln."

Geschichte besteht also aus solchen normativ etablierten Beziehungen, aus Interpretationen von Verknüpfungen zwischen Menschen, Orten, Ereignissen und Handlungen im Laufe der Zeit, d. h. Narrativen. *Kollektives Gedächtnis* ließe sich somit bezeichnen als Sammlung von Spuren von Ereignissen, die für die historische Entwicklung einer bestimmten Gruppe bedeutsam sind, also auch für die Kinderjause, zugleich als etwas, dem die Fähigkeit innewohnt, diese gemeinsamen Erinnerungen bei privaten und öffentlichen Ereignissen erneut zu erleben.

Historiker, Politikwissenschafter, Psychologen, Psychiater und Diskursforscher sind sich einig, dass individuelle und kollektive Erinnerungen als soziale Konstrukte begriffen werden müssen (Assmann 2002; Heer et al. 2003, 2008; Lebow, Kansteiner, Fogu 2006; Lebow 2006; Marrus 2016). Dementsprechend fokussieren Historiker vor allem auf kollektive Erinnerungen an bestimmte Ereignisse, wie beispielsweise den Ersten Weltkrieg oder die Shoah. Politikwissenschaftler interessieren sich für die Konstruktionen nationaler Mythen und Narrative, und Psychologen versuchen die komplexen Vernetzungen zwischen individuellen und kollektiven Erinnerungen aufzuspüren.

Interdisziplinäre Forschungen zeigen, dass individuelle Erinnerungen häufig kollektive Narrative beeinflussen bzw. diese auch widerspiegeln und reproduzieren. In jedem Fall handelt es sich sowohl um „bottom-up"- wie auch um „top-down"-Prozesse, um Beziehungen zwischen Wissenschaft, Geschichtsschreibung, Eliten (wie Journalisten) und Politikern, sowie auch zwischen einzelnen Gruppen und Personen. Dennoch bleiben Begriffe wie Gedächtnis(politik), Erinnerung(spolitik) und Erfahrung oft vage und werden geradezu inflationär von unterschiedlichen Disziplinen für vielfältigste Phänomene verwendet. Deshalb sollen hier zumindest kurz für unsere Analyse erzählter und weitergegebener Erinnerungen die wesentlichen Konzepte geklärt und definiert werden.

„Erinnerung" im Sinne des englischen *„memory"* (das sowohl Gedächtnis wie Erinnerung bedeuten kann) vermittelt zwischen Gegenwart und Vergangenheit. Erinnerungen können auf drei Ebenen analysiert werden, als „institutionelle Erinnerung" (institutionelles Gedächtnis), als „kollektive Erinnerung" (kollektives Gedächtnis) und als „individuelle Erinnerung" (individuelles Gedächtnis) (vgl. Lebow 2006, S. 5). Assmann weist in diesem Zusammenhang auf den *Prozesscharakter von Erinnerung* hin und damit auf die *Interdependenz von Gedächtnis, Erinnerung und Repräsentation* – also auf die zentrale Bedeutung von Diskurs und

Kommunikation (2002, S. 30 f.), da Erinnerungen immer versprachlicht werden müssen, ob in Zeichen, Bildern, Träumen, Erzählungen oder in Berichten, Essays, Autobiografien, Interviews usw.:

> „Mit dem Interesse an den Formen und der Dynamik von Erinnerung ist das Bewußtsein dafür gewachsen, daß Vergangenheit nicht unvermittelt zugänglich ist, sondern von Akten des Bewußtseins, von imaginativen Rekonstruktionen und von medialen Präsentationen abhängig ist. Im Zentrum des Gedächtnisdiskurses steht daher das Problem der Repräsentation."

Erinnern ist also immer Rekonstruktion; Rekonstruktionen greifen auf zumindest eine semiotische Ebene zurück, sei es Sprache, Bild, Zeichen oder beispielsweise ein Dokument, ein Denkmal oder ein „Lieu de Memoire". *Repräsentation*, also „Wieder-gegenwärtig-Machen", ist daher notwendigerweise, so Assmann, von semiotischen, bedeutungstragenden Zeichen abhängig. Dies meint aber natürlich nicht, dass das Erinnerte zur Fiktion wird oder werden kann. Ganz im Gegenteil, gerade die Holocaust-Forschung weist darauf hin, dass Erinnerungspolitik sich *immer* „gegenüber historischer Verifikation und ethischen Instanzen verantworten muss" (Assmann 2002, S. 30; vgl. dazu Friedländer 1992; Hobsbawm, Ranger 1983; White 1973).

Das Konzept *kollektiver Erinnerung* geht auf Maurice Halbwachs zurück, einen französischen Soziologen und Schüler Durkheims. Er versteht Erinnerung als konstruiert durch die Kommunikation mit anderen Mitgliedern einer Gesellschaft (oder Gruppe) und daher notwendigerweise beeinflusst von den hegemonialen Diskursen ebendieser Gesellschaft (vgl. Halbwachs 1985). Kollektive Erinnerungen dienen der Einigung und Sinngebung sowie der Solidarisierung mit anderen. Halbwachs wie auch der russische Psychologe Lev Vygotsky (1978) und der amerikanische Psychologe F. C. Bartlett (1932) betonten die Rolle der Alltagskommunikation in der Gestaltung von Erinnerung und Gedächtnis, im Unterschied zu vielen damaligen Historikern, die Erinnerung ausschließlich als individuell und kontextfrei begriffen.

Assmann (2002, S. 44 ff.) macht auf einige ernstzunehmende Gefahren aufmerksam, wenn das Konzept kollektiver Erinnerung nicht kritisch reflektiert wird, wobei sie sich intensiv mit den Argumenten des amerikanischen Historikers Charles Meier (1993) auseinandersetzt. In unserem Zusammenhang sind drei Punkte wichtig, die Meier betont: Erstens die Fokussierung auf eine bestimmte Opfererinnerung, die durchaus dazu dienen kann, andere historische Ereignisse zu verdecken. So konnten lange Zeit beispielsweise Opfererzählungen von deutschen oder österreichischen Bombenopfern die Erfahrungsberichte von Überlebenden aus den KZs verdrängen bzw. zum Schweigen bringen. Erinnerungen und Erzählungen aus der Nazi-Gefangenschaft bzw. aus dem antifaschistischen Widerstand

4.5 Individuelle und kollektive Erinnerung/en

überdeckten jene stalinistischer Verbrechen usw. Zweitens konzentriere sich die Forschung v. a. auf negative Bezugspunkte in der Vergangenheit; daran schließe sozusagen ein Wettbewerb um eine Hierarchie der Opfergruppen an, was zu einer polarisierenden Politisierung des Gedächtnisbegriffs führen kann (Meier 1993, S. 147). Drittens führe die Fokussierung auf Vergangenes dazu, Zukünftiges, also Visionen und Hoffnungen, in den Hintergrund zu rücken. Zu diesem spezifischen Aspekt kehren wir in späteren Kapiteln zurück: Das „Nachkriegsschweigen" der Rückkehrer könnte auch damit zusammenhängen, dass man sich v. a. auf den Aufbau einer neuen Zukunft und Welt konzentrierte und die Schrecken des Erlebten daher in den Hintergrund schob und ihnen in der damaligen Situation weniger Relevanz zusprach (vgl. Kapitel 3).

Institutionelle Erinnerung meint Versuche politischer Eliten, einer Gesellschaft bestimmte Interpretationen von vergangenen Ereignissen, von deren Ursachen und Zusammenhängen aufzuoktroyieren. Dies kann durch Dokumentarfilme, Gedenkfeiern und -reden, Geschichtsbücher usw. eine bestimmte Gedächtnis- und Erinnerungspolitik als hegemonial festschreiben (vgl. De Cillia, Wodak 2009; Wodak, De Cillia 2007). Institutionelle Erinnerungen sind nur aufgrund von Krisen veränderbar, wie es beispielsweise durch die Wehrmachtausstellungen 1995 und 2002 in Österreich und Deutschland der Fall war (Heer et al. 2003, 2008), als die Erkenntnisse zu den massiven Kriegsverbrechen der deutschen Wehrmacht ein für alle Mal das Bild der unschuldigen Wehrmacht zerstörten.

Individuelle Erinnerung schließlich erfasst, woran Einzelpersonen sich erinnern oder vermeinen, zu erinnern. Solche individuellen Erinnerungen sind in Autobiografien, in Interviews und auch in Memoiren dokumentiert. Obwohl man legitimerweise davon ausgehen kann, dass Erinnerungen konstruiert und kontextabhängig jeweils unterschiedlich erzählt werden, glauben die Erzählenden doch, dass sie sich richtig und authentisch erinnern. Dabei beweist schon die häufige Unterschiedlichkeit von Zeugenaussagen zum selben Vorfall, wie selektiv Erinnerungen sein können – und daher unzuverlässig. Vergangenheitsnarrative ändern sich und hängen von vielen performativen und situativen Momenten ab; teilweise handelt es sich um bewusst inszenierte Selbstdarstellungen. Fragmentiertes wird in Lebensgeschichten zu einem kohärenten Narrativ geflochten. Je nach Gesprächspartner, Kontext und Einfluss kollektiver gesellschaftlicher Erinnerungen werden bestimmte Ereignisse und Erfahrungen betont und andere ausgeblendet (Goffman 1959).

Alle Formen der Erinnerung und entsprechende Gedächtnisse bauen auf *Erfahrungen* auf. Erfahrung meint selektives Wahrnehmen und Repräsentation von Ereignissen. Erinnern im zweiten Schritt meint das Speichern und Ordnen mancher der schon selektiv repräsentierten und vermittelten Erfahrungen. Dies bedeutet weiter, dass wir Erfahrungen mindestens in dreifacher Weise umgestalten, verändern, verzerren und auch falsch repräsentieren: Wir erfahren nur Teile des insgesamt sehr komplexen Geschehens; wir erinnern uns nur an Teile der Erfahrungen; und die Erinnerungen verändern sich, können beispielsweise je nach zeitlichem Abstand verblassen oder sich verstärken.[45] Erinnerungen können unterschiedlich instrumentalisiert werden, beispielsweise der positiven Selbstdarstellung dienen. Gerade in den Interviews mit unseren GesprächspartnerInnen sind wir mit solchen mehrfach vermittelten Erinnerungsprozessen konfrontiert; kritische Distanz zum Text der erzählten Erinnerungen bleibt daher stets notwendig.

4.5.2 Erfahrung, Erinnerung und Authentizität

Diese Auffassung wird auch von der neurologischen Gedächtnisforschung unterstützt, die sich vor allem mit dem Speichern von Erfahrungen im Kurz- und Langzeitgedächtnis befasst (vgl. Heer et al. 2008; Van Dijk 2009). Beispielsweise beeinflussen aktuelle Ereignisse die Art und Weise, wie wir frühere Geschehnisse erinnern und auch wiedererzählen. Narrative ändern sich, je nachdem, wann man sie wem erzählt und zu welchem Zweck. Allerdings ist, folgt man Richard Lebow (2006, S. 8), kollektives Gedächtnis bzw. kollektive Erinnerung nicht einfach zu operationalisieren. Letztlich sei man meist auf individuelle Erinnerungen angewiesen bzw. auf arbiträre Definitionen und Kategorisierungen des jeweils untersuchten Kollektivs. Es stellt sich daher grundsätzlich die Frage nach der Verlässlichkeit erzählter Erinnerung, nach der *Authentizität* der Darstellung. Der interdisziplinäre Zugang, der unserer Arbeit zugrunde liegt, hat deutlich gemacht, dass diese Frage je nach fachlicher Perspektive unterschiedliche Relevanz hat. Für eine geschichtswissenschaftliche Perspektive sind Abweichungen des im Interview erzählten Inhalts von den historischen Fakten weit bedeutsamer als für die Perspektive des psychotherapeutischen oder sprachwissenschaftlichen Zugangs.

Psychotherapeutisch orientierte Biografie-Forschung kann eine Erzählung – ungeachtet ihrer Konvergenz mit historischer Forschung – als subjektive Wahrheit zur Kenntnis nehmen und in diesem Material den persönlichen Sinn dieser Erinnerung entschlüsseln. In einem anderen interdisziplinären Forschungsprojekt – dort ging es um die Erzählungen ehemaliger „Spiegelgrund-Kinder" – wurde folgender Konsens zum Umgang mit der Frage der Authentizität formuliert:

---

45 An anderer Stelle gehen wir noch auf ein ganz spezifisches Erinnerungsmuster ein, nämlich auf Traumata, die selbstverständlich im Bereich der Holocaust-Forschung besonders wichtig sind; vgl. Kapitel 5.

4.5 Individuelle und kollektive Erinnerung/en

> „Soweit es möglich ist, werden die im Interview berichteten Erinnerungen mit den anderen Quellen [...] in Zusammenhang gebracht. Das zentrale Anliegen ist es jedoch, die Interviews – auf dem Hintergrund unseres historischen Wissens – in ihrem individuellen Bedeutungszusammenhang zu interpretieren. Der inhaltliche Schwerpunkt der Analyse der Interviews liegt im Bemühen, die subjektiven Dimensionen [...] zu verstehen." (Kronberger, Berger 2007, S. 337)

Diese Aussage entspricht der Position psychotherapeutisch orientierter Biografie-Forschung (vgl. Kapitel 5). Margarete Mitscherlichs (2011, S. 15) Einschätzung ihrer eigenen Erinnerungen (erstmals veröffentlicht 1994 – 18 Jahre vor ihrem Tod) ist bis heute gültig:

> „Das früher Erlebte mag uns so lebhaft vor Augen stehen, dass wir überzeugt sind, es unmittelbar zu erinnern, wir glauben, nichts habe seither unsere Sicht auf das Gewesene gefälscht oder verdunkelt. Dennoch sind alle Erinnerungen von Nachträglichkeit geprägt, womit ich sagen möchte, dass alles, was wir zwischen früher und jetzt erlebt haben, auch unsere Erinnerungen verändert und beeinflusst. Wir interpretieren sie aufgrund des Wissens, der Erfahrung, der Sichtweise so, wie wir sie in der Gegenwart wahrnehmen, auch wenn dies nur unbewusst geschehen mag."

Der amerikanische Gedächtnisforscher Daniel Schacter (2001) setzt sich mit dem Problem von Gedächtnistäuschungen anhand von zwei Gerichtsurteilen gegen vermutliche Nazi-Täter auseinander. So wurde Frank Walus 1978 wegen NS-Kriegsverbrechen in Tschenstochau und Kielce verurteilt. Das Urteil stützte sich auf mehrfache Zeugenaussagen des Wiedererkennens. Im Berufungsverfahren wurde ein Alibi vorgelegt, das diesen Zeugenaussagen diametral widersprach, und das Urteil des Erstgerichts wurde aufgehoben. Ganz ähnlich endete das ursprüngliche Verfahren gegen John Demjanjuk in Israel (ungeachtet der späteren Verurteilung in Deutschland im Jahre 2011). Schacter verwendet diese Beispiele als Beleg für Gedächtnistäuschungen bzw. die Ungenauigkeit von Erinnerung. Ob diese weitgehende Interpretation zutrifft, muss offenbleiben, da es in beiden Fällen letztlich nicht gelungen ist, eine eindeutige Beziehung zwischen Erinnerung und historischen Ereignissen herzustellen.

Dieses grundlegende Problem von *Oral History* gewinnt im juristischen Kontext natürlich besondere Bedeutung – anders als im Kontext unserer Biografie-Forschung. Allerdings sind bildliche Erinnerungen im Sinne des Wiedererkennens auch als spezifisches Problem zu betrachten, das als Teil des autobiografischen Wissens nur eine nachgeordnete Rolle spielt. Schacter (2001) beschreibt in diesem Zusammenhang *drei Arten des autobiografischen Wissens*: die Erinnerung an Lebensperioden, an allgemeine Ereignisse und an spezifische Episoden. Autobiografische Erinnerung wird in der Erzählung über die Geschichte des Lebens aus

Elementen aller drei Ebenen konstruiert, wobei das Wissen über Lebensperioden im Allgemeinen durch aktuelle Gedächtnisakte aktiviert wird und sonst „abgeschaltet" ist (Schacter 2001, S. 148 ff.).

Die Erinnerungs- und Gedächtnisforschung greift selbstverständlich auch auf neuropsychologische Grundlagen zurück, denn die Speicherung im Langzeitgedächtnis ist von dem emotionalen Gehalt des Gedächtnisinhalts, der gespeicherten Erfahrungen abhängig. Je detaillierter man sich also mit einem Gegenstand beschäftigt, desto besser ist die Gedächtnisleistung. In die gleiche Richtung wirken die Motive: Die Lernergebnisse sind umso besser, je höher der persönliche Sinn (die subjektive Bedeutsamkeit) des Inhalts ist (Berger 2010, S. 190).

In diesem Buch beschäftigen wir uns vor allem mit den Funktionen des Langzeitgedächtnisses, mit Erinnerungen, die aus Kindheitsperioden stammen. Insbesondere bei den InterviewpartnerInnen, die vor 1945 geboren sind, geht es auch um frühkindliche Erlebnisse. Eric Kandel (2006a, 2006b), der im Jahre 2000 für seine Gedächtnisforschung mit dem Nobelpreis ausgezeichnet wurde, beschreibt die Gedächtnisentwicklung und betont die Unterscheidung zwischen dem prozeduralen (unbewusste Speicherung von Wahrnehmungs- und motorischen Fertigkeiten) und dem deklarativen Gedächtnissystem (bewusstes Gedächtnis für Menschen, Dinge und Orte). Er weist darauf hin, dass die Erinnerungslücke (Amnesie) des Kleinkindalters darauf beruht, dass in den ersten zwei bis drei Jahren hauptsächlich das prozedurale Gedächtnis verfügbar ist; das deklarative Gedächtnis entwickelt sich erst später. Dieser Umstand spielt bei der Analyse der Interviews eine große Rolle. Der Stress,

„der früh im Leben durch die Trennung des Kleinkindes von der Mutter verursacht wird, führt zu einer Reaktion des Kindes, die in erster Linie im prozeduralen Gedächtnis gespeichert wird [...] Aber diese Wirkung des prozeduralen Gedächtnissystems führt zu einem Zyklus von Veränderungen, der letztlich den Hippocampus schädigt und somit in einer bleibenden Veränderung des deklarativen Gedächtnisses resultiert." (Kandel 2006a, S. 151)

Bei mehreren unserer älteren InterviewpartnerInnen kam es beispielsweise in der Säuglings- oder Kleinkindphase zu einer Trennung von der Mutter. An anderer Stelle berichtet Kandel – geboren 1929 in Wien – von seinen eigenen Erinnerungen an den März 1938:

„Der Empfang, den die Wiener Bevölkerung Hitler bereitete, hat sich meinem Gedächtnis unauslöschlich eingeprägt. Am Abend des 13. März hörten Ludwig [sein älterer Bruder] und ich mit Kopfhörern [sein Bruder hatte selbst einen Kurzwellenempfänger hergestellt], wie der Rundfunkreporter vom Einmarsch der deutschen Truppen am Morgen des 12. März berichtete [...] Im Hintergrund plärrte aus den

4.5 Individuelle und kollektive Erinnerung/en

Lautsprechern das Horst-Wessel-Lied, dessen hypnotischer Wirkung selbst ich mich nicht entziehen konnte." (Kandel 2006b, S. 30 f.)

Kandels Vater verlor sein Spielzeuggeschäft in der Kutschkergasse und wurde im Zuge der Reichspogromnacht inhaftiert. 1939 konnte die Familie „stufenweise emigrieren":

> „Mein Bruder und ich fuhren im April 1939 mit dem Zug nach Brüssel. Mit neun Jahren meine Eltern zurückzulassen, war trotz des unerschütterlichen Optimismus meines Vaters und der gefassten Ruhe meiner Mutter schrecklich für mich." (Kandel 2006b, S. 48).

Die weitere Emigration führte die Familie dann in die USA, wo Eric Kandel seine bahnbrechenden Forschungen über das Gedächtnis durchführte. Kandel betont hier die Unauslöschbarkeit der – emotional hochgradig besetzten – prägenden Erinnerungen aus seinem neunten Lebensjahr. Keine Zweifel bestehen an der Richtigkeit dieser bildhaft-erzählend wiedergegebenen Erinnerungen. Diese Erinnerungen stimmen mit den realen historischen Ereignissen überein, und Kandel bezieht sich auch wiederholt auf die später erhaltenen Informationen, die mit den eigenen Erinnerungen zusammenfließen (vgl. Kapitel 5 zu Trauma und Resilienz).

4.5.3 Erinnerungsvermittlung

Aleida Assmann (2009, S. 20 ff.) unterscheidet zwischen zwei Arten der Erinnerungsvermittlung über Narrative und andere Genres (wie etwa Fotografien und andere Arten von materiellen Praktiken): intergenerationelle Vermittlung und transgenerationelle Vermittlung.

Intergenerationelle Vermittlung meint den Transfer von verkörperten, häufig traumatischen Erfahrungen innerhalb der Familie. Transgenerationelle Vermittlung bezieht sich auf (nationales oder kulturelles) kollektives Gedächtnis, vermittelt über eine Reihe symbolischer Systeme. Bei dem Konzept „*Post-Gedächtnis*" (Hirsch 1997) hingegen geht es um die Wirkung der Erinnerungen von Holocaust-Überlebenden auf die nächste Generation – mit fragmentarischen und bruchstückhaften emotionalen Bezügen zu traumatischen Ereignissen. Darüber hinaus ist es, wie Mariana Achugar (2016, S. 15) feststellt, notwendig, zwischen familiärem (Identifikation mit Familienmitgliedern) und affiliativem Post-Gedächtnis (Identifikation mit ZeitgenossInnen) als unterschiedliche Formen von Identifikation im Vermittlungsprozess zu unterscheiden. Offenkundig ist in diesem Zusammenhang der Kontext des Gedenkens und der Vermittlung (familiär wie institutionell) besonders relevant, wie auch die Qualität und der Inhalt von Narrativen und Symbolen (individuelle Erinnerungen vs. Gruppenerinnerungen, kulturelle Werte vs. affektive Ausrichtung, traumatische vs. „normale" Erfahrungen).

Nathan Kellermann (2011) hebt vier Forschungsstränge hervor, die sich mit posttraumatischen Störungen und intergenerationeller Vermittlung beschäftigen und zu unterschiedlichen, aber auch komplementären Schlussfolgerungen kommen. Trotz der großen Bandbreite an unterschiedlichen Studien (hinsichtlich der berücksichtigten Variablen, verwendeten Samples usw.) scheint gesichert, dass Traumata latent (Schweigen) oder explizit (*„Talk"*) vermittelt werden können, und zwar über spezifische kommunikative Dynamiken (die zwischen übertriebenem Beschützen und Schuldprojektionen oszillieren), über Sozialisierungsmuster und spezifische Verhaltensmuster sowie über genetische Vererbung. Diese Studien zeigen allerdings auch eine überraschende Vielfalt von Resilienzstrategien, mit denen die Kinder traumatisierter Eltern es schaffen, trotz der schrecklichen Erfahrungen ihrer Eltern ein erfülltes und gesundes Leben zu führen.

Darüber hinaus behauptet Harald Welzer (2010, S. 15), dass sowohl individuelle als auch kollektive Lebensgeschichten im Zusammenhang mit neuen Erfahrungen und Bedürfnissen fortwährend überschrieben werden – insbesondere im Zusammenhang mit neuen Deutungsrahmen aus der Gegenwart. In der Tat werden sowohl individuelle Geschichten als auch Familiengeschichten im Kontext sich wandelnder soziohistorischer Bedingungen laufend rekonstruiert und neu geschrieben. In der Analyse von Familiengesprächen über die Vergangenheit stellte Achugar (2016, S. 62) fest, dass individuelle Identität eines Prozesses der Differenzierung von den Eltern (und früheren Generationen) bedarf. Dieser erlaubt es den Nachkommen, sich selbst als Akteure zu profilieren, die etwas Einzigartiges zum Prozess der Bedeutungsherstellung beitragen, was wiederum zu einer Generationsidentität führt. Zusammengefasst schreibt Achugar, dass traumatische Erinnerungen auf zwei Arten vermittelt werden können: (1) implizite elterliche verkörperte Verhaltensweisen, die durch materielle nonverbale Praxen ausgedrückt werden (z. B. über ein Thema nicht zu sprechen oder unpersönlich und generalisiert darauf anzuspielen); und (2) explizite elterliche Praxen (z. B. die Fragen der Kinder zu beantworten, Narrative zu bearbeiten oder die eigenen Handlungen zu rechtfertigen).

Das Forscherteam um Gabriele Rosenthal (2015/1997, S. 22 f.), das auf diesem Gebiet empirische Pionierarbeit geleistet hat, hat in systematischen Analysen familialer Dialoge von Familien von Holocaust-Überlebenden und von Nazi-Tätern deutlich gemacht, dass der Umgang mit Erinnern und Nichterinnern je nach historischem Familienkontext unterschiedliche Funktionen hat:

> „Die Inhalte und die Funktion der jeweiligen Familiengeheimnisse in Familien von Überlebenden der Shoah sind andere als die in Familien von Tätern und Mitläufern [...] In Familien von Holocaust-Überlebenden, in denen wesentliche Informationen und Erfahrungen nicht weitervermittelt werden, herrscht in der Regel eine Aura von Geheimnissen und Scham. [...] Die Kinder und Enkel von Nazi-Tätern hingegen sind mit Phantasien aus der Perspektive der Täter, mit Vorstellungen über deren Taten, beschäftigt. Dabei versuchen sie – im Unterschied zu den Nachkommen von Überlebenden –, sich immer wieder damit zu beschwichtigen, dass diese Phantasien keinen Realitätsgehalt haben."

4.5.4 Vier Modelle der Bewältigung traumatischer Vergangenheit/en

Aleida Assmann (2009, S. 31 ff.) unterscheidet vier Arten, wie Gesellschaften mit traumatischer Vergangenheit umgehen. Sie bezeichnet diese als „dialogisches Vergessen; Erinnern, um nicht zu vergessen; Erinnern, um zu vergessen; und dialogisches Erinnern".

Die erste Art – das dialogische Vergessen – ist definiert als Friedensabkommen zwischen zwei vormals in kriegerischem/gewalttätigem Konflikt stehenden Parteien, um eine problematische Vergangenheit zu entschärfen. Diese Art des Vergessens ist nicht gleichzusetzen mit der Unterdrückung von Erinnerungen durch eine der Konfliktparteien. Vielmehr, so argumentiert Assmann, dient sie dazu, einen Abschluss zu finden, und erlaubt Gesellschaften, die Vergangenheit hinter sich zu lassen. Als ein Beispiel führt sie in ihrem anregenden Essay die vielen traumatischen Ereignisse in Franco-Spanien bis zu jenem Zeitpunkt an, als unter dem spanischen Premierminister Zapatero das „Gedenkgesetz" von 2007 erlassen wurde: In diesem Gesetz wurde die Bevölkerung Spaniens zum ersten Mal ermutigt, sich zu erinnern.

„Erinnern, um nicht zu vergessen" ist typisch für asymmetrische Beziehungen extremer Gewalteinwirkung. Der paradigmatische Fall ist der Genozid an Juden und Roma unter dem Nazi-Regime (der Holocaust). Assmann argumentiert, Erinnern sei die einzig angemessene Antwort auf solch kollektiv destruktive und zerstörerische Erfahrungen. Es wurde wiederentdeckt, nicht nur als therapeutische Behandlung für die Überlebenden, sondern auch als geistige/spirituelle Verpflichtung gegenüber den Millionen ermordeten Opfern. So wurde der Pakt des Vergessens langsam, aber unausweichlich in einen „Pakt des Erinnerns" umgewandelt. Das Ziel eines solchen Paktes ist die Transformation der asymmetrischen Gewalterfahrung in eine symmetrische Form des Erinnerns (Assmann 2009, S. 35). Das Ziel des dritten Modells ist ebenfalls das Vergessen, doch der Weg zu diesem Ziel führt über die Erinnerung. Erinnerung wird in diesem Fall (z. B. in Südafrika oder Chile) als therapeutisches Mittel zur Reinigung und Versöhnung begriffen. Zahlreiche linguistische Studien haben die Auswirkungen der „*Truth and Reconciliation Commission*" in Südafrika untersucht (z. B. Anthonissen, Blommaert 2006; Verdoolaege 2008). Obwohl nur einigen Tätern der Prozess gemacht wurde und nicht die Stimmen aller Opfer tatsächlich gehört wurden, erlaubte dieser Prozess es der südafrikanischen Gesellschaft, einen Bürgerkrieg zu vermeiden. In diesem Fall entpolitisierte die neue Terminologie den Konflikt durch den Rückgriff auf den universellen Wert der körperlichen Integrität und die Menschenrechte und führte zur Entwicklung einer Erinnerungspolitik (Assmann 2009, S. 38).

Zuletzt erwähnt Assmann ein utopisches Modell, das Modell des „dialogischen Erinnerns": Zwei Kulturen, so führt sie aus, betreiben dialogisches Erinnern, wenn sie sich einer gemeinsamen Geschichte gegenseitiger Gewalt gegenübersehen, indem sie gegenseitig die eigene Schuld anerkennen und Empathie für das Leid, das sie anderen angetan haben, entwickeln (ebenda, S. 40). Assmann erwähnt einige erste Versuche des dialogischen Erinnerns. Als Beispiel führt sie den Warschauer Aufstand an, ein entscheidendes Ereignis, dessen in Polen gedacht wird, das aber in Deutschland unbekannt war, da es – in der deutschen Öffentlichkeit – vollständig vom Aufstand im Warschauer Ghetto überschattet wurde. Zugleich haben die Deutschen den Bombenangriff auf Dresden für ihre nationale Erinnerung reklamiert, jedoch die Leningrader Blockade (1941–1944) durch die deutsche Wehrmacht, während der 700.000 Russen und Russinnen verhungerten, vernachlässigt; und so weiter. Jüngst finden solche vernachlässigten und verschwiegenen Ereignisse zunehmend ihren Weg in die Geschichtsbücher und öffentlichen Debatten.

4.5.5 Geschichte und Geschichten: Erzähltheoretische Perspektiven auf erzählte Erinnerungen

Erzähltheoretische Ansätze (als Fachgebiet auch Narratologie genannt) finden sich in zahlreichen Fachbereichen der Geistes-, Kultur- und Sozialwissenschaften. Ihr Ziel ist die systematische Analyse der Erzählformen, -strukturen und -situationen von Erzähltexten unterschiedlicher Ausprägung: Wenngleich nicht jeder Text erzählt (z. B. reine Beschreibungen), so gibt es doch erzählende Elemente in einer Vielzahl von Gattungen oder Textsorten, z. B. in Märchen, in der Literatur, im Journalismus, in Alltagsgesprächen, aber auch in wissenschaftlichen Texten. Die Elemente des Erzählens ähneln sich in all diesen unterschiedlichen Texten, das Erzählen selbst gilt als eine wesentliche Kulturtechnik und Ausdrucksform menschlicher Erfahrung.

4.5 Individuelle und kollektive Erinnerung/en

Noch immer als grundlegend gelten die erzähltheoretischen Ansätze des russischen Formalismus aus dem frühen 20. Jahrhundert, die im Rahmen strukturalistischer Auseinandersetzung mit Erzählungen weiterentwickelt wurden. Diese Strömung – heute auch als „klassische Erzähltheorie" bezeichnet – ist darum bemüht, wiederkehrende bzw. universelle Gesetzmäßigkeiten und Mechanismen der Erzählung herauszuarbeiten bzw. konkrete Erzählungen auf dieser Grundlage zu analysieren und zu vergleichen.

Die klassische Erzähltheorie geht davon aus, dass Erzählungen eine Abfolge von zeitlich und kausal strukturierten Ereignissen darstellen. Eine auch für die spätere Narratologie grundlegende Unterscheidung ist die von Vladimir Propp und Viktor Shklovsky vorgenommene Trennung von *Fabula* und *Sujet*. Dabei bezeichnet Fabula den Stoff oder das Rohmaterial der Erzählung (z. B. die chronologischen Erfahrungen, die jemand gemacht hat); Sujet meint im Unterschied dazu die konkrete Erzählform (z. B. mit Rückblenden, mit Perspektivenwechsel, indirekter und direkter Rede usw.). Im Sujet kommen also sämtliche rhetorischen und erzählerischen Mittel zum Tragen, die bei der konkreten Ausgestaltung der Erzählung eingesetzt werden (De Fina, Georgakopoulou 2012, S. 2 f.).

Diese Unterscheidung wurde vom Strukturalismus weiter ausgearbeitet. Gérard Genette (1980) nahm eine Dreiteilung vor: in *Erzählung* als Akt des Erzählens, *Diskurs* als Erzähltext und *Story* als zugrunde liegende, chronologische Abfolge von Ereignissen. Sowohl formalistische als auch klassische Erzähltheorie sind stark davon geprägt, dass diese Ansätze ursprünglich an der und für die Analyse von Märchen und literarischen Texten entwickelt wurden, d. h. stark festgelegte, schematische bzw. schriftliche Erzählungen. Mit diesem Material gelang es, ein beschränktes und stark konventionalisiertes Inventar an Akteuren und narrativen Einheiten (*Narrateme* oder Funktionen) zu abstrahieren, das über viele Texte hinweg identifiziert werden konnte. Propp identifizierte z. B. nur sieben wiederkehrende Akteure: den Helden, den Bösewicht, den Aussendenden, den Schenkenden, den Helfer, den Verborgenen, die Prinzessin und den falschen Helden. Diese Akteure sind Propps Analyse zufolge in insgesamt 31 wiederkehrenden Narratemen auf jeweils bestimmte Art, also durch konkrete Handlungen oder Ereignisse, miteinander verknüpft. Daher stammt auch die Bezeichnung der „Erzählgrammatiken" (*Story Grammars*), die eine Art Regelwerk oder Bauplan für diese Art von Erzählung darstellen (De Fina, Georgakopoulou 2012, S. 3–5).

Aus Sicht jüngerer, insbesondere diskursorientierter Ansätze ist die klassische Erzähltheorie damit zu starr und ignoriert die Interaktion zwischen Erzählung und Kontext des Erzählens als eminent soziale Handlung gegenüber bzw. in Interaktion mit einem Publikum. Neben der Miteinbeziehung der Erzählsituation wurde die Erzähltheorie auch durch die Kognitionsforschung herausgefordert und schließlich erweitert. Aus Sicht der kognitiven Diskursforschung basiert jede sprachlich wiedergegebene Wahrnehmung und Bewertung (auch wenn sie eine erinnerte ist) auf einem Filterprozess, bei dem kognitive Schemata zur Anwendung kommen (vgl. Van Dijk 2009). Diese internalisierten Schemata (oder Erinnerungsmuster), die durch die Wahrnehmungen angepasst, verstanden und erinnert werden, sind jedoch zugleich Produkte der Sozialisierung (vgl. Kapitel 3). *Story-Schema-Ansätze* betonen nicht die erzählerische Strukturierung des Erzähltextes, sondern jene Schemata, mit denen Erzählende bzw. RezipientInnen Ereignisse als sinnvoll interpretieren können (ihnen „Sinn geben" können). In diesem Zusammenhang ist auch von *Frames* bzw. kulturellen *Scripts* die Rede, die eine soziale Gruppe teilt: Eine solche Gruppe ist über diese Scripts als gemeinsame Deutungsmuster aber auch verbunden bzw. als Gruppe konstituiert und unterscheidet sich von anderen Gruppen, die diese Scripts nicht oder nur teilweise teilen.

Für die Anwendungsperspektiven der Erzähltheorie bedeutet dies letztlich nicht weniger, als dass über das Herausarbeiten von Scripts an Erzähltexten Rückschlüsse auf Gruppenzusammengehörigkeit gezogen werden können (De Fina, Georgakopoulou 2012, S. 5–7). So gehen interdisziplinäre Arbeiten, die sich mit dem Zusammenhang von Erzählung, Kognition und Sozialisierung beschäftigen, einerseits davon aus, dass die soziale Handlung des Erzählens und die kulturellen Muster in der Erzählform eine wichtige Ressource in der Kindesentwicklung darstellen. Andererseits erweisen einige Studien auch die Bedeutung von geteilten Erzählungen in der gemeinsamen Sozialisierung von Gruppen (De Fina, Georgakopoulou 2012, S. 12–15).

Methodisches Vorgehen

Ernst Berger, Markus Rheindorf und Ruth Wodak

5.1 Zurück zu den Forschungsfragen

Was ist das Anliegen dieses Buches? Worin unterscheidet es sich von anderen Zugängen, die in der einschlägigen Forschung entwickelt wurden?

Unser Forschungsgegenstand ist die Geschichte einer Gruppe von Menschen – und ihrer Kinder–, die in Österreich leben und die sowohl durch die Geschichte ihrer Eltern (Widerstand und Flucht in der NS-Zeit) als auch durch einen eigenen engen Zusammenhalt in Kindheit und Jugend in der österreichischen Nachkriegsgeschichte bis heute verbunden sind. Von ihnen wollen wir ein Gruppenbild entwickeln, das in verschiedenen Schichten aufgebaut wird und mit folgenden Fragen skizziert werden kann:

- Welche **Belastungen** aus der Geschichte der Eltern (Widerstandsgeneration) waren in der Kindheit und Jugendzeit wirksam? Welche Bedeutung haben Traumata der Eltern? Gibt es Anhaltspunkte für einen transgenerationalen Transfer solcher Traumata?
- Gab es typische Muster der **Resilienz**? Neben den Belastungen, die aus den Elternbiografien stammten, mussten auch Erlebnisse aus dem eigenen Umfeld bewältigt werden. Gab es bestimmte Ressourcen, die für die Gruppe der gemeinsam aufwachsenden Kinder typisch waren?
- Wie gestaltete sich die **Sozialisation** am Rande der österreichischen Nachkriegsgesellschaft im Spannungsfeld verschiedener Subkulturen – innerhalb von Familie und politischer Gruppe einerseits und der Mainstream-Gesellschaft andererseits?
- In welcher Weise werden die **Erzählungen der Eltern** (bzw. Großeltern) erinnert und wie werden sie erzählt? Wie sind diese vermittelten Erfahrungen strukturiert und wie können wir über die jeweils spezifischen Erzählformen Geschichte/n re/konstruieren?

- Besonderes Augenmerk verdienen bestimmte Themen, die wir bei den Interviews zur Sprache gebracht haben – wie und was wird über **Flucht und Vertreibung** erzählt? Und wie verhalten sich die vermittelten Erinnerungen zu manchen Aussagen der Elterngeneration, die in früheren Interviews festgeschrieben wurden?

Um diese Themenvielfalt zu strukturieren, haben wir aufgrund unseres theoretischen Rahmens eine Reihe von Hypothesen als Grundlage für die Entwicklung der Interviewleitfäden erstellt:

- Eine ursprünglich marginalisierte gesellschaftliche Gruppe – die Kinder (zweite Generation) der aus Haft, Illegalität und Exil zurückgekehrten Eltern (erste Generation) – wird (entgegen den eigenen Erwartungen) zum „Subjekt der Geschichte in Österreich".
- Das Bewusstsein der Ausgrenzung in der Kindheit (zweite Generation, Periode des Kalten Krieges) ist biografisch wirksam.
- Die (politische) Geschichte der Eltern stellt – je unterschiedlich – ein bewusstes Element der eigenen Identitätsbildung dar (Berufswahl, gesellschaftliches Engagement).
- Das Wissen über die konkrete Kampf- und Verfolgungsgeschichte ist relativ gering und oft in „Mythen" kristallisiert.
- Das Verschweigen der Kampf- und Verfolgungsgeschichte ist (relativ) selten.
- Die jungen Frauen dieser Gruppe haben eine für ihre Generation ungleich größere Aufmerksamkeit und (im Vergleich zu den Brüdern) gleichberechtigte Behandlung erfahren.

Der interdisziplinäre Ansatz ist – wie bereits in der Einleitung erwähnt – ein wesentliches Merkmal unserer Forschung. Ein Schwerpunkt liegt auf dem diskurshistorischen und erzähllinguistischen Ansatz (vgl. unten, 5.5), der zweite wesentliche Ansatz stammt aus der (psychotherapeutisch orientierten) Biografie- und Entwicklungsforschung (5.4). Das Zusammenspiel der beiden Ansätze bringt unterschiedliche methodische Zugänge bei der Analyse des Materials (der Interviews) mit sich.

5.2 Ein ethnografisches Projekt

Unsere Forschung – im Sinne eines integrativen und theorie- wie datengeleiteten Verfahrens – liegt am Schnittpunkt von Biografie-Forschung und Ethnografie (Dausien, Kelle 2005). Die „Anthropology at Home", die sich mit fremdartigen Bereichen der eigenen Gesellschaft beschäftigt, ist Teil der Ethnografie (die üblicherweise mit der Erforschung fremder Ethnien in Zusammenhang gebracht wird). Die bahnbrechende sozialwissenschaftliche Studie aus den 1920er-Jahren, „Die Arbeitslosen von Marienthal" (vgl. Müller 2008) ist ein frühes und besonders innovatives Beispiel dafür. Ein rekursiver Forschungsprozess, bei dem Sammlung und Analyse der Daten parallel verläuft, ist dabei ein häufig angewandtes Verfahren. Dieses Prinzip – im Sinne der sogenannten *Grounded Theory* (Strauss, Corbin 1996) – haben wir auch für unseren Arbeitsprozess gewählt. Anselm Strauss und Juliet Corbin definieren ihre Methodologie wie folgt:

> „Im Gegensatz zum linearen Forschungsablauf mit klar abgegrenzten und aufeinander folgenden Phasen des Projektablaufs steht beim zirkulären Forschungsablauf die prozessuale Integration von Datenerhebung, Analyse und Theoriebildung im Zentrum. Das heißt, es wird unter anderem auf eine strikte Trennung von Datenerhebung und -analyse verzichtet. – Erhobene Daten werden nicht erst nach dem Ende einer Erhebungsphase oder eines Feldaufenthaltes analysiert. Der Forschungsprozess ist vielmehr durch eine permanente Abfolge von Datenerhebungs- und Auswertungsphasen gekennzeichnet." (1996)

5.3 Die Interviewerhebung

Die Geschichte der „Kinder der Rückkehr" wird – auf der Grundlage von Interviews mit 29 Personen der zweiten Generation und 11 Interviews aus dem Kreis ihrer Kinder – aus der Perspektive subjektiver Erinnerung nachgezeichnet und analysiert. Die Auswahl der 29 InterviewpartnerInnen (aus der Gesamtzahl von etwa 200 Personen) folgte dem Ziel, folgende inhaltlichen Kategorien in das Zufallssample aufzunehmen:

- Frauen/Männer
- jüdisch/nicht jüdisch
- Haft/Flucht (der Eltern)

Eine auch nur halbwegs gleichmäßige Besetzung dieser Kategorien ist allerdings aus verschiedenen Gründen nicht gelungen: Einige ursprünglich geplante InterviewpartnerInnen sind im weiteren Verlauf ausgefallen, sodass die Zahl von Frauen deutlich geringer ist als zunächst vorgesehen. Die beiden anderen Kategorien weisen Überschneidungen auf, die in dieser Form nicht zu erwarten waren: Einige InterviewpartnerInnen waren aufgrund unterschiedlicher biologischer und sozialer Elternteile nicht eindeutig als jüdisch/nicht jüdisch zuordenbar. Außerdem ist die Besetzung dieser beiden Kategorien in der Grundgesamtheit ungleichgewichtig (die Zahl der Jüdinnen und Juden überwiegt). Auch die Kategorien Haft vs. Flucht lassen häufig keine eindeutige Zuordnung zu, da die Biografien der Widerstandsgeneration in vielen Fällen beide Elemente aufweisen.

Selbstverständlich hat die Auswahl der InterviewpartnerInnen Einfluss auf das gewonnene Interviewmaterial. Doch eine „repräsentative" Stichprobe aus der Basispopulation ist nicht zu gewinnen – nach welchen Kriterien sollte diese Auswahl erfolgen? Ohnehin ist die Heterogenität der Biografien ein zentrales Element des Forschungsprojekts, das jeden Anspruch auf „Repräsentativität" ausschließt.

Das Interviewkonzept stützt sich auf ein Material, das aus erzählter Erinnerung stammt – und zwar ausschließlich. Die erzählte und vermittelte Erinnerung wird nicht hinterfragt, weder hinsichtlich der Übereinstimmung mit „historischer Wahrheit" noch hinsichtlich der Wirkung psychodynamischer Abwehrmechanismen (Verdrängung, Verleugnung usw.) (vgl. Kapitel 4).

Das „Standardinterview" wurde von wissenschaftlichen Mitarbeiterinnen mit 29 InterviewpartnerInnen anhand eines vorgegebenen Interviewleitfadens (siehe Anhang) durchgeführt, als Audiofile gespeichert und genau verschriftet. Die gleiche Vorgangsweise gilt für die 11 Interviews mit der dritten Generation, also mit einigen Kindern der ersten Interviewgruppe.

Aus der Zahl der 29 InterviewpartnerInnen wurde eine Subgruppe von 8 Personen ausgewählt, mit denen die HerausgeberInnen des vorliegenden Buches (Ernst Berger und Ruth Wodak) jeweils ein vertiefendes Interview führten. Diese Interviews wurden themenzentriert, aber nicht leitfadengestützt geführt und orientierten sich thematisch an den ersten explorativen Auswertungen der Standardinterviews. Ihr zeitlicher Umfang betrug zwei bis drei Stunden. Auch diese Interviews wurden als Audiofile gespeichert und genau verschriftet. Dieses Material liegt sowohl den psychotherapeutisch orientierten Analysen wie auch dem sprachwissenschaftlichen Zugang zugrunde. Beide werden im Folgenden kurz vorgestellt.

5.4 Perspektiven der (psychotherapeutisch orientierten) Biografie- und Entwicklungsforschung

Ernst Berger und Brigitte Halbmayr

5.4.1 Qualitative Inhaltsanalyse

Die Bearbeitung und Auswertung der Interviewtranskripte aus entwicklungswissenschaftlich-psychotherapeutischer Sicht (Abschnitte 6.1 und 6.2) erfolgte nach qualitativen Kriterien, die den Schritten der qualitativen Inhaltsanalyse nach Mayring (2015) folgen (vgl. Diagramm 1).

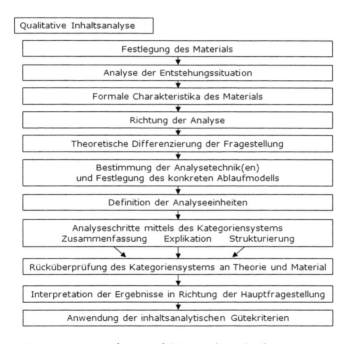

Diagramm 1 Auswertungsschritte nach Mayring (2015, S. 62)

Die Analyseschritte (siehe Diagramm) stehen forschungsmethodisch an zentraler Position: Die Zusammenfassung stützt sich auf die Hauptkategorien (abgeleitet aus der Hypothesenmatrix) und dient der Reduktion des Materials unter Erhaltung des wesentlichen Inhalts. Die Explikation bezieht weiteres Material (z. B. Interviews der ersten Generation, verwandte Forschungsergebnisse usw.) in den Analyseprozess ein. Die Strukturierung filtert bestimmte Aspekte heraus und legt einen Querschnitt durch das Material. In jedem Analyseschritt können neue, den ursprünglichen Rahmen erweiternde Kategorien gebildet werden, wie es in unserem Projekt auch geschehen ist (z. B. die Hauptkategorie „Resilienz und Trauma" und die Subkategorie „Tränenthemen", die nicht Teil der ursprünglichen Hypothesenmatrix waren).

5.4.2 Nachbarbereiche einschlägiger Forschung

Es gibt zahlreiche Forschungsarbeiten, die sich aus der Perspektive unterschiedlicher Wissenschaftsdisziplinen mit einer ähnlichen Thematik beschäftigen und sich dabei auf Interviewmaterial stützen. In diesem Umkreis müssen wir unseren Forschungszugang positionieren.

Der psychoanalytische Zugang

> „Gegenstand der Psychoanalyse ist eben nicht die objektivierbare Wahrheit, sondern die innere Wahrheit des Subjektes. Und diese subjektive Wahrheit befindet sich […] unter dem Einfluss des Unbewussten (*unconsciousness*). Das psychoanalytische Gespräch erkennt die unbewusste Determiniertheit der Rede an." (Zöchmeister 2015, S. 32)

Ebenso sucht Gabriele Rosenthal (2015, S. 12) in ihren transgenerationalen Familienanalysen nach „latenten biografischen Strukturen", die oft „in starkem Kontrast zu den manifesten Aussagen" der Gesprächspartner stehen.

Auch wir orientieren uns an der subjektiven „Wahrheit", die in der Erzählung der InterviewpartnerInnen präsentiert wird, und akzeptieren die unbewusste Determiniertheit dieser Erzählung. Anders als bei einem psychoanalytisch orientierten Zugang suchen wir jedoch nicht „nach hinter dem manifesten Text liegenden, latenten Sinnstrukturen" (Zöchmeister 2015, S. 33). Diese Abgrenzung von einem rein psychoanalytischen Forschungszugang bezieht sich allerdings ausschließlich auf die Methode der Interviewführung und Interviewauswertung, nicht auf die theoretischen Konzepte der Psychoanalyse über die Verarbeitung und Nachwirkung von Traumata und deren Relevanz für den Erzählmodus. Unsere Konzentration auf die *subjektive Relevanz der manifesten Erzählung* stellt deren psychodynamischen Hintergrund nicht in Frage. Wir haben ihn allerdings nicht zum Fokus unserer Analyse gemacht, wenngleich wir ihn gelegentlich streifen.

Die familienbiografische Perspektive

Gabriele Rosenthal (2015/1997), Bettina Völter (2002) und Markus Zöchmeister (2015) wählen für ihre Studien einen transgenerationalen Zugang, der über die erfragten Familienbiografien erschlossen wird. Bei Zöchmeister handelt es sich um acht Familien (teils jüdischer Herkunft, teils mit dem Hintergrund politischer Widerstandstätigkeit), mit denen Einzelinterviews geführt wurden. Der Zugang zum „imaginären Fundus des familiären Gedächtnisses einer Familie" (S. 22) ist ebenso ein zentrales Anliegen wie „die transgenerationelle Frage [...], ob und in welcher Form die traumatischen Gestalten des Lagers, des Verstecks und der Flucht im Interview mit den Nachgeborenen erneut auftauchen würden" (S. 31).

Rosenthals (2015/1997) Fragestellungen hingegen lauten: Wie gestaltet sich der familiale Dialog über die Familienvergangenheit während der NS-Zeit in Familien von Verfolgten des Nazi-Regimes; wie gestaltet er sich in Familien von Nazi-Tätern und Mitläufern? Welchen Einfluss hat die Vergangenheit der Großeltern auf das Leben ihrer Kinder und Enkel? Wie unterscheidet sich strukturell der Dialog über die Familienvergangenheit und über den Holocaust in Familien von Tätern und in Familien von Verfolgten? Rosenthal stützt sich dabei auf 38 Familien (20 aus Israel, 18 aus Deutschland), mit denen Einzelinterviews und Familiengespräche („interaktiv-intergenerationelle Konzeption", S. 11) geführt wurden. Das Anliegen war, Familiengeheimnisse aufzudecken und Vergleiche zwischen Opfer- und Täterfamilien sowie zwischen Familien aus Ost- und Westdeutschland und Israel anzustellen.

Wir hingegen verzichten im Großen und Ganzen auf innerfamiliale Vergleiche und entwickeln den transgenerationellen Zugang vorwiegend in der getrennten Betrachtung der beiden Generationen. Intrafamiliäre Konstellationen werden ausschließlich in zwei Fallstudien exemplarisch durchgeführt (vgl. Kapitel 7.3, 7.4).

Die individuell-biografische Perspektive

> „Die fall-rekonstruktive Biographieforschung konzentriert sich [...] notwendigerweise zunächst auf das Verstehen und Erklären einzelner Biographien" (Rosenthal 2005, S. 50).

Beispiele dafür sind die Biografien von Brigitte Halbmayr über Hermann Langbein (Halbmayr 2012) und Herbert Steiner (Halbmayr 2015) oder auch die Sammlung von Kurzbiografien über Kinder von KZ-Häftlingen (Lagergemeinschaft 2011).

Wenngleich in unseren Interviews viel individuell-biografisches Material enthalten ist, sind wir in der Auswertung nur in den vier Fallstudien diesem Strang gefolgt. Ansonsten haben wir aufgrund erster themenzentrierter qualitativer Verfahren Textpassagen aus ihrem individuell-biografischen Zusammenhang extrahiert und in allgemeine, gruppenrelevante Zusammenhänge gestellt, die theoretisch in der

Differenzierung unserer Annahmen weiterentwickelt und im Forschungsprozess kontinuierlich adaptiert und konkretisiert wurden.

5.5 Sprachwissenschaftliche Perspektive

Markus Rheindorf und Ruth Wodak

5.5.1 Themenzentriertes Forschungsdesign

Da es sich bei den Interviews um umfangreiches Textmaterial handelt, begann die sprachwissenschaftliche Auswertung mit *quantitativen Analyseverfahren*, die aus der sogenannten *Korpuslinguistik* stammen. Diese Methoden sind hilfreich, um einen Überblick über eine große Textmenge zu erlangen und etwa ihre thematischen und stilistischen Besonderheiten gegenüber anderem Sprachgebrauch zu bestimmen. Hat man diese erste Bestimmung vorgenommen, können weitere Methoden und detaillierte Analyseschritte gezielter ausgewählt werden. In unserem Fall halfen Frequenz- und Schlüsselwortanalyse, die Hauptthemen der Interviews näher zu bestimmen. Wir beschränkten uns dabei auf die Interviews mit den Kindern der rückgekehrten Personen, also der zweiten Generation, um eine möglichst homogene Gruppe und möglichst ähnliches Textmaterial zu erhalten.

Die *Makrothemen* (Hauptthemen) bestimmen die zentralen Gesamtzusammenhänge von Diskursen, da sie die inhaltliche Grundlage für explizite und implizite Aussagen, Kategorisierungen, Argumentation sowie Erzählszenarien bilden. Sie tragen außerdem wesentlich dazu bei, dass Aussagen innerhalb eines Diskurses – und damit auch für die Gruppe, die an diesem Diskurs teilhat – als zusammenhängend wahrgenommen werden (Van Dijk 2009, S. 4 f.). Im Fall von geringen Textmengen können Makrothemen qualitativ, z. B. inhaltsanalytisch, erschlossen werden, bei großen Textmengen bieten computergestützte, quantitative Verfahren eine gute Alternative.

Unser erster Schritt war daher, die Häufigkeit aller Wörter in den gesammelten Interviews zu berechnen (dabei werden alle Formen eines Wortes zusammengezählt). Die so ermittelten Wörter ergaben eine Liste von einigen Hundert, weshalb wir diese in semantische Felder gruppierten, um zu Themengebieten zu kommen. Bei diesem qualitativen Verfahren werden Wörter nach Bedeutungsähnlichkeiten zusammengestellt, sodass etwa „Mutter" und „Mama", aber auch „Vater" und „Eltern" sowie „Schwester" zur Kategorie „Familie" zusammengefasst werden. Dabei werden die jeweiligen Häufigkeiten der einzelnen Wörter addiert, sodass ein grober

5.5 Sprachwissenschaftliche Perspektive

Überblick über die Themenschwerpunkte des gesamten Textmaterials gewonnen werden kann. Die zentralen Themen sind:

---
1. Familie, insbesondere Mutter, Vater und Großeltern
2. Die Erzählsituation bzw. das Erzählen selbst
3. Politische Organisationen und Persönlichkeiten
4. Ereignisse und Erfahrungen in Verbindung mit Verfolgung, Haft und Tod
5. Historische und örtliche Bezugspunkte wie Jahreszahlen, Orte und Ereignisse
---

Diagramm 2   Makrothemen

Schlüsselworte werden bestimmt, indem diese Häufigkeiten mit einem sogenannten „Referenzkorpus" verglichen werden, um so die Besonderheit der zu untersuchenden Texte zu ermitteln – hierbei ist die Auswahl des Referenzkorpus natürlich ausschlaggebend für die Ergebnisse. Wählt man als Vergleichskorpus z. B. schriftliche Texte, dann werden die Ergebnisse des Vergleiches unter anderem die Besonderheiten der Interviews als mündliche Sprache zeigen; wählt man als Vergleichsgröße hingegen andere Interviews, die ähnlich geführt wurden, so wird sich das Besondere an den biografischen Erzählungen der speziellen Gruppe zeigen.

Als unseren Referenzkorpus wählten wir daher eine Sammlung von ebenfalls in Österreich geführten biografischen Interviews aus dem Jahr 2011. Die über diesen Vergleich ermittelten besonderen Themen sind:

---
1. Die Erzählsituation bzw. das Erzählen selbst
2. Politische Organisationen und Persönlichkeiten
3. Ereignisse und Erfahrungen in Verbindung mit Verfolgung, Haft und Tod
4. Emigration und Flucht
5. Judentum und jüdisch zu sein

Diagramm 3   Makrothemen aufgrund des Vergleichs mit Referenzkorpus

Im Vergleich zum Referenzkorpus treten dabei Themen wie Arbeit, Karriere und Privatleben in den Hintergrund. Bemerkenswert ist ebenfalls, wie gleichmäßig die Schlüsselthemen über alle Interviews verteilt waren, d. h. wie ähnlich die Interviews einander inhaltlich sind.

Ein spezifischeres Ergebnis zeigt sich, setzt man die Frequenz (unser erstes Ergebnis, siehe Diagramm 2) in Relation zur Besonderheit (unser zweites Ergebnis, siehe Diagramm 3). Dies ist eine sinnvolle Ergänzung, denn Themen können einerseits häufig, aber nicht besonders sein (erster Wert) oder aber besonders und sehr selten (zweiter Wert). Dieser dritte Schritt fragt nun ab, ob die in unseren Interviews häufigsten Themen auch die im Vergleich zu anderen biografischen Interviews besonderen Themen sind. Das verfeinerte Ergebnis (Diagramm 4) zeigt als besonders häufige und spezifische Themen (in absteigender Reihenfolge):

1. Politische Organisationen, Bewegungen und Persönlichkeiten (Marx, Stalin, Kreisky)
2. Verfolgung, Haft und Tod bzw. die damit verknüpften Orte
3. Emigration und Flucht bzw. die damit verknüpften Orte
4. Die Erzählsituation bzw. das Erzählen selbst
5. Historische Daten und Ereignisse
6. Identität und Zugehörigkeit (Land, Familie, kulturelles Erbe und Politik)
7. Widerstand und Kampf
8. Erinnerung und Erinnern
9. Rückkehr und Ankunft
10. Familie

Diagramm 4 Häufigste spezifische Makrothemen

Es zeigt sich also, dass etwa das Themenfeld „Familie" in unseren Interviews zwar sehr präsent ist, es jedoch gegenüber anderen biografischen Interviews nicht besonders ist; dass andererseits aber politische Organisationen, Bewegungen und Persönlichkeiten in unseren Interviews sowohl häufig als auch besonders sind. Diese erste Einschätzung gibt allerdings noch keine Auskunft darüber, *wie* über die einzelnen Themen gesprochen wird – es wäre also durchaus denkbar, dass die Art und Weise, wie in unseren Interviews über Familie gesprochen wird, spezifisch für die Kinderjause-Gruppe ist. Deshalb haben wir auf Grundlage dieses Überblicks in unserem abduktiven (sowohl theorie- wie datengeleiteten) Verfahren eine Reihe weiterer Methoden ausgewählt und jeweils spezifischere Forschungsfragen entwickelt, um einige markante Themengebiete näher zu erforschen.

5.5 Sprachwissenschaftliche Perspektive

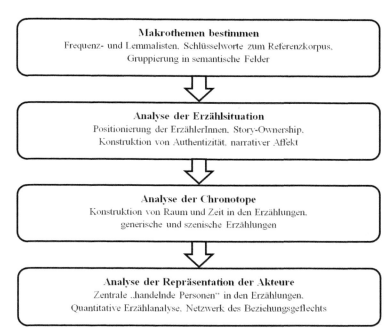

Diagramm 5 Auswertungsschritte

Dazu zählt die *Gestaltung und Reflexion der Erzählsituation durch die ErzählerInnen* selbst, die sich dabei in einer einzigartigen Rolle sehen, die *Orientierung der Erzählungen in Raum und Zeit* sowie die **wesentlichen handelnden Personen** der Erzählungen, ihre Taten, Handlungen und Beziehungen. Im Folgenden werden die jeweils gewählten Methoden und die uns dabei leitenden Fragen vorgestellt und näher begründet.

5.5.2 Die Erzählsituation

Grundlegend für die Analyse jeder Erzählung ist die Gestaltung der Erzählsituation durch den/die ErzählerIn selbst, d. h. die Reflexion der eigenen Rolle, Hinweise auf die Art der Geschichte, die eigene Erinnerung, eine weitergegebene Erzählung und ihren Ursprung, die Bewertung des Erzählten, die Positionierung der ErzählerInnen in der gegenwärtigen Situation (z. B. dem Interviewkontext), insbesondere gegenüber dem Publikum (z. B. dem/der InterviewpartnerIn). Wie unsere Themenanalyse bereits zeigte, werden die Bedingungen des Erzählens (und damit die bestimmenden Charakteristika der Erzählsituation) von den Kinderjausnern immer wieder thematisiert. Im Speziellen positionieren sich die Erzählenden selbst, also das „Ich" der jeweiligen Erzählung, in Beziehung zu den erzählten Inhalten – in der Regel also zu Dingen, die ihnen von ihren Eltern erzählt wurden.

Da die intergenerationelle Weitergabe von traumatischen Erinnerungen und Erzählungen linguistisch bisher weitgehend unerforscht ist, kann die Frage nach der Besonderheit dieser Rahmungen nur ansatzweise (vgl. Achugar 2016 zu Uruguay; Bietti 2014 zu Argentinien) und mit Rückgriff auf ebenfalls interviewbasierte Studien aus anderen Forschungsbereichen (z. B. Sozialarbeit, Lev-Wiesel 2007; Psychiatrie, Wiseman, Metzl, Barber 2006; Rowland-Klein, Dunlop 1998) beantwortet werden.

Mariana Achugar (2016) und Lucas Bietti (2014) analysierten beispielsweise Familiengeschichten und Familiengespräche über traumatische Erinnerungen einzelner Beteiligter. Insofern unterscheidet sich das Datenmaterial von den vermittelten Erinnerungen in unseren Interviews mit Personen der zweiten und dritten Generation. Denn es erzählen Betroffene und nicht deren Kinder; daher sind auch die Erzählstrukturen andere, da sie aus der eigenen Perspektive hergeleitet sind. Die eher sozialpsychologisch orientierten Studien sind methodisch selbstverständlich anders ausgerichtet und liefern keine Hinweise auf ein ähnliches Erzählverhalten in der weitergegebenen Erzählung von traumatischen Ereignissen.

Ein besonderer Aspekt der Erzählsituation in der Weitergabe solcher Geschichten ist das sogenannte „Story-Ownership" und die damit verknüpfte „Authenticity". Ersteres Konzept bezieht sich darauf, wem die erzählte Geschichte „gehört" – also ob sie selbst erlebt wurde. Der „Besitz" bzw. das „Besitzen" einer Erzählung wird meist als Teil der Erzählung selbst verankert, etwa dadurch, dass einleitend und/oder abschließend die eigene Anwesenheit oder Beteiligung thematisiert oder betont wird; oder auch dadurch, dass das „Ich" des/der Erzählenden mit dem „Ich" einer der handelnden Personen in der Geschichte zusammenfällt. Authentizität entsteht dadurch, dass in nahezu jeder Art von Erzählung die Glaubwürdigkeit auf der Betonung der persönlichen Erfahrung beruht. Diese wird über eine entsprechend positionierte Erzählerstimme vermittelt, die die wiedergegebene Erfahrung als eigene, authentische Erfahrung inszeniert bzw. sogar vorführt („*Performed Authenticity*"), indem etwa Szenen nachgestellt oder nachgesprochen werden. Die Mittel dieser Positionierung sind zugleich vielfältig und charakteristisch:

Glaubwürdigkeit, schreiben Anna De Fina und Alexandra Georgakopoulou (2012, S. 137), ist die Wahrscheinlichkeit, dass die Erzählung einer Geschichte als wahrheitsgetreu akzeptiert wird und damit der/die ErzählerIn als ehrlich und auch in der Lage, die Wahrheit zu erzählen. Das persönliche, verbürgte Erleben des

5.5 Sprachwissenschaftliche Perspektive

Erzählten gilt als Garant für die Herstellung von erzählerischer Authentizität. Das hauptsächliche Mittel, dies auszudrücken, ist die bereits erwähnte Einbettung der Erzählung in eine Art von Bericht, der das eigene Erleben begründet und so auch die Erzählsituation prägt. Gerade an Schlüsselstellen sowie zu Beginn und Ende von Erzählungen findet man häufig eine Überschneidung zwischen der erzählten Welt („*The told World*") und der Welt des Erzählens („*The telling World*") (De Fina, Georgakopoulou 2012, S. 164).

Als Beispiel für eine solche Rahmung soll uns in diesem Kontext die Gedenkrede von Bundespräsident Heinz Fischer vom 27. April 2015 anlässlich des 70. Jahrestags der Gründung der Zweiten Republik dienen (vgl. Rheindorf, Wodak 2017). Nach der Begrüßung der Anwesenden – und bevor er dazu ausholt, die Geschichte der Zweiten Republik und ihrer Gründung zu erzählen – verankert Fischer diese in einen sehr persönlichen Bericht, der seine Authentizität als Zeitzeuge etabliert:

> „Im Schuljahr 1944/1945 besuchte ich gerade die erste Klasse der Volksschule; zunächst in Pamhagen im Burgenland und dann in der kleinen Gemeinde Loich an der Pielach, wo meine Mutter mit meiner Schwester und mir bei einer Bäuerin ein Quartier fand, als die Kampfhandlungen gegen Ende des Krieges immer bedrohlicher zunächst an die burgenländische Grenze und bald darauf an Wien heranrückten. Von den konkreten Ereignissen in Wien hatten wir damals wenig Ahnung, aber eines hat sich mir als Kind tief eingeprägt: dass Krieg etwas ganz Entsetzliches ist, und dass Unrecht und Gewalt Zwillinge sind." (Rheindorf, Wodak 2017, S. 31)

Im Rahmen der Erzählung selbst kommt der Inszenierung des sogenannten „narrativen Affekts" gemäß De Fina und Georgakopoulou (2012, S. 65) größte Bedeutung zu. Der narrative Affekt rahmt die Erzählung nicht nur ein, er bettet den/die ErzählerIn als handelnde Figur in die eigene Erzählung ein. Der/Die Erzählende kann dabei über kurze Strecken unterschiedliche Figuren der eigenen Erzählung quasi zum Leben erwecken, indem er/sie diese nachspielt bzw. nachspricht.

Über die genauere Untersuchung der Erzählsituation erfassen wir, wie die Kinderjausner zu den erinnerten Geschichten ihrer Eltern stehen, d. h. wie beispielsweise Nähe bzw. Distanz, Sicherheit oder Unsicherheit, Wissen bzw. Nichtwissen ausgedrückt werden.

5.5.3 Raum, Zeit und Erzählstrukturen

Frühere Forschungen weisen darauf hin, dass erinnerte Erzählungen – insbesondere solche von traumatischen Erlebnissen – eine besondere Raum-Zeit-Konfiguration aufweisen. Die Raum-Zeit-Konfiguration in Erzählwelten beschrieb der russische Literaturwissenschaftler und Theoretiker Michail Bakhtin als „*Chronotop*" (Bakhtin 1981). Ein Chronotop gilt demnach als charakteristisch für bestimmte Erzählformen. Für die Analyse von Erzählungen hat sich der genaue Blick auf die Konstruktion von Raum-Zeit-Gefügen als äußerst fruchtbar erwiesen, sei es in der Analyse von Märchen, nationalen Ursprungsmythen, dem bürgerlichen Roman des 19. Jahrhunderts oder Fluchterzählungen von ganz verschiedenen betroffenen Gruppen (vgl. De Fina 2003a, 2003b; Rheindorf, Wodak 2017).

Dabei geht man davon aus, dass die konkrete Form, in der Raum und Zeit sowie der Zusammenhang dieser beiden für die menschliche Erfahrung so zentralen Dimensionen in Erzählungen dargestellt werden, Aufschluss über tiefgreifende kognitive und emotionale Erfahrungs- und Wahrnehmungsmuster gibt. Wenn wir also die Welt erleben bzw. in der erzählten Erinnerung wiedererleben und mitteilen, vermitteln wir immer auch gleichzeitig, wie wir uns zu Raum und Zeit dieses Erlebens positionieren. Dabei ist gerade die „Verformung" aufschlussreich, also das Abweichen von „objektiver Zeit und geographischem Raum" (Holquist 1990, S. 113). Darunter fallen z. B. Sprünge in der erzählten Zeitfolge, Abweichungen von Chronologie, Beschleunigung oder Verlangsamung der erzählten Zeit, aber auch Sprünge zwischen Orten, die Verkettung weit entfernter Räume, der distanzierte bzw. mikroskopische Blick auf bestimmte Orte und dergleichen mehr. Die oben zitierte Rede von Bundespräsident Fischer zur Gründung der Zweiten Republik bietet auch hierfür einige Beispiele: Etwa wenn er zunächst von „Grundstein" und „Baugrund" der Republik spricht – und damit einen konkreten Raum metaphorisch überformt –, in diesem zwischen Wien und dem Westen hin- und herspringt, dann aber an weit entfernte Orte, um eine global vernetzte Gleichzeitigkeit von Handlungssträngen herzustellen.

> „Mit dem Ende von Krieg und Diktatur und der Unabhängigkeitserklärung vom 27. April war der Grundstein zur Errichtung unserer Zweiten Republik gelegt. Aber noch nicht einmal der Baugrund war klar abgegrenzt und voll benutzbar. Österreich war von vier Alliierten Armeen besetzt, die Grenze zu Jugoslawien zunächst umstritten. Zahlreiche Städte oder Stadtteile lagen in Schutt und Trümmern, die Infrastruktur war weitgehend zerstört und auf österreichischem Boden gab es zu dieser Zeit mehr als eine Million Flüchtlinge und Heimatvertriebene.
> In Wien wusste man wenig über die Situation im Westen von Österreich und im Westen wusste man wenig über die Situation in Wien. Noch weniger wusste man in Österreich darüber, was man in Washington, Moskau, London oder Paris über das künftige Schicksal Österreichs dachte und plante." (Rheindorf, Wodak 2017, S. 32)

Dem Erzähler sind hier kaum Grenzen gegeben, in der Erzählperspektive können Raum und Zeit so gestaltet bzw. verformt werden, wie es dem eigenen Erleben, dem Spannungsaufbau oder anderen Zielen entspricht.

5.5 Sprachwissenschaftliche Perspektive

Der Umstand, dass solche Verformungen bestimmte Gruppen im Rahmen von wiederholten, gemeinsamen Erzählungen verbinden können, wurde bereits vielfach als eine Art „Index" zwischen einer allgemeinen kollektiven Erfahrung und der Lebenswelt dieser Gruppe untersucht: Insofern kann ein Chronotop charakteristisch sein für ein Lebensgefühl, eine bestimmte Art des In-der-Welt-Seins oder eine kollektive Erinnerung. Die Analyse der Gestaltung von Raum-Zeit-Gefügen in Erzählungen kann daher auch Aufschluss über geteilte Erfahrungen bzw. Erinnerungen geben.

Linguistische Forschungsarbeiten zur Konstruktion von Raum und Zeit in Erzählungen zu Entwurzlungserfahrungen (De Fina 2003a) zeigen deutlich, dass das sogenannte „Orientierungsmanagement" im Erzählen die ErzählerInnen stets auch zum sozialen Mikro- (die Interviewsituation) und Makro-Kontext (ein impliziter Gruppen- oder gesellschaftlicher Kontext) in Beziehung setzt. Da also Erzählungen gleichsam ein Werkzeug für die erzählerische Konstruktion der Welt bzw. eines Weltausschnitts darstellen, kann umgekehrt die linguistische Analyse dieser Konstruktion Rückschlüsse auf das gemeinsame In-der-Welt-Sein einer Gruppe ermöglichen. Dies wird in den beiden folgenden Beispielen explizit illustriert, in denen einerseits die eigene Erfahrung klar auf gesellschaftliche „Umwälzungen" bezogen bzw. andererseits die eigene Perspektive zur Gruppe klar definiert und in den gesellschaftlichen Kontext eingebettet wird.

Frage: Wie hast du so die Zeit '68, ich meine, da warst du ja noch in der Schule wahrscheinlich?
Antwort: Nein, ich habe '66 maturiert. Gerade bevor der Bruch war.
I: Wie hast du diese Zeit wahrgenommen? Du warst ja Student in dieser Zeit und ich meine jetzt nicht Partei-Seite, sondern –
I7: Ich war Student in der Zeit, weil ich bin eben nicht zum Heer gegangen, sondern gleich inskribiert habe, weil das ja noch möglich war, damals. Und war schon bei diesen [...] ersten Großtaten, ein Raucherzimmer einzurichten und noch zwei andere Geschichten. [...] Aber auf der Uni, ja, war ich da überall irgendwie unterwegs; es war Aufbruchsstimmung und wie haben die geheißen damals, die Neue Sozialistische Linke oder so irgendwas. (I 7)

--

Frage: Was unterscheidet die Kinderjause von einem Klassentreffen?
Antwort: Das ist interessant. Eine Klasse ist etwas anderes. Die Kinderjause unterscheidet ein für mich biografisch persönliches politisches Moment. Mein politisches Leben, also auch das Feld, in dem wir beispielsweise NN gut ge-

kannt haben, das war damals eine Parallelunternehmung zur FÖJ, das war die Kinderorganisation der Kommunistischen Partei. [...] Dadurch haben wir alle anderen auch gekannt. Das war die Welt, dieser kommunistische Planet, das war eine Welt für sich selbst. (I 26)

Während in den meisten Erzählungen – so die traditionelle Sicht zur räumlich-zeitlichen Orientierung (Labov, Waletzky 1967) und Positionierung (Bamberg 1997, Wortham 2001) – eine chronologische Reihenfolge als „Ordo naturalis" wirkt, zeigt De Fina (2003a), dass dies nicht immer der Fall ist. Besonders bei *Erzählungen von traumatischen Erlebnissen* stellen jene Mittel, die sonst einfach als „Orientierung" (also raum-zeitliche Einordnung des spezifischen zu erzählenden Erlebnisses) funktionieren, einen Weg für die ErzählerInnen dar, ein gemeinsames Verständnis von geteilten Erfahrungen zu verhandeln (De Fina 2003a, S. 370–372). Diese „Verhandlung" ist in Bezug auf traumatische Erlebnisse keineswegs einfach: Während der Erzähler oder die Erzählerin sonst meist die Kontrolle über Raum und Zeit der Erzählung behält, sind die ErzählerInnen traumatischer Erinnerungen gewissermaßen „verloren" (De Fina 2003a, S. 371 f.). Das bedeutet, dass die Schilderung der traumatischen Erinnerung vom größeren Bezugsrahmen (zeitliche oder räumliche Orientierung) entkoppelt ist und sich die/der Erzählende danach neu an diesem orientieren muss.

Dies geschieht auch bei wiederholter Erzählung derselben Erinnerung, hängt also nicht mit Übung oder Erfahrung im Erzählen derselben Begebenheit zusammen. Es wirkt, als geschehe etwas erneut mit dem/der Erzählenden, wie oft er/sie die Geschichte auch erzählen mag. Vagheit und Desorientiertheit in zeitlicher oder räumlicher Hinsicht können also ein Signal für ein traumatisches Erlebnis sein; abrupte und charakteristische Genauigkeit in bestimmten Passagen der Erzählung werden so mit „symbolischer Bedeutsamkeit" aufgeladen. Sie markiert besonders bedeutsame Passagen, die oft als szenische Erzählungen gestaltet sind (vergleiche Kapitel 4.4).

Arbeiten zu Holocaust- und Fluchterzählungen haben jedoch auch gezeigt, dass die Erzählung von traumatischen Erlebnissen häufig zu Spannungen zwischen Erfahrung und Sprache führt, die als ein Erreichen der „Grenzen des Sagbaren" interpretiert werden können. Dies wird mitunter ausdrücklich thematisiert und verkörpert, etwa durch Schweigen, Abbrüche, Suchen nach Worten und dergleichen. Diese Formen der Unsicherheit können allerdings durch häufiges Wieder-Erzählen reduziert werden, eine Spur ihrer Abwesenheit bleibt jedoch insofern deutlich, als solche immer wieder und wieder erzählten Geschichten (*Retold Stories*) oder auch *generische* Geschichten exakt wortgleiche Wiederholung aufweisen. Durch das geradezu rituelle Wiederholen wird die Unsicherheit überwunden. Dies lässt sich auf

5.5 Sprachwissenschaftliche Perspektive

individueller, familiärer wie auch kollektiver Ebene beobachten, wenn Geschichten geteilt und somit gewissermaßen Gemeingut einer bestimmten Gruppe werden.

Wiedererzählte, generische Erzählungen sind in der Regel knapp und prägnant formuliert, die Handlung oft abstrakt, die handelnden Personen sind typifizierte und funktionalisierte Schablonen, die nie konkret benannt oder ausgestaltet werden („der Soldat", „das Lager"). Im Laufe der häufigen Wiedererzählungen werden die Geschehnisse aus ihrem zeitlichen und räumlichen Kontext herausgelöst (dekontextualisiert), Details und Besonderheiten gehen zunehmend verloren (De Fina, Georgakopoulou 2012, S. 108; Baynham 2005, S. 15). Zudem verwenden die Erzählungen zunehmend kulturell etablierte, geteilte Gemeinplätze und damit diskursiv verfügbare Muster bis hin zu bestimmten Formulierungen und Phrasen wie „in russischer Gefangenschaft sein" oder „im Holocaust umkommen". Erzählungen dieser Art weisen einen niedrigen erzählerischen Affekt auf.

Geschichten, insbesondere kurze Passagen, die sich auf traumatische Erlebnisse beziehen, können aber auch zu sogenannten „szenischen Erzählungen" werden. Geschichten dieser Art weisen einen hohen erzählerischen Affekt auf, d.h. sie sind emotional, detailreich, enthalten oft nachgespielte oder nachgesprochene Szenen, und damit große Authentizität. Dennoch sind sie aus einem größeren Kontext herausgelöst und der Wechsel von und zu einer größeren Erzählung ist meist auffällig abrupt (Wodak 1980). In der Regel fehlt szenischen Erzählungen jede Orientierung im Sinne einer Einleitung und eines Abschlusses (Koda). Szenische Erzählungen sind zudem stark polyfon, d.h. sie enthalten z.B. die Stimmen der Eltern, der Erzähler als deren Kinder, die Stimmen von Tätern, Opfern und Zuschauern. Während einer szenischen Erzählung drücken auch Erzählende, die sonst betont rational bleiben, starke Emotionen aus, etwa durch wechselnde Intonation, Code-Switching (das Wechseln zwischen Sprachen bzw. zwischen Hochdeutsch und Dialekt), Zögern, Pausen sowie Lachen und Weinen. Der/Die Erzählende erlebt und erzählt die Geschichte, wie sie ihm/ihr erzählt wurde. Erinnerung, Erleben und Emotionen sind dem Text der Erzählung gewissermaßen eingeschrieben und können nicht von ihm getrennt werden (Bauman, Briggs 1990, S. 70; vgl. Kapitel 4.4, Tränenthemen).

Über die genauere Analyse der konkreten Erzählformen, darunter Zeit-Raum-Konstellation und narrativer Effekt, können wir in unserer Untersuchung erfahren, wie die Kinderjausner die ihnen vermittelten Erfahrungen in der jeweiligen Erzählung strukturieren, d.h. wie sie aus den Erinnerungen zu Flucht und Vertreibung erzählbare Geschichten machen.

5.5.4 Die handelnden Personen

Eine äußerst wichtige Perspektive auf die Erzählungen eröffnet die Analyse der handelnden Personen, Figuren bzw. Akteure. Aus erzähltheoretischer Sicht formt bzw. verformt jede Erzählung das Erzählte auf bestimmte Art und Weise, etwa indem die Ereignisse in einer bestimmten Reihenfolge erzählt werden. Hinsichtlich der handelnden Personen bedeutet dies z. B., dass manche Figuren mit Vornamen benannt werden, andere hingegen über Beruf oder Funktion (der Soldat), ihr Geschlecht (die Frau), familiäre Beziehungen (meine Mutter), ihr Alter (das Kind) oder eine Handlung (Erzählen). Mit Theo Van Leeuwen (1995, 1996) sowie Van Leeuwen, Wodak (1999) kann anhand der sprachlichen Realisierung auch die *Repräsentation der handelnden Personen* – man spricht in diesem Zusammenhang auch von *Akteuren* – näher bestimmt werden. Folgende Möglichkeiten werden dabei von uns berücksichtigt, wobei sowohl grammatische Rollen als auch Benennungsformen eine Rolle spielen und natürlich kombiniert werden können:

Ist die handelnde Person als solche erkennbar?	Ja – **Inklusion:**	**Aktivierung** *Meine Mutter hat diese Geschichte nie erzählt.*	**Passivierung** *Diese Dinge zu erzählen, ist meiner Mutter immer schwergefallen.*
	Nein – **Exklusion:**	**Löschung** *Und dann kam es zu diesem Zwischenfall. Diese Geschichte wurde nie erzählt.*	**Hintergrund** *Meine Mutter hat viel erzählt. Aber diese Geschichte wurde nie erzählt.*
Ist die handelnde Person anders genannt?	**Partizipation** *Dann nahm mein Vater meine Mutter mit nach England.*	**EmpfängerIn** *Ich habe das für meinen Vater getan.*	**Possessivierung** *Die Geschichte meines Vaters habe ich nie erfahren.*
Wie wird die handelnde Person dargestellt?	**Personalisierung** *Da marschierten viele Leute mit.*	**Entpersonalisierung** *Die Gestapo kam und holte sie ab.*	**Funktionalisierung** *die Täterin, der Kämpfer, der Koch*
	Kategorisierung *der Soldat, der Anwalt, ein Mitglied der KPÖ*	**Identifizierung** *der Mann*	**Physische Identifizierung** *die Kranken unter ihnen*
	Individualisierung *Bruno Kreisky*	**Kollektivierung** *Nazis, Kommunisten*	**Abstraktion** *wie der Schatten des Nationalsozialismus*

Die verschiedenen Möglichkeiten der Realisierung zeigen, dass eine Person nicht nur einfach genannt (Inklusion) oder nicht genannt (Exklusion), sondern sehr unterschiedlich repräsentiert werden kann. Die Rolle, in der eine bestimmte Person in der Erzählung vorkommt, wird allerdings nicht nur durch ihre Benennung selbst, sondern auch durch die Handlungen (Prozesse, siehe unten) mitbestimmt, an denen sie teilhat.

Bei Erzählungen über Flucht und Verfolgung wird etwa häufig in den Kategorien „Opfer", „Helfer", „Täter" und „Zuseher" gedacht und gesprochen. In einem weiteren Schritt kann untersucht werden, in welche Beziehungen diese Akteure durch die Erzählung zueinander gesetzt werden und wie diese Beziehungen und Handlungen dargestellt werden. So ergibt sich letztlich ein Geflecht oder Netzwerk aus Personen, die durch ihre Handlungen für- und aneinander in jeweils bestimmter Beziehung zueinander stehen.

Die Analyse dieser Ebene zielt also darauf ab, erstens die in den Erzählungen handelnden Personen zu identifizieren und zweitens festzustellen, ob Söhne und Töchter dies unterschiedlich erzählen. Diese beiden Fragen können natürlich für jede Erzählung einzeln gestellt und beantwortet werden, uns interessiert aber auch die Gemeinsamkeit der Gruppe, also der „Diskurs", den sie teilen.

5.5.5 Die Verknüpfung der handelnden Personen

Tiefer in die Erzählstruktur und vor allem in das darin repräsentierte Beziehungsgeflecht der Akteure eindringen kann man unter Anlehnung an die *Soziale Netzwerkanalyse* (vgl. Franzosi 1998; Franzosi, De Fazio, Vicari 2012) unter Ergänzung systemisch-funktionaler Kategorien aus der Sprachwissenschaft (vgl. Matthiessen, Halliday 1997; Van Leeuwen 1995, 1996, 2008; Van Leeuwen, Wodak 1999). Roberto Franzosis ursprünglicher Ansatz hat gegenüber der klassischen Erzählanalyse (vgl. Bal 1997; Kapitel 4.5) den Vorteil, dass durch die Nutzung quantitativer Methoden eine vergleichsweise große Menge an Texten anstatt eines einzelnen Textes analysiert werden kann und dabei die Verknüpfungen zwischen den handelnden Personen sichtbar werden. Dies gelingt über die systematische Kategorisierung der Akteure und der Handlungen bzw. Prozesse, die sie in Beziehungen zueinander setzen – diese Schritte ermöglichen eine quantitative Auswertung und schließlich auch die grafische Darstellung des Netzwerks.

Franzosi entwickelte seinen Ansatz, den er *Quantitative Erzählanalyse (Quantitative Narrative Analysis* oder *QNA)* nennt, anhand der Analyse von Zeitungsberichten über Lynchmorde im US-Bundesstaat Georgia zwischen 1875 und 1930. Sein Zugang ist eine Abwandlung der u. a. in der Ethnografie eingesetzten Sozialen

Netzwerkanalyse, bei der durch Feldforschung verschiedene Ebenen bzw. Arten von Verknüpfungen zwischen den Mitgliedern einer sozialen Gruppe oder Gemeinschaft erhoben werden. Als Material können dabei Beobachtungen, statistische Daten oder auch Interviews dienen. Die erhobenen Verknüpfungen werden dann – jeweils eine Art von Beziehung für sich – in einem Netzwerk visualisiert, in dem die Mitglieder der Gruppe als Knotenpunkte dienen und die Verknüpfungen diese als Linien verbinden. In manchen Fällen wird die Intensität der Beziehung quantifiziert und durch die Linienstärke im Netzwerk abgebildet.

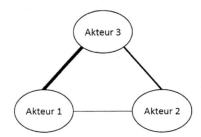

Abb. 1
Netzwerk mit drei Akteuren und gewichteten, aber ungerichteten Verbindungen

Einschränkungen dieser Form der Analyse und ihrer Visualisierung sind erstens, dass jeweils nur eine Beziehungsebene abgebildet werden kann und man für einen Gesamtüberblick mehrere, unter Umständen ein Dutzend Netzwerke zeichnen muss, und zweitens, dass die in der Visualisierung verwendeten einfachen Linien die Richtung der Beziehung (z. B. *Hilfe*) nicht abbilden können. Man unterscheidet zwar zwischen den von einem Akteur ausgehenden und auf einen Akteur gerichteten Verbindungen (*In-* und *Out-Degree*), diese Werte werden in der Regel aber entweder addiert oder in zwei Abbildungen dargestellt, nicht jedoch gleichzeitig in einer kombinierten Form.

Franzosis Adaptierung der Sozialen Netzwerkanalyse war für unseren Ansatz insofern eine wichtige Weiterentwicklung, als er sie ausschließlich auf Texte bezieht und dabei als „Quantitative Erzählanalyse" neu definiert. Er verwendet sie nicht, um reale Beziehungen abzubilden, sondern die erzählerische Konstruktion von Wirklichkeit. Außerdem bezieht er sie auf die Darstellung eines abgegrenzten Themenbereiches in einem Medium, bildet also eine Art Diskurs ab. Drittens identifiziert er im Textmaterial nicht alle individuellen Personen als Akteure, sondern erkennt Typen von handelnden Akteuren, wie sie die Erzähltheorie annimmt, wodurch ihm eine Reduzierung der handelnden Personen gelingt. Gleichermaßen

5.5 Sprachwissenschaftliche Perspektive

geht er mit den zentralen Beziehungen bzw. Handlungen vor, die dem Erzählmuster der Zeitungstexte zugrunde liegen.

Um einen systematischen Überblick davon zu erhalten, wie die Lynchmorde in Georgia zwischen 1875 und 1930 den damaligen LeserInnen vermittelt wurden, nimmt Franzosi eine inhaltsanalytische Kategorisierung der zentralen Akteure vor: Opfer, Täter, Polizei – und setzt diese über die in den Texten ausgedrückten Handlungen in Beziehung zueinander. Zunächst wird erhoben, welche Akteure in den Texten genannt werden und wie häufig – dabei wird grob zwischen individuellen („der Polizist", „eine Frau") und aggregierten Akteuren („der Mob", „die Bürger") unterschieden. Ebenso wird erhoben, welche Handlungen dargestellt werden; diese werden in grobe Kategorien wie „Gewalt gegen Menschen" oder „Bewegung" eingeteilt und ebenfalls quantifiziert.

Für die Erstellung eines Netzwerkes wird in Franzosis Quantitativer Erzählanalyse eine Handlungskategorie als eine Ebene des mehrschichtigen Beziehungsgeflechts ausgewählt: Das jeweilige Netzwerk enthält – wie bei der Sozialen Netzwerkanalyse – nur noch diesen Handlungstyp als verknüpfendes Band zwischen den Akteuren; Akteure, die nicht über diese Handlung verknüpft sind, werden somit in diesem Netzwerk nicht abgebildet.

Die Häufigkeit der Handlung, die zwei Akteure verbindet, wird in der Visualisierung des Netzwerks zwar durch die Stärke der verbindenden Linie ausgedrückt, jedoch sind diese Linien ungerichtete Graphen: Ob [Akteur A] nun Gewalt gegen [Akteur B] anwendet oder umgekehrt, ändert nichts am Netzwerk. Somit ergeben sich für die Visualisierung zwei wesentliche Beschränkungen: Erstens ist eine Gesamtdarstellung des mehrschichtigen Netzwerkes nicht möglich – dazu müssten mehrere Linien zwischen denselben zwei Akteuren gesetzt werden; zweitens kann die Richtung bzw. Gerichtetheit von Handlungen nicht abgebildet werden – dazu müssten Pfeile anstatt einfacher Linien gesetzt werden (siehe Abb. 2).

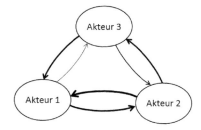

Abb. 2
Netzwerk mit gewichteten sowie gerichteten Verbindungen

Aus linguistischer Sicht ist Franzosis Ansatz als eine Form der Textanalyse vor allem dadurch begrenzt, dass sie lediglich grobe, induktiv am analysierten Text gewonnene inhaltliche Kategorien für Akteure und Handlungen verwendet und dabei entscheidende sprachliche Muster in Wortwahl und Grammatik vernachlässigt. Wir ergänzen diese Vorgehensweise durch die vorgelagerte Analyse der Handlungen anhand lexiko-grammatikalischer Kategorien, die in der Systemisch Funktionalen Linguistik als „*Verbprozesse*" bezeichnet werden (vgl. Van Leeuwen 1995, 1996, 2008; Van Leeuwen, Wodak 1999). Damit wird jede Form von Handlung, Tun oder Geschehen bezeichnet, die über ein Verb ausgedrückt wird, egal ob es sich z. B. um die intentionale Handlung eines Menschen handelt („Sie ging nach Italien"), einen scheinbar selbstständigen Prozess („Schüsse fielen") oder eher zustandsartige Prozesse („Er war Schneider").

Verbindungen zwischen den Akteuren einer Erzählung werden vorrangig durch diese Prozesse hergestellt. Sie werden eingeteilt in *materielle Prozesse* (Handlung – Verhalten – Geschehen), *mentale Prozesse* (Wahrnehmung – Kognition – Intention – Emotion), *verbale Prozesse* (Sprechen – Fragen) und *existenzielle* sowie *relationale Prozesse* (siehe unten). Dadurch lässt sich die Art der Beziehung in einem ersten Schritt grob differenzieren, eine nähere inhaltliche Charakterisierung, die sich stark am Inhalt der Texte orientiert, erfolgt erst im zweiten Schritt. Diese Zweiteilung des Analyseprozesses erlaubt es, im Netzwerk zunächst alle groben Beziehungskategorien – sprich Verbprozesse – gleichzeitig abzubilden und somit einen tatsächlichen Überblick zu erhalten.

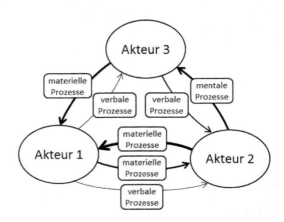

Abb. 3
Netzwerk mit mehreren Arten der Verbindung

5.5 Sprachwissenschaftliche Perspektive

Über die oben genannten Prozesstypen drücken Verben grundlegende Arten von Geschehen aus. Zu den **materiellen Prozessen** gehören *Handlungen*: In diesen gibt es immer einen handelnden Akteur, z. B. eine Person oder eine Organisation. Sie kann darüber hinaus Ziel (auf das die Handlung gerichtet ist), Mittel (das der Handlung dient), Eigenschaften (die ihr zugeschrieben werden) und Empfänger (denen etwas übergeben wird) enthalten. Im Unterschied dazu haben materielle Prozesse der Kategorie *Verhalten* meist nur einen handelnden Akteur (der ein Verhalten an den Tag legt), Ziel (auf welches das Verhalten gerichtet ist) und Eigenschaften. Die dritte Art von materiellen Prozessen, *Geschehnisse*, haben als Akteur ein als selbstständig dargestelltes Ereignis, einen sogenannten Klienten (dem das Ereignis widerfährt) und Eigenschaften.

Über **mentale Prozesse** drücken wir Wahrnehmung, Denken, Wollen und Fühlen aus. Zu Prozessen der *Wahrnehmung* gehören immer ein wahrnehmender Akteur, das wahrgenommene Phänomen und seine Eigenschaften. Zu Prozessen der *Kognition* gehören der denkende Akteur sowie häufig das Gedachte. Elemente von Prozessen der *Intention* sind der wollende Akteur und das Ziel des Wollens. Prozesse der *Emotion* schließlich enthalten den fühlenden Akteur und zudem meist Auslöser sowie Eigenschaften der Empfindung.

Verbale Prozesse können in *Aussagen* und *Fragen* unterschieden werden, enthalten aber immer denjenigen, der spricht. Häufig werden verbale Prozesse um die Aussage erweitert, die in direkter oder indirekter Rede das Gesagte wiedergibt.

Existenzielle **Prozesse** enthalten in der Regel nur denjenigen oder die Sache, die existiert.

Relationale **Prozesse** bestehen aus einem Träger (dem eine Eigenschaft zugeschrieben wird) und einem Attribut oder Wert (der dem Träger zugeschriebenen Eigenschaft bzw. Zustand).

Tab. 1 Typen von Verbprozessen

Materielle Prozesse	Handlung *Sie fuhren mit dem Zug.*	Verhalten *Wir haben gestritten.*	Geschehnisse *Und dann kam der Anschluss.*	
Mentale Prozesse	Wahrnehmung *Das habe ich nie gewusst.*	Kognition *Ich denke oft an sie.*	Intention *Das wollte sie nicht.*	Emotion *Darüber hat sie lange getrauert.*
Verbale Prozesse	Aussagen *Er hat sich beschwert.*	*Er sagte „Nie wieder".*	Fragen *Sie fragte nach ihm.*	*Sie fragte, wo war er damals?*
Existenzielle Prozesse	Existenz *Es gab keinen Ausweg.*	*Da war keine Mutter.*		
Relationale Prozesse	Relation *Der Vater war Anwalt.*	*Das Sterben war überall.*		

Die so definierten Verbprozesse stellen also eine Kombination aus semantischen und grammatischen Aspekten dar. So ist etwa Sprechen eine besondere Form der Handlung (verbal), bringt aber auch bestimmte grammatische Formen wie direkte und indirekte Rede mit sich.

Über die Kategorisierung der Verbprozesse in den Interviews mit den Kinderjausnern können – in Kombination mit der Analyse der handelnden Personen als wiederkehrende Akteure der Erzählungen – Erzählmuster systematisch erfasst und abgebildet werden.

Die Kinderjause-Gruppe im Spiegel der Interviews

6

6.1 Wie sie wurden, die sie sind

Ernst Berger und Brigitte Halbmayr

6.1.1 Entwicklung von Persönlichkeit und Identität

29 Persönlichkeiten, 29 Identitäten. Der Versuch, Gemeinsamkeiten – oder auch markante Unterschiede – nachzuzeichnen, braucht einen Rahmen, in den wir die Wege einordnen können, die von der Kindheit der 1940er- und 1950er-Jahre ins Heute führen. Wir werden versuchen, zu diesem Zweck die Skizze eines Theorierahmens zu entwerfen. Eine der ersten Fragen ist die nach den Entwicklungsoptionen, die zur Verfügung standen.

„Aber die geschichtliche Periode, in welcher es [das Kind] lebt, liefert ihm nur eine beschränkte Anzahl sozial bedeutungsvoller Modelle, in welchen es seine Identitätsfragmente zu einem leistungsfähigen Ganzen zusammenfügen kann." Erik H. Erikson, der – aus Deutschland kommend – von 1927 bis 1933 in Wien lebte, seine Lehranalyse bei Anna Freud absolvierte und nach der Machtergreifung der Nationalsozialisten in die USA emigrierte, schreibt diesen Satz 1959 in „Identität und Lebenszyklus" (S. 22). Er betont, dass Zeit und Umfeld bestimmte Optionen zur Verfügung stellen, die den Rahmen individueller Entwicklung bilden. An anderer Stelle (S. 17) spricht Erikson von einem „Ich-Modell", das auf wechselnde und widerspruchsvolle Prototypen gegründet werden muss, die nur einen Ausschnitt der Welt darstellen. Dieses Konzept könnte eine brauchbare Grundlage für die Ordnung unseres Materials abgeben.

Vertiefen wir diesen Gedanken. Es geht um die Entwicklung von Persönlichkeit, die wir mit Lucien Sève „nicht als Konstellation fixer Charakterzüge, sondern als zeitlich bestimmtes System von Tätigkeiten" (Sève 1986, S. 24) verstehen. Der Blick auf die konkrete Tätigkeit von Menschen, auf ihr berufliches, politisches, gesellschaftliches Handeln zeigt uns ihre Persönlichkeit. Dieses Verständnis von Persönlichkeit hat Sève von Alexej Leontjew übernommen, der – ähnlich wie Erikson – die Bedeutung der Umwelt betont: „Die Persönlichkeit wird durch die objektiven Umstände geschaffen, jedoch nur über die Gesamtheit der Tätigkeit des Subjekts" (Leontjew 1982, S. 207).

Sève prägt den Begriff der „historischen Individualitätsformen": „Wir müssen also vom Primat der gesellschaftlichen Verhältnisse als nicht-psychischen, objektiv gesellschaftlich-historischen Formen ausgehen, die eine grundlegende Rolle in der Gestaltung und der Entwicklung der Individualität spielen, die die Logik ihrer Tätigkeiten und den Verlauf ihrer Biographie bestimmen und die ich aus diesem Grunde historische Individualitätsformen genannt habe" (S. 24). Heiner Keupp verwendet ein ähnliches Konzept und spricht vom „Subjektgehäuse" als einem historisch-spezifischen Produkt (Keupp et al. 2002). Auch hier steht der Gedanke im Zentrum, dass Individuen bestimmte Rahmenbedingungen vorfinden, in die sie sich „hineinentwickeln" können. Welche Modelle standen unseren InterviewpartnerInnen zur Verfügung? Hatten sie mehrere Optionen? Wie sind ihre Erinnerungen daran? Wir werden sehen, dass das Lebensumfeld von Kindheit und Jugend für diese Menschen komplexe Bedingungen vorgegeben hat, die den Wechsel zwischen bzw. die Synthese von verschiedenen Identitäten – Patchworkidentitäten (Keupp) also – erforderlich machte.

Der alleinige Verweis auf Umweltbedingungen würde allerdings einen Reduktionismus darstellen, der allzu lange in Simplifikationen marxistischen Denkens verbreitet war. Wir wollen vielmehr versuchen, zu verstehen, wie unter den Bedingungen des Nachkriegs-Österreich und unter dem Einfluss der Puzzlesteine der Elternbiografien durchaus unterschiedliche Lebenswege gestaltet wurden, die über Jahrzehnte hinweg relevante Berührungspunkte behalten haben. In diesem Sinne sind die Konzepte von Persönlichkeit und Identität im Rahmen unseres Projekts zu verstehen. Dazu findet sich ein weiterer interessanter Gedanke bei Sève (er bezieht sich auf eine Studie über schulischen Erfolg und Misserfolg von französischen Arbeiterkindern), in dem er vom subjektiven Sinn spricht, den er für einen wesentlichen Faktor für gute (versus schlechtere) Leistungen hält, der ein Resultat der Identifikation mit den Elternfiguren und der „Verinnerlichung des Familienromans" ist. „Ein derartiger ‚Roman' sagt ihm, explizit oder latent, in der einen Familie ‚zeige ihnen, wer wir sind', in einer anderen ‚nicht in der Schule zeigt man, was man ist' und in wieder einer anderen schließlich ‚arbeite gut, um nicht so leben zu müssen wie wir' usw." Hier geht es um Botschaften und Aufträge, die innerhalb der Familie weitergegeben werden und die Strukturen von Subjektivität schaffen. „Strukturen, die allein zu verstehen ermöglichen, wie die Subjekte unerschöpflich einmalige werden in ein und demselben objektiven

6.1 Wie sie wurden, die sie sind

System historischer Individualitätsformen und mit vergleichbaren biographischen Verläufen" (Sève 1986, S. 32).

Der Begriff „Patchworkidentität" wurde von Heiner Keupp um die Jahrtausendwende geprägt, um darzustellen, dass in einer gesellschaftlichen Epoche, in der vorgefertigte Identitätsmodelle brüchig werden bzw. nicht mehr verfügbar sind, „Identitätsarbeit" geleistet werden muss. „Das Gelingen dieser Identitätsarbeit bemisst sich für das Subjekt von innen an dem Kriterium der Authentizität und von außen am Kriterium der Anpassung" (Keupp 2009, S. 19). Keupps Ausgangspunkt ist der Umstand, dass die gesellschaftlichen Entwicklungen um die Jahrtausendwende tiefgreifende kulturelle, politische und ökonomische Umbrüche hervorgerufen haben, die dazu führen, dass „normalbiografische" Vorstellungen nicht mehr brauchbar sind. Dieses Szenario gilt wohl ebenso für die Situation des Nachkriegs-Österreich. Das nationalsozialistische Gesellschaftsmodell war 1945 zwar überwunden, die Rollenbilder und Identitätsmodelle, die in dieser Zeit geprägt wurden, waren aber für einen großen Teil der Bevölkerung weiterhin Leitbilder. Nicht nur das Fortwirken des Antisemitismus und die Geschichte der Heimkinder dieser Jahre, die erst 2010 öffentliche Aufmerksamkeit erfahren hat (vgl. Berger, Katschnig 2013), auch das jahrzehntelange Schweigen über die psychiatrische Menschenvernichtung in der NS-Zeit (Berger 1988) sind Belege für diese Feststellung. Die Kinder jener Eltern, die nach Jahren der Haft und Flucht zurückgekommen sind, um eine neue Gesellschaft aufzubauen, sind mit anderen Leitbildern aufgewachsen, die aus der persönlichen Geschichte der Eltern im austrofaschistischen Ständestaat und in der NS-Zeit, aber auch aus den in der Sowjetunion konstruierten Idealbildern des „Neuen Menschen" bezogen wurden. In diesem Spannungsfeld war Identitätsarbeit zu leisten, die zwischen Authentizität und Anpassung gelingen musste. Diesem Prozess lag auch das Leben in multiplen Realitäten (Keupp 2009, S. 24) und die Entwicklung „multipler Identitäten" zugrunde. In den Interviews wird dieser Umstand immer wieder deutlich.

Insbesondere in der Oberstufe in der Schule habe ich ein richtiges Doppelleben geführt. Einerseits habe ich mein Schulleben geführt und dann habe ich das zugemacht, anderes Türl auf und dann bin ich in die Utopie des Weltkommunismus eingetaucht. (T 26)

Ich würde sagen, es gab drei Welten fast. Es gab meine gläubige, jüdische Großmutter, die bei uns zu Hause gelebt hat … Die zweite Welt war die kommunistische Welt, die für mich eigentlich alles war … Und die dritte Welt war die Außenwelt. Dann schon Schule und Freunde und ich weiß nicht, was. Wo du dir immer überlegt hast, was von dem, was aus den anderen beiden Welten in mir drinnen ist, gebe ich bekannt. Was sage ich, was erzähle ich. (T 2)

Ja, das ist wieder die Dialektik von Einheit und Vielfalt. Wenn die Multiplizität darin besteht, dass man die Verbindung zwischen den verschiedenen Identitäten nicht schafft, – dann hat man eben wieder keine Identität. (I 13)

Es war ein komplexes Feld, in dem Identitätsarbeit zu leisten war, wobei es nicht darum ging,

> „Ambivalenzen und Widersprüche aufzulösen, sondern diese in ein für die Person akzeptables Spannungsverhältnis zu bringen – in ein Passungsverhältnis –, das aus Sicht des Subjekts ‚stimmig' ist und das Gefühl erzeugt, dass man selbst etwas Gelungenes geschaffen hat. Dieses Gefühl wollen wir mit dem Begriff der Authentizität fassen" (Keupp et al. 2002, S. 263).

Die Bewältigung des Spagats zwischen Authentizität und Anpassung ist den meisten der Gruppe gelungen. Zweifellos sind derartige Rollenkonflikte auch als Risikofaktoren wirksam geworden, die der professionellen therapeutischen Stützung bedurften.

Also irgendwie mitschwimmen, dazugehören ging gar nicht, selbst wenn ich es gewollte hätte – das ging nicht. Ich habe natürlich immer das Maul aufgerissen, wo immer ich war, ich bin in alle Fettnäpfchen getreten, ich habe Konflikte magnetisch angezogen, aber ich habe natürlich auch gekämpft. – Natürlich bin ich auch oft gemobbt worden … Frage: Was wäre passiert, wenn dies [die Therapie] nicht gewesen wäre? Antwort: Naja, da hätte ich mich wahrscheinlich umgebracht. Oder wäre ins Auto gelaufen oder hätte mir irgendwelche Krankheiten zugelegt oder Unfälle gebaut, was ich sowieso gemacht habe. Interviewerin: Also die waren überlebenswichtig? Antwort: Die Therapien? Ja, natürlich. (I 5)

Sie hat mich mit 15 zu einer Psychoanalyse gegeben, zu einem Psychoanalytiker … Bei dem war ich sechs Jahre in Analyse, beziehungsweise in analytisch-orientierter Therapie. Und das hat mir das Leben gerettet, psychisch, glaube ich. (I 18)

Ich habe – eine Therapie gemacht. In dem Zusammenhang ist das auch thematisiert worden mit diesen zwei Übergestalten, auf einer gewissen Ebene übermenschlichen Gestalten, bin ich nicht fertig geworden – also fertig geworden schon, aber ich wusste, ich konnte es ihnen nicht gleichtun, oder ich war überzeugt davon, dass ich dem nicht gerecht werden kann. (I 7)

Manche dieser psychischen Belastungen entstammen vermutlich auch frühkindlichen Traumatisierungen. Innerhalb der weiteren Gruppe (außerhalb des Kreises der InterviewpartnerInnen) gab es ernsthafte, lang dauernde psychische Erkrankungen,

6.1 Wie sie wurden, die sie sind

über deren Ursachen (Verknüpfung mit der Elterngeschichte, mit Anpassung usw.?) wir nichts wissen. Einige aus der Gruppe haben sich entschlossen, selbst PsychotherapeutInnen zu werden. Mit diesem Berufsweg ist eine – natürlich auch therapeutisch wirksame – Auseinandersetzung mit der eigenen Geschichte verbunden.

Die Forschung unterscheidet zwei „Geburten" des Menschen: „Für die psychische und kulturelle Entwicklung des Jugendlichen bewahrheitet sich die Äußerung von Rousseau, dass der Mensch zweimal geboren wird: zunächst, um zu existieren, und später, in der Pubertätsepoche, um wahrhaft menschlich zu leben. – Das ist die Epoche, in der die Persönlichkeit und die Weltanschauung reifen" (Wygotskij 1987/1930, S. 594). Diesen Gedanken fortsetzend, spricht Alexej Leontjew (1982) von der ersten und der zweiten Geburt der Persönlichkeit.

Die „erste Geburt der Persönlichkeit" folgt auf den Abschluss der Kleinkindphase, der mit der Ausbildung des stabilen Ich-Systems (etwa Ende des zweiten Lebensjahres; vgl. Berger, Schuch 1981) erreicht ist, und umfasst das Vorschulalter. In dieser Periode beginnt das Kind, sich als soziales Subjekt zu erleben und sich seiner Beziehungen zur Umwelt bewusst zu werden. Gegen Ende des Vorschulalters bildet sich eine relativ stabile Hierarchie der Motive heraus, eine relativ stabile und situationsunabhängige Koordination der Bedürfnisse. „Das Kind verfügt über eine Vorstellung von der Welt und diese Welt umfasst sowohl das Kind selbst als auch dessen Beziehungen zu anderen Menschen" (Boschowitsch 2016/1979, S. 104). Wir werden feststellen, dass die Erinnerungen an diese Kindheitsphase in den Interviews nur eine geringe Rolle spielen, weil Erinnerungsbilder aus dieser Altersperiode meist nur mit einer anderen Interviewmethode (biografisches Interview, psychoanalytische Interviewmethode) aufgedeckt werden können.

Die folgende Entwicklungsperiode umfasst das frühe Schulalter (Grundschule), das in unseren Biografien durchaus relevant ist, aber nur in einigen Interviews erinnert wird. Die Älteren (Jahrgang 1939–1944) erlebten diese Entwicklungsperiode unter den Bedingungen der unmittelbaren Nachkriegsjahre und des Beginns des Kalten Krieges. Bei den Jüngeren (Geburtsjahre 1945–1953) fällt diese Entwicklungsperiode – zumindest teilweise – bereits in die Zeit nach dem Abschluss des Staatsvertrages bzw. nach der Ungarnkrise, die in vielen Familien den Beginn der wachsenden kritischen Distanz zum Gesellschaftsmodell des „realen Sozialismus" (dieser Begriff entstand allerdings erst deutlich später) markiert. Diese gesellschaftlichen Umstände sind für die Persönlichkeitsentwicklung bedeutsam. Der Einfluss der sozialen Umwelt, die Identifikation mit der Gesellschaft, das Zugehörigkeitsgefühl, das vor allem über die Einbettung in eine Gruppe geprägt wird, die Ausbildung von Verantwortungsgefühl und die Aneignung des Wertesystems der Gesellschaft sind entscheidende Entwicklungselemente. Dazu gehört auch die Kompetenz, die soziale Welt aus verschiedenen Perspektiven zu sehen und ein moralisches Urteilsvermögen zu entwickeln (Lidz 1970, Piaget 1981). Die Wahrnehmung eines partiellen Außenseitertums – z. B. durch die Nicht-Teilnahme am Religionsunterricht, durch die Angabe eines Geburtsortes, der in England, in Frankreich oder in der Sowjetunion lag, durch die unterschiedliche Bewertung der Ungarnflüchtlinge des Jahres 1956 – einerseits und die enge Bindung an die Gruppe der Gleichaltrigen in der Kinderorganisation der KPÖ andererseits waren Faktoren, die diese Entwicklungsphase bestimmten.

Die „zweite Geburt der Persönlichkeit" ist die Periode der Entwicklung des Selbstbewusstseins und der Selbsteinschätzung, der Reflexionen, des Bedürfnisses, sich selbst zu begreifen und sich an Vorbildern zu orientieren (Boschowitsch 2016) – kurz die Phase der Pubertät und Adoleszenz. Es ist eine Periode der Umstrukturierung des Bewusstseins, der aktiven Gestaltung der Hierarchie der Beziehungen, die zur Entstehung eines (geschlossenen) Systems persönlicher Bedeutungen führt (Leontjew 1982). Erikson (1971) kennzeichnet diese Entwicklungsphase mit dem Gegensatzpaar „Identität vs. Identitätsdiffusion" und bringt damit zum Ausdruck, dass hier eine Entwicklungsaufgabe zu bewältigen ist, die Keupp (2009) später als Identitätsarbeit charakterisiert. Im Kontext unseres Projekts ist wohl folgende Passage von zentraler Bedeutung: „Die Identitätsbildung schließlich beginnt dort, wo die Brauchbarkeit der Identifikationen endet. Sie entsteht dadurch, dass die Kindheitsidentifikationen teils aufgegeben, teils einander angeglichen [...] werden, was wiederum von dem Prozess abhängt, durch den die Gesellschaft [...] den jungen Menschen identifiziert, indem sie ihn als jemanden annimmt und anerkennt, der so werden musste, wie er ist" (Erikson 1971, S. 140). Diesem Übergang, der von den in der Familie übernommenen Identifikationen zum aktiven Aufbau einer eigenen Identität führt, werden wir besondere Aufmerksamkeit schenken.

Bevor wir uns diesen Entwicklungsperioden im Spiegel der Interviews zuwenden, versuchen wir noch, einige der Puzzlesteine zu skizzieren, die in den Familiennarrativen eine Rolle spielen. Diese Skizze bleibt bewusst unscharf und orientiert sich am Charakter von Traumbildern. Das Bild des „verfolgten Juden" wäre ein mögliches Bild. Es kommt in den Erzählungen praktisch nicht vor, häufig hingegen ist das Bild des „Kämpfers für die Revolution, für eine neue Gesellschaft, gegen den Faschismus". Das Kämpfer-Narrativ steht dem Opfer-Narrativ gegenüber. Dennoch ist bei der Analyse der Interviews darauf zu achten, ob es die Bilder „KZ-Häftling" und „Flüchtling" in den Narrativen gibt und wie sich die Erfahrungen von KZ-Haft und Flucht im Sinne eines Familienromans in den Erinnerungen abbilden. Ein anderer Puzzlestein könnte das „doppelte Heimatland" sein – die Integration des Exillandes der Eltern in die Biografie von österreichischen Nachkriegskindern. Auch die Bilder „treue Kommunisten" oder „KP-Kritiker" sind für die eigene Identitätsbildung bedeutsam, da sich das – erst später relevante – Identitätsmerkmal eines „kritischen Zeitgenossen" an diesem Narrativ messen muss.

Diese Bilder sind im Wesentlichen Bestandteile der Elternbiografien. Auch Bilder aus eigenen Erfahrungen der zweiten Generation kondensieren in der Erinnerungsarbeit zu Narrativen. Da wären z. B. „Traumbilder" aus frühen Kindheitsphasen, die unter Bedingungen des Lebens in der Illegalität entstanden sind, die mit einer neuen Alltagswirklichkeit in Kindergarten und Schule „verschnitten" werden. Später dann das Bild der Zugehörigkeit zu einer Gruppe, die auf einen halb utopischen Fokus gesellschaftlicher Wirklichkeit orientiert ist. Um dieses Bild herum gliedern sich Elemente von Zugehörigkeit und Ausschluss, die schließlich unterschiedliche Positionen zum Konzept der Marginalisierung bewirken. Ein weiteres Bild könnte das von „Heldeneltern" sein, die zwar in der In-Group geachtet sind, nicht aber in der umgebenden Gesellschaft. Auch der Besitz von Erklärungskompetenz für Gesellschaft und Politik als Unterscheidungsmerkmal von „den anderen" könnte sich z. B. im Erleben und Verarbeiten der Ereignisse des Kalten Krieges zu einem wesentlichen Element verdichten. Wir brechen diese Skizze, die durchaus noch erweiterbar wäre, an dieser Stelle ab und wenden uns den Entwicklungsperioden anhand der erzählten Erinnerungen zu. Wie spiegeln sich die Bedingungen, die Kindheit und Jugend geprägt haben, in den Interviews wider?

6.1.2 Kindheit

In wenigen Interviews wird explizit von eigenen Erinnerungen an die frühe Kindheitsphase gesprochen. Allerdings ist auch hier davon auszugehen, dass die Differenzierung zwischen erinnerter Erzählung und realer Erinnerung schwierig ist. Möglicherweise gehören einige dieser Erzählungen – unter strengen methodischen Gesichtspunkten – eigentlich in den Abschnitt „Familienromane". Dass die Erzählungen der „Älteren" und der „Jüngeren" große Unterschiede aufweisen, ergibt sich aus den unterschiedlichen Epochen. Kindheitsjahre im besetzten Frankreich oder im bombardierten London unterscheiden sich natürlich grundlegend von solchen im Wien der frühen 1950er-Jahre.

Lili Kolischs Erzählung über ihre Geburt in London:

Das Einzige, was ich in diesem Zusammenhang weiß, ist, dass ich während eines Bombenhagels geboren wurde. Das haben sie mir dann doch einmal erzählt. Und das war es auch ... (T)

Wie werden diese Erzählungen – im konkreten Fall natürlich keine eigene Erinnerung – in das eigene Bewusstsein integriert?

Und ich habe wirklich, ich gebe es ehrlich zu, ich habe natürlich gewusst, dass London bombardiert wurde, Geschichte irgendwas, hat nichts mit mir zu tun, so ungefähr. Und ich habe erst vor ein paar Jahren ein Buch gelesen von irgendeinem der Transportkinder und die beschrieben haben ihr Leben dort und plötzlich beschrieben haben die Bombardements und was das bedeutet hat für sie als Kinder. Und da habe ich zum ersten Mal begriffen, wie massiv das war. (T)

Es mag auf den ersten Blick erstaunlich erscheinen, dass das Wissen über die Bombardements erst Jahrzehnte später auf die eigene Kindheit bezogen wird. Allerdings wird dieses Erstaunen durch die psychoanalytische Literatur relativiert. Anna Freud berichtet aus ihrer Arbeit in den Hampstead Nurseries (London 1939–1945), dass die Trennung der Kinder von der Mutter bedeutsamer war als die psychische Bedrohung durch den Luftkrieg, obwohl die zweijährigen Kinder die Konsequenzen von Luftangriffen – den Einsturz der Häuser, die Verschüttung von Menschen – verstanden. Außerdem waren die Beeinträchtigungen durch die Bombenangriffe je nach Stadtteil recht unterschiedlich (Schlesinger-Kipp 2012, S. 36–38). Hier wird deutlich, dass wir vereinfachende Verallgemeinerungen vermeiden müssen. Erlebnisse und die Erinnerungen daran sind individuell und müssen individuell wiedergegeben werden.

In den biografischen Notizen von Schani Margulies finden wir Erzählungen über seine frühe Kindheit – in Belgien und versteckt im besetzten Frankreich:

1939 Ich bin in Brüssel geboren – untergewichtig muss ich in den Brutkasten, meine Mutter erschrickt und nimmt mich nach Hause in die Emigrantenkleinwohnung [...]

1940 Nazis marschieren in Brüssel ein. Uns gelingt die Flucht mit Zug. Die Insassen des Internierungslagers in Brüssel (vor allem österreichische Juden) sind in diesem Zug. Er wird von den Deutschen bombardiert und später werden einige Genossen erzählen, wie sie mir das Leben gerettet haben [...]

1941 [...] Ich werde „unfreiwilliger" Bote, denn unter der Matratze meines Kinderwagens werden Flugblätter und Lebensmittel ins Lager von meiner Mutter hineingeschmuggelt. Ich erkranke schwer und es gelingt meiner Mutter, einen Platz im Krankenhaus zu ergattern. Die Pläne meiner Eltern, in die Sowjetunion oder nach Mexico auszureisen, scheitern. Meine Mutter schlägt sich durch, doch die Polizeirazzien werden immer häufiger.

6.1 Wie sie wurden, die sie sind

1942 [...] Meine Mutter sieht kaum Chancen, mich über die Runden zu bringen. Sie lernt ein französisches Lehrerehepaar kennen und diese haben Waisenkinder aus dem spanischen Bürgerkrieg in Pflege. Sie nehmen auch mich mit nach Moulin Vieux.

1943 [...] Moulin Vieux ist nun auch in der von den Nazis besetzten Zone und eines Tages wird ein Ausgehverbot verhängt. Ein Kind, das sich nicht daran hält, wird erschossen. Soldaten kommen mit Gewehren zu uns ins Heim, um uns einzuschüchtern. Die Erinnerung, wie deutsche Soldaten zu uns in den Aufenthaltsraum kommen und mit dem Gewehr bedrohen, verfolgt mich noch einige Jahre im Traum.[46]

Diese autobiografische Erinnerung wird in bildhafter Erzählung wiedergegeben und ist von keinem „Schleier" verdeckt.

Auch die Erinnerungen von Georg Friedler (siehe auch Kap. 7.4 Fallstudie Familie Friedler) beziehen sich auf die Geburt in Frankreich:

Meine Mutter war eigentlich nicht in der Illegalität, sondern war legal in Frankreich – ihre Tätigkeit war nicht ganz legal, würde ich sagen. Am Anfang war sie Betreuerin in einem jüdischen Kinderheim und war gleichzeitig als Kurier für die Widerstandsbewegung tätig [...] Ich bin 1944 in Lyon auf die Welt gekommen. [...] Für sie war klar, sobald es geht, geht's zurück nach Österreich, wobei sie mich nicht mitgenommen haben, sondern in der Schweiz bei der Großmutter gelassen haben, weil einfach weder die humanitäre noch die sonstige Lage in Österreich so war, dass man mit einem einjährigen Kind dort auftaucht, wenn es vermeidbar ist. [...] Ich war dann eben ein Jahr lang, bis mein Bruder dann auf die Welt gekommen ist, in Le Locle, das ist ein Ort in der französischen Schweiz, ganz nah am Genfer See. Dort hat die Familie meines Onkels und meine Großmutter gewohnt. (I)

Robert Schindel erzählt über sein erstes Lebensjahr im nationalsozialistischen Wien:

Meine Mutter ist ja verhaftet worden, da war ich vier Monate, und hat mich wiedergefunden, da war ich ein Jahr. Da war ich im jüdischen Spital. [...] ab der Verhaftung meiner Mutter wurde ich von einer gewissen Franzi Löw, einer jüdischen Fürsorgerin [...] die hat mich irgendwie von der Gestapo weggenommen, wie sie verhaftet worden sind, sicher mit Wissen der Gestapo, und hat mich im jüdischen Spital abgegeben. Und dort habe ich überlebt. Und als meine Mutter aus Schweden zurückkam, also sie war dann in Schweden nach der

---

46 Schani Margulies, einer der Interviewpartner dieses Forschungsprojekts (siehe auch Nachruf im Kapitel 11). Unveröffentlichte biografische Notizen von Schani Margulies (Privatarchiv Uschi Margulies).

> *Befreiung und ist dann über Frankreich im August '45 nach Wien gekommen [...] hat sie mich bei Pflegeeltern gefunden und mit sich mitgenommen.* (I)

In allen drei Biografien wurden die Kinder von der Mutter getrennt – jener Umstand also, den Anna Freud als besonders relevant bezeichnet. Frühkindliche Erlebnisse, die aus der Perspektive der Entwicklungsforschung durchwegs als traumatisch zu bezeichnen sind und – zumindest bei einigen – auch zu psychischen Folgen führen, bei Schani Margulies z. B. zu jahrelangen Angstträumen.

Ganz anders die Kindheitserzählungen der Jüngeren (geb. 1946–1948).

> *Diese erste Zeit vor der Volksschule war ich in einem ganz normalen Kindergarten ... Das war eigentlich ein bisschen autoritärer als in dem Kindergarten, in dem ich vorher war, und da habe ich ja immer gebockt.* (I 28)

> *Ich würde sagen, ich bin sehr privilegiert aufgewachsen, weil mein Vater – Arzt [war] ... Wir waren sozusagen mit Kindermädchen und zum Teil Köchin, es hat nicht immer, aber immer wieder Dienstauto mit Chauffeur gegeben, also klar war, dass ich privilegiert war.* (I 27)

Diese Kindheiten sind von Anfang an eingebettet in eine zunehmend stabiler werdende gesellschaftliche Situation mit den üblichen Strukturen von Familie, Kindergarten und Schule.

Für viele InterviewpartnerInnen ist es typisch, dass sich die Normalität ihres Alltags doch deutlich vom Durchschnitt der Umwelt unterschied: In vielen Familien fehlen die Großeltern und in der Schule werden – zumindest einige – mit dem „Anderssein" konfrontiert.

> *Familien hatten die meisten von uns nicht. Dass ich z. B. Großeltern hatte, da war ich die große Ausnahme. Die meisten Großeltern existierten nicht mehr, haben nicht überlebt.* (I 2)

> *Das Einzige, was natürlich mir in Erinnerung geblieben ist, war, dass die anderen Kinder in der Volksschule halt zu Mittag um 12 von der Großmutter abgeholt worden sind und wir von der Mutter. Großmutter, was ist das? Haben wir nicht gekannt. Das ist mir schon irgendwie in Erinnerung geblieben. Aber sonst gab es keine Unterschiede.* (I 18)

6.1 Wie sie wurden, die sie sind

Das Kürzel „o. r. B.", das in den Personaldaten für „ohne religiöses Bekenntnis" gestanden ist, war in dieser Zeit ein relevantes Charakteristikum, da das Morgengebet in dieser Zeit noch zum allgemeinen Ritual der Schulklasse gehörte.

Erlebnisse, wie in der Volksschule, wo die anderen Kinder zu mir gesagt haben: „Du kommst in die Hölle!", weil ich halt kein Christenkind bin oder ich und noch eine Schulkollegin nicht mitgebetet haben – das war damals noch üblich, da gab's noch ein Kreuz in der Schule und man hat in der Früh gebetet, wir haben also nicht mitgebetet. (I 5)

Ende 50er-, Anfang 60er-Jahre. Ich meine, da war ein Kind, das nicht katholisch war, nicht getauft worden ist und nicht Kommunion und Firmung und so gehabt hat, das war ein Kalb mit zwei Köpfen. (I 19)

Der Geburtsort in einem Emigrationsland war ein auffälliges Kennzeichen.

Ich glaube, das Einzige, was die Leute immer wieder irritiert hat, war, dass ich in Moskau geboren bin. Da wurde öfters nachgefragt. Da habe ich dann, soweit ich das konnte, erklärt. Das wurde dann irgendwie zur Kenntnis genommen. Aber ich habe mich nicht als Außenseiter oder so gefühlt. (I 10)

Ich habe ja einen englischen Vornamen, und wenn Sie während des Krieges geboren sind und einen englischen Vornamen haben, dann ist das sehr aussagekräftig, ohne dass Sie irgendeinen Kommentar dazugeben. Das hab ich gar nicht geliebt. Ich hätte lieber [...] irgendwie unauffällig geheißen. (I 2)

All diese Faktoren, die das „Anderssein" markierten, wurden subjektiv wahrgenommen und waren objektiv relevant. Sie haben die Position der Kinder in der Peergroup bestimmt.

Man hat uns gekannt und mit den Fingern auf uns gezeigt. So kann man das sagen, weil selbst in der Schule war es ja so, dass die Lehrer, also die ehemaligen Nazis, unterrichtet haben jetzt. Und das war ja überhaupt unfassbar. Und von mir hat ja in der Schule jeder gewusst, ich hab einen Akt[47] gehabt. (I 25)

In der Mittelschulzeit (ab dem zehnten Lebensjahr) gab es für viele (knapp die Hälfte der Interviewgruppe) eine spezifische Situation – in der Stubenbastei, dem

---

47 Staatspolizei-Akt (siehe Kapitel 2 und 3).

Bundesrealgymnasium Wien I[48], das Russischklassen geführt hat, die auch von Mädchen besucht wurden (neben Englischklassen, die Bubenklassen waren), in denen Russisch als erste Fremdsprache bis zur Matura unterrichtet wurde. In diesen Klassen sammelten sich viele der „Kinder der Rückkehr" und bildeten eine neue Gemeinschaft innerhalb einer Schule, die keineswegs frei von Widersprüchen war. Auch hier gab es NS-Anhänger unter den Lehrern und Kinder von Mitläufern unter den Mitschülern (Krag 2005). Die „Kinder der Rückkehr" bildeten aber eine markante, teilweise auch hegemoniale Subgruppe.

Ja – die haben mich getragen [...] das war die Stubenbastei, [...] die Außenseiterklasse innerhalb der Stubenbastei, die Russischklasse. (I 1)

Es war natürlich so, dass in unserer Klasse sicher ein gutes Drittel jüdisch-kommunistische Emigranten-Kinder waren. Wir kannten uns von den Lagern und wir kannten uns von Ausflügen, die die Eltern irgendwie gemeinsam gemacht haben, oder Urlauben, die sie gemeinsam gemacht haben, und wir waren da schon dominant, würde ich sagen. Und da kam auch dazu, dass unsere Eltern sehr aktiv waren, also wenn ein Lehrer mal irgendwie ins Fettnäpfchen getreten ist oder gar irgendwelche faschistischen Äußerungen gemacht hat, dann waren die Eltern sofort da und dem Lehrer ist es nicht so gut gegangen. – Solange ich quasi dann noch in der Stubenbastei war, waren wir die Definitionsmacht. (I 5)

Diese Schulsituation der Stubenbastei schlägt schon den Bogen in die Jugendzeit. Wir bleiben aber noch in der Kindheit. Auch das private familiäre Umfeld, der Rahmen von Festen, Freizeit und Urlaub, schaut ganz anders aus als bei anderen Kindern.

Die Weihnachtsfeier der sowjetischen Armee in der Hofburg und das alles – mit dem großen, großen Christbaum ... und Orangen, die ersten Orangen, die erste Banane ... ja, die rote Armee ... (I 1)

Ob die Erinnerungen an Orangen und Bananen der Wirklichkeit entsprechen, ist eher bedeutungslos. Sie symbolisieren aber ein besonderes, ein subjektiv bedeutsames Erlebnis, das für mehrere prägend war.

Da waren meine ersten Kinderfeste. Die Russen haben immer zu Weihnachten und noch irgendwann Kinderfeste geplant und wir waren die Sturmvogerl mit

---

48 1010 Wien, Stubenbastei 6-8 (siehe Kapitel 3).

6.1 Wie sie wurden, die sie sind

weißer Bluse und blauem Halstuch und da war es vollkommen egal, die Politik. Und da haben wir Spiele gespielt und viel Hetz gehabt. (I 22)

Bei diesen Weihnachtsfeiern brachte der „Djed Moros", das Großväterchen Frost, den großen Sack mit den Geschenken, da gab es kein Christkind und keine Krippe. Das war eine Parallelwelt, in der die Rotarmisten – für die anderen Gleichaltrigen Besatzer, Uhrendiebe und Vergewaltiger – Freunde waren. In diese Parallelwelt war auch die Freizeit eingebettet (vgl. Kapitel 3).

Die stärkeren Eindrücke habe ich eigentlich aus den Sommerlagern, da war ich in Ziegersberg – ich erinnere mich an unglaubliche Mengen Heidelbeeren und herrliche Schmalzbrote mit Kohlrabi drauf – Delikatessen, köstlich. Und schöne Spiele im Wald und so, das habe ich sehr geliebt, dieses Ziegersberg. (I 28)

Das wurde ja auch von der Kommunistischen Partei, von den Jugendorganisationen, organisiert, diese Sommerlager damals. Und da war ich oft. Lilienfeld, Rams und Ziegersberg waren eigentlich die drei, wo ich immer war ... Und sonst war ich ja immer in den Gruppen mit mehr oder weniger Gleichgesinnten. Das war wie ein großes Ghetto. Aber das haben wir nicht so empfunden [...] Also vor allem bis '56, also bevor dann die Kommunistische Partei überhaupt ganz in den Keller gegangen ist nach den Ungarn-Ereignissen, aber dann war auch unsere Kindheit, mehr oder weniger, vorbei. (I 18)

Viele, aber nicht alle verbinden mit dieser Gruppeneinbettung positive Gefühle:

Also ich habe mich nie sehr wohl gefühlt. [...] Wir waren in der Gruppe unterwegs, aber ich habe mich da nie wohl gefühlt. Ich habe mich auch immer als Außenseiter empfunden. Ich habe nie das Gefühl gehabt, dass ich so wirklich ganz dazugehöre. [...] Ich kann es nicht erklären. Aber jetzt, wo ich darüber nachdenke, ist das eigentlich immer schon so gewesen. Und das war auch schon in der Schule so. (I 19)

Diese Parallelwelt bestand aber nicht nur aus Kindheitsromantik; sie war eine durchaus politische.

Ich bin links-links erzogen worden bis zum Gehtnichtmehr, was mir nicht unangenehm war, das muss ich dazusagen. [...] Ich hatte das Glück, dass mich meine Eltern seit frühester Jugend in Kinderlandheime geschickt haben. (I 6)

> *Weil wir natürlich als Kinder vom Sozialismus geträumt haben und den natürlich, auch den im Osten, begrüßt haben und auch dort waren und auch im Pionier- oder sonstigen Lager im Sommer waren, viele von uns. Und mit Stalin aufgewachsen sind ... Mit sieben Jahren haben wir gewusst, wer die Matrosen von Kronstadt sind und was ein Streik ist und was die Arbeiterbewegung und wer Karl Marx ist. ... großes sozialistisches Vaterland und so weiter. Und in den entsprechenden Liedern und in den Gruppen, das hat natürlich eine gewisse Offenheit, um das uns auch Klassenkameraden beneidet haben ... (I 18)*

Dieses „Aufwachsen mit Stalin" – aus der heutigen Perspektive nur schwer verständlich – war auch emotional konnotiert.

> *Stalin – ich hab ja noch geweint, wie Stalin gestorben ist – 1953, das ist eine Bewegtheit gewesen als Kind. (I 1)*

> *Ich erinnere mich auch noch daran, wie wir vor dem Radioapparat gestanden sind und meine Mutter geweint hat, wie Stalin gestorben ist. (I 5)*

Neben dieser Fokussierung auf die Sowjetunion und den Sozialismus gab es auch einen starken, patriotisch akzentuierten Österreich-Bezug (siehe Kapitel 3). Bei den in mehreren Interviews erwähnten Sommerlagern in den Kinderlandheimen hatte dieser Aspekt großes Gewicht. In den Sommerheimen in Kärnten wurde nicht die Geschichte der Kärntner Partisanen vermittelt, sondern Kärntner Volkslieder und Volksbräuche. Das war Teil der Kulturpolitik der KPÖ. Micky Maus war – jedenfalls von den Eltern – verpönt und wurde nur im Geheimen gelesen.

> *Ich habe für mein Leben gern gelesen und da hat das natürlich eine sehr große Rolle gespielt mit dem, was ich zu lesen bekommen habe und was ich nicht zu lesen bekommen habe. Das war recht lustig. Micky Maus habe ich mein Lebtag nie bekommen, da bin ich zu meinem Freund gegangen und hab dort die ganzen Micky Maus gelesen. (I 6)*

Neben Micky Maus war auch Karl May eine Brücke, die in die umgebende österreichische Jugend hineinreichte.

> *Ich habe auch Karl May verschlungen eine lange Zeit. (T 28)*

In den Interviews spiegelt sich ein (unerwartetes) Element: Auch bei Jüngeren (Geburtsjahr 1947, 1949) gibt es noch angstbesetzte Erinnerungen:

Wir haben immer die Telefonnummer der Polizei in der Tasche gehabt. Von klein auf. Das hängt damit zusammen, mit der kommunistischen Tätigkeit meines Vaters – eigentlich eine permanente Angst, die ich nicht artikulieren konnte, die ich gehabt habe, dass sie meinen Vater verhaften. (I 11)

Aber ich habe trotzdem, seit ich denken kann, regelmäßig geträumt, dass sie uns holen kommen. Und dass ich meine Eltern und meine Tanten retten muss. (I 19)

Derartige Ängste Jüngerer (Geburtsjahr 1953) reichten noch weit in die Jugendzeit hinein und werden aus der Geschichte der Eltern abgeleitet:

Meine Mutter hat, glaube ich, lange gebraucht, diese Hemmschwelle, aus dem Haus zu gehen, zu überwinden. Und das habe ich auch lange Zeit gehabt. [...] wie ich studiert habe, ich bin oft tagelang nicht aus dem Haus gegangen. Also ich habe da eine richtige, so eine Barriere, eigentlich ist draußen so ein bisschen eine feindliche Umwelt. (I 24)

6.1.3 Jugend

Für viele war das dominierende Element der Jugendzeit die Verankerung in der Gruppe. Das waren die Gruppen der Kinder- und Jugendorganisation der KPÖ (siehe Kapitel 3), in denen sie große Teile der Freizeit verbrachten.

Es war auch für mich eine Selbstverständlichkeit. Von den Sturmvögeln weg, über die Junge Garde, über die FÖJ, [...] die Geschichte der Eltern ist ja ein Grund dafür, dass ich in diese Organisationen gekommen bin. (I 6)

Ich habe mich sehr, sehr wohl da gefühlt. Es war wirklich ein Zuhause, ich war sehr glücklich. Ich bin leidenschaftlich gern auf die diversesten Oster-, Pfingst-, Sommerlager, was es auch immer gab, gefahren. Ich war dann selbst in der Jugendorganisation, nicht mehr bei den Kindern, sondern bei der FÖJ, Funktionärin ... Das war wirklich mein Zuhause. (I 2)

Später dann – in der FÖJ – war das auch ein Ort politischer Schulung:

Na da war ein Heimabend, das war meistens ein Tag in der Woche. ... und da haben wir halt Schulungen gemacht. Als Bildungsverantwortlicher war ich dafür zuständig, Schulungen zu organisieren, und da haben wir gelesen, weiß ich, "Geschichte der KPdSU" oder "Was tun?" oder das "Kommunistische Manifest" oder solche Sachen. (I 18)

Oder noch dichter – das Erleben eines sowjetischen Pionierlagers [kommunistische Kinderorganisation – Pendant der Jungen Garde]:

Ich wurde mit 14 [geb. 1948] in ein kommunistisches Jugend-Ferienlager gebracht in Russland ... Okay, wir fahren in ein ganz normales, russisches, nicht privilegiertes, völlig normales Kinder-Jugend-Ferienlager 40 km außerhalb von Moskau. Schon, dass man zahlreiche Straßensperren, Kontrollen machen muss, ist schon auffällig. Wir sind in dem Jugendlager und jeden Tag in der Früh kommt der Mann mit der Trompete, genannt der "Gornist", bläst irgendwie ein Signal, alle Jugendliche stellen sich auf in Reih' und Glied. Habt Acht! Paramilitärisch wird die sowjetische Fahne aufgezogen, Gruß, das Halstüchl hamma um. Dann kommt der Direktor und schlägt das große Buch auf und liest das Programm des Tages, das und das und das wird heute gemacht, das wird protokolliert und eingetragen, jeden Tag. Dann klappt er das Buch zu und dann ist nichts, dann machen alle, was sie wollen. Nichts von dem Vorgelesenen – wir konnten machen, was wir wollten. Wir gehen zum Fluss, man liegt in der Sonne, manche sind Rauchen gegangen, das war nicht erlaubt, aber ist auch wurscht. Die totale Fassade eines Betriebes, der einen Soll erfüllen muss, das erfüllt er zu 100 Prozent, in Wirklichkeit nichts. Das kriegt man mit 14 Jahren schon mit. (I 27)

Manche sind zu diesen Strukturen und Ritualen auf Distanz geblieben.

Ich habe mich schlicht nicht wohlgefühlt dort. Ich habe so eine Aversion gegen diese Sammellager gehabt, ich war auch nie am Keutschacher See oder sonstwo. Nicht, weil meine Eltern das nicht zugelassen hätten, sondern weil ich diese Art von – wie soll ich sagen, vielleicht im Nachhinein betrachtet – Uniformität nicht geliebt habe: Fahnengruß und diese Kollektiv-Geschichten, die andere schwer begeistert haben, habe ich eigentlich immer abgelehnt. (I 15)

Oja, in der FÖJ war ich. Ich bin dann nicht wirklich hingegangen, wie gesagt, ich war da nicht wirklich brauchbar für diese Jugendgruppen. (I 8)

Gruppenzugehörigkeit hat aber, zumindest phasenweise, bei allen eine relevante Rolle gespielt.

6.1 Wie sie wurden, die sie sind

Also das war bei mir, also insofern ideologisch bin ich schon links aufgewachsen und auch klassisch, aber nicht organisationszugehörig. Und ich bin dann Sympathisant der Maoisten geworden. [...] bin dort aber auch nie ein besonderes Mitglied geworden. Ich war dann eher sogar in dem, der hat geheißen Verein der kommunistischen Intellektuellen. (I 13)

Natürlich haben die Gruppen nicht nur Politik bedeutet.

Aber es war ja auch ein Heiratsmarkt, wie das halt ist in dem Alter. Ich hatte dann auch einen Partner von dort. Das haben alle so gehandhabt. (I 17)

Er ist zu den Trotzkisten gegangen, weil dort waren die schönsten Mädchen. (I 13)

In diesem Kontext sind viele, auch stabile und teilweise lebenslange Partnerschaften entstanden, die sich auch in den Interviews der dritten Generation spiegeln.

Viele Vorbilder, die das Material der Persönlichkeitsentwicklung abgaben, die das „Subjektgehäuse" bildeten, stammten auch aus den Büchern.

In dieser Zeit lese ich viele fortschrittliche Jugendromane, die mich noch bis heute geprägt haben (Timur und seine Freunde, Die Junge Garde, Die Rache der Kabunauri, Pablo der Indio, Wie der Stahl gehärtet wurde, Ein Karren zog durch England, Das Totenschiff u. v. m.). (Biografische Notizen Schani Margulies)

Schani Margulies war in der Zeit, über die er hier schreibt, 14 Jahre alt. Die Bücher, die er erwähnt, standen auch in den Bibliotheken der anderen. Die Protagonisten dieser Romane wurden zu Vorbildern, zu identitätsbildenden Figuren. Die Identifikation mit dem Kampf gegen Ungerechtigkeit und Unterdrückung war die Botschaft, die hier transportiert wurde. Und natürlich auch die Idealisierung der Sowjetjugend, der „Neuen Menschen".

Nikolai Ostrowskis Roman „Wie der Stahl gehärtet wurde" ist 1934 erschienen und war Teil jener Literatur, die von der neuen Elite der Sowjetgesellschaft gefördert wurde. Pawel Kortschagin, der Protagonist des Romans, war ein Held der frühen Aufbauphase der Sowjetunion. Auch Ostrowski gehörte dieser Generation an. „Im Bürgerkrieg schwer verwundet, durch eine tückische Krankheit gelähmt und schließlich erblindet, diktiert er [Ostrowski], bis zuletzt von unbändiger Schaffenskraft und Zuversicht erfüllt, diesen großartigen Roman, der Millionen junger Menschen begeistert und zu aufrechten Kämpfern erzogen hat" (Klappentext der deutschen Ausgabe im Wiener Stern-Verlag). Die handschriftliche Widmung des Vaters von Ernst Berger vom 7. November 1957 (fünf Wochen vor seinem elften Geburtstag) in seinem Exemplar lautet: „Einer der größten Erfolge der Oktoberrevolution war – der Jugend die Möglichkeit zum Lernen zu geben. Unserem Sohn zum 40. Jahrestag der Oktoberrevolution." Diese Botschaften waren klar und widerspruchsfrei. Sie waren Bestandteil der „historischen Individualitätsformen", die den jungen Menschen dieser Gruppe zur Verfügung standen. Keine Rede war von den anderen Tatsachen dieser Zeit. „Zwischen 1932 und 1936 erreichte diese Zahl [der Gulag-Häftlinge] in den Arbeitslagern, Arbeitskolonien und Sondersiedlungen 2,5 Millionen (in den Gefängnissen saß eine weitere halbe Million)" (Figes 2008, S. 316). Das konkrete Wissen, das Orlando Figes hier referiert, stammt aus späterer Zeit. Den Informationen, die es dennoch gab, glaubte man in diesem Kreis nicht. Gewährsleute waren auch in den 1950er- und 1960er-Jahren noch jene, über die Figes schreibt: „Die aufstrebende Elite der frühen dreißiger Jahre war im Allgemeinen konformistisch und gehorsam gegenüber der Führung, die sie geschaffen hatte. Mit durchschnittlich sieben Ausbildungsjahren besaßen wenige der neuen Funktionäre die Fähigkeit zu unabhängigem politischem Denken" (Figes 2008, S. 246).

Solange ich nicht genau zu denken imstande war und nicht imstande war, Dinge in Waagschalen zu werfen, weil ich wenig andere Dinge gekannt habe, war das, was ich zu Hause gelernt habe, das einzig Wahre und daher bin ich dem gefolgt. (I 20)

Für manche Familien hat der Zweifel an diesen Wahrheiten mit dem „Geheimbericht"[49] Chruschtschows an den 20. Parteitag der KPdSU (Frühjahr 1956) und der Ungarnkrise[50] (Herbst 1956) begonnen.

Meine Eltern haben im Wesentlichen nach dem Ungarnaufstand eine gewisse Distanz gehabt zur KPÖ und nach '68 oder im Laufe sind sie ausgetreten. Und waren dann eher sozusagen ein bisschen eurokommunistisch. Da hat es diese Tagebuchleute gegeben. (I 13)

Andere hielten – gemeinsam mit der KPÖ – am Glauben an die Unfehlbarkeit der Partei fest, von der sie meinten, dass es ihr gelungen war, die Fehlentwicklungen von Personenkult und Stalinismus zu überwinden. Die Älteren unter den Inter-

---

49 Nikita Chruschtschow, Generalsekretär der KPdSU, hat dem Parteitag einen Geheimbericht über die Verbrechen der Stalinzeit vorgelegt, der den anderen kommunistischen Parteien vertraulich zur Kenntnis gebracht wurde.
50 Vgl. Klaus Magdalena (2013) Asyl – Transit – Integration. Krisen am Eisernen Vorhang 1956 und 1968. Diplomarbeit Universität Wien http://othes.univie.ac.at/26328/1/2013-01-29_0705225.pdf (Download 15. 8. 2017).

viewpartnerInnen sind damals gerade in jene Lebensperiode eingetreten, die wir oben als die zweite Geburt der Persönlichkeit bezeichnet haben, in die Phase der Reflexion zur Gewinnung eines Weltbildes.

In der KPÖ ist vergleichsweise, im Wasserglas, einiges losgewesen an Dynamik in den Sechzigerjahren, ausgelöst durch den 20. Parteitag, da ist es losgegangen. Das hat mich wahnsinnig fasziniert. (I 26)

Ich kann mich nur erinnern, wie der 20. Parteitag war, und da waren wir beim Mittagessen zu Hause. Wann war der? Ich weiß es nicht, ich glaube 1956. Wir haben immer politisiert beim Mittagessen, da war ich zehn Jahre alt und ich habe ihn gefragt: „Was ist denn jetzt?" Da hat er mit so einem sinnierenden Blick gesagt: „Stalin, weißt du, – man muss ihn nicht mehr so verehren." (I 28)

Die Alternativen, die sich hier abzeichneten, sind nicht spurlos geblieben, sie waren aber noch keineswegs bestimmend für die Bewusstseinsbildung dieser Gruppe. Das hat noch mehr als zehn Jahre gedauert.

Also diese Auseinandersetzung mit dem Stalinismus, die habe ich ziemlich früh geführt. – Ich habe meine erste Auseinandersetzung gehabt, da muss ich 13 oder 14 [geb. 1945] gewesen sein ... (I 5)

Ich bin nie unter ein Stalin-Bild gegangen, weil da haben mir meine Eltern sehr früh ein Buch in die Hand gegeben über den Stalin. Das muss gewesen sein – das habe ich noch in meiner Schulzeit gelesen. Also dass der nicht gut war, das habe ich schon gewusst immer. Und dass die Sowjetunion für mich ab dem Moment, wo ich 17, 18 [geb. 1948] war und dann natürlich mit dem Einmarsch August '68, also für mich war dann schon das Ganze, also die Sowjetunion und der Ostblock, das waren so pseudofaschistische Staaten. (I 13)

Was ich ganz wichtig finde, ist, dass es ja wirklich bis Prag keine wirkliche Alternative gab. Es gab einen Kalten Krieg und entweder man gehörte zu den einen oder zu den anderen ... Entweder du hast zu denen gehört, die gegen den Faschismus gekämpft haben, oder du warst in dem Milieu, das mitgelaufen ist. (I 5)

In dieser Entweder-oder-Situation des Kalten Krieges erschien es schwierig, eine kritische Position zu entwickeln. Kritik an der Parteilinie und an der Sowjetunion wurde sofort als „klassenfeindlich" diffamiert.

> *1968 bin ich [geb. 1941] davon ausgegangen, wenn sich das in der Tschechoslowakei durchsetzt, dann kriegen wir vielleicht doch noch einmal ein anderes Modell, über das sich reden lässt. In den 70er-Jahren bin ich auch noch von Zeit zu Zeit beispielsweise von bestimmten Erscheinungsformen der italienischen Kommunisten sehr angetan gewesen. Das hat mich interessiert, aber es hat mich dann schon eigentlich als Nicht-mehr-Beteiligter interessiert, sondern mit erwärmter Sympathie betrachtet. Eher die Abarbeitung, wie soll man sagen, die Entschlackung von dem ganzen Zeug, das hat mich interessiert. – Ich bin 1968 ausgetreten. Frage: Und die Eltern? Antwort: 1968. Also meine Mutter, die hat sich aus der ganzen Geschichte zunehmend entfernt gehabt, mein Vater ist 1969 ausgetreten. (I 26)*

Dieser Zeitlauf der Distanzierung von der KPÖ ist für viele typisch – einschließlich der ersten Generation.

Selbstverständlich hatten die politischen Entwicklungen in Österreich große Bedeutung für die Persönlichkeitsentwicklung. Die Beteiligung an den Aktionen und Demonstrationen gegen die Formierung der fortbestehenden ehemals nationalsozialistischen Teile der Bevölkerung zu Organisationen und Strukturen wie Turnerbund, Kameradschaftsbund, schlagenden Burschenschaften usw. gegen Ende der 1950er- und 1960er-Jahre hatte hohen Stellenwert im eigenen Selbstverständnis: Protest gegen das Kameradschaftsbund-Treffen in Berndorf (1960), gegen die Schillerfeier der Burschenschafter auf dem Wiener Heldenplatz, gegen antisemitische Manifestationen an den Hochschulen (Borodajkewycz, siehe oben Kapitel 3) usw. Das Jugendfestival in Wien (1959) bot Möglichkeiten der Identifikation mit antikolonialen Befreiungsbewegungen und die konkrete Erfahrung, Teil einer weltumspannenden Bewegung zu sein. Aber auch die wachsenden Widersprüche in der „kommunistischen Weltbewegung" (Konflikt zwischen Sowjetunion und China, eigenständige Positionierung Jugoslawiens usw.) waren relevante Ereignisse, die in der Identitätsarbeit bewältigt werden mussten.

6.1.4 Familien, Erziehungsstil

> *Sie waren tolerant. Wir durften auch schon mit 13 oder 14 die Freunde nach Hause bringen und die Nachbarn oder auf Reisen mit denen fahren oder so etwas, was sozusagen nicht das Übliche war ... (I 17)*

6.1 Wie sie wurden, die sie sind

Ich bin selbst sehr stark von der Studentenbewegung '68, '67, '66 geprägt worden – von daher habe ich eine sehr hohe Sensibilität dafür, dass wir schon als Kinder mehrere Eltern hatten, bei anderen Kindern übernachten durften, Mischung Mädel-Buben kein Problem war. (I 5)

Als „fortschrittlich" würde man wohl eine Erziehungshaltung bezeichnen, die – liberal und mit einer anderen Vorstellung von Geschlechterbeziehung – ihrer Zeit um 20 Jahre voraus war. Auch der Stellenwert der Familie im „Netzwerk" der Erziehungsinstanzen war in dieser Gruppe deutlich anders gewichtet als in der umgebenden Gesellschaft. Denn Erinnerung an Erziehung ist für manche mehr mit der Jugendgruppe verbunden als mit der Familie.

Die innerfamiliären Erinnerungen halten sich sehr in Grenzen. Ich bin ja auch nicht von meinen Eltern erzogen worden [...] Das Einzige, was ich mich elterlich erinnern kann, ist, dass wir fürchterlich fade Urlaube gemacht haben. [...] ich war in Keutschach [Sommerlager der FÖJ], das war sozusagen meine Sommerwohnung. Ich bin nach Keutschach gefahren zum Aufbauen, war dann zumindest einen Turnus draußen, manchmal auch zwei, und war dann auf jeden Fall beim Abbau wieder dabei. (I 12)

Also als Kernfamilie waren wir eigentlich irgendwie gar nichts. Beide haben wie die Wahnsinnigen gearbeitet. [...] Ja, ich habe gemacht, was ich will. Sogar wenn ich was Deppertes gemacht habe und man mir da sehr viel zugeredet hat, ich soll das nicht machen, wenn ich letzten Endes gesagt habe, ich mache das, dann habe ich das eben gemacht, aber dann habe ich die Folgen getragen. Dann war der Dreiradler halt weg, weil den hat wer geklaut, weil ich ihn unbedingt dort habe stehen lassen müssen. Dann hatte ich eben keinen. Ich musste das ausbaden, aber ich habe letzten Endes wirklich über mich entschieden und das war schon fein. (I 28)

Manches an diesen Erinnerungen – Koedukation, Gewähren von Freiräumen – hebt sich von den Erziehungspraktiken dieser Zeit, den 1950er- und 1960er-Jahren, deutlich ab. Noch im Jahr 1984 gaben 70 % der befragten Erwachsenen an, dass sie in ihrer Kindheit selbst geschlagen wurden, und 56 %, dass sie ihre Kinder bei Übertretung von Verboten schlagen (IFES 1985). Im Erziehungsrepertoire der Familien der Kinderjausner war die „Schwarze Pädagogik" dieser Zeit nicht dominant, wenngleich es auch Erziehungsformen gab, die in subtiler Weise autoritär geprägt waren:

> *Nicht physische Gewalt genau, aber mit so Sachen, wo ich mich zum Teil völlig ungerecht behandelt gefühlt habe. Oder nein, bevor ich nicht gekrochen komme, mich entschuldige, für das, was ich gesagt, was ich gar nicht so, wo ich mir gedacht habe, ja und? Was ist da schon so aufregend daran? Und was wahrscheinlich in anderen Familien auch nicht dramatisch gesehen wurde. Weil vielleicht hätte ich eine Watschen bekommen und dann wäre es vorbei gewesen. Aber das wurde zelebriert ein bisschen. (T 7)*

Die Struktur der meisten Familien war jene der klassischen Kleinfamilie dieser Zeit – zwei Eltern mit ein bis zwei Kindern und klassischer Rollenaufteilung. Die Vorstellungen von einer neuen Gesellschaft erstreckten sich nicht auf die Familienstruktur und das Geschlechterverhältnis. Etwas speziell ist die Tatsache, dass die Aufgabe der Frau oft darin bestand, die Parteiarbeit des Mannes und nicht seine berufliche Karriere zu unterstützen.

> *Es war damals für sehr viele Frauen von hohen Parteifunktionären so – sie haben ihre Parteiarbeit darin gesehen, dem Mann zu ermöglichen, das alles zu machen. (I 16)*

> *Meine Mutter hat sich die ganze Zeit nie versichert und hat keine eigenständige Pension gehabt und das kennzeichnet schon eine gewisse Traditionalität in diesem KP-Milieu auch [...] Meine Mutter hat zu Hause das Mittagessen am Sonntag zubereitet. (I 15)*

> *Und bei meiner Mutter [...] ihr war die Familie irgendwie wichtig. Also sie hat da auch alle Feste, Geburtstag, Weihnachten, alles so ausgerichtet. Also das Emotionale, war eine klassische Aufteilung, hat alles die Mutter gemacht. So alles hergerichtet, Packerl gemacht, Weihnachten gefeiert, Krampus, Ostern. (I 8)*

FÖJ-Pfingstlager 1954 (Quelle: Ludwig Boltzmann Institut für Geschichte und Gesellschaft)

6.1.5 Bildung

Dass Bildung in den Familien einen hohen Stellenwert hatte, ist schon an der Tatsache erkennbar, dass 20 der InterviewpartnerInnen ein Hochschulstudium abgeschlossen haben. Deutlich wird das allerdings nur in einigen Interviews, obwohl das Thema Teil des Interviewleitfadens war. Es ist naheliegend, die Quelle dieser Bildungsorientierung in den Idealen der Arbeiterkultur der Zwischenkriegszeit zu lokalisieren.

Ach, bei meinem Vater ist das ganz klar, da war immer wichtig, lernen, lernen, lernen. Also so Lenin-Zitat. Das ist das Wichtigste. Und wenn wir die Chance haben zu lernen, dann sollen wir das nützen [...] Das war also schon ein Trauma, das hat er oft erzählt, dass er nicht die Matura hat machen können. [...] weil das war für ihn ein Lebensziel. Und das hat er uns auch immer vermittelt. (I 8)

Bildung hat bei mir eine sehr große Rolle gespielt, [...] meine Eltern haben eigentlich keine gescheite Ausbildung gehabt, beide nicht. [...] Bildung war total wichtig, also für beide und für meinen Vater noch dazu aus politischen Gründen. Außerdem, ihr Kind soll es besser haben [...] (T 21)

Die Zahl derer, die diesem Bildungsideal nicht gefolgt sind, war klein.

Und da war natürlich immer dieses Ideal, man muss unbedingt Akademiker werden. Das hatte meine Mutter auch, nur ich war sozusagen nicht das passende Kind dazu [lacht] offensichtlich. (I 10)

Intellektualität und Bibliophilie der Eltern zeichnen sich deutlicher ab als der Bildungsanspruch an die Kinder.

Intellektualität sicher ... Mein Vater hat eine zweijährige Handelsschule besucht, war aber seinem ganzen Habitus nach und seiner Belesenheit nach ein Intellektueller reinsten Wassers. Das hat ihm die politische Organisation vermittelt. (I 15)

Ja, wir haben sehr viele Bücher auch zu Hause gehabt. Bücher waren ganz etwas Wichtiges, das waren Heiligtümer. Ich kann mich erinnern, er musste seine Bibliothek natürlich neu aufbauen. Ich weiß noch, dann hat er irgendwo im Antiquariat oder so die ganzen Klassiker – eine gesammelte Goethe-Ausgabe, Gott, war der glücklich! (I 2)

Ins Konzert sind wir immer gegangen. Das war etwas ganz Wichtiges ... Theater in der Scala hat es ja noch gegeben bis '56. Da habe ich dann im letzten Stück mitgespielt ... (I 11)

6.1.6 Überzeugungen und Aufträge

Den theoretischen Rahmen dieses Themas haben wir bereits im Kapitel 4 entworfen. An dieser Stelle soll die subjektive Perspektive deutlich werden. Welchen Stellenwert hat die Weitergabe von Haltungen und Überzeugungen in den Erzählungen und wo hat sich diese Weitergabe zu transgenerationalen Aufträgen verdichtet?

Und unser Vater hat uns immer gesagt, auch wenn wir die Kleinsten sind, sollen wir uns nichts gefallen lassen. Und wir sollen auf jeden Fall, wenn uns jemand was macht, sollen wir zurückhauen. [lacht] Nichts gefallen lassen. Und er hat das immer so gemacht: Er hat sich den Größten ausgesucht, wenn das so eine Gruppe war, ... und den hat er geschlagen. Da hat er zwar selber mehr eingesteckt, aber der war so konsterniert, weil der gewohnt war, ihn greift keiner an. Er hat seine Vasallen, die das für ihn erledigen, aber er selber wird nie angegriffen. Und dass er angegriffen wird, das hat ihn so aus dem Konzept gebracht, dass mein Vater sich mit dieser Strategie, obwohl er so klein und zart war, immer durchgesetzt hat. Und das ist eine gute Strategie, das sollen wir auch so machen. [lacht] Das ist eine Geschichte, die mir dazu einfällt und die auch irgendwie so zu dem Anderssein gehört. (I 24)

Diese Interviewpassage hat etwas Signifikantes. Die Darstellung in Form einer bildhaften Vignette wird durch die Fragestellung nahegelegt: *Gibt es irgend so eine typische Erzählung, die deine Mama oder dein Papa immer wieder einmal erzählt haben? Oder die du Ihnen so zuschreibst zumindest, die ihr in der Kindheit immer wieder gehört habt?* Keineswegs selbstverständlich ist es allerdings, gleich am Anfang des Interviews – denn hier wird diese Frage gestellt – eine Szene dieses Inhalts zu erzählen. Die Botschaft „nichts gefallen lassen" hatte offensichtlich einen zentralen Stellenwert.

Ein weiterer markanter Inhalt dieser Erzählung ist der Kampf „klein gegen groß". Zwar ist er hier auf die Körpergröße bezogen, aber er kann auch symbolisch gedeutet werden: Sogar in der Position des Schwächeren ist es möglich, den Kampf aufzunehmen, sich zu wehren und zu gewinnen.

Die eben zitierte Interviewpassage geht weiter mit einer Botschaft der Mutter (KZ-Haft), im gleichen Sinn aber mit – geschlechtsspezifisch – anderem Akzent:

Also das habe ich von beiden Eltern mitgekriegt. Nur, na bei meiner Mutter war wichtig, also, meine Mutter hätte das nie so gewaltsam ausgetragen. Und was bei meiner Mutter auch sehr wichtig war, war die Kooperation, nichts neidig sein, immer auf die anderen schauen, also, gerade auch in der Familie. Das ist das, was sie uns so vermittelt hat. Dass wir zusammenhalten sollen, dass wir auf die anderen schauen sollen, nicht zuerst auf uns selber. (I 24)

Diese Elternbotschaft „sich nicht unterkriegen lassen" ist identitätsbildend:

Der Trotz. Also das ist ganz stark. Also, wenn ich in Seminaren sitze, wo dann vorne einer sitzt und irgendetwas erzählt [lacht], wo ich dann noch immer, wenn ich mir denke, jetzt sitz ich da mit meinen weißen Haaren und gehe eh gleich in Pension und noch immer kann ich das nicht – den einfach seine Arbeit machen lassen. Ich tu immer stören und „Das sehe ich nicht so!" – Den Widerspruchsgeist, ja, genau. (I 24)

Diese Botschaft findet sich in mehreren Interviews – sie ist typisch für die Gruppe, wird aber bei aller Parallelität durchaus mit spezifischen Akzenten erinnert und erzählt.

> *Solidarität, klug sein, lernen, Vorbild sein. Hocherhobenen Hauptes über alle Schwierigkeiten hinweg, immer kämpfen. Was es nicht gab, war Sanftheit, Liebe, Zärtlichkeit. Das war es schon immer – sich nicht kleinkriegen lassen. (I 5)*

> *Und auch bei uns Kindern hat sie [die Mutter] immer gesagt: „Lass dir ja nichts gefallen!" Also einerseits „Halt dich im Hintergrund", aber ich glaube, das war bei uns allen so. „Halt dich im Hintergrund! Sei besser als die anderen, aber lass dir nichts gefallen! Hau hin!" Das war so ungefähr jetzt auf den Punkt gebracht. (I 43)*

> *Ja, da gibt's einen Auftrag – ja, wehre dich, auch in der Straßenbahn oder wenn man irgendwas hingeschmiert sieht, wenn ich etwas sehe, anzurufen, dass sie das entfernen sollen. (I 1)*

> *Wie soll ich sagen, sein [des Vaters] Kernsatz, wenn ich jetzt so drüber nachdenke, war: „Du musst die Führung übernehmen." Jetzt nicht im Sinne von – dass ich der große Parteiführer werde, aber ich muss politisch für eine neue Welt voranschreiten. [lacht] Den Satz, den hat er des Öfteren gebraucht, Brecht-Zitat. Frage: Wie haben Sie das erlebt? War das eine Belastung oder eine Ermunterung? Antwort: Als belastend habe ich es eigentlich nicht empfunden. (I 15)*

Es hat aber durchaus auch andere Haltungen gegeben, die ihre Wurzeln vor allem in der Persönlichkeit oder der individuellen Biografie eines Elternteils hatten und in der Gruppe weniger verbreitet waren:

> *In dem Sinne von „Lach nicht so laut, fall nicht auf, sei still" – wenn wir irgendwo nicht zu Hause waren, wenn wir z. B. [...] auf Urlaub waren in irgendeinem Gasthof. „Leise sein, unauffällig sein" – das war etwas ganz Wichtiges. [...] Immer, sie [die Mutter] war immer die Ängstliche. (I 2)*

Eine häufig erwähnte Haltung dreht sich um Solidarität, um Menschlichkeit und Gerechtigkeit.

> *Also, ich glaube, dass meine Mutter mir schon mitgegeben hat, Menschen zwar einerseits differenziert zu betrachten, aber sozusagen immer als gleichrangig*

6.1 Wie sie wurden, die sie sind

anzusehen. Darum bin ich auch immer ein bisschen hierarchiefeindlich gewesen [...] Also diese Dinge, dieses Sensorium, wie Menschen behandelt werden, ob sie unterdrückt werden, ob sie selber Unterdrücker sind oder welche Mechanismen da laufen, [...] also das habe ich schon auch sicher von zu Hause mitbekommen. (I 10)

Und schon diese Gerechtigkeitssache; dass man nicht zulässt, dass jemand ungerecht behandelt wird und dass das nicht etwas wird, das man bloß missbilligt, sondern etwas, wofür man mitverantwortlich ist, da muss man sich rühren. (I 28)

Solidarität, Anständigkeit [lacht], Hilfsbereitschaft, alles Gute. (I 16)

Diese Prinzipien gelten gegenüber bedürftigen Menschen (bei manchen) auch dann, wenn deren Angehörige offen in Neonazi-Kreisen aktiv sind – ungeachtet der eigenen KZ-Geschichte:

Eine ganz entscheidende Sache für meine Mutter generell war ein Humanismus – man hilft, man unterstützt und dann ist es egal, wer das ist – bei meiner Mutter gibt es kein „weil" und „wer" [...] Der Kümel – das ist der, der dem Kirchweger[51] den Schlag versetzt hat, an dem der dann gestorben ist – hat bei uns im Haus gewohnt, ein oder zwei Stockwerke über uns. Das wusste man, dass das ein Neonazi ist [...] eine jüngere Frau [die Schwester oder Schwägerin des Kümel] mit kleineren Kindern [...], die sind von meiner Mutter immer wieder mit alten Kleidungsstücken versorgt worden. Das hat die gekriegt. Das hat mit dem Schwager, Bruder, was immer der war, nichts zu tun. [...] Mein Vater hat schon ein wenig mehr differenziert – „dem ja, dem nicht" [...] Meinem Vater war das gar nicht recht. Meine Mutter ... das war eine andere Ebene. (I 7)

Die Haltungen der beiden Eltern waren durchaus nicht identisch und die daraus resultierenden Erziehungsbotschaften wahrscheinlich ambivalent. In anderen Interviews ist uns diese Ambivalenz nicht begegnet.

All diese Interviewpassagen bilden Haltungen und Überzeugungen ab, die an die Kinder weitergegeben wurden und deren Persönlichkeitsentwicklung prägten. Sie sind noch heute in ihrem Selbstverständnis wirksam. Trotzdem haben sie nur selten die Gestalt von subjektiv empfundenen Aufträgen angenommen.

---

51 Ernst Kirchweger wurde während der Demonstration gegen Borodajkewycz (siehe Kapitel 3) durch einen Faustschlag des Rechtsradikalen Kümel getötet.

6.1.7 Elternbilder

Die Eltern spiegeln sich in den Interviews vor allem durch ihre Haltungen und Überzeugungen, durch ihre Widerstands- und Verfolgungsgeschichte, die in den Erinnerungen eine zentrale Rolle spielt. Einige der InterviewpartnerInnen sprechen andere Facetten (die keine explizite Thematik des Interviewleitfadens waren) an und erzählen von Eigenschaften der Eltern, die auf der Beziehungsebene bedeutungsvoll – und natürlich persönlichkeitsprägend – waren. Die Unterschiede der skizzierten Charakteristika sind groß und sollen daher in ihrer Differenziertheit wiedergegeben werden..

Ich habe eine schöne und zufriedene Kindheit gehabt und sie haben uns so viel mitgegeben [...] diese Grundausstattung ist immer so fröhlich und zufrieden [...] (I 24)

Also wir hatten wirklich Weihnachtsfeste, wo man zusammensitzt und wo man sich den Bauch hat halten müssen vor lauter Lachen. Das ist schon meine Erinnerung, dass eigentlich sehr viel gelacht worden ist bei uns daheim. Und viele Leute da waren, die lustig waren. Also keine Rede von, wie schwer es ist und so. (I 13)

Ich war ein sehr aggressives Kind und es gab wirklich wahnsinnige Probleme, auch in der Schule, und sie waren eigentlich immer auf meiner Seite [...] Was schon war, sie waren relativ liebevoll – nicht zärtlich, nicht körperlich, aber liebevoll und akzeptierend. (I 17)

Also er [der Vater] hat gewusst, in dem Moment, wo er in die Emotion hineingeht, verliert er. Und das hat er mit der ganzen Härte durchgezogen. (I 11)

Ja, die [Mutter] ist halt immer hinter mir gestanden und hat eigentlich gesagt, ich werde schon meinen Weg gehen. Sie war davon überzeugt und [...] das hat mir dann die Kraft gegeben, dass ich dann die Matura nachgemacht habe und meinen Weg gegangen bin. [...] Sie hat an mich geglaubt ... (I 18)

Der absolute Glaube an die Kinder, an ihre Kompetenz und ihre Zukunft war zweifellos ein wesentliches Element der Eltern-Kind-Beziehung, auch wenn es in den Interviews selten in dieser expliziten Betonung auftaucht. Ein anderer Aspekt ist die Emotionsarmut der Eltern-Kind-Beziehung, die auch in der psychoanalytischen Literatur benannt wird. Marion Oliner (2015, S. 28) bezeichnet das als „affektive

Reizschranke", eine Affektblockade, die sich in Persönlichkeitszügen manifestiert, die sie als kalt, unzugänglich, unempathisch charakterisiert. Andere Autoren beschreiben dieses emotionale Defizit auch bei anderen Angehörigen dieser Generation und deuten es als allgemeine Folge des Erlebens der Kriegs- und Nachkriegsgräuel (Radebold 2012, S. 221). Ein für diesen Personenkreis spezifischer Faktor ist aber die parteipolitische Aktivität auf Kosten der Familie:

> *„Und da sind solche Geschichten auch drinnen, wo eine dann erzählt, wie sie nach Hause kommt von einer Sitzung und das Kind steht weinend am Flur und sagt: ‚Der Frieden soll mir meine Mama wiedergeben', weil sie gesagt hat: ‚Ich muss weggehen, weil ich kämpfe für den Frieden.' ... Ich denke, sie haben immer das Allgemeine geliebt, aber nicht das Konkrete. Die Kinder der ganzen Welt mussten sie retten, aber für die eigenen Kinder haben sie kein Verständnis gehabt, keine Geduld, Wärme oder Zuneigung gehabt. Da habe ich viel drüber nachgedacht, wie das zusammenhängt. ... Wie gesagt, sie konnten es sich nicht leisten, Gefühle zu haben, sonst hätten sie nicht überlebt." (Hazel Rosenstrauch 1992, S. 875)*

Auch hier zeigt sich ein Defizit an Emotionen, das – mehr oder weniger ausgeprägt – charakteristisch ist für viele der Familien. Mit dem sukzessiven Schwinden der politischen Relevanz der KPÖ nach 1955 (Abschluss des Staatsvertrages) ist dieses familienfeindliche Engagement wohl bei vielen zurückgegangen.

6.1.8 Peergroup, Jugendkultur

Die spezifische Relation zwischen der starken Gruppenorientierung und der freizügigen Erziehungshaltung der Eltern hat bei vielen (keineswegs aber bei allen) zu einer relativ frühen Akzentverschiebung von der Familie zur Peergroup geführt. Das ist jener Prozess, der einleitend (mit Erikson und Leontjew) als typisch für die zweite Geburt der Persönlichkeit dargestellt wurde: das Aufgeben der Kindheitsidentifikationen und der Beginn der Identitätsarbeit (Keupp et al. 2002), gestützt auf Inhalte und Bilder, die aus der Gruppe kommen. Dieser Prozess verläuft – so in der entwicklungspsychologischen Literatur beschrieben – bei vielen Jugendlichen krisenhaft mit den typischen als „Adoleszenzkonflikte" bezeichneten Problemen. Diesem Thema wird ein späterer Abschnitt gewidmet sein. Vorher wollen wir versuchen, die Inhalte der Peergroup zu skizzieren, in die unsere InterviewpartnerInnen hineingewachsen sind, die Keimzelle der Kinderjause. Die Zeit, um die es hier geht, sind die späten 1950er- und die 1960er-Jahre.

Ungeachtet des Antiamerikanismus, der in diesem Kreis als politische Haltung von der Zeit des Kalten Krieges bis in die Zeit der Vietnamdemonstrationen dominant war, wirkte die Modernität der amerikanisch geprägten Jugendkultur attraktiv und als Identifikationsbild: Boogie-Woogie, Jazz, Filmkultur usw.

Auch da waren wir wieder eine Gruppe innerhalb der FÖJ im vierten Bezirk – viel Jazz gehört, Jazzplatten gesammelt, Jazz gehört und Nachmittage verbracht, im Musikhaus „Dreiviertel" ... in den Kabinen zu sitzen und Jazzplatten durchzuhören. Sehr viel haben wir uns eh nicht leisten können, aber halt so eine Platte in einer oder zwei Wochen war schon drinnen. (I 12)

Da hat dann schon sehr die antiautoritäre Schiene bei mir durchgeschlagen, da wollten wir „Hallo Teenager" hören, das war nämlich genau gleichzeitig und das galt als amerikanische Kulturverfehlung. Tischtennisspielen war in Ordnung, aber „Hallo Teenager" war nicht in Ordnung. [...] Ich hatte in dem Alter dann schon, so mit 13, 14, meine lokale Halbstarkenbande von lauter Lehrlingen und eben echtem Proletariat [lacht], die es ja eigentlich in der Jungen Garde nicht gab, und die haben mir eigentlich besser gefallen. (I 28)

Es gibt natürlich ein breites Spektrum von Dingen, die überhaupt nicht nach dem Geschmack meiner Eltern waren. [...] wir waren Kinder der 60er-Jahre. Es hat zahlreiche und wechselnde Beziehungen gegeben, da haben sie ziemlich geschaut, haben es aber ertragen, dass alle drei mehr oder weniger Haschisch und LSD genommen haben [...] ich habe nackt geschlafen, in den Wohngemeinschaften gewohnt, also ich habe gute fünf Jahre lang nicht wirklich studiert, eher mit wenig Geld. (I 27)

Auch wenn diese Lebensstilorientierung keineswegs für alle zutraf, war sie doch ein relevantes Element neben dem – schon früher beschriebenen – politischen Gruppenleben.

Etwas vereinfachend könnte man sagen, dass in der Kindheit die Politik mit einem patriotischen Österreichertum verbunden war, das (für einige) in der Jugend von einer stark amerikanisch beeinflussten Jugendkultur abgelöst wurde.

Das Genderthema, das Ende der 1960er- und Anfang der 1970er-Jahre schon Teil des (wissenschaftlichen) Diskurses war, taucht in den Interviews nicht auf (es war allerdings auch nicht Teil des Interviewleitfadens). Nur ausnahmsweise wurde in den Interviews das Thema der Geschlechterrollen innerhalb der Peergroup angesprochen:

Ja, wenn ich in Gruppen war, habe ich schon immer eher Führungsfunktionen angestrebt, soweit das möglich war. Bei den meisten war es ein bisschen schwierig als Frau und als Jüdin. Das war ja schon nicht so einfach. (I 17)

6.1.9 Adoleszenz-Konflikte

Der schon angesprochene Übergang von den Kindheitsidentifikationen zur Identitätsarbeit, die sich an den Bildern der Peergroup orientiert, verläuft häufig konflikthaft. In dieser Gruppe war er dadurch abgefedert, dass die Weltanschauung von Eltern- und Kindergeneration die gleiche war. Wieso aber hat die Jugendgeneration den gemeinsamen politischen Rahmen nicht verlassen? Zu dieser Zeit standen durchaus andere Orientierungsmodelle zur Verfügung – sowohl in der (amerikanisch geprägten) Jugendkultur, die in der Gruppe durchaus präsent war, als auch aus dem Kontext der wachsenden Kritik am Stalinismus, die ebenfalls von einigen ziemlich früh wahrgenommen wurde.

Die Bindung innerhalb der Familie zeigt offenbar eine spezifische Dynamik.

Generell ist die Ablöse von meinem Vater überhaupt passiert […] na indem ich geheiratet habe. […] Und außerdem habe ich so verinnerlicht gehabt – bevor er sich wieder aufregt, habe ich, mehr oder weniger, immer nachgegeben. (I 16)

Diese Strategie der Konfliktvermeidung zur Schonung der Eltern wird von Oliner (2015) detailliert beschrieben: Die Kinder leben in einer dysfunktionalen Familie, in der „die historischen Ereignisse zu einem Bestandteil des Familienmythos werden, der die Aggression der Kinder gegenüber den Eltern […] dämpft […] die […] Aggression richtet sich stattdessen gegen die realen Täter, die das historische Verbrechen begangen haben" (Oliner 2015, S. 106). Dieses Muster ist in den Familien der Kinder der Rückkehr weit verbreitet.

[…] aber Konflikte, offen ausgesprochene Konflikte, gab es nicht. Überhaupt mein Vater, das kann vielleicht eine Folge sein von den Kriegsjahren oder vom KZ, war eher sehr harmoniebedürftig. (I 8)

Aber ich hätte mir nie einen –, das hätte ich mich gar nicht getraut, ihnen einen Freund zu präsentieren, von dem ich gedacht hätte, dass sie den nicht akzeptieren würden […] Also das war für mich immer ein total wichtiges Auswahlkriterium. […] Genau, was die Eltern darüber, meine Fantasie darüber, wie sie das aufnehmen würden. (I 24)

> *Naja, in meinem Eindruck – abgelöst war ich schon früher, aber gelebt habe ich noch dort. Ausgezogen bin ich erst mit Ende 20. – Nein, es waren keine besonderen Konflikte, es war alles sehr vernünftig. [...] Die Ablösung wurde eher innerlich vollzogen und außen ist das Arrangement weitergelaufen. (I 7)*

Die bereits erwähnten symbiotischen Tendenzen, die Hedi Francesconi (1983, 166 f.) als „starke familiäre Eingliederung" und „extrem überbetreuendes Verhalten" beschreibt, kommen in der folgenden Interviewpassage deutlich zum Ausdruck:

> *Meine Eltern, die wollten mich überhaupt nicht loslassen – also irgendwie behütend und possessiv wie nur. [...] Diese Loslösung, das sind sozusagen zwei Sachen. ... wie gehe ich im Erwachsenwerden meinen eigenen Weg und das andere ist die politische Geschichte ... Bleiben wir auf der emotionalen Schiene zuerst einmal – ich habe dadurch, dass meinem Vater so viel Böses widerfahren ist [...], schon irgendwie das Gefühl gehabt, ich kann ihm nichts Böses antun, indem ich abhaue oder sonst irgendwas. [...] Politisch – da bin ich dann zu den kommunistischen Mittelschülern hingegangen [...] und bei den Studenten war es dann VDS, das war am Anfang. [...] Und dann haben wir auf der Uni – da waren wir die erste Basisgruppe, die sich da gegründet hat und da war ich dann schon sehr involviert, da ist dann sozusagen auch mein eigenständiges politisches Überlegen losgegangen. [Aus dem Elternhaus ausgezogen mit 22 Jahren.] Frage: Und bis dahin war Ruhe zu Hause? Antwort: Nein, Ruhe war nicht zu Hause, – aber es war nicht so total bestimmend. Aber es war schon so eine Rücksichtnahme auch auf meine Eltern, denen darf man nicht zu sehr wehtun, weil was die erlebt haben, ist schlimm genug in ihrem Leben. (T 21)*

Andere Wege sind etwa so verlaufen:

> *Die Musik, das war auch so eine Geschichte. Da war ein Punkt, da habe ich plötzlich bemerkt, das geht nicht, das kann's nicht immer sein. Das war unangenehm, weil da haben auch die Welten nicht zusammengepasst, [...] irgendwann im Zusammenhang mit dem Ungarnaufstand hat er mir irgendetwas an den Kopf gedonnert, was sie wahrscheinlich in der Partei gesagt haben, das hat er mir weitergegeben und ich sagte, das ist ein Blödsinn und unglaubwürdig. Und über solche Sachen kam es dann zum Entsetzen meiner Mutter zu plötzlichen Streitereien, die aber weiter folgenlos geblieben sind. [...] [Die Ablösung vom Elternhaus war mühsam.] Das Mühsame war ganz einfach die Herstellung einer Situation [...] Ich musste ja Räume schaffen, in denen meine Eltern nicht zugegen waren – was nicht so leicht war im kommunistischen Bereich, weil sie*

da ja drinnen waren. Das musste in anderen Bereichen dann passieren, da wollte ich sie dann eigentlich auch nicht drinnen haben. Das war ihnen nicht unbedingt recht in einer gewissen Phase. Meine ersten zwei Orientreisen habe ich mit 21 und 22 Jahren gemacht. (I 26)

Und dann kommt auch wieder das weitgesteckte Umfeld ins Spiel, das der Abfederung der Adoleszenzkonflikte dient:

Es gab Alternativen: Es gab die Eltern meiner Freunde und meiner Freundinnen. Wenn ich es zu Hause nicht ausgehalten habe, dann bin ich zu denen gegangen. Wir haben alle mehrere Mütter und Väter gehabt. Das war schon mal sicher eine große Unterstützung. Und ich habe immer irgendwelche Busenfreundinnen gehabt, bei denen ich dann auch tagelang wohnen konnte. Was für die Eltern natürlich auch gut war, dass die sich dann verständigt haben untereinander und dass die wussten, ich bin da gut aufgehoben. (I 5)

Es gab offenbar mehrere Gründe dafür, dass die Adoleszenz gewissermaßen „schaumgebremst" (oder konfliktarm) verlief. Die Schonung der Eltern war ein Motiv, das zumindest einigen auch bewusst war. Vertraute Beziehungen in der Großgruppe – auch zu anderen „Eltern" – trugen zur Konfliktdämpfung bei. Tolerante Erziehungshaltungen ermöglichten Spielräume, die Aus- und Umwege der Konfliktlösung enthielten. Insgesamt ist das Muster der „ruhigen Adoleszenz" dominierend. Auch dort, wo Orientierungen an anderen politischen oder kulturellen Bildern relevant waren.

6.1.10 Familienromane/Narrative

Die Erzählungen der Eltern über ihr Leben in der NS-Zeit, über Widerstand, Flucht, Verfolgung sind in der Erinnerung fest verankert. Sie symbolisieren in verdichteter Form, oft in nahezu filmartigen Szenen, bestimmte markante Passagen mit hoher subjektiver Bedeutung. Die Erzählungen vermitteln eine Botschaft über das Selbstverständnis der Eltern, darüber, wie sie sich selbst sehen, wie sie ihre Rolle in der damaligen Situation verstehen und wie sie von ihrer Umgebung und ihren Kindern gesehen werden wollen. Dieser Prozess der Verdichtung ist kein bewusster Vorgang. Er folgt den erinnerten Ereignissen, indem er einzelne Elemente auswählt, in den Vordergrund stellt und betont. Im Laufe der Jahre entstehen auf diese Weise „Stories", die – meist vielfach wiederholt – ein relativ konsistentes Bild schaffen. Die meisten InterviewpartnerInnen berichten über derartige Erzählungen ihrer

Eltern. Häufig haben sie das Gefühl, dass sie auf diese Weise nur einen Ausschnitt der Geschichte erfahren haben und die Geschichte der Eltern eigentlich nicht kennen, dass sie schlecht informiert sind. In unserem Projekt taucht dieser Umstand als „Erzählschleier" auf.

Diese „Stories" sind aber jene Elemente, die im Bewusstsein der zweiten Generation das Bild der Eltern prägen und auf diese Weise in der eigenen Persönlichkeits- und Identitätsentwicklung wirksam wurden. Es sind – fast durchgängig – Elemente der Identifikation, die anhaltend positiv besetzt sind. Nur einige davon werden in der Adoleszenz im Rahmen der Identitätsarbeit bewusst verlassen. Der „Familienroman" (Sève 1986) ist vermutlich in noch höherem Maße Träger von Botschaften und Aufträgen als jene bewusst wahrgenommenen Botschaften, von denen schon die Rede war. Ein wesentlicher Teil des Familienromans, der tradierten „Stories", ist das Thema „Kämpfer versus Opfer". Die Frage, ob die Eltern, die nach 1945 Inhaber des amtlichen „Opferausweises" waren, sich als Opfer erlebten, ob die Tatsache der Verfolgung durch das NS-Regime dominant war oder ihre Rolle als Kämpfer gegen dieses Regime. Dieses Thema wird im Kontext von Trauma und Resilienz nochmals zu behandeln sein. Die Stories sind vielfältig und werden daher auch in ihrer Vielfalt wiedergegeben.

Frage: Und eine typische Erzählung von deinem Vater? Antwort: Also über das KZ Dachau hat er praktisch erst angefangen zu sprechen, wie er selbst als Zeitzeuge in Schulen gegangen ist. Da hat er uns dadurch dann auch erzählt, was die für Fragen gestellt haben. Und dann haben wir auch Fragen gestellt. Aber selber hat er das praktisch uns, wie wir Kinder waren, nie erwähnt. Das, was er eher erzählt hat, war der spanische Bürgerkrieg. ... das war ihm auch, glaube ich, wichtiger. (I 8)

Eine Geschichte mit der Gestapo in Berlin, wo sie da in ein Haus flüchtet [...] und in den zweiten Stock hinaufgelaufen [ist] und hat bei irgendeiner Tür geklingelt. Da hat ihr eine Frau aufgemacht und sie hat gesagt, sie muss dringend aufs Klo. Die Frau hat sie ganz ironisch angeschaut – die hat verstanden, dass sie da geflüchtet ist vor einer Razzia und hat sie dann in ihr Zimmer geholt ... Solche Geschichten sind für mich ganz tief eingeschrieben. Sie haben nicht die – wie soll ich sagen – die Erzählung der Leidensgeschichte, sondern sie haben die Erzählung der Rettungsgeschichte. Sie gehen gut aus. Es ist wichtig, dass es eine große Gefahr gibt und dass man ihr irgendwie entrinnt. (T 28)

Meine Mutter ist mit der Fahne der Internationalen Brigaden, irgendwie eingenäht in einen Mantel oder Kittel, aus dem Lager geflüchtet, um die Fahne

6.1 Wie sie wurden, die sie sind

rauszubringen und an irgendeiner Stelle abzugeben und ist wieder hinein, ist wieder zurückgekommen, um niemanden zu gefährden, um keine Wege offenkundig zu machen, und solche Geschichten. Nur um zu illustrieren, dass da in keiner Weise eine Opferrolle war, sondern im Gegenteil. (I 7)

Nein, sie waren beide keine Opfer […]. Sie haben das selbst gewählt, sie sind dazu gestanden, immer dazu gestanden. Sie haben nie gesagt: „Hätte ich es nicht gemacht …" – das habe ich nie gehört. (I 6).

Also mir hat das auch Stärke gegeben sozusagen. Vielleicht ist das auch ein bisschen überheblich – da ist diese Masse, dieser Mitläufer – meine Eltern, mein Vater vor allem, haben dagegen gekämpft und meine Mutter hat da mitgelitten, weil der ist es in dieser Zeit da ganz schlecht gegangen. (T 21)

Das war bei uns zu Hause auch ganz wichtig. Mein Vater war kein Opfer, er hat gekämpft. Meine Mutter war eher Opfer. Aber dieses „Wir haben gekämpft!", wir haben uns nicht einfach abschleppen lassen. Das ist eine ganz starke Prägung. (I 5)

Weder Opfer noch Held, das möchte ich auch hervorheben. Er [der Vater] hat auch immer hervorgehoben, dafür war ich auch immer dankbar: „Glaub nicht an die Helden, die Helden gibt es nicht." Gerade, was er auch selbst im KZ erlebt hat und so … (I 17)

Die subjektive Relevanz dieser Erzählungen wird nur manchmal explizit benannt, ist aber zweifellos universell.

Die Überzeugung von der Zukunftsorientierung des Sozialismus ist in diesen Narrativen ein ebenso zentrales Element wie die Rückkehr nach Österreich:

Naja, ein Satz von meiner Mutter, der ist schon hängen geblieben. Sie hat gesagt, wenn sie gewusst hätte, die Entwicklung der KP und vor allem des Stalinismus, hätte sie wahrscheinlich nie durchgehalten, […] dieser ungeheure Glaube an die Sowjetunion und an die Richtigkeit des Sozialismus hat ihnen ermöglicht, Widerstand zu leisten. (I 16)

Es war für meine Eltern klar, dass sie nach dem Krieg zurück sind. Frage: Für beide? Antwort: Das ist die große Frage. Für meinen Vater war es unbestritten. Von meiner Mutter weiß ich, dass sie sehr große Angst davor hatte und es auch lange gedauert hat hier in Wien, bis sie sich so irgendwie wieder heimisch gefühlt hat. Mein Vater war einfach immer der größere Politiker, für ihn war das eine politische Frage. (I 2)

6.1.11 Belastungen und protektive Faktoren in den Interviews

Belastungen der Eltern

Der Versuch, die Belastungen anhand der Interviews zu identifizieren und zu beurteilen, bedarf vorweg einer Differenzierung: Gibt es in den Erzählungen Hinweise auf Traumata der Eltern? Wie wird die Relevanz derartiger Belastungen für die eigene Entwicklung eingeschätzt? Welche schützenden und stützenden Faktoren werden genannt?

Vorweg ist zu sagen, dass der Begriff „Trauma" recht unterschiedlich (teilweise abweichend von der Fachterminologie) verstanden wird. Dies fällt insbesondere dort auf, wo schwerste Belastungen (Gestapo-Haft, Folter, Schussverletzung usw.) berichtet werden, die Frage nach Traumatisierung aber verneint wird. Um die Breite des Spektrums deutlich zu machen, zitieren wir einige Interviewpassagen.

Meine Mutter ist fast zu Tode gefoltert worden. [...] ist fast zu Tode geprügelt worden und gefoltert [...] Frage: Glauben Sie, dass sich Ihre Eltern als traumatisiert gesehen haben? Antwort: Puh, das ist schwer zu sagen. (I 16)

Und bei so einer Aktion ist sie erwischt worden, man hat ihr nachgeschossen, sie ist angeschossen worden und hat dann durch Glück überlebt [...] Aber ich glaube, meine Eltern haben es nicht besonders schlimm gehabt. (I 13)

In mehreren anderen Interviews werden die Belastungen sehr klar beschrieben und auch als traumatisierend benannt.

Sie hat es immer irgendwo brennen gesehen. Alles, was brennt und raucht, von den Krematoriumsöfen, das konnte sie nicht [...] Sie wusste auch, dass Hunde für sie ein Problem sind, insbesondere Schäferhunde, die ja fürs Jagen und diverse Folterungen und alles Mögliche in den Lagern eingesetzt wurden [...] Sie wusste sicher in irgendeiner Form von ihrer Traumatisierung, aber sie würde das nie irgendwo angesprochen haben. (I 7)

Ja, der [Vater] war immer traumatisiert. Der hat das gehabt ... durchs Lager, durch die Wehrmachtszeit ... hauptsächlich durchs KZ. (T 26)

6.1 Wie sie wurden, die sie sind

Also das Wichtige bei meiner Mutter war, dass sie wirklich traumatisiert war, weil sie ein Kindertransportkind ist und offenbar auch sehr an ihre Eltern gebunden war. (I 5) [Exil, England]

Ich kann das so nicht beantworten. Meine Großmutter mütterlicherseits, die ja auch in London war, als sie zurückgekommen ist, war sie schwer traumatisiert und war ein psychischer Krüppel. [...] Meine Mutter muss traumatisiert, also mehr traumatisiert gewesen sein als mein Vater. [...] ich glaube, meiner Mutter ist keine Zeit geblieben, ihre Traumata zu hegen und pflegen. Und wie gesagt, meine Eltern und alle innerhalb der Familie haben nach vorn geschaut. Da war keine Zeit, um über Kränkungen nachzudenken. (I 43) [Exil, England]

Auch das Erleben der Flucht und der Rückkehr nach Österreich wird – vor allem für manche Mütter – in einigen Interviews als schwere Belastung beschrieben.

In anderen Interviews wird die Frage nach der Traumatisierung der Eltern hingegen dezidiert verneint:

Traumatisiert waren die, die im KZ waren, aber nicht die, die im Widerstand waren ... In der Rückschau ist es so, dass ich auch nicht sagen würde, dass meine Eltern traumatisiert waren. (I 12) [Exil, Frankreich]

Aber ich glaube, meine Eltern haben es nicht besonders schlimm gehabt. Es ist schon ganz etwas anderes, ob man in Auschwitz sitzt oder in einer kleinen Truppe irgendwo in Belgien oder in Frankreich in der Illegalität ist. (I 13) [Exil, Belgien]

Auch in diesem Kontext dominiert die Heterogenität. Die Heterogenität der Elterntraumata (über die wir keine direkten Informationen haben), die Heterogenität der Wahrnehmung durch die Kinder (zweite Generation) und deren subjektive Einschätzung der Traumata. Auffallend ist die Diskrepanz zwischen dem Ausmaß der Belastungen, die im Interview klar benannt werden, und der Zuordnung dieser Belastungen zum Traumabegriff. Auch hier finden wir große Unterschiede.

Weitergabe von Traumata

Konfrontationen mit den Erlebnissen der Widerstandsgeneration waren belastend und – wenn wir die anhaltenden Folgen betrachten – auch traumatisierend. In der Fallgeschichte von Lili Kolisch (Kapitel 7.1) wird der Zusammenhang zwischen der Anwaltstätigkeit ihres Vaters bei NS-Prozessen und Angstträumen deutlich. Auch in anderen Interviews begegnen wir ähnlichen Belastungen:

Es war zu viel, was ich zu jung umgehängt bekommen habe. Mit meinem Vater, der [...] erzählt, wie er da im Außenlager Kaprun, bei Weißensee, den Staudamm bauen musste, und dann kam irgendeine Geschichte. [...] dann haben sie irgendwas gesagt, er muss etwas holen und musste mit den Schiern abfahren, gefolgt von zwei SS-Leuten bis ins Tal. Und er hat gesagt, er war sicher, er wird „auf der Flucht" erschossen. Weil wenn du in der Sträflingskleidung da mit Skiern runterfährst, gefolgt von zwei SS-lern, dann ist es höchstwahrscheinlich. Also am Schluss ist nichts passiert, [...] er konnte dann nie wieder auf Ski steigen nach diesem Vorfall. Und wie ich ungefähr acht Jahre oder zehn war, sind wir nach Rohrmoos auf Winterurlaub gefahren und da ist mein Vater erstmals wieder auf Ski gestanden und herumgerutscht so ein bisschen. Wir sprechen von den 50er-Jahren. Und dann kommt eben die Geschichte, warum mein Vater nicht Ski fahren kann. Das war für mich schon sehr belastend. (I 7)

... und blieb auch langfristig nicht folgenlos:

Ja ... also nicht offensichtlich, aber unter Umständen ein vermindertes Selbstbewusstsein und so [...] Ich hatte schon lange Zeit diese Ängste, wenn wieder irgendwelche Nazi-Geschichten zugenommen haben oder so ein wenig im Aufschwimmen waren. [...] das waren so frühe Jugendgeschichten, wo ich mir dachte, ich stehe das nicht durch oder ich halte das nicht aus. (I 7) [geb. 1948]

Der größere Teil der InterviewpartnerInnen kann an sich selbst kein „geerbtes Trauma" (Kellermann 2011) feststellen. In einigen Interviews finden wir aber deutliche Hinweise auf subjektiv erlebte Belastungen, deren Zusammenhang mit der Elternbiografie benannt wird. Auffällig ist, dass es sich hier um eher jüngere InterviewpartnerInnen (Geburtsjahr 1948–1953) handelt, die von ihren eigenen psychischen Belastungen berichten.

Kompensation

Das bereits angeführte Zitat bezieht sich auf Kompensationsleistungen der Widerstandsgeneration: „[...] dass es der Generation der Holocaust-Überlebenden trotz widrigster Lebensumstände offensichtlich gelungen war, die psychische Gesundheit ihrer Kinder bis zum Erwachsenenalter zu bewahren" (Kellermann 2011, S. 156). Ein Teil dieser Kompensationsleistungen liegt zweifellos in der – teilweise aktiven und bewussten – Gestaltung des Lebensumfeldes der Kinder, ihre Einbettung in Kinder- und Jugendgruppen und in den Rahmen einer „großen Familie". Besonders deutlich kommt das in den Erzählungen über die Schulsituation in der Stubenbastei (Bundesrealgymnasium Wien I) zum Ausdruck. Zusammengehörigkeit und Zukunftsorientierung werden als wesentliche Wirkfaktoren erinnert.

Zusammengehörigkeit

... Mit all den Traumata, mit denen unsere Eltern belastet waren und mit denen unsere Eltern uns belastet haben, waren wir trotzdem eine Gruppe. Wir waren nicht allein. (I 19)

Mit Eintritt ins Gymnasium, da war plötzlich die Welt völlig in Ordnung. Weil die Hälfte der Klasse kam aus der gleichen Situation wie ich. [...] Wir waren eine eingeschworene Gruppe. Das war aber erst, da war ich zehn, also mit Eintritt ins Gymnasium. [...] wie ich dann bei der FÖJ war im vierten Bezirk. [...] da war wieder diese gleiche Zusammensetzung aus sehr vielen Re-Migrantenkindern. Also da war dann wieder dieses Zusammengehörigkeitsgefühl. Und ich glaub, nein, es war nicht bewusst. Es war eine völlig unbewusste Geschichte. Also da hab ich mich sicher gefühlt. (I 43)

Zukunftsorientierung

Also es ist doch so, dass nicht geredet wurde, aber ich habe irgendwo den Eindruck, das Hauptgewicht lag darauf: Schaut nicht zurück, schaut nach vorne, ihr seid unsere Zukunft. (I 5)

Aber dazu muss ich sagen, dass diese Generation insgesamt sehr, sehr schweigsam war. Das heißt, sie haben nach vorne geblickt, sie wollten in die Zukunft schauen, sie wollten nicht zurückblicken. (I 43)

Zusammenfassung

Die Evidenz beträchtlicher, potenziell traumatisierender Belastungsfaktoren in den Biografien der ersten Generation ist umfassend, die tatsächliche Wirksamkeit individuell sehr unterschiedlich. Schon in dieser Generation waren der bewusste Kampf, die Widerstandsorientierung bei vielen als Schutzfaktoren gegen Traumatisierung wirksam. Die aktive Entscheidung zur Rückkehr nach Österreich, die Aufbauorientierung war nach 1945 im gleichen Sinne wichtig – auch für die Kinder, die zweite Generation. Dennoch werden Belastungen und Traumata in einigen Interviews konkret benannt, in anderen zwar dargestellt, der Traumabegriff aber vermieden. Keinesfalls sind die Traumata bestimmende Elemente des eigenen Selbstverständnisses. Ganz anders als der oft wiederkehrende Verweis auf das Zusammengehörigkeitsgefühl und das stützende Gruppenbewusstsein.

6.1.12 Wer war ich, wer bin ich, wer möchte ich sein – Selbstbild heute

Die Frage „wer bin ich" formuliert in einfachster Form das Identitätsthema. Sie muss (Erikson folgend) in der Jugendphase beantwortet und in der Erwachsenenphase gelebt werden (Keupp et al. 2002, S. 77). Zwischen der Jugendphase, die wir schon beleuchtet haben, und dem heutigen Selbstbild liegen einige Jahrzehnte. Die Dynamik dieser Zeit hatte Einfluss auf die Identität unserer InterviewpartnerInnen. Sie hat Umbrüche und Brüche bewirkt. Zwei zentrale Themen sind Kommunismus und Judentum. Die Periode von 1956 (20. Parteitag der KPdSU, Ungarnkrise) bis 1968 (Prager Frühling) machte eine Neubewertung der Identifikationselemente notwendig, die in der Kindheit maßgebend gewesen waren. Für die meisten der InterviewpartnerInnen ging diese Neubewertung mit einer Abwendung von der KPÖ einher, wenngleich die rückblickende Bewertung der eigenen Geschichte durchaus unterschiedlich ausfiel. Nach 1989 sind mit der Öffnung der Moskauer Archive die Informationen über die Geschichte des stalinistischen Terrors in der Sowjetunion und damit auch zu einer Neubewertung des Weltkommunismus so dicht geworden, dass eine Neupositionierung unumgänglich wurde.

Viele unserer InterviewpartnerInnen sind Jüdinnen und Juden mit (heute) sehr unterschiedlichen subjektiven Positionen dieser Tatsache gegenüber. Das Jahr 1986 mit der Waldheim-Affäre (siehe Kapitel 2.5) hat dieses Thema für manche aktualisiert und wurde zum Anlass einer Neubewertung bis hin zu einer Neudefinition der eigenen Identität, einer Hinwendung zum Judentum.

Wie viel von der ursprünglichen in der Jugendphase gebildeten Identität ist heute noch existent? Welche Modifikationen wurden vollzogen und welche Relevanz hat die Elterngeschichte für das heutige Selbstbild?

Kommunismus

'68, nach dem Einmarsch in der Tschechoslowakei, haben (so wie die Eltern von den meisten), glaube ich, die meisten in der Kinderjause mit der Partei gebrochen. (I 19)

Es gab aber auch Spannungen innerhalb mancher Familien:

Das war '68, da war das erste wirkliche politische Zerwürfnis, vor allen Dingen mit meiner Mutter. Mein Vater war ruhig, da weiß ich nicht, was er sich gedacht hat. Gekränkt wahrscheinlich. (I 8)

6.1 Wie sie wurden, die sie sind

Also wir haben ja in der Jugend schon den Widerstand geleistet ab '64, '65 in der KPÖ. [...] Also '68 war dann der Prager Frühling und dann waren die großen innerparteilichen Auseinandersetzungen und ich bin ausgeschlossen worden aus der Partei. (I 16)

Der Prozess der Neubewertung von Identifikationselementen, der Distanzierung von der KPÖ, der Identitätsarbeit im wahrsten Sinn dieses Wortes nimmt seinen Ausgang oft von individuellen Erlebnissen – z. B. nach einer Reise in die Sowjetunion:

Und dann fängt so eine Denkfolge an zu laufen, ja, da musst du schauen, wie du überlebst, wenn du in diesem Moskau über die Straße gehen willst. Du wirst gejagt. Weil da bremst keiner ab, da verzögert keiner sein Tempo. Was heißt das? Das heißt letzten Endes konkret in der Realität, im Alltag steht der Mensch nicht im Mittelpunkt. (T 7)

Oder auch in der späten Reflexion über die Strategien der Austragung politischer Konflikte in der KP:

Also im Nachhinein, so wie mir diese Fälle bewusst wurden und ich mich damit beschäftigt hab, ist mir klar geworden, wie unverantwortlich die KP ihren Leuten gegenüber war, wenn sie anderer Meinung sind oder waren in der Diskussion, wie dann über sie gerichtet wurde. [...] und es sind viele solcher Geschichten passiert, auch damals in der Illegalität, wo man einfach Entscheidungen getroffen hat, die einfach unmenschlich waren. Einfach Menschen geopfert worden sind [...] naja im Widerstand selbst, Menschen geopfert worden sind, wo sie reingeschickt worden sind, wo man gesagt hat, ein Wahnsinn – und umgekommen sind aufgrund dessen! [...] Ja, '72 bin ich ausgeschlossen worden. Und du musst dir vorstellen, wie das war, bezogen auf die Kommunistische Partei in Österreich. Mein Vater hat von der Partei einen Zuschuss bekommen, einen Rentenzuschuss, weil er Parteiangestellter war [...] Und da wurde gedroht, und das haben sie auch gemacht: Meinen Eltern haben sie die Parteipension gestrichen. (I 25)

Einige wenige haben diesen Bruch nicht vollzogen und sind bis heute in der KPÖ verblieben:

Ich bin ein, ich will nicht sagen, schlafendes Mitglied, aber ein Mitglied ohne unmittelbares Engagement [...] Ich kann mich auch erinnern an diesen Bruch, den es da gab, also rund um das 90er-Jahr [nach der politischen Wende in

> *Osteuropa], wo dann viele die Vorwürfe der Partei oder wem auch immer, dem Weltsozialismus, gemacht haben, dass sie getäuscht worden sind. Habe ich auch nie verstanden. Also ich habe gesagt, du hast dein eigenes Hirn und wer hat dich gezwungen, so zu denken oder was auch immer? Also das kann ich nicht nachvollziehen. (T 7)*

Einige haben sich nach der Trennung von den KPÖ-Organisationen 1967/68 bei anderen linken Gruppen engagiert.

> *Wir haben diese Teach-ins und das Love-in gemacht – und in der Aula eine unangemeldete Demonstration durchgeführt und haben mit schwarzen Rosen geworfen und so weiter. Und die Leute haben sich irrsinnig aufgeregt. [...] Es war ja ein großer Untertanengeist natürlich in Österreich. Und dann haben wir angefangen, uns zu organisieren. [...] Dann haben wir Schulungen gemacht, dann haben wir Marcuse gemeinsam gelesen [...] Und das war sozusagen die ersten zwei Semester. Dann haben wir die diversen Vorlesungen gesprengt oder zu sprengen versucht. Vor allem die Philosophie-Vorlesungen, ich habe ja Philosophie studiert. Aber auch die Soziologen und die Pädagogen und die bei uns in der Kommune haben auch dort gestört und andere Themen auf die Tagesordnung setzen wollen, als gerade Vorlesung war. Da gab es halt immer Wickel. Und dann gab es die Demonstrationen gegen Franco und die Demonstrationen gegen den Vietnamkrieg natürlich. (I 18)*

> *Und bin dann irgendwie im Dunstkreis der Maoisten gelandet, bin dort aber auch nie ein besonderes Mitglied geworden. Ich war dann eher sogar in dem, der hat geheißen Verein Kommunistischer Intellektueller, im VKI. (I 13)*

> *Basisgruppen in den frühen 70er-Jahren – das war natürlich keine Organisation, sondern ein wilder Haufen, aber das war dann wirkliches Gruppenengagement, weil da haben wir uns selber eine Wohnung genommen, hergerichtet und dort unsere Veranstaltungen gemacht, unsere Arbeitsgruppen und so. (T 21)*

Einige führende Funktionäre der KPÖ führten die Diskussionen, die nach 1956 begonnen hatten, weiter und trugen sie etwa ab Mitte der 1960er-Jahre in die Jugendorganisationen – z. B. in das „Forum der Mittelschüler" und in die „Vereinigung Demokratischer Studenten (VDS)", aber auch in die „Freie Österreichische Jugend (FÖJ)". Diese Modelle wurden aber nur in sehr beschränktem Umfang und erst in der zweiten Hälfte der 1960er-Jahre als Kristallisationskerne der eigenen Identitätsentwicklung genutzt. Wenig später entwickelten die westeuropäischen

6.1 Wie sie wurden, die sie sind

KPs (Italien, Frankreich, Spanien) eine Politik der relativen Unabhängigkeit von der sowjetischen Linie, die dann unter der Bezeichnung „Eurokommunismus"[52] firmierte.

Ich [geb. 1942] war [beim Parteibeitritt mit 18 Jahren] grosso modo in Übereinstimmung [mit der KPÖ]. Ich bin dann auch in der Diskussion ... hineingewachsen – [und später] in der eurokommunistischen Linie verankert gewesen. (I 15)

Judentum

20 unserer 29 InterviewpartnerInnen stammen aus jüdischen Familien; bei weiteren drei ist diese Zuordnung nicht eindeutig möglich, da die biologischen Eltern nicht mit den sozialen Eltern identisch sind und in diesem Umfeld jüdische Herkunft nicht eindeutig festgemacht werden kann. Der Blick in die Periode der ersten und zweiten Geburt der Persönlichkeit (Kindheit, Jugend) zeigt ein weites Spektrum der Positionierung der Familien, das – in der Erzählung unserer InterviewpartnerInnen – von der Verleugnung dieses Themas über seine Negierung bis zur Präsenz im Familienalltag reicht. In den allermeisten Erzählungen wird allerdings betont, dass nicht nur jede religiöse Manifestation, sondern auch jede Identifikation mit kulturellen oder ethnischen Elementen strikt abgelehnt wurde. Dieser Schritt der Abwendung vom Judentum war von der ersten Generation bereits in ihrer Jugend (und teilweise schon in der Generation davor mit der Zuwendung zur Arbeiterbewegung und zugunsten einer areligiösen Position) vollzogen worden und wurde – ungeachtet der Erlebnisse der Shoah – nicht rückgängig gemacht. Die zweite Generation ist in und mit dieser Tradition aufgewachsen, hat sie in der Kindheit übernommen und (meist) auch in der Identitätsarbeit der Adoleszenz nicht infrage gestellt. Über Adoleszenzkonflikte, die sich um dieses Thema drehten, wird nicht berichtet.

Beide haben [...] das [Judentum] nicht verheimlicht, aber es war auch kein besonderes Thema. Aber wir haben zum Beispiel daheim Platten mit jüdischer

---

52 „Eurokommunismus" bezeichnet eine Position innerhalb der kommunistischen Bewegung, die in den 1970er-Jahren von den damals großen kommunistischen Parteien Westeuropas (Italien, Frankreich, Spanien) getragen wurde und – in wachsender Gegenposition zur Sowjetunion – ein Modell des „Demokratischen Sozialismus" entwickelte. Die Ursprünge reichten aber weiter zurück: „Seit Anfang der 60er-Jahre waren die Verbindungen zwischen ‚Reformkommunisten' diesseits und jenseits der tschechischen Grenze sehr eng geworden, vor allem seit der ‚Kafka-Konferenz' war Ernst Fischer geradezu ein Verbindungsmann dieser konvergierenden Tendenz geworden" (Marek 2017, S. 213).

> *Musik gehabt. [...] ich habe ja gewusst, ich habe Verwandte in Israel [...] es ist nicht verheimlicht worden, ist aber auch nicht als besonders herausgestellt worden. [...] es war schon insgesamt ein klassisch atheistisches Haus. (I 13)*

> *Wir sind auch völlig heidnisch aufgewachsen. Außer eben dieser Onkel meiner Mutter, der war sozusagen der Einzige – da gab es dann „Gefilte Fisch", da hat man auch an Weihnachten, also Hanukkah, Karpfen bekommen, aber das wurde nicht groß thematisiert. (I 5)*

> *Ich bin für mich absolut nicht jüdisch, ich habe mit den Juden in meinen Augen überhaupt nichts zu tun, ich bin an sich Atheist. Ich lehne es auch ab, dass man sagt, nur weil die Urgroßeltern Juden waren oder irgendetwas ... Ich fühle mich nicht als Jude. Ich habe nichts gegen Juden, ich kenne sehr viele Juden, aber ich fühle mich absolut nicht als Jude. (I 3)*

Es gab auch – wenige – Familien, in denen jüdische Kultur im Alltag präsent war.

> *Frage: Ihr Vater hat ein jüdisches Bewusstsein, eine jüdische Identität gehabt, aber er war nicht religiös. Antwort: Überhaupt nicht, es ging eben um die kulturelle Tradition, um das Erleben [...] Meine Mutter ist in einem religiösen Haus aufgewachsen, meine Oma war religiös, über die Oma habe ich auch die Feiertage mitbekommen, weil die wurden von meiner Großmutter eingehalten, und das war das Einzige, was meine Eltern, da meine Großmutter auch bei uns gelebt hat, akzeptiert und respektiert haben. An hohen Feiertagen war die Familie zu Hause versammelt aus Respekt vor meiner Oma, die religiös war. (I 2)*

Auch die folgenden Positionen sind in der Minderzahl:

> *Ich habe mich schon immer als Jüdin gefühlt, aber jetzt waren doch immer diese Fragen „Was bist du – jüdische Österreicherin, österreichische Jüdin?" [...] Einmal ist der Aspekt stärker, mal ist der andere Aspekt stärker. Aber wichtig ist es mir schon, auch wenn ich eben nicht religiös bin, aber es ist eben doch ein wichtiger Teil meiner Identität. (I 17)*

> *Wir hatten den Auftrag, uns nicht als Juden zu erkennen zu geben. [...] Mein Vater hat sich geschützt, indem er gesagt hat, wir sind ja gar keine Juden ... Meine Mutter wiederum hat uns erzählt von ihrem jüdischen Leben in der Leopoldstadt mit ihrer sehr religiösen Großmutter. (I 19)*

6.1 Wie sie wurden, die sie sind

Für manche war der öffentliche Diskurs über die Rolle Österreichs als Land der Täter (1986 Waldheim-Affäre) Anlass für eine Neupositionierung, die zur Integration eines bisher randständigen Bereichs in den Kernbereich der eigenen Persönlichkeit geführt hat. Die oft seit zwei Generationen verlassenen Traditionen jüdischen Lebens werden als konkrete Handlungen (z. B. das Feiern von Festen) in den eigenen Alltag integriert. Wir bezeichnen das als „Identitätsergänzung".[53]

Und für mich war dann die Konsequenz, dass ich während der Waldheim-Affäre ganz gezielt und bewusst der Kultusgemeinde beigetreten bin und seitdem auch Mitglied bin. – Ich habe mir zum Beispiel die Feste und so mühsam, ich habe mir ein Buch gekauft und habe das mühsamst gelesen und bin jetzt so weit, dass ich zumindest Hanukkah feiere. (I 19)

Das Thema des Judentums war weder in der KPÖ noch in den Jugendorganisationen bedeutungslos und ist es auch heute in der Kinderjause-Gruppe nicht.

Damals waren in der FÖJ sowohl eine Reihe von Mittelschülern und [...] natürlich auch viele andere Jugendliche, die Arbeiterjugendlichen. Und da hat es schon [Probleme gegeben], also die einen haben sich irgendwie ein bisschen verfolgt gefühlt, haben dauernd geglaubt, dass die anderen antisemitisch und antiintellektuell sind, und die anderen haben geglaubt, die sind überheblich und stehen über uns Arbeiterkindern usw. Also das hat schon eine Rolle gespielt. [...] Und die Partei hat [...] ihm [dem Vater] nicht ganz getraut, weil er doch jüdischer Herkunft war, [...] es hat einen gewissen Antisemitismus [gegeben] beziehungsweise [der hat] ausgestrahlt aus der Sowjetunion und vom Stalinismus – und auch eine Portion Antiintellektualismus usw. (I 16)

Die antisemitischen Symptome in der KPÖ, die in dieser Interviewpassage benannt werden, beziehen sich auf die 1950er- und 1960er-Jahre. Leopold Spira konstatiert einen verstärkten Antisemitismus nach 1968: „Als nach der gewaltsamen Unterdrückung des Prager Frühlings von sowjetischer Seite auch mit antisemitischen Ausfällen operiert wurde, tauchten auch in der KPÖ solche Tendenzen auf" (Spira 1992, S. 105).

---

53 „Identitätsergänzung" meint die Integration neuer, wesentlicher Identitätselemente in eine nach Abschluss der Adoleszenz (zweite Geburt der Persönlichkeit) relativ stabile Identitätsstruktur. Identitätsstruktur wird dabei als dynamisches, sich in der Interaktion mit der Umwelt gestaltendes Konstrukt gedacht.

Ist dieses Thema auch heute in der Kinderjause präsent? Manche InterviewpartnerInnen nehmen auf das Thema Judentum (nicht Antisemitismus!) in der Kinderjause-Gruppe Bezug, wenn sie die Frage beantworten „Was ist die Kinderjause?":

Mein zweiter Eindruck war, dass sie bevorzugt jüdisch sind, weil ich habe mir da ziemlich Mühe gemacht, eine ganze Reihe nicht jüdischer Kinder, die ich noch kannte, da hineinzureklamieren, die mir abgegangen sind. (I 28)

Es waren [anfangs] im Wesentlichen jüdische Mitglieder der FÖJ aus dem 1., 2. und 4. Bezirk ... Das hat natürlich im Klartext geheißen, dass sicher in der ersten Zeit vor allem Leute aus diesem Umfeld eingeladen wurden und erst langsam [...] hat sich das in der Zwischenzeit natürlich durchaus sehr vermischt. (I 4)

Politisches Engagement

Welche Konturen hat das heutige Selbstbild, das in den Interviews vermittelt wird? Für viele ist das Engagement in gesellschaftspolitischen Themenbereichen auch heute ein wesentliches Element des Selbstverständnisses, andere stehen eher am Rande, weil sie keine Anknüpfungspunkte an aktuelle Bewegungen und Initiativen finden. Auch hier ist das Spektrum breit und streut um ein gemeinsames Grundelement von Widerständigkeit.

Das hat sich auch [...] bis heute erhalten, also dieses politische Wach-Sein und natürlich sofort schauen, wenn beim Haider oder beim Strache jetzt oder bei anderen Dingen [...] Wir sind ziemlich viel beteiligt auch an den Widerstandsgeschichten nach den 2000er-Wahlen. (I 10)

Frage: Also mit der schwarz-blauen Regierung ... Antwort: Ja, natürlich ... Die politische Aktivität hat sich etwas verstärkt. Man ist mehr demonstrieren gegangen, man hat mehr organisiert, das ist eh klar. (I 12)

Ich bin nach wie vor in der Gewerkschaft aktiv. (I 4)

In letzter Zeit, auch weil ich mich ja jetzt gerade sehr engagiere im Bereich Flüchtlinge und Asylwerber und so weiter. (I 19)

Ich bin sicher immer noch links. Ich bin heute eine Anti-Kommunistin, ich glaube, ich weiß auch, warum [...] Ich selber mache das nicht in organisierter Form, ich gehe auch auf keine Demonstrationen, nichts mehr. [...] Nein, ich war ja auf Hunderten und Aberhunderten, das reicht mir. (I 17)

6.1 Wie sie wurden, die sie sind

Zivilgesellschaftlich? Ich fürchte, dass ich jetzt auch nein sagen muss. Dazu muss man jetzt eines sagen. Also ich arbeite zu viel. Und sehe auch nicht die Andockpunkte, die mir so taugen würden, dass ich mir da Zeit wegschnipsle [...] Also natürlich bin ich bei blau-schwarz auf der Straße gewesen, keine Frage. (I 20)

Persönlichkeit ist – so haben wir einleitend geschrieben – ein relativ stabiles hierarchisches System von Motiven, die in konkreten Tätigkeiten realisiert werden. Der Blick auf das gesellschaftliche Engagement in unserer heutigen Gesellschaft bildet einen (relevanten) Teil dieser Motive ab. Wie sehen sich unsere InterviewpartnerInnen selbst bzw. wie wollen sie von anderen gesehen werden?

Bausteine des Selbstbildes

Die Interviewfrage lautete: „Wie willst du gesehen werden?"

Bei einer virtuellen Collage kämen sicher Bilder aus meinem späteren Sein, also Friedensbewegung, Leo's DenkBar, solche Geschichten. Borodajkewycz-Demonstration, Schiller-Feier, Habsburg-Demonstration vorm Konzerthaus. Das sind die großen Demonstrationen, also wirklich diese 1968er-Geschichten. (I 12)

Widerstand ist dazu da, um überwunden zu werden – ich war ja bei Dutzenden Wiener Demonstrationen vorne dabei [...] (I 15)

Als fortschrittlicher, bildungshungriger Reisender. [...] maximale Distanz zu: Alles, was verbohrt ist. Das ist völlig wurscht, ob das jetzt links oder rechts ist, wobei rechts mehr dazu zählen würde, aber alles, was 120 %ig ist, das geht mir gegen den Strich. (I 6)

Bewusst anders als die Eltern: nicht dogmatisch werden – unterstützend, weltoffen, interessiert. Maximale Distanz zu: Rechtsradikalen, dogmatischen Katholiken, Egoisten. (I 21)

Möglichst kerzengerade, ohne Menschen zu verletzen. Also am Ende muss es einen Kompromiss geben. Aber meiner Erfahrung nach ist Österreich ein Land [...], in dem die Diskussion beim Kompromiss anfängt. Das war nie mein Leben. (I 23)

Also, gebildet, intellektuell, aufrichtig, hilfsbereit, offen, neugierig. (I 20)

> *Als interessiert [...], also jemand, der, wenn er etwas sagt, schon weiß, was er sagt. Als offen für Probleme auch, für andere. Das glaube ich schon, dass ich das auch in der Arbeit ganz gut rübergebracht habe. Ja, als verstehend. – Naja, auch engagiert, wenn ich ein Thema angreife. (I 8)*

Das unmittelbare Engagement, die aktive Beteiligung an Protest und Aufbegehren, hat nachgelassen. Das ist bei einer Personengruppe im Alter zwischen 63 und 75 Jahren auch wenig erstaunlich. Wachheit gegenüber Gesellschaft und Politik und auch Teilnahme an diesen Prozessen sind nach wie vor bedeutsam. Die Ablehnung von allem, was rechts ist, kann als Teil des elterlichen Erbes verstanden werden, verankert in der Persönlichkeit. Die Ablehnung von Dogmatismus und autoritären Strukturen gehört zur Erbschaft der eigenen Geschichte.

6.2 Die Kinderjausner erzählen: sprachwissenschaftliche Analysen

Markus Rheindorf und Ruth Wodak

6.2.1 Das „Ich" in den Erzählungen

Die Untersuchung der Erzählsituation gibt Aufschluss darüber, wie die Kinder der Rückkehr („die Kinderjausner") zu den erinnerten Geschichten ihrer Eltern stehen. Wir achten dabei beispielsweise darauf, wie sie Nähe bzw. Distanz, Sicherheit oder Unsicherheit, Wissen bzw. Nichtwissen in Bezug auf die Geschichten ihrer Eltern ausdrücken – bevor, während und nachdem sie diese Geschichten selbst erzählen.

In den Interviews sprechen die Kinderjausner von sich als ErzählerInnen meistens als „Ich", natürlich aber auch von „meiner Erinnerung", davon, dass „mir gesagt wurde" oder dass „die Mutter mich gewarnt hat". Manchmal finden wir in den Texten auch ein „Wir" und die entsprechenden Formen „uns" und „unsere", etwa wenn die ErzählerInnen sich selbst und ihre Geschwister meinen. Dieses Ich bzw. Wir in der Rolle als ErzählerIn tritt vor allem durch zwei Arten von Handlungen in Beziehung zu den erzählten Geschichten: geistige und sprachliche Handlungen – in den Kategorien der Systemisch Funktionalen Linguistik, die wir in Kapitel 5.5.5 vorgestellt haben, also mentale und verbale Prozesse. Es sind:

6.2 Die Kinderjausner erzählen: sprachwissenschaftliche Analysen

- *mentale Prozesse*, die die ErzählerInnen mit den Geschichten der Eltern verbinden, wodurch die Erzählsituation selbst beschrieben wird: „wissen, glauben, meinen, vermuten, erinnern, spüren oder wahrnehmen";
- *verbale Prozesse*, in denen die Kinderjausner sich einerseits als ErzählerInnen und andererseits als EmpfängerInnen der Geschichten der eigenen Eltern darstellen, also selbst erzählen oder etwas erzählt bekommen (in der Regel nur von einem Elternteil, also Mutter oder Vater): „reden, erzählen, sagen, erwähnen oder sprechen".

Nicht berücksichtigt sind Handlungen, in denen sich die ErzählerInnen selbst darstellen, die keinen Bezug zu den Geschichten oder Erlebnissen ihrer Eltern haben, also z. B. eigene berufliche Erfahrungen.

Darüber hinaus zeigen sich Unterschiede in der Art und Weise, wie sich unsere *weiblichen und männlichen Interviewpartner* in der Erzählsituation präsentieren: In den Erzählungen der Männer finden sich häufiger materielle Prozesse, in denen das „Ich" (der Sohn) der Empfänger von Fürsorge der Mutter ist; diese Art der Beziehung kommt bei den Töchtern selten explizit vor. Auffällig ist die Abwesenheit von Emotionen, die die Söhne mit dem Erzählen bzw. Erzählt-Bekommen verknüpfen. Die Auseinandersetzung mit der erinnerten und vermittelten Vergangenheit der Eltern wird von den Söhnen vor allem rational und distanziert dargestellt: *denken, grübeln, überlegen* sind einige der häufig benannten Handlungen (vergleiche Tabelle 1). Sie stellen sich selbst aber auch als passive Empfänger mentaler Prozesse dar, wie z. B. *beschäftigt* oder *umgehängt bekommen*. Was das Erzählen selbst betrifft, präsentieren sich die Interviewpartner in einer überwiegend aktiven Rolle: Sie *erzählen, sagen* oder *reden*. Etwas seltener aktiv als passiv stellen sich die Männer in materiellen Handlungen dar: Im Zusammenhang mit den Erlebnissen der Eltern geht es dabei vor allem um *recherchieren* und *suchen*, also um eigenständige Anstrengungen, die Geschichten herauszufinden oder zu vervollständigen, bzw. darum, dass sich die Eltern *gekümmert* haben.

Auch die Interviewpartnerinnen stellen sich in der Auseinandersetzung mit der erinnerten und vermittelten Vergangenheit ihrer Eltern vorwiegend rational dar, d. h. sie benennen mentale Prozesse wie *wissen* oder *erinnern*. Hinzu kommen auch vagere Handlungen wie *glauben* oder *meinen* sowie emotionale Beziehungen zu den Erlebnissen der Eltern wie *spüren* oder *empfinden*. Auffällig ist die Abwesenheit von passiven mentalen Prozessen. Sie stellen sich außerdem häufiger als passive Empfängerinnen der Geschichten ihrer Eltern denn als aktive Erzählende dar, zeigen sich aber äußerst aktiv in ihrer Rolle als Recherchierende und Suchende.

Tab. 1 Involvierung des erzählerischen „Ich" in den Erzählungen der Männer (402 Belege): Häufige Beispiele und Gesamtanzahl

	[Ich] als aktiv	[Ich] als passiv
mentale Prozesse	finden, keine Antwort wissen, nicht auf den Punkt bringen, beim groben Eindruck belassen, das Gefühl haben, noch immer nicht durchschauen, nicht kennen, nicht wissen, wenig wissen, wissen, glauben, nicht erinnern, den Eindruck haben, denken, lieber sein, nicht viel mitkriegen, nicht sehen, nicht brauchen, genug haben, genug wissen (186)	lange beschäftigt haben, beschäftigt auch heute noch, umgehängt bekommen (28)
verbale Prozesse	reden, erzählen, sagen, sprechen, erwähnen, behandeln (75)	ist mir gesagt worden, erzählt worden (17)
materielle Prozesse	recherchieren, suchen (36)	gekümmert, gebracht (41)
relationale Prozesse	sein, haben (19)	

Tab. 2 Involvierung des erzählerischen „Ich" in den Erzählungen der Frauen (372 Belege): Häufige Beispiele und Gesamtanzahl

	[Ich] als aktiv	[Ich] als passiv
mentale Prozesse	nichts wissen, davon nichts wissen, in Erinnerung haben, glauben, erinnern, den Eindruck haben, nicht zurückschauen, nicht vergessen, spüren, empfinden, nicht kramen in der Geschichte, sich auseinandersetzen, nicht im Bewusstsein haben, meinen, denken, sich fragen, sich denken, sich wundern, sich sicher sein (189)	
verbale Prozesse	ausfragen, fragen, singen (25)	erzählt, nichts erzählt, anhören müssen, gehört, gesagt (38)
materielle Prozesse	marschieren, ein Buch machen, per Post schicken, nach England gehen, heraussuchen, anschauen, Dachau besuchen, fahren, mitfahren, lesen (91)	gesorgt (9)
relationale Prozesse	sein, haben (21)	

Diese direkte Gegenüberstellung zeigt, dass sich Frauen und Männer in den Interviews zwar ähnlich als aktiv denkend, wissend oder wahrnehmend darstellen, einige Männer zeigen sich darüber hinaus jedoch auch als passiv in mentalen Prozessen:

6.2 Die Kinderjausner erzählen: sprachwissenschaftliche Analysen

Sie erleiden gewissermaßen eine Auseinandersetzung, etwas beschäftigt sie, etwas wurde ihnen umgehängt, es belastet sie.

Hinsichtlich der verbalen Prozesse zeigt sich ein noch deutlicherer Kontrast: Während die Frauen sich tendenziell eher als passive Empfängerinnen von Geschichten, Erzählungen usw. präsentieren, setzen sich die Männer hier in eine deutlich aktivere Rolle: Sie erzählen einerseits davon, dass und wie sie ihre Eltern befragten, andererseits thematisieren sie auch das Erzählen in der Interviewsituation explizit.

Umgekehrt stellt sich die Situation bei physischen Handlungen, also materiellen Prozessen dar: Hier erzählen die Frauen über sich selbst weitaus häufiger in aktiven Rollen, die Männer hingegen sind häufig Empfänger von Fürsorge, Schutz und Kümmern – besonders seitens ihrer Mütter – im Zusammenhang mit den Erzählungen.

Eine alternative Perspektive auf die Selbstdarstellung der ErzählerInnen ergibt sich, nimmt man alle Wörter, die sich häufig mit dem „Ich" oder „Wir" verbinden – also nicht nur Verben bzw. Prozesse – und stellt diese als *Word Cloud* dar. Eine Word Cloud, wie wir sie hier verwenden, ordnet aufeinander bezogene Begriffe je nach Stärke des Bezugs näher zueinander an und bildet die Häufigkeit jedes Wortes außerdem durch seine Größe ab. In diesem Gesamtbild zeigt sich ganz deutlich, wie zentral das Verhältnis der ErzählerInnen zur Erzählsituation ist.

Abb. 1   Word Cloud, zentriert auf das erzählerische „Ich" in allen Erzählungen

Unterscheiden wir nun zwischen Männern und Frauen unter unseren InterviewpartnerInnen, so verschiebt sich dieses Bild deutlich. Bei den Männern wird das Verb *wissen* jedenfalls zentraler.

Abb. 2 Word Cloud, zentriert auf das erzählerische „Ich" in den Erzählungen der Männer

Im Gegensatz dazu tritt in der Word Cloud, die das Verhältnis zwischen erzählerischem „Ich" und damit verknüpften Worten bei den Frauen darstellt, das Verb *glauben* in den Vordergrund, *wissen* hingegen etwas zurück; *gewundert*, *gefragt* und *erinnern* erweisen sich ebenfalls als zentrale Begriffe.

Abb. 3 Word Cloud, zentriert auf das erzählerische „Ich" in den Erzählungen der Frauen

6.2 Die Kinderjausner erzählen: sprachwissenschaftliche Analysen 183

In einem weiteren, qualitativen Analyseschritt arbeiteten wir heraus, welcher Art alle Handlungen sind, in denen sich die interviewten Kinderjausner jeweils selbst aktiv bzw. passiv darstellen. Hierbei unterscheiden wir zwischen zwei *Erzählebenen*: Handlungen in Bezug auf die Erzählungen der Eltern einerseits (siehe oben) und den eigenen Lebenslauf andererseits.

Die interviewten Frauen sprechen von sich selbst als aktiv Handelnde vor allem in Bezug auf die vermittelten Erinnerungen der Eltern: Sie suchen, recherchieren, besuchen Lager, fahren nach Dachau, lesen, schreiben usw. Weitaus seltener handeln sie praktisch im Rahmen beruflicher oder politischer Tätigkeiten.

Die interviewten Männer zeigen sich insgesamt seltener als aktiv Handelnde, insbesondere in Bezug auf die Erinnerungen der Eltern; dafür stellen sie sich – und das entspricht wiederum der Tendenz geschlechtsspezifischer Muster – im zweiten Kontext häufiger als aktiv dar: Sie kommen über die Runden, schaffen etwas, leisten etwas, bringen voran, erreichen Dinge.

Auch bei den mentalen Prozessen lohnt ein näherer Blick auf ihre Beschaffenheit, wenngleich sich Männer und Frauen ähnlich häufig aktiv darstellen. Die interviewten Frauen sprechen über sich selbst im Zusammenhang von „wissen", „erinnern", „glauben", „vergessen", „denken" und „wundern", d. h. entweder in kognitiven Prozessen unterschiedlicher Gewissheit, Prozessen des Erinnerns oder in bestimmten (bewertenden) Relationen zu Inhalten wie „wundern".

Diese bewertende, emotionale Komponente wird von einigen Männern qualitativ anders ausgedrückt, nämlich als ein abwehrendes „ich brauche das nicht" oder „ich weiß genug" und „ich muss das nicht wissen"; davon abgesehen ähneln sich die mentalen Prozesse weitgehend, es geht einerseits um „wissen" und andererseits um „erinnern".

Obwohl sowohl Männer als auch Frauen kognitive Prozesse (speziell des Wissens) auffällig häufig abschwächen („grob", „ziemlich", „wenig", „was weiß ich", „soviel ich weiß") oder sogar verneinen, also davon sprechen, dass sie „nicht wissen" oder „nicht kennen", kommt dies bei Männern deutlich häufiger vor. In den Erzählungen der Frauen sind von 180 kognitiven Prozessen 51 verneinte und 14 abgeschwächte Prozesse des Wissens sowie 62 Prozesse mit niedriger faktischer Gewissheit wie „glauben" oder „meinen". In den Erzählungen der Männer finden sich hingegen 89 verneinte und 18 abgeschwächte Prozesse des Wissens sowie 36 Prozesse, die geringe Gewissheit ausdrücken.

Zusammengefasst lässt sich also feststellen, dass

1. die Erzählungen insgesamt selten emotionale Prozesse beinhalten, sich die Frauen aber häufiger in diesen darstellen, während Männer dies tendenziell eher über Unvermögen und Nichtwollen ausdrücken; und dass

2. die Männer zu deutlich stärkerer Polarisierung in der Darstellung ihres Wissens neigen – sie wissen oder sie wissen nicht, Frauen meinen zu wissen oder eher zu glauben. Diese geschlechtsspezifischen Muster sind auch für das von uns als „*Erzählschleier*" benannte Phänomen relevant.

6.2.2 Der Erzählschleier

Die Erzählungen über die Erinnerungen zu Shoah, Verfolgung, Flucht und Rückkehr der Eltern nach Österreich sind zu einem überraschend großen Teil Berichte über die Umstände des Wissens bzw. Nichtwissens der InterviewpartnerInnen in Bezug auf diese Geschichten. Anstatt die Geschichte als die eigene, als etwas Verbürgtes oder Wahrhaftiges zu rahmen, wird sie mit einem *Erzählschleier* umhüllt, hinter eine dichte Nebelbank des Nichtwissens oder der Angabe, man habe es selbst nur bruchstückhaft erzählt bekommen, gestellt.

Wie ein Schleier wird also das Nichtwissen, Nicht-so-genau-Wissen, Nur-teilweise-Wissen oder Nur-teilweise-Erinnern erwähnt und somit zu einem Leitmotiv der Erzählungen. Dies wird pointiert von einem unserer Interviewpartner formuliert, wenn er von dem expliziten Gebot des Schweigens berichtet, das ihm seine Mutter auferlegte, ja sogar mit einem strengen Gebot des Nichtwissens verknüpfte. Er wiederholt es zunächst mit den Worten seiner Mutter – „das darfst du nie erwähnen" bzw. „da darfst du dich nie wissend machen" – und übernimmt es später mit eigenen Worten: „Danke, ich weiß genug."

Auf sprachlicher Ebene wird dieser Erzählschleier durch die Art und Weise hergestellt, in der die Erzählenden sich selbst, also das „Ich" der jeweiligen Erzählung, in Beziehung zu den erzählten Inhalten setzen – in der Regel also zu Dingen, die ihnen selbst von ihren Eltern erzählt wurden. Für den Erzählschleier spielt es kaum eine Rolle, was, wie oder wie viel die Eltern erzählten – auch wenn sich dies von Fall zu Fall sehr stark unterscheidet. Der Erzählschleier kann mithilfe einer sprachwissenschaftlichen Analyse der Erzählperspektive näher bestimmt werden.

Sowohl Männer als auch Frauen *distanzieren* sich von den Erzählungen ihrer Eltern, vor, während und nachdem sie diese wiedergeben. Dabei sprechen die männlichen Erzähler häufiger vom Wissen in negierter Form als Nichtwissen oder Halbwissen, während die Erzählerinnen häufiger vom Glauben oder Vermuten sprechen. Die Männer *wissen* also entweder oder stellen sich selbst als eingeschränkte Erzähler dar, die eben *nicht*, *grob* oder nur *wenig wissen*. Die Frauen hingegen *glauben*, *erinnern* oder *vermuten* tendenziell häufiger bzw. haben *Eindrücke*.

Dieser Befund ist im direkten Vergleich zu den in der Forschungsliteratur dokumentierten *Erzählungen von Holocaust-Überlebenden* in zwei Punkten bemerkenswert. Erstens ist in diesen die Bedeutung von „*Story Ownership*", also des Besitzes bzw. der Kontrolle über die Erzählung, besonders groß. Das heißt, Holocaust-Überlebende betonen in ihren Erzählungen meist, dass es sich dabei um ihre Erlebnisse handelt oder um ihnen anvertraute Geschichten, über die sie mit großer Sicherheit und erzählerischer Kontrolle verfügen. Das zeigt sich etwa in Einleitungen wie „Ich weiß noch genau, wie …", der erzählerischen Gestaltung von Gleichzeitigkeit, Vor- und Rückgriffen in der Handlung der Erzählung, aber auch in Bewertungen des Erzählten. Zweitens ist die *Authentizität* des Erlebten in diesen Erzählungen von großer Bedeutung. Das heißt, dass Genauigkeit und die Qualität des Erlebten durch detaillierte Schilderung, die Vergegenwärtigung von Sinneseindrücken, das Nachspielen oder Nachsprechen von Gesagtem im Rahmen der Erzählungen betont werden (vgl. Kapitel 4.4, 4.5).

Im Gegensatz dazu unterminieren die Kinderjausner in der Interviewsituation ein solches „*Story Ownership*", sie betreiben ein regelrechtes „*Disownership*" durch zahlreiche Distanzierungen. So betonen sie z. B. wiederholt, dass es sich bei den Geschichten ihrer Eltern nicht um die eigenen Geschichten handelt, dass sie eben nicht dabei waren, nichts wissen oder nur sehr wenig wissen. Die Positionierung dieser distanzierenden Hinweise geschieht dabei analog zu jener des „Besitzes" bzw. der „Inbesitznahme" als Rahmung der Erzählung der Überlebenden selbst, die die Erzählenden in der Geschichte verankert. Beide kommen vor allem zu Beginn und Ende von Erzählungen vor, aber auch zwischendurch immer wieder als eine Art Versicherung gegenüber den InterviewerInnen. Der Effekt ist auffällig gegensätzlich: Die wiedergegebenen Geschichten der Eltern werden über weite Strecken aus einer unsicheren, verunsicherten Erzählperspektive wiedergegeben.

Beispielhaft zeigt sich diese Erzählhaltung in folgendem Ausschnitt:

Es war Thema, nicht nur, aber doch größtenteils in einer sehr allgemeinen Form. Die konkrete Geschichte weiß ich wenig. Ich weiß, dass meine Eltern im Juni 1938 aus Österreich geflüchtet sind und eigentlich nach Frankreich wollten und sie sind aber über Italien gefahren. Sie haben zwar das ganze Gepäck nach Frankreich geschickt, soviel ich weiß, aber in Italien war meine Mutter beim Schweizer Konsul – warum, weiß ich aber nicht, und hat ihn, wie sie mir erzählt hat, mit ihrem Schmuck bestochen und dadurch die Einreise in die Schweiz bekommen. Dann haben meine Eltern die ganze Kriegszeit von 1938 bis 1945 in der Schweiz verbracht. Mein Vater hatte das Glück, nicht interniert worden zu sein wie die meisten anderen. Wirklich Genaues weiß ich nicht, das war nicht so konkret. (I 15)

In einigen Interviews werden die Umstände des eingeschränkten Wissens selbst für kurze Zeit zum Gegenstand der Erzählung, wie etwa in der folgenden Passage, in der der Interviewpartner schildert, dass er vor genauen Recherchen zurückschreckte und es lieber bei einem „groben Eindruck" beließ:

> *Mein leiblicher Vater war im Krieg in der deutschen Wehrmacht und, wie ich dann recherchiert hab, auch 1939 einmarschiert in Polen, da hat er Tagebuch geführt, das irgendwann einmal aufgetaucht ist, und ich war lange beschäftigt ... die Sorge, wo war er da verwickelt, welche Untaten hat er begangen, was war das alles. Am Punkt hab ich's nicht genau gebracht – da hätt man ja auch weiter recherchieren können.* (I 1)

Auch in der folgenden Textstelle erläutert der Interviewpartner die näheren Umstände seines Nichtwissens, indem er die Weitergabe der Geschichte zwischen seiner Mutter und ihm selbst nacherzählt. Er spricht dabei ihre Äußerungen auf eine szenische Art und Weise nach:

> *Die Mutter hat mir Sachen erzählt und dann: „Siegel der Verschwiegenheit, da darfst du nie darüber sprechen, das darfst du nie erwähnen."... „Da darfst du dich nie wissend machen, der Sowieso und die Sowieso ist zurückgekommen." Aber das haben wir alles damals nicht behandelt nachher, weil wir gesagt haben, diese Ausnahmesituation darf man nicht nach dem Krieg wieder aufwärmen. „Aber das war der und das war die, aber das darfst du nie wissen."* (I 7)

Diese sogenannte „Inszenierung des narrativen Affekts" hat größte Bedeutung, da sie das Narrativ nicht nur rahmt, sondern den Erzähler als Figur in das Narrativ einbettet. Die ErzählerInnen werden somit über eine kurze Strecke Figuren in der eigenen Erzählung. Während in Erzählungen, die *„Story Ownership"* und Authentizität betonen, eine solche Passage wohl dazu dienen würde, die Weitergabe der Geschichte zu verbürgen, unterminiert sie hier die eigene Rolle als Erzähler.

Gerade an solchen Schlüsselstellen, wo es zur Überschneidung zwischen der erzählten Welt und der Welt des Erzählens kommt, also dem Hier und Jetzt der Interviewsituation, tritt der Erzählschleier in den Interviews besonders deutlich hervor. Hier positionieren sich die ErzählerInnen als jemand, der/die nicht dabei war, dem/der selbst etwas, wenig oder nichts erzählt wurde und der/die nun selbst unter diesen schwierigen Bedingungen erzählt. Dies bedeutet eine Positionierung ohne Authentizität oder Anspruch auf Wahrheit, markiert durch den Schleier des Nichtwissens.

6.2.3 Zeitlose Orte

Über die genaue Analyse der Art und Weise, in der sich die Kinderjausner auf bestimmte *Zeitpunkte und Orte* beziehen, erfahren wir mehr darüber, wie sie die ihnen vermittelten Erfahrungen in ihren Erzählungen strukturieren und so erzählbar machen. Ein näherer Blick auf die erzählten Geschichten über die von den Eltern vermittelten Erinnerungen zeigt, dass diese in Bezug auf Ereignisse während der Shoah bzw. während der NS-Herrschaft besondere Erzählmuster hinsichtlich ihrer örtlichen und zeitlichen Verortung aufweisen.

Für diese Zeit finden sich (im Gegensatz zu der Erzählung von Geschehnissen davor oder danach) kaum zeitliche Bezüge oder Verankerungen; die wenigen, die überhaupt auftauchen, sind vage oder relational („dann", „damals", „jetzt", „später", „vorher", „danach"). Dieses Muster ist so konsistent, dass beispielsweise genaue Jahreszahlen bis 1938/39 sehr häufig vorkommen und damit einzelne Ereignisse in einem historischen Rahmen festgemacht werden; auch für Ereignisse nach 1945 werden Jahreszahlen in den Erzählungen als Anker verwendet.

In Erzählungen über Ereignisse aus der Zeit zwischen 1938 und 1945 verzichten die ErzählerInnen jedoch weitgehend auf Zeitangaben. Hingegen weisen die Narrative aus dieser Zeit sehr viele örtliche Bezüge auf, diese sind sogar besonders konkret benannt und ausgestaltet. Es sind gewissermaßen *zeitlose Orte*, jedenfalls scheinen sie außerhalb der historischen Zeit (z. B. datierte Kriegsereignisse) zu existieren, wenngleich sie sehr wohl persönliche, individuelle Zeit aufweisen (z. B. Dauer eines Aufenthalts).

Die folgende narrative Passage aus einer längeren Erzählung über das Schicksal des Vaters in den Kriegsjahren betont deutlich die örtlichen Referenzen (von uns hervorgehoben). Diese sind teilweise sehr konkret (etwa Adressen), während die Zeitbezüge entweder relational vage sind (etwa „dann" oder „später") oder für sich stehende, isolierte Zeiträume benennen (etwa „für fünf Monate"). Während sich die Orte also in ein allgemeines, kulturell geteiltes Referenzsystem (Adressen, Stadtpläne usw.) einfügen, ist die zeitliche Dimension weitgehend von einem solchen Referenzsystem entkoppelt.

Im folgenden Beispiel lässt sich nachvollziehen, welche Bedeutung einzelnen, zu Metonymen verdichteten Orten zukommt:

Und dann war er ein Jahr bei der Gestapo am **Mittersteig**. ... *die waren zuerst noch am Mittersteig. Und am* **Morzinplatz**, *glaube ich, auch. Da ist er im Gefängnis gesessen und hat nichts zu tun gehabt, und da hat er sich ein Deutsch-Englisch-Lexikon, einen Langenscheidt, organisiert. Das habe ich noch als Erbstück zu Hause. Da steht sein Name und als Adresse „Mittersteig"* drin. Und er hat dann Englisch gelernt. Mit einem Wörterbuch kann man zwar nicht Englisch lernen, aber er hat sich sehr damit beschäftigt. Ungefähr ein Jahr später war der Prozess. Das war ein Hochverratsprozess mit Androhung auf alles mögliche Böse inklusive Todesstrafe. In der **Untersuchungshaft** ist einer von ihrer Gruppe gestorben, und sie haben das über seine Frau erfahren mit der Aufforderung, diesen Genossen als Anführer der Gruppe zu belasten. Sie haben sich absprechen können und es so gemacht. Daher haben sie „nur" fünf Jahre Zuchthaus bekommen und dann fünf Jahre Ehrverlust oder wie das geheißen hat.

Er ist nach **Deutschland, nach Straubing,** in ein Zuchthaus gekommen. Dort hat er drei Jahre Horror erlebt. Also das war wirklich Horror.

Ich bin mit den Erzählungen davon aufgewachsen. Diese Geschichten waren schon sehr präsent zu Hause. Es gibt ja Leute, die reden überhaupt nicht über diese furchtbaren Erlebnisse, aber mein Vater war nicht so, er hat schon immer wieder erzählt. Also wirklich nichts zu essen bekommen, schrecklich gefroren im Winter. Und gegen Kriegsende, da mussten sie die Bomben ausgraben, die in der **Gegend** gefallen und nicht explodiert sind – unter Lebensgefahr. (T Hanni Stern)

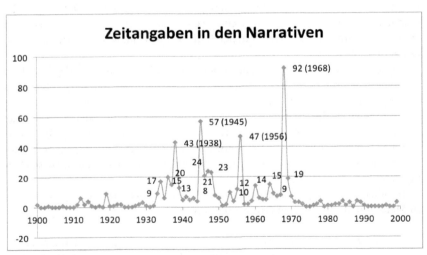

Abb. 4 Zeitangaben in den Erzählungen (gesamt)

6.2 Die Kinderjausner erzählen: sprachwissenschaftliche Analysen

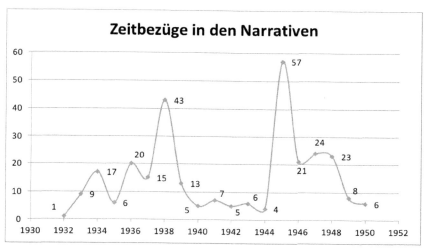

Abb. 5 Zeitangaben in den Erzählungen (1930er- und 1940er-Jahre)

Wir finden also ein örtlich konkretes und zeitlich abstraktes, vom geschichtswissenschaftlichen und öffentlichen Geschichtsdiskurs entkoppeltes *Chronotop* vor, zumindest, was den Zeitraum von 1938/39 bis 1945 betrifft. Konkrete Daten und Jahreszahlen gibt es innerhalb dieser Zeitspanne nur sehr selten, häufig jedoch davor und danach, besonders dicht an den Grenzen (1938/39 und 1945). Dieses Verhältnis von Raum und Zeit entspricht auch dem erzählten Erinnern von Flüchtlingen aus Südamerika in die USA (De Fina 2003a).

Der Wechsel von einem Chronotop zum anderen zeigt sich etwa in folgendem Beispiel deutlich, in dem das Bemühen um genaue Zeitangaben mit dem Hinweis „bevor Hitler einmarschiert ist" endet (Ortsangaben sind hervorgehoben, Zeitbezüge unterstrichen):

> *Sie ist – ähnlich wie mein Vater – <u>sehr früh</u> **aus ihrem Elternhaus** weggegangen und war <u>dann, noch als Jugendliche,</u> **in der kommunistischen Bewegung** aktiv. Was genau sie **da** gemacht hat, habe ich <u>nie</u> gewusst. <u>1936</u> wurde sie von den Austrofaschisten als politischer Häftling eingesperrt, die Kommunisten waren ja bekanntlich <u>ab 1934</u> illegalisiert. <u>Damals</u> war sie 24 Jahre. <u>Nach ungefähr 18 Monaten Haft</u> ist sie <u>Anfang 1938,</u> also <u>relativ knapp bevor Hitler einmarschierte,</u> entlassen worden. Und reiste <u>dann,</u> angeblich <u>fast sofort</u> – sie war ja durch diese Haft als Kommunistin bekannt und galt dadurch als gefährdet –,*

mit einem falschen Pass, den sie von der Partei bekommen hatte, mit dem Zug **in die Schweiz**. *Dort arbeitete sie* <u>*kurze Zeit*</u> *bei irgendeiner reichen jüdischen Familie* **im Haushalt,** *als eine von vielen „Bediensteten". Sie hat das entsetzlich gefunden, seit* <u>*damals*</u> *hasste sie* **die Schweiz** *und reiste daher* <u>*so schnell wie möglich*</u> **nach England.** *In London hat sie* **im Austrian Centre**[54] *gearbeitet, in der Zeitschrift „Zeitspiegel" – so begann ihre journalistische Tätigkeit, die sie* <u>*später*</u> <u>*jahrzehntelang*</u> *fortgeführt hat.* (I Eva Ribarits)

Besonders deutlich wird das Missverhältnis von örtlicher Bestimmtheit und zeitlicher Unbestimmtheit in den *Schilderungen von Verfolgung, Flucht und Emigration.* Diese werden als eine Abfolge von Orten geschildert, die ihrerseits meist metonymisch und teilweise auch euphemistisch für etwas Andauerndes und mit vielen Gefahren Verbundenes stehen.

Diese Form der Erzählung entspricht dem Erleben von Zivilisten im Allgemeinen und von Verfolgten im Besonderen, die von Ort zu Ort fliehen: Es ist der Ort, der Sicherheit oder Gefahr bedeutet, nicht das Datum (mit Ausnahme des Anfangs und Endes des Krieges bzw. der Verfolgung und Flucht).

Zugleich weicht diese Darstellungsform insofern vom aktuellen historiografischen und öffentlichen Diskurs ab, als dieser stark an bestimmten Daten und Zeitpunkten, also Chronologien, orientiert ist. Eine aktuelle Studie zum öffentlichen Diskurs über den Zweiten Weltkrieg und die Shoah im Gedenkjahr 2015 zeigt, dass die mediale Aufarbeitung dieser Ereignisse zunehmend von exakter Datierung und Verortung von individuellen Schicksalen (im Sinne von biografischen Ereignissen) im Rahmen größerer Geschichtszusammenhänge geprägt ist (vgl. Rheindorf, Wodak 2017; Rheindorf 2017).

Die Erzählungen entsprechen hierin aber auch nicht dem früheren öffentlichen Diskurs in Österreich, in dem die NS-Zeit gänzlich tabuisiert war, während die Handlungen und Täter dieser Zeit damals wie heute weitgehend euphemistisch dargestellt wurden (wenn überhaupt TäterInnen genannt und nicht ohnehin getilgt wurden; Wodak, De Cillia 2007). Anders als im früher vorherrschenden öffentlichen Diskurs erfüllt dieser Euphemismus in den untersuchten Erzählungen jedoch nicht die Funktion des Leugnens, sondern zeugt viel eher vom Umgang mit einem Trauma, das in diese Geschichten eingeschrieben ist und mit ihnen weitergegeben wurde. Dabei wird mitunter auch der Krieg selbst zu einem Ort, einem Raum, in dem bzw. außerhalb dessen man sein kann (vgl. Fallstudie Herrnstadt, Kapitel 7.3).

---

54 Siehe dazu http://discovery.nationalarchives.gov.uk/details/r/C11692015, Vereinigung der kommunistischen ÖsterreicherInnen im Exil in England; siehe Kapitel 3.

6.2 Die Kinderjausner erzählen: sprachwissenschaftliche Analysen

Aus dem Krieg *haben sie nur, also ich habe gewusst, mein Vater war, hätte ja sogar ein Visum gehabt* **nach Brasilien.** *Hat Portugiesisch gelernt und hat dann, soweit ich weiß, eher freiwillig gesagt, nein,* **dort** *fährt er nicht hin, sondern er geht* **außer Landes.** *Er ist* **nach Belgien** *gegangen. Die waren <u>immer wieder</u> in so, auch jüdischen, Organisationen. Also dieses Auffangen* **in der Fremde.** *Der Bruder meines Vaters war <u>schon</u>* **dort** *und war* **dort** *<u>schon</u>, glaube ich, in eine Belgierin verliebt. Also insofern hat mein Vater* **dort** *–. Gut, meine Mutter war ja* **in Spanien** *und ist <u>dann</u>, hat dann <u>nicht mehr</u> zurückkönnen, aber* **nach Spanien** *ist sie auch* **aus Frankreich** *gegangen. Sie ist nicht* **aus Österreich,** *sondern sie war <u>schon vorher</u>* **in Frankreich.** *Ich glaube, '35 ist sie <u>schon</u>* **nach Frankreich** *gegangen, weil sie* **dort** *eine Cousine gehabt hat. Ist <u>dann</u>* **nach Spanien,** *hat <u>dann</u> erzählt, dass sie eigentlich noch einmal* **nach Wien** *wollte, um ihren Vater zu überreden, rauszugehen, aber die KPÖ hat, so erzählte meine Mutter, ihnen die Pässe weggenommen* **in Spanien.** *(I Georg Herrnstadt)*

Dieses erzählerische Phänomen ist typisch für das Verhältnis zwischen den Themen bzw. Bezugspunkten in den Interviews und dem aktuellen Konsens in der Geschichtsschreibung bzw. im öffentlichen Diskurs der österreichischen Zweiten Republik. Es ist ein *Indiz für die Marginalisierung der Gruppe* in bzw. gegenüber dem öffentlichen Diskurs. Während letzterer geprägt ist von Daten, Ereignissen, weltpolitischen Entwicklungen oder militärischen Erfolgen bzw. Niederlagen, die eine konkrete zeitliche Dimension haben, sind die Erzählungen der Gruppe in Bezug auf Shoah, Verfolgung, Vertreibung und Emigration vor allem räumlich orientiert.

Eine weitere Besonderheit des Diskurses, den die Erzählungen der Kinderjausner bilden, ist das Ausmaß, in dem diese Räume und Orte auch metonymisch bzw. euphemistisch für Täter und Verfolgung stehen. Dies ist deutlich stärker und spezifischer ausgeprägt als im öffentlichen Diskurs, in dem z. B. „Auschwitz" – ungeachtet der geografischen Lage – zunehmend metonymisch auch für Österreichs Beteiligung an der Shoah steht. Die Interviews enthalten jedoch weitaus zahlreichere und spezifischere Metonymien.

Diese metonymischen und zugleich euphemistischen Bezüge setzen implizit das Wissen um *einen der Gruppe gemeinsamen Referenzrahmen* („Frame"; vgl. Kapitel 4.5) voraus (zu *Tacit Knowledge* in gesprochenem Diskurs und Erzählungen siehe Zappavigna, 2013). „*Nach Spanien gehen*" steht beispielsweise für die Teilnahme am antifaschistischen Kampf, „*am Morzinplatz sein*" bedeutet Inhaftierung, Verhör und Folter durch die Gestapo.

Dieses Wissen ist häufig Spezialwissen und kennzeichnet den besonderen geschichtlichen und politischen Referenzrahmen dieser Gruppe. Zum Teil entspricht dieses Wissen aber auch dem (zumindest in Österreich) geteilten Referenzrahmen (worüber man spricht, worüber nicht, und wie man es tut): „in der russischen Gefangenschaft" oder „in der jugoslawischen Gefangenschaft" zu sein bzw. gewesen zu sein, bedeutet ebenso jeweils etwas Spezifisches. Es sind damit Orte umrissen, in die im kollektiven Gedächtnis und Diskurs Österreichs durch eine Vielzahl von Erzählungen und Erfahrungen Leid und Schmerz eingeschrieben sind, die kaum noch aus- bzw. angesprochen werden müssen oder aber wegen Tabuisierung nicht ausgesprochen werden können. Manchmal folgt der Benennung solcher Orte unmittelbar der Versuch, davon Abstand zu gewinnen. So erzählt etwa eine Interviewpartnerin davon, dass ihre Großeltern ermordet wurden, und bezeichnet es gleich darauf als unmöglich, darüber zu sprechen:

> *Das ist die väterliche Seite. Von der mütterlichen Seite sind beide Eltern* **im Holocaust, in der Shoah** *– oder wie man das auch immer nennen will – umgekommen. Mein Großvater ist hier in* **Wien** *gestorben, angeblich hat er in* **Steyr**, *wo er damals gelebt hat, einen Schlag auf den Kopf bekommen, an dem er dann später in* **Wien** *gestorben ist. Meine Großmutter wurde nach* **Maly Trostinec** *gebracht und* **dort** *ermordet. Darüber kann ich nicht gut reden.* [kämpft mit Tränen] (I Eva Ribarits)

6.2.4 Familienmythen und „berühmte Geschichten"

Selbst die Shoah ist in den untersuchten Erzählungen als Ort realisiert, wie dies auch für das *Im-Krieg*-Sein oder *In-Gefangenschaft*-Sein in Erzählungen über den Zweiten Weltkrieg dokumentiert ist. An diesen Orten, die metonymisch für komplexe Konfigurationen aus persönlichen Erfahrungen, Ideologien, historischen Ereignissen und öffentlicher Wahrnehmung stehen, verdichten sich Erzählungen manchmal zu sogenannten *generischen Erzählungen*. Der folgende Abschnitt zeigt zunächst einen sehr privaten Erinnerungsort, das „Totenhaus", und später einen öffentlichen, „die Blumauergasse", die der Erzähler selbst sogar als „berühmte Geschichte" klassifiziert.

> *Sie hat viel mehr erzählt von der* <u>schrecklichen Kindheit</u>, *die sie gehabt hat. Davon hat sie viel erzählt. Dass der Salomon, also ihr Vater, mein Großvater, ein schrecklicher Tyrann war, weil der Erstgeborene ist schizophren geworden, und den wollte er nicht* **nach Steinhof** *geben und der ist daher* **in der Wohnung** *gewesen und hat mit Tellern geschmissen und hat gebrüllt und geschrien. Der Vater ist wie ein Einser zu diesem Erstgeborenen, zum Georg, gestanden. Und die anderen zwei, der Erich und meine Mutter, die Gerti, die Jüngste, haben*

irrsinnig gelitten. Meine Mutter hat das immer das **Totenhaus** *genannt, das war* **das Haus***, das durfte nicht ausgesprochen werden, wegen Georg und so weiter. Und da hat sie so früh wie möglich, sie hat eine ältere Freundin gehabt, die Lotte Hümbelin, und die war vier Jahre älter als sie und an die hat sie sich* ganz früh schon *angeschlossen. Da* war sie noch keine 13*, entstand die berühmte Geschichte von der* **Blumauergasse***, da ist* **in der Blumauergasse bei einem bestimmten Haustor die linke Stiege nach Blau-Weiß**[55] *gegangen und* **die rechte Stiege zum Kommunistischen Jugendverband***. Das hat meine Mutter erzählt. Gehen wir* **zu Blau-Weiß** *oder gehen wir* **zum KJV?** Da *sind sie* **zum KJV** *gegangen. Sonst wäre meine Mutter vielleicht* **in Palästina** *gelandet,* schon als junges Mädchen*. Und* dann *war sie im Kommunistischen Jugendverband, hat den um 13 Jahre älteren Anton Reisinger*[56] *kennengelernt, der in jedem Buch über die Kommunistische Partei unter den Opfern genannt wird, unter den Hingerichteten. Neben der Hedi Urach und den anderen. Der Tondo ist ihr erster Freund gewesen, der erheblich älter war als sie. Mit dem war sie* dann *in Moskau, und war* bis **'34** *in Moskau. Und ist* dann*,* bevor die große Geschichte[57] **dort** losgegangen ist*, war sie wieder* **hier***. Sie war bei den Februar-Kämpfen dabei und wurde* dann *eingesperrt,* '36 *amnestiert und ist* dann Ende '37 schon *nach Frankreich gegangen und hat sich vom Tondo* dann *irgendwie getrennt. Was Genaueres weiß ich nicht. (I Robert Schindel)*

Unter den hervorgehobenen Orten finden sich einige Euphemismen, wie „Steinhof", wo der blanke Name für das bekannte Wiener Psychiatrische Krankenhaus steht, in dem viele Kranke oder auch Behinderte während der NS-Herrschaft ermordet wurden, oder „die große Geschichte" in Moskau (damit sind die „Moskauer Schau-Prozesse" gemeint), aber auch nicht euphemistische Metonymien,

---

55 Der Interviewpartner bezieht sich hier auf den Zionismus und seine Jugendorganisationen. Alternativ zu der das Deutschtum betonenden Wandervogelbewegung wurden noch vor dem Ersten Weltkrieg einige jüdische Wandergruppen gegründet, die sich unter dem Namen „Blau-Weiß, Bund für Jüdisches Jugendwandern in Deutschland" zusammenschlossen. Angeregt von dessen Erfolg entstand ein gleichnamiger Wanderbund in Österreich.

56 Anton Reisinger, geboren am 31. Mai 1903 in Wien, hingerichtet am 4. August 1943, war Parteifunktionär der KPÖ und Widerstandskämpfer gegen den Nationalsozialismus. 1940 wurde Reisinger in Bratislava festgenommen und von der Gestapo gefoltert. Am 4. August 1943 wurde er im Wiener Landgericht enthauptet. Reisingers Name ist auf der Gedenktafel für die zwölf durch die Nationalsozialisten ermordeten Zentralkomitee-Mitglieder der KPÖ aufgeführt, die sich heute im Haus der KPÖ im 10. Wiener Gemeindebezirk befindet.

57 Damit sind wohl die großen Säuberungen unter Stalin in der UdSSR gemeint.

die für etwas viel Größeres und Komplexeres stehen, wie etwa das Bild von der „linke[n] Stiege nach Blau-Weiß" und der „rechte[n] Stiege zum Kommunistischen Jugendverband". Um dieses verdichtete Bild verstehen zu können – nämlich auch als einschneidende Entscheidung, in welche Richtung das eigene Leben gehen würde –, muss einiges an spezifischem, historischem Wissen aktiviert werden. Die Erzählung, so wie sie formuliert ist, setzt dies voraus. Dies ist nicht zuletzt auch daran zu erkennen, dass der Interviewpartner dies als „die berühmte Geschichte von der Blumauergasse" ankündigt: „berühmt" heißt hier bekannt, gemeinsames Wissen um die Geschichte und um die darin vorkommenden Metonymien (Orte, Farben oder Personen) wird vorausgesetzt.

Eine andere Interviewpartnerin hat ihren eigenen Begriff für generische *Retold Stories* gefunden – „Familienlegenden" – und verwendet diesen, als sie die historische Faktizität der Geschichten hinterfragt:

Da ist mir zum ersten Mal bewusst geworden, wie viele Legenden es in meiner Familie gibt. Zum Beispiel: die Flucht meines Vaters. Mein Vater war ja als Kommunist verhaftet und konnte wirklich nur mit letzter Mühe **das Land** *überhaupt verlassen, nachdem die Nazis schon* **da** *waren. Nach dem Anschluss. Geholfen wurde ihm von einem Nazi-Anwalt. Das hat er immer erzählt. Dieser Anwalt hat ihm seinen Pass ausgehändigt und gesagt: „Ich beneide Sie, dass Sie weg können." Also das war auch ein bisschen diese Mythologisierung der netten* **Wiener***. Denn meine Eltern sind ja vor dem Holocaust* **in Wien** *aufgewachsen und waren große* **österreichische** *Patrioten. Meine Mutter noch viel mehr, als mein Vater. Und ich habe das nie wirklich verstanden. Aber gut, das ist jetzt eine Abweichung vom Thema. Also die Legende zum Beispiel. Es war damals so, dass Juden, die in die Emigration gingen, an der Grenze grundsätzlich* **aus dem Zug** *geholt und einfach so, um sie zu sekkieren, so lange aufgehalten wurden, bis der Zug weg war und sie auf den nächsten Zug warten mussten. Mein Vater soll, was ich mir übrigens nie vorstellen konnte, laut Familienlegende, dem Zug nachgelaufen, aufgesprungen und rechtzeitig in Brüssel angekommen sein, und es war keiner* **da***, weil die Leute schon gewusst haben, wenn man ihnen sagt, ich komme mit dem Zug, dann geht man zum nächsten, weil sie eh nicht kommen. Das war die Familienlegende. Ich habe das immer sehr lustig gefunden, vor allem, weil mein Vater für mich eine total unsportliche Figur war, und ich mir nicht vorstellen konnte, wie er mit 30 einem Zug nachspringt. Ok. Dann habe ich diesen Briefwechsel gelesen und der erste Brief meines Vaters kam* **aus Brüssel***, und da war natürlich keine Rede von Zug nachlaufen und Zug fast versäumt. (I Susanne Scholl)*

6.2 Die Kinderjausner erzählen: sprachwissenschaftliche Analysen

Diese in eine Reflexion eingebettete Erzählung ist in mehrfacher Hinsicht typisch für den Umgang der zweiten Generation mit den Erzählungen ihrer Eltern: die Fokussierung auf Orte, das Anzweifeln der historischen Faktizität im Hinblick auf generisch erzählte Geschichten bzw. der generelle Erzählschleier, gleichzeitig aber das wortgetreue Wiedergeben eben dieser mythologisierten Familiengeschichte.

Dieselbe Interviewpartnerin charakterisiert die in ihrer Familie immer wieder erzählten Geschichten weiter als „die lustigen beziehungsweise möglicherweise so ein bisschen heldenhaften Geschichten". Sie exemplifiziert diese anhand aus ihrer Sicht typischer Szenarien – „wir haben geheiratet mitten im Krieg, und es war Bombenalarm. Und wir waren im Kino, und es war Bombenalarm, und wir sind aber trotzdem ins Kino gegangen" – und betont damit auch das nahezu schematische, rekurrierende Element in diesen Narrativen. Die Verankerung von privaten und dennoch immer wieder erzählten Geschichten an Orten, die auch im öffentlichen Diskurs metonymisch für komplexe Exil- bzw. Emigrationserfahrungen stehen, wird in folgender Passage deutlich:

> *Eine weitere Geschichte, die uns immer erzählt wurde, war, wie sich meine Eltern kennengelernt haben. Meine Mutter hat damals* **im Austrian Center** *als Kellnerin gearbeitet. Mein Vater kam eines Abends, und sie war schon so schrecklich müde, und er wollte eigentlich ein Gulasch und hat aber dann gesagt, sie soll sich doch ein bisschen zu ihm setzen. Sie war sehr hübsch, sie war wirklich bildschön. Er hat sie wahrscheinlich schon vorher gesehen gehabt. Und ein Freund meiner Eltern hat dann immer behauptet, mein Vater hätte meine Mutter nur geheiratet, damit er endlich sein Gulasch bekommt. Was mir, wenn ich Ihnen das jetzt so erzähle, auffällt, ist, dass in meiner Familie und ich nehme an, auch bei vielen anderen, eigentlich nur die lustigen Geschichten erzählt wurden. (I Susanne Scholl)*

Zu den wiedererzählten Geschichten, die wir in unserem Material fanden, gehören auch einige Erzählungen von Hilfe, Unterstützung und Solidarität auf der einen Seite und Grausamkeit auf der anderen Seite. Zur ersten Kategorie zählt die obige Passage über den „Nazi-Anwalt" ebenso wie die folgende Passage über den „Respekt", den ein KZ-Lagerkommandant den dort gefangenen Spanienkämpfern entgegengebracht haben soll.

> *Und den haben sie <u>dann</u>* **in ein kleines Lager,** *in* **so ein Außenkommando nach Lauingen,** *glaube ich, genommen. Also der war ja wirklich ein Geschichtenerzähler. Und der hat sehr, sehr viel* **vom Lager** *erzählt. Der Alte, das war der Lager-Kommandant* **von diesem kleinen KZ,** *und dass er sich eigentlich*

*gut mit ihm verstanden hat, dass er sich Respekt verschafft hat. Der war ein kleiner Mann, der Schurli [der Stiefvater des Interviewten], also klein gewachsen. Die **Spanien**-Kämpfer haben sich immer Respekt verschafft. Sogar die SS hat erzählt von den **Spanien**-Kämpfern. Weil das waren ja, so meinten die SSler, welche wie sie, nur von der anderen Seite. Das waren ja „keine wirklichen Juden". (I Robert Schindel)*

Auffallend an den Erzählungen unserer InterviewpartnerInnen ist, dass auch diese generischen, wiedererzählten Geschichten – mit Ausnahme einiger szenischer Elemente – von dem stark verankerten Erzählschleier verhüllt werden.

Zusammenfassend kann man sagen, dass der Umgang unserer InterviewpartnerInnen mit den Erzählungen ihrer Eltern eine in vielerlei Hinsicht gemeinsame Erfahrung war. Wir konnten gemeinsame Deutungsmuster und geteiltes Wissen feststellen, aber auch eine sehr spezifische Art und Weise, Raum und Zeit in Erzählungen aus der Zeit von 1938/39 bis 1945 als „zeitlose Orte" zu konstruieren. Dabei repräsentieren häufig wiedererzählte Geschichten die Gräuel der Verfolgung und des Krieges; zugleich manifestieren die erzählerischen Rahmungen die zunächst innerfamiliären Umstände des Erzählt-Bekommens und Erzählens; der kontinuierlich konstruierte Erzählschleier macht deutlich, wie unsicher die ErzählerInnen im Umgang mit den weitergegebenen und erinnerten Geschichten sind (intergenerationelles Trauma). Im Unterschied zu generischen Erzählungen durchbrechen szenische Erzählungen sowohl Schleier als auch die ritualisierte, typische Erzählung, sind stark emotionalisiert und können somit als Zugangspunkte zu traumatischer Erinnerung gelten (vgl. Kapitel 4.3, 4.4).

6.2.5 Die handelnden Personen – Protagonisten in den Erzählungen

Die nähere Analyse der handelnden Personen zielt zunächst darauf ab, die wesentlichen „Akteure" in der Welt der Erzählungen zu identifizieren und zu charakterisieren. Anschließend fragen wir – wie bereits bei dem „Ich" der Erzählungen – nach *Unterschieden* in der Art und Weise, wie Frauen und Männer die handelnden Personen darstellen. Die wesentlichen Akteure, sozusagen die Hauptrollen der Erzählungen, werden in dieser Perspektive tatsächlich als Rollen betrachtet. Durch die Schreibweise in eckigen Klammern heben wir die durch unterschiedliche Worte realisierte Rolle hervor. So kann die Rolle [Mutter] etwa als „Mutter", aber auch „Mama" oder „sie" in einer Erzählung vorkommen. Darauf, wie diese Akteure in die Narrative integriert sind, wie sie benannt und präsentiert werden, gehen wir später noch genau ein.

6.2 Die Kinderjausner erzählen: sprachwissenschaftliche Analysen

Folgende Akteure sind ihrer Häufigkeit nach wesentlich für die Erzählungen der Kinderjausner:

[Ich] *die/der Interviewte*
[Eltern] *die Eltern, Vater oder Mutter der/des Interviewten*
[Helfer] *Freunde, Bekannte, Fremde*
[Täter] *Bewacher, die Wehrmacht, die Gestapo, die Polizei*

Zu diesen wesentlichen Akteuren kommen in allen Erzählungen auch zahlreiche Metonymien, Abstraktionen und einfache Nominalisierungen hinzu, die zum Teil euphemistisch die Rolle von Akteuren übernehmen. Sie stehen für weitere Akteure:

[Orte] *Morzinplatz, Verhörzelle, Lager, Mauthausen, Dachau*
[Ereignisse] *der Krieg, Schüsse, Schläge, die Verfolgung, der Widerstand, dieses Sterben, die Gefahr, der Kampf, diese Sachen, Schicksal, diese Dinge*
[Erzählungen] *so Geschichten, kein Wort, Tabu, das Thema*
[Gegenstände] *Ochsenziemer, Waffen*
[politische Bewegungen] *die Kommunistische Partei, die Studentenbewegung*

Die meisten der oben angeführten Begriffe können im konkreten Kontext die genaue und lineare prozesshafte Darstellung der Geschehnisse ersetzen und tilgen damit in der Regel auch die handelnden und betroffenen Personen:

Beispielsweise wird über „Schüsse" gesprochen, aber nicht über denjenigen, der diese abgibt, oder denjenigen, den sie treffen. Es wird ein „Verhörzimmer" erwähnt, aber niemand, der verhört wird, usw. Häufig werden die oben angeführten Formulierungen in elliptischen Konstruktionen ohne Verben verwendet oder in reinen Zustands- und Orts- bzw. Ortswechselbeschreibungen verwendet, wie in „Er war dann in Dachau" oder „Er kam dann nach Wöllersdorf", wobei an das vorhandene Wissen der ZuhörerInnen appelliert wird, die solche Verkürzungen entschlüsseln können, also das notwendige Spezialwissen besitzen (vgl. oben).

So entstehen weitreichende Leerstellen in den Erzählungen, durch die vor allem die Täter und zum Teil auch die Opfer herausgehalten werden. Die Eltern, die meist alleine als [Mutter] oder [Vater] aufscheinen, sind hingegen vielfach als aktiv handelnde Personen und Träger von Eigenschaften charakterisiert, kaum als Ziele von Handlungen: Sie tun, es wird ihnen jedoch kaum etwas angetan. Eine wichtige Ausnahme sind allerdings jene Passagen, in denen ihnen von Freunden,

Bekannten oder Verwandten geholfen wird. Exemplarisch zeigt dies der folgende Textausschnitt, der wichtige Erlebnisse des Vaters wiedergibt.

> *Und das hat er schon immer wieder geschildert, wie er dort geflüchtet ist, dass er eben nicht mehr in die Arbeit gegangen ist. Weil sein Bruder hat ihn mit dem Fahrrad gewarnt: „Geh nicht mehr in die Arbeit. Die sind schon zu Hause und sind sicher auch in der Arbeitsstelle!" Und da ist er gar nicht mehr in die Arbeit gekommen. Und die Mitarbeiter dort, die haben dann der Schwester, die hat auch dort gearbeitet, schon gesagt, dass sie sozusagen ganz erstaunt sind, dass er heute nicht kommt, und in Wirklichkeit haben sie ihn eigentlich alle schon gewarnt. Und er hat dann durch den Freund seiner Schwester, der war relativ groß, der hat zwei Trenchcoat-Mäntel angehabt übereinander und das hat er immer erzählt, dass der ihm ein Packerl und einen Trenchcoat sozusagen runtergehaut hat in den Park, wo sie gewohnt haben, in der Nähe, ins Gebüsch sozusagen. Sie haben sich da eine Stelle ausgemacht gehabt. Sie sind als Liebespaar herumspaziert und haben halt da so nach und nach ein bisschen Geld und eben ein paar Sachen und eben auch diesen Mantel ergattert. Und mit dem ist er dann schon weg nach Paris. Also die Familie hat ihn dann unterstützt, aber nach Hause ist er dann nicht mehr gegangen, dass er dann nicht gefasst wird. (I Eva Friedler)*

Die oben benannte Tendenz zur Abstraktion ist in den Erzählungen der Männer stärker ausgeprägt als in jenen der Frauen. Letztere stellen die Handlungen häufiger in Verbform dar, nicht verkürzt und weniger abstrakt, was jedoch nicht zwingend eine Inklusion der handelnden bzw. betroffenen Personen bedeutet. Auch hier wird unpersönlich und elliptisch formuliert; häufig treffen wir auf das Verb „*umkommen*", das auch im hegemonialen österreichischen Diskurs über die Shoah gebraucht wird: Man ist eben gestorben, nicht deportiert und ermordet worden. Zudem tauchen keine Täter auf. Die vielen Formen von „kommen" (nämlich umkommen, hinkommen, zurückkommen usw.) verdecken komplexe, vielschichtige Handlungen und Erlebnisse schrecklichster Art, wie auch die Rollen von Opfer und Täter.

In den folgenden kurzen Textstellen sind einige dieser typischen Muster zu erkennen:

> *Sie hat mir <u>Dinge</u> erzählt, dass man <u>mit diesem wahnsinnigen, allgegenwärtigen Sterben und Verwundeten und Leid und Schmerz</u> ganz viel Sexualität braucht, dass man das durchsteht, und dass das irgendwie notwendig ist, sonst überlebt man das nicht. (T Fischer-Kowalski)*

6.2 Die Kinderjausner erzählen: sprachwissenschaftliche Analysen

> *Irgendwann ist er dann in Invalidenrente gegangen, weil er anscheinend <u>eine Kopfverletzung hatte, irgend so ein Schuss da oben irgendwo</u>, also nicht im Kopf, sondern am Kopf vorbei. Also erlebt habe ich es, dass er es wirklich hatte, ob es die Ursache war ... (I 4)*

> *Alles Oberösterreicher <u>in Mauthausen gewesen und umgekommen dort</u>, ermordet worden. (I 7)*

> *Die G hat damit auch nur in ihrer Erinnerung über ihre Eltern und über ihre Familie, <u>in der es auch Tod gibt und Ermordung und Emigration</u> [...] (I 1)*

> *War eine Großfamilie, wobei sie der ärmste Teil dieser Großfamilie waren, aber das nach außen hat nicht dringen dürfen, dass sie so arm sind. Da hat meine Mutter schon darunter gelitten, dass sie nichts gehabt haben. Und der ältere Bruder des Vaters, der war in Wien, <u>der ist dann umgekommen in der Nazizeit</u>. (I 16)*

> *Im Prinzip ist die Family nach Palästina gegangen, meine Mutter ist aber in Österreich geblieben. Die Geschwister meines Vaters, die haben in Prag gelebt, haben, so wie mir das mein Vater erzählt hat, alle Ratschläge, doch zu flüchten, in den Wind geschrieben und sind beide in Auschwitz <u>umgekommen</u> mit ihren jeweiligen Ehepartnern. (I 15)*

Flucht und Verfolgung der Eltern

Da alle untersuchten Erzählungen die Geschehnisse während oder um die Flucht und Verfolgungen der Eltern behandeln, ermöglicht die oben in Bezug auf die Positionierung des erzählerischen „Ich" verwendete Methode auch einen systematischen Blick auf die Rollen, die die Erzählungen den Eltern zuweisen. Eingebettet in das Netzwerk aus Handlungen, die den Akteur [Eltern] in den Erzählungen mit anderen Akteuren wie [Täter] oder [Helfer] verbinden, erschließt sich so ein umfassendes Bild auf die Darstellung von Flucht und Verfolgung aus der Perspektive der Erzählenden.

Insgesamt steht der Akteur [Eltern], einzeln als „Vater", „Mutter" oder gemeinsam als „Eltern" realisiert, in einem weitaus vielfältigeren Beziehungsgeflecht als das „Ich" der ErzählerInnen, also der Kinder. Dabei erzählen die Frauen häufiger von ihren Müttern als von ihren Vätern, während die Männer häufiger von den Vätern als von ihren Müttern sprechen. Im Sinne der sozialen Netzwerkanalyse (vgl. Kapitel 5) werden diese unterschiedlichen Realisierungen für den folgenden Auswertungsschritt als sozialer Akteur [Eltern] zusammengefasst (2.979 Nennungen insgesamt) und dessen Beziehungen zu anderen Elementen der Erzählungen dargestellt.

Wir greifen dabei auf dieselbe Kategorisierung von Prozessen zurück wie schon beim Akteur [Ich], um zu zeigen, wie [Eltern] in den Erzählungen – grob gesagt – denken bzw. fühlen, sprechen, handeln und in der Welt sind; bzw. wie an sie gedacht wird, zu ihnen gesprochen wird usw. Die folgende Tabelle bietet einen Überblick über die häufigsten Realisierungen (häufiger als fünf Mal).

Tab. 3 Involvierung des Akteurs [Eltern] in Prozesse (Erzählungen der Männer, n = 1465)

	[Eltern] als aktiv	[Eltern] als passiv
mentale Prozesse	loswerden, ablegen, entlasten, kennen, wissen, schauen, kennenlernen (103)	erinnert, gedacht, vermisst (23)
verbale Prozesse	sagen, erzählen, argumentieren, beschreiben (77)	gefragt, gesagt (14)
materielle Prozesse	besorgen, hinunterfahren, stehen, ausüben, austreten, zurückkommen, ausreisen, aufwachsen, kommen, anschließen, absolvieren, Quartier nehmen, überlaufen, die erste Gelegenheit nützen, desertieren, durchkommen, begegnen, abspringen, sich durchschlagen, umkommen, zurückkehren, sich betätigen, versuchen, über die Runden bringen, verschaffen, führen, Untaten begehen, sich nicht beteiligen, arbeiten, durchkriegen, landen (634)	befreit, verhaftet, delegiert, ausgebildet, eingezogen, geschickt, erwischt, verwundet, geprägt, nicht willkommen geheißen (139)
relationale Prozesse	sein, einen Beruf haben, befreundet sein, Mitglied sein, eine schwere Erkrankung haben, im Rollstuhl sitzen, gelernter Buchdrucker sein, geboren sein, politisch sein, kämpferisch aktiv sein, verheiratet sein, Redakteur sein, Kommunist sein, Glück haben, enttäuscht sein, Alleinerzieherin sein, es gibt eine Mutter, repräsentieren, im Krieg sein, in der deutschen Wehrmacht sein, verwickelt sein, nicht imstande sein, da sein, nicht dazugehören (475)	

[Eltern] sind in den Erzählungen der Frauen deutlich häufiger das Ziel von materiellen Prozessen (273 vs. 139 in den Erzählungen der Männer), sie werden also häufiger als passive Empfänger von Handlungen thematisiert – es wird ihnen (etwas) getan. Gleichzeitig sind sie auch deutlich seltener Agens in materiellen Prozessen, d. h. sie werden weniger häufig als handelnde, aktive Personen dargestellt als in den Erzählungen der Männer (351 vs. 634).

In mentalen (emotionalen und kognitiven) Prozessen sind [Eltern] in den Erzählungen der Frauen etwas häufiger aktiv, d. h. sie denken, fühlen oder erinnern

6.2 Die Kinderjausner erzählen: sprachwissenschaftliche Analysen

sich häufiger als in den Erzählungen der Männer (161 vs. 103) und sind in etwa gleich häufig Patiens, d. h. es wird an sie gedacht usw. (27 vs. 23). So stellen die Erzählerinnen einerseits häufiger die mentalen, insbesondere emotionalen Prozesse dar, in denen sie ihre [Eltern] erlebt haben.

Tab. 4 Involvierung des Akteurs [Eltern] in Prozessen (Erzählungen der Frauen, n = 1514)

	[Eltern] als aktiv	[Eltern] als passiv
mentale Prozesse	verdrängen, nicht erinnern, gar nicht mehr wissen, emotional verarbeiten, Sprachen können, nicht wollen, alles vermeiden, damit schlecht umgehen können, heulen, kennenlernen, wahrnehmen (161)	denken, erinnern (11)
verbale Prozesse	erzählen, nicht reden, sagen, politisieren, schildern, berichten, betonen, nicht erzählen, wenig erzählen, sprechen, nie erwähnen, immer wieder erzählen (310)	erwähnt, gewarnt (27)
materielle Prozesse	gut schlafen, holen, erleben, intervenieren, nicht mitspielen, wohnen, unterrichten, verfassen, nach Auschwitz kommen, zurückgehen, als Zeitzeuge in Schulen gehen, schreiben, zusammentragen, machen, flüchten, nicht mehr in die Arbeit kommen, als Liebespaar herumspazieren, ist nicht mehr nach Hause, nicht drängen, fliehen, als Hausmädchen arbeiten, zurückschicken, in einem politischen Haus aufwachsen, Druck machen, verstecken, feiern (351)	gelitten, rausgeekelt, sich blenden lassen, wegmüssen, evakuiert werden, Spezialauftrag bekommen, gesucht, geschickt, für den spanischen Bürgerkrieg rekrutiert, bekommen, runtergehaut, unterstützt, eingesperrt, passiert, angegriffen (273)
relationale Prozesse	sein, haben, Frostbeulen haben, eine Erzählerin sein, schweigsam sein, im Radio sein, an der Front sein, in der österreichisch-sowjetischen Gesellschaft sein, sicher nicht Stalinisten sein, viel zu antiautoritär sein, irgendwie anders sein, in der Sowjetunion sein, in relativer Sicherheit sein, im Exil sein, im kommunistischen Ungarn sein, in Frankreich sein, in Moskau sein, dort sein, jemand sein, nicht mehr in der Arbeit sein, politisch aktiv sein (384)	

Im direkten Vergleich zeigt sich also, dass [Eltern] in den *Erzählungen der Männer* vorwiegend abstrakte Ereignisse erleben bzw. erleiden oder die Unterstützung von

[Helfern] empfangen. Zudem bewegen sie sich, wechseln den Ort oder sorgen für jemanden. Sie sind aber auch häufig Träger von Eigenschaften in Formulierungen, die Handlungen als Zustände ausdrücken (etwa „politisch aktiv sein") oder sie in Beziehung zu Orten setzen („und sie war dann in Frankreich"). Darüber hinaus treten sie über verbale Prozesse in Beziehungen mit dem erzählenden [Ich], dem sie Dinge mitteilen. Sie sind aber auch Akteure in mentalen Prozessen, in denen sie Ereignisse eingeschränkt wissen bzw. wahrnehmen.

Auffällig ist die Abwesenheit von *emotionalen Prozessen*, wenn die *Männer* von [Eltern] erzählen; in den *Geschichten der Frauen* hingegen kommen *emotionale Handlungen* der [Eltern] sehr explizit vor – *heulen, trauern, emotional verarbeiten, sich auflösen*. Dabei geht es jedoch in der Regel nicht um die von den [Eltern] erzählten Ereignisse, sondern um die Umstände des Erzählens bzw. Nichterzählens der [Eltern], also um Handlungen, die vom erzählenden [Ich] selbst beobachtet wurden.

Die Eltern im Beziehungsgeflecht der Erzählungen

Um das durch Handlungen hergestellte Netzwerk um den zentralen Akteur [Eltern] in den Erzählungen abzubilden, können nun die wichtigsten Bezugspunkte der oben angeführten Prozesse ergänzt werden, d. h. wenn davon erzählt wurde, dass der Vater von jemandem eingesperrt wurde, dann wird dieser andere Akteur – sofern er genannt wurde und somit dem Akteur [Täter] zugeordnet werden kann – als Ausgangspunkt dieser Handlung identifiziert. Ein Pfeil verbindet die beiden beteiligten Akteure, um die Richtung der Handlung anzuzeigen. Angesichts der bereits festgestellten Unterschiede beschäftigt uns auch hierbei die Frage nach geschlechtsspezifischen Ausprägungen.

Stellt man die Handlungen der wesentlichen Akteure aller Erzählungen gemeinsam dar, so stellt sich das gesamte Netzwerk zentriert auf [Eltern] wie folgt dar:

Die in Abbildung 6 dargestellte Gesamtperspektive verdeutlicht einige auffällige Aspekte, etwa im unteren rechten Bereich: [Täter] wirken ausgesprochen selten direkt auf [Eltern] ein, weit häufiger tun dies [Helfer] (in beiden Fällen in Form von materiellen Prozessen). Stattdessen führen [Täter] eher [Ereignisse] herbei, diese wiederum betreffen [Eltern] bzw. werden von [Eltern] erinnert oder erlitten. Das heißt, dass die Erzählungen *Täterschaft gegenüber [Eltern] tendenziell indirekt konstruieren*, nämlich vermittelt über [Ereignisse]. Der Akteur [Eltern] wird auf diese Art und Weise weniger als Opfer anderer Menschen als von entpersonalisierten und abstrakten Situationen, Ereignissen oder Geschehnissen dargestellt.

Neben der zentralen Rolle als (ihren Kindern, unseren Interviewten) Erzählende – was sich in den häufigen verbalen Prozessen abbildet –, *stehen [Eltern] vor allem in Beziehung zu [Orten]*, und zwar insgesamt etwas häufiger in aktiven Handlungen (an einen Ort gehen, ihn verlassen), als der Verbleib an einem Ort geschildert wird (relationale Prozesse). Wie zu erwarten, bilden sich die bereits aufgezeigten geschlechtsspezifischen Unterschiede auch im Geflecht der Beziehungen zwischen den wesentlichen Akteuren der Erzählungen ab. Während sich die *Männer [Eltern] stärker als aktiv handelnd* (*gehen, fahren*) *zu Orten in Beziehung setzen, stellen sich die Frauen [Eltern] stärker als an Orten verbleibend* dar (*sein*).

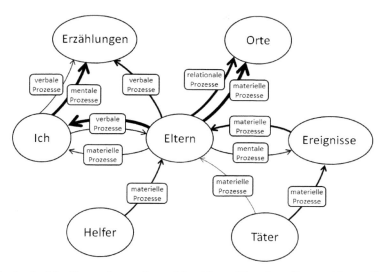

Abb. 6 Soziales Netzwerk, zentriert auf den Akteur [Eltern] in allen Erzählungen[58]

Deutlich intensiver ist auch die Beziehung, in der die Frauen den Akteur [Eltern] zu Ereignissen darstellen: Diese werden häufiger *erinnert, erlebt, erlitten* und wirken auch häufiger direkt auf die Eltern. Das folgende Beispiel zeigt, wie in den *Erzählungen der Männer* häufig und typischerweise mit den Erlebnissen und Geschichten der Eltern umgegangen wird.

---

58 Die Linienstärke der Pfeile drückt folgende Häufigkeiten aus: Ich-Erzählungen verbale Prozesse 98, mentale Prozesse 375; Ich-Eltern verbale Prozesse 121; Eltern-Erzählungen verbale Prozesse 221; Eltern-Ich verbale Prozesse 418, materielle Prozesse 117; Helfer-Eltern materielle Prozesse 169; Eltern-Orte relationale Prozesse 327, materielle Prozesse 431; Ereignisse-Eltern materielle Prozesse 218; Eltern-Ereignisse mentale Prozesse 113; Täter-Ereignisse 196; Täter-Eltern materielle Prozesse 48.

Also ich möchte zuerst sagen, dass viele Jahre überhaupt nicht darüber gesprochen wurde. Was ich dann, wie es mich interessiert hat, nicht mehr verstanden habe und das heute ein bisschen besser verstehe; das war sowohl ein Eigenschutz als auch ein Kinderschutz. Also die Geschichten, die in Wien auf den Straßen passiert sind, das sind sehr typische Geschichten, wo Leute verfolgt wurden, Straßen putzen mussten und so. Also meine Mutter hat nicht selber Straße geputzt und ist auch relativ zeitgerecht, sage ich einmal, mit ihrer Mutter dann, zuerst in eine andere Wohnung, nachdem sie dort „hinausgeschmissen" worden sind, gezogen, und dann wollten eben die, meine Großeltern mütterlicherseits, die Geschichte kommt dann noch – er hat mit Frisörsachen gehandelt, also diese Zubehörgeschichten. Und das auch ganz viel mit dem früheren Jugoslawien – und mein Großvater hat daher gedacht, dass er mit seiner Frau dort durch und raus kommt. Und das ist schiefgegangen, und sie haben meine Mutter sozusagen ins Schiff gesetzt. Diese war 16 und hat ihre Eltern nie wieder gesehen. Das sind Geschichten, die ich häufig gehört habe, natürlich. (I Georg Schönfeld)

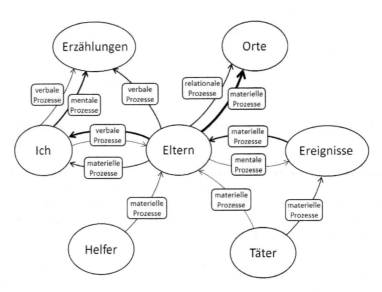

Abb. 7 Soziales Netzwerk, zentriert auf den Akteur [Eltern] in den Narrativen der Männer[59]

---

59 Die Linienstärke der Pfeile drückt folgende Häufigkeiten aus: Ich-Erzählungen verbale Prozesse 73, mentale Prozesse 186; Ich-Eltern verbale Prozesse 51; Eltern-Erzählungen

6.2 Die Kinderjausner erzählen: sprachwissenschaftliche Analysen

Ein weiterer *geschlechtsspezifischer Unterschied* zeigt sich in dem Ausmaß, in dem Vagheit hinsichtlich der geschilderten Ereignisse realisiert wird. Dies gilt vor allem für die Kriegsgeschehnisse sowie Verfolgung der eigenen Eltern und Großeltern, eingeschränkt aber auch für die Schilderung der betreffenden Zeit insgesamt. Mittel der Vagheit sind einerseits Euphemismen und Nominalisierungen (unter Löschung der handelnden Person wie bei „die Verfolgung" oder „die Schüsse"), andererseits aber auch Ellipsen in der Formulierung (etwa in der Auslassung von Subjekten oder Objekten in Satzkonstruktionen, die eigentlich nach solchen verlangen bzw. sie zulassen); auch abgebrochene Formulierungen oder sogenannte Reparaturen, bei denen bereits Gesagtes nochmals neu bzw. anders formuliert wird (vgl. Kapitel 6.2.2).

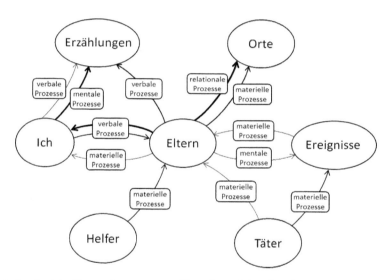

Abb. 8 Soziales Netzwerk, zentriert auf den Akteur [Eltern] in den Narrativen der Frauen[60]

---

verbale Prozesse 107; Eltern-Ich verbale Prozesse 204, materielle Prozesse 77; Helfer-Eltern materielle Prozesse 62; Eltern-Orte relationale Prozesse 120, materielle Prozesse 300; Ereignisse-Eltern materielle Prozesse 140; Eltern-Ereignisse mentale Prozesse 50; Täter-Ereignisse 105; Täter-Eltern materielle Prozesse 27.

60 Die Linienstärke der Pfeile drückt folgende Häufigkeiten aus: Ich-Erzählungen verbale Prozesse 25, mentale Prozesse 189; Ich-Eltern verbale Prozesse 70; Eltern-Erzählungen verbale Prozesse 114; Eltern-Ich verbale Prozesse 214, materielle Prozesse 40; Helfer-Eltern materielle Prozesse 107; Eltern-Orte relationale Prozesse 207, materielle Prozesse

Das folgende Beispiel zeigt, wie eine Kinderjausnerin in der Interaktion mit der Interviewerin die starken Rollen der eigenen Mutter benennt, sie dabei aber dennoch eher passiv als aktiv darstellt.

> *I: Das heißt, sie hat dir viele abenteuerliche Geschichten erzählt?*
> *MFK: Viele Geschichten.*
> *I: Und sie ist grundsätzlich die Heldin ihrer Abenteuergeschichten gewesen?*
> *MFK: Sie war nicht sehr heldisch.*
> *I: Aber nicht ein Opfer?*
> *MFK: Naja, oft um ein Haar.*
> *I: In ihrer Darstellung, meine ich. Die reale Gefahr ist eine Sache, aber ...*
> *MFK: Nein, sie hat sich nicht als Opfer dargestellt. Sie war weder je im Häfen, noch ist sie je gefoltert worden, noch ist sie ins KZ gekommen, aber es war halt ein paar Mal wirklich haarscharf. Es ist öfter auf sie geschossen worden und solche Dinge, es war nicht so ganz ohne. Aber sie war kein Opfer, sie war Täterin, sie war eine Kämpferin. Sie war ja dann auch in der Roten Armee in Weißrussland, da war sie sogenannter Propagandaoffizier, und da war sie halt dann ewig an vorderster Front. (I Marina Fischer-Kowalski)*

Die Mittel der Vagheit sind bei Männern und Frauen grundsätzlich dieselben, jedoch unterscheidet sich ihre Häufigkeit. Während die Männer in ihren Erzählungen die geschilderten Ereignisse häufiger verkürzt darstellen (etwa „dann war da das Lager"), benützen die interviewten Frauen insgesamt mehr Abstraktionen und Euphemismen wie „Dinge", „Geschichten" oder „Schicksal". Dabei bewerten sie die geschilderten Ereignisse jedoch weitaus häufiger, etwa über Adjektive wie „wahnsinnig" oder „furchtbar".

> *Freundlich aufgenommen. Also am Anfang natürlich schon, diese Kommunisten sind ja irrsinnig moralisch gewesen. Also dass ich dort übernachte oder so, das haben sie nicht ausgehalten. Furchtbar. (T 21)*

> *Der hat sich irrsinnig aufgeregt. Dann haben die beiden, diese beiden Zeugen, die haben dann einen Prozess bekommen von dem Anwalt. Also der Anwalt hat sie beschuldigt, dass sie ihn bedroht hätten oder so irgendetwas, weil der eine halt irgendwie mit der Faust geballt hat oder so. Also mit solchen Sachen mussten sie sich dann noch, weiß ich, '48 und so, auseinandersetzen. (T 21)*

131; Ereignisse-Eltern materielle Prozesse 78; Eltern-Ereignisse mentale Prozesse 63; Täter-Ereignisse 91; Täter-Eltern materielle Prozesse 21.

6.2 Die Kinderjausner erzählen: sprachwissenschaftliche Analysen 207

Bewertungen dieser Art sind in den Erzählungen der Männer insgesamt seltener, kommen aber dennoch vor. Das folgende Beispiel zeigt den betont rationalen Rahmen der Suche nach Erklärungen, das nachfolgende eine explizit emotionale Position:

> *Das hängt zum Großteil mit dem Schicksal der Eltern zusammen, glaube ich. Das wäre eine meiner Erklärungen. Manche Leute sind, das hängt auch mit dem Alter zusammen, das diese Menschen 1938 oder '34, '36, '38 hatten. Manche sind damals schon, also Eltern von Freunden, sind damals schon sehr politisiert gewesen und andere praktisch überhaupt nicht. Also die, die nicht politisiert waren, können nur aufgrund ihrer jüdischen Zugehörigkeit verfolgt worden sein, und die, die damals schon politisiert waren, wurden aus beiden Gründen – politisch und rassisch – verfolgt. (I Georg Schönfeld)*

> *Es ist alles überdeckt durch das, was nachher war. [lacht] Ich weiß nur, wir waren in Auschwitz ab dem dritten Lebensjahr, ah, in Mauthausen. Jedes Jahr die Feier, wenn wir oben waren. Mein Vater hat ja bis zu dem Zeitpunkt dann immer reden können dort, die Begrüßung auch. Es war wahnsinnig emotional, wie meine Töchter dann bei der Festveranstaltung die Begrüßung gemacht haben. (I 11)*

Fokussiert man also die Analyse auf euphemistische Formulierungen, erzählen die Männer anhand weniger persönlicher und emotionaler Sprache, bewerten die euphemistisch benannten Dinge bzw. benennen etwaige damit assoziierte Emotionen selten. Das bedeutet freilich nicht, dass sie keine Emotionen zeigen (etwa nonverbal) oder gar haben; ihre Wortwahl betont allerdings die Sachlichkeit der Erzählung. Die Erzählungen der Frauen benennen hingegen emotionale sowie psychische Zustände wie *Trauer, Angst* oder *Wahnsinn*.

Abschließend lässt sich aus sprachwissenschaftlicher Perspektive festhalten, dass die in den Interviews enthaltenen Erzählungen auf starke Gemeinsamkeiten der Kinderjausner hinweisen, trotz aller individuellen lebensgeschichtlichen Unterschiede.

Das gilt einerseits allgemein für die thematische Fokussierung der kollektiven Erinnerung an den Zweiten Weltkrieg und die Shoah – nicht zuletzt auch im Unterschied zum öffentlich-medialen Diskurs. Es gilt insbesondere für die *erzählerische Distanzierung* zu den eigenen Familiengeschichten zwischen 1938 und 1945. Phänomene wie die *Positionierung des erzählerischen „Ich"*, der *„Erzählschleier"* und die *„zeitlosen Orte"* verbinden die Kinderjausner über ihre individuellen Biografien und Familienbiografien hinweg.

Durchaus wohlwollend-ironisch und manchmal ambivalent distanziert ist der Umgang mit *Heldenmythen und Familienlegenden*, die mitunter als generische Erzählungen erhalten sind. Markant sind darüber hinaus die *szenischen Erzählungen*, die den Erzählschleier hoch emotional durchbrechen und Hinweise auf intergenerationale Traumata geben.

Fallstudien 7

7.1 Lili Kolisch

Ernst Berger

Lili Kolisch (LK) ist die Tochter jüdischer Eltern, die vor den Nazis nach England geflüchtet sind. Sie selbst ist 1942 dort zur Welt gekommen und mit fünf Jahren gemeinsam mit den Eltern nach Wien zurückgekehrt.

> *Ich bin Jüdin, komme aus einer jüdischen Familie, meine Eltern sind 1938 in die englische Emigration gegangen. (I)*

Dieser Satz leitet das Interview im Jahr 2012 ein. Die jüdische Familientradition und die Emigration sind zwei Schlüsselelemente in LKs Erzählung.

> *Meine Eltern haben genau vierzehn Tage, bevor sie Wien verlassen mussten, geheiratet. Nach zehnjähriger Verlobungszeit. Sie haben lange, lange gespart, sie waren so lange verlobt, bis sie eine Wohnung hatten. Diese Wohnung haben sie genau 14 Tage besessen. … Meine Mutter ist heimlich, damals gab es ja die konfessionellen Trauungen, zum Tempel gegangen, mit Blumen unter dem Mantel – das wurde mir oft und oft geschildert, dass sie die Blumen unter dem Mantel versteckt hatte, damit ja niemand draufkommt, dass da irgendwelche Juden auf die Idee kommen, zu heiraten – also zum Tempel. Mein Vater kam von ganz woanders. Also die haben das sehr heimlich, sehr versteckt gemacht. Und dann waren sie weg. (T)*

Beide Eltern – der Vater Rechtsanwalt und Politiker, die Mutter Schneiderin – kamen auf unterschiedlichen Wegen nach England. Auch den Großeltern ist die Flucht gelungen, viele andere Verwandte aber sind „umgekommen":

© Springer Fachmedien Wiesbaden GmbH, ein Teil von Springer Nature 2018
E. Berger und R. Wodak, *Kinder der Rückkehr*,
https://doi.org/10.1007/978-3-658-20850-9_7

> *... einige sind umgekommen, einige haben Selbstmord begangen – eh die ganze Geschichte halt. (I)*

Die Ermordung der anderen Familienmitglieder wird in den Begriff „umgekommen" verpackt und die Dramatik dieses Geschehens mit dem Halbsatz „eh die ganze Geschichte halt" in den Hintergrund gestellt. Ein durchaus verbreiteter, aber dennoch beachtenswerter Erzählmodus.

Von der Flucht der Familie und vom Zusammenleben der österreichischen Emigranten in London wurde später immer wieder erzählt, von Verfolgungen oder Bedrohungen aber nicht. Abgesehen von einer späteren Erzählung über ihre Geburt im Bombenhagel, hat sie davon lange Zeit nichts gewusst.

> *Schwierig war die Emigration sicher. Interessant finde ich, dass man mir die negativen Seiten dieses Daseins nie erzählt hat. Ich habe aus England nur helles Licht. England war für mich lauter Faszination [...] Ich meine, ich war viereinhalb. Eigene Erinnerungen – forget it. Aber sie haben mir nur erzählt vom Austrian Centre und vom Theater und mit dem und dem, was sie alles erlebt haben. Ich weiß, dass mein Vater interniert war auf der Isle of Man. Was sich dort abgespielt hat, weiß ich über andere. Er hat nie etwas erzählt davon, außer, dass er dort war. (T)*

Die Mutter, behütet aufgewachsen in einem konservativen Elternhaus, war – nach Einschätzung von LK – durch das Erlebnis des Antisemitismus nach dem Einmarsch der Hitlertruppen traumatisiert und die damals entstandenen Ängste blieben ein dominierender Faktor in LKs Leben. „Nicht laut sein, nicht auffallen" ist zu einer lebensbestimmenden Haltung der Mutter geworden.

> *Nach dem Einmarsch, von da an war meine Mutter einfach traumatisiert. Sie hat dann noch ihre Eltern nachholen können, das war sicher ein großes Glück. – Der nächste Punkt ist '46, '47. Mein Vater ging zurück nach Wien. Meine Mutter kam erst mit mir und meiner Großmutter ein halbes Jahr später. Und ich weiß, dass sie nicht zurück wollte. Er, der Politiker, hat ursprünglich, Gott sei Dank, gesagt, wir gehen ins Ausland, das wollte ein Großteil der Familie auch nicht. Er hat darauf bestanden, dass das passiert, weil er immer ein politischer Mensch war und gesehen hat, was da kommt. Gegen ihren Willen ist sie sozusagen nach England und gegen ihren Willen ist sie wieder nach Wien zurück. Sie hat sich wahnsinnig vor Wien gefürchtet. Und sie hat mir später dann erzählt, dass sie auf der Straße gegangen ist und wen immer sie gesehen hat, hat sie sich gedacht: Wer warst du, was hast du gemacht? (T)*

Die Ängste sind in der letzten Lebensphase der Mutter wieder deutlich zum Ausdruck gekommen:

Eines Tages bin ich auf die Pflegestation des Pensionistenheims gekommen und sehe im Zimmer an den Betten schöne bunte, große Tafeln mit Namen montiert. Nur bei ihr steht kein Name. Und ich sage: "Mutti, ich sehe, das ist so schön gemacht. Wieso bei dir nicht?" "Nein. Ich will nicht, dass man das lesen kann. Wenn die kommen und mich holen, dann sehen sie gleich, wo ich bin." Meine Mutter ist nie geholt worden, muss man dazusagen. Es war nur die Angst. (T)

Anders der Vater. Er war – wie schon seine Eltern – in der sozialistischen Partei aktiv. Im Austrian Centre in London gab es eine klare politische Linie, nach dem Ende von Krieg und Faschismus nach Österreich zurückzukehren und ein neues Österreich aufzubauen. Der Vater – Kurt Heitler – war von dieser Linie überzeugt. In einem Brief an seine in der Schweiz lebenden Eltern schreibt er am 14. Juli 1945 aus Manchester:

"Was sich vor unseren Augen abspielt, ist nämlich nicht eine Rückkehr zu den Verhältnissen vor 1938 oder 1933, sondern ein wirklicher gründlicher Neuaufbau, eine richtige Revolution. – Abgesehen von all dem schätzen wir die Existenzmöglichkeiten in Österreich besser und sicherer ein als hier." (Brief Kurt Heitler 1945[61])

Kurt Heitler argumentiert seine Einschätzung politisch – letztlich wohl illusionär – u. a. mit der Verstaatlichung der Großindustrie in Österreich und mit dem Verweis auf die wachsende Nachkriegsarbeitslosigkeit in England, aber auch mit der Ausgrenzung von Juden:

"Und zur Frage der Assimilierung in England. Nur ein Beispiel: Juden, die selbst in England geboren sind und deren Eltern in England geboren sind, also britische Staatsbürger. Jeder Engländer – auch der beste Philosemit, sagt über sie: ‚He is not English, he is a Jew'." (Brief Kurt Heitler 1945)

LK erinnert sich an das Selbstbewusstsein eines leidenschaftlichen Wieners, der nie über antisemitische Erlebnisse geklagt hat.

---

61 Brief Kurt Heitler, Manchester, 14. Juli 1945. Privatarchiv Lili Kolisch, geb. Heitler.

*Er war ein leidenschaftlicher Wiener. „Wir sind da und Wien ist fantastisch."
Ich glaube, er hat jeden Kieselstein in dieser Stadt gekannt. Es ist nie auch nur
ein Alzerl von einer Verbitterung dagewesen. Heute frage ich mich, wie kann
das sein? Ich habe von ihm nie irgend etwas vermittelt bekommen wie „Man
hat mich hier schlecht behandelt". Ich habe es natürlich theoretisch gewusst,
aber es war nie etwas Persönliches dabei. Ich kannte quasi die Geschichte und
wir mussten weg und Juden und Antisemitismus und alles, was halt sonst
noch war, aber nie „Ich persönlich bin von meinem Nachbarn, von meinem
Gegenüber, auf der Straße, von Kollegen angegriffen worden". (I)*

Diese Erinnerung prägt das Bild des früh verstorbenen Vaters. LK war damals 18 Jahre alt. Er war ein „stolzer Jude" und von September 1950 bis Mai 1951 Präsident der Israelitischen Kultusgemeinde (IKG) in Österreich. Jüdische kulturelle Traditionen waren – vermittelt über die Großmutter – Teil des – ansonsten atheistisch geprägten – Familienlebens.

Drei Welten bildeten den Rahmen von LKs Leben: die jüdische, die kommunistische und die Außenwelt. Der Umgang mit diesen drei Welten war nicht ganz einfach.

*Ich habe mir immer überlegt, was von dem, was aus den beiden anderen
Welten in mir drinnen ist, gebe ich bekannt, was sage ich, was erzähle ich. (T)*

Die jüdische Welt war durch LKs Großmutter mütterlicherseits präsent:

*Es gab meine gläubige, jüdische Großmutter, die bei uns zu Hause gelebt hat.
Ich bin zwar nicht in irgendeinem Glauben erzogen worden, keineswegs, aber
es gab die großen Feiertage, die respektiert wurden, ihr zuliebe. Es gab dann die
Stille daheim, wenn sie gebetet hat. Dann saß man beim Tisch und hat gewartet,
bis sie mit dem Gebet fertig ist, von dem ich ja kein Wort verstanden habe. (T)*

Auch LKs Vater hat einen anderen, aber ebenso wichtigen Anteil an der Verankerung jüdischen Bewusstseins gehabt:

*Mein Vater war schon ein sehr, sehr bewusster Jude. Der war unheimlich stolz
auf seine jüdischen Wurzeln und jüdische Kultur. Nicht die religiöse Tradition.
Und viele Ausdrucksformen von ihm, viele Redewendungen, ich wusste nicht
einmal, dass das irgendwelche jüdischen sind. Mit denen bin ich groß geworden
und hab erst viel später begriffen, woher die kommen. (T)*

Diese jüdische Welt war gegenüber der Außenwelt verborgen –

Das mit dem Judentum, das habe ich so gut wie komplett versteckt und bis heute nagt das da drinnen. (T)

– und war mit der absolut atheistischen kommunistischen Welt in widersprüchlicher Weise verzahnt:

Das war irgendwie etwas schizophren. Wenn ich an einem der hohen Feiertage – Jom Kippur, Pessach und Rosch ha-Schana – Heimabend in der FÖJ gehabt hätte, wäre ich nicht hingegangen, das war klar. Wenn wir aber kurz davor oder danach Heimabend gehabt haben, dann konnte ich ganz sicher sein, dass Grischa zum Beispiel oder Schani schöne Feiertage gewünscht haben. Sie haben sich ein bisschen eine Hetz daraus gemacht, aber die Feiertage waren ihnen allen interessanterweise bewusst. (T)

Diese kommunistische Welt war die eigentliche Heimat, die Sicherheit bot.

Ich bin von klein auf in die diversen Kinder- und Jugendgruppen hineingewachsen, das war mein sozialer Kontext. ... Das war Familienersatz, das war Heimat, das war Zuhause, – man hat sich da einfach geborgen gefühlt. ... Es war wie eine große Familie, und das gilt heute noch. (I)

Dennoch war der eigene Beitritt zur KPÖ, der allerdings erwartet und belohnt wurde, eine bewusste, eigenständige Entscheidung, keine automatische Selbstverständlichkeit:

Als ich 16 wurde, kam der Schani[62] und sagte: „Jetzt bist du 16, tritt der Partei bei!" – da musste ich plötzlich auf Widerstand gehen und habe gesagt: „Na bitte! Nur weil ich 16 bin, das ist mir zu wenig. Da brauch ich schon irgendwie noch etwas anderes dazu und ich brauche meine Zeit. Das muss ich mir überlegen." Und habe mich gewehrt mit Händen und Füßen, habe gesagt: „Nein, das mach ich nicht." Er hat es nicht verstanden damals und ich hab es nicht gemacht. Und ungefähr ein Jahr später hatte ich dann das Gefühl, jetzt passt es, und bin auf die Bezirksleitung gegangen, hab mein Beitrittsformular ausgefüllt und bin nach Hause gekommen und habe erzählt: „Ich bin heute der KP beigetreten." Was macht mein Vater? Er steht auf, geht hinaus und kommt

---

62 Schani Margulies, einer der Interviewpartner dieses Forschungsprojekts, zu dieser Zeit KPÖ-Funktionär, später Gewerkschaftsfunktionär und Grüner Gemeinderat in Wien (siehe auch Nachruf im Kapitel 11).

mit einem Buch – die „Geschichte der KPdSU", glaube ich – zurück. Das hatte er für diesen Anlass schon lange aufgehoben für mich. (T)

Dieses Umfeld hatte auch einen bedeutsamen kulturellen Anteil, der in gewissem Sinne identitätsbildend war. Das Theater in der Scala (siehe Kapitel 3), das in der Zeit des Kalten Krieges in der Wiener Kulturpolitik eine absolute Außenseiterstellung hatte, war ein Zentrum dieser kulturellen Identität.

Wir waren ja auch begeisterte Scala-Besucher. Meine Mutter war bei den Theaterfreunden, also bei dem Verein, der die Scala unterstützt hat. […] Vom Theater der Jugend gab es manchmal Aufführungen in der Scala. Und da war ich immer wahnsinnig stolz, wenn meine ganze Klasse gezwungen war, in die Scala zu gehen. Da habe ich wirklich das Gefühl gehabt, die müssen jetzt zu mir nach Hause. Das war schon was. Da war ich richtig stolz darauf. Da seht Ihr, wir sind nicht nur die mit dem Messer im Mund. Daran kann ich mich gut erinnern. (T)

Vor der Außenwelt, der Mainstream-Gesellschaft des damaligen Österreich, die einen gewissermaßen fremden Bereich darstellte, mussten die beiden anderen Welten weitgehend verborgen werden. Das Außenseitertum war ein zentraler Bestandteil der Persönlichkeitsentwicklung.

Es gab sozusagen eine Außenwelt, zu der ich mich nie so zugehörig gefühlt habe. Ich habe gewusst, dass wir sozusagen die Feinde des Rests der Welt sind, eine Minderheit sind. Dieses Immer-zur-Minderheit-Gehören, ob ich es jetzt von meiner Herkunft oder von meiner politischen Meinung her bin, damit sind wir aufgewachsen. (T)

Der Antisemitismus, den es in der Außenwelt gab, ist gelegentlich, aber nicht massiv in LKs Leben eingedrungen. Das Bewusstsein, dem nicht immer ausreichend offensiv begegnet zu sein, ist auch heute noch schuldbeladen.

Es gab zwei relevante Belastungen, vielleicht Traumata, aus der Geschichte der Eltern, die für ihr eigenes Leben bedeutsam waren – die Ängste ihrer Mutter und die Tätigkeit des Vaters als Anwalt bei NS-Prozessen. Die Ängste der Mutter, die eng mit der Rückkehr nach Österreich verknüpft waren, hatten nachhaltigen Einfluss auf ihre Persönlichkeitsentwicklung. Sie erinnert sich an einen Urlaub mit den Eltern in Kärnten, wo sich auch viele deutsche Urlauber aufhielten, bei dem die Eltern großen Wert darauf legten, dass sich die ganze Familie besonders freundlich und angepasst verhielt.

Ich weiß von meiner Mutter, dass es lange gedauert hat, dass sie sich bei jedem Menschen, dem sie begegnet ist – sei's der Fleischhauer, die Milchfrau, wer auch immer – immer gefragt hat: „Und was hast du gemacht? Und wo warst du in dieser Zeit?" Das hat sich auch ein bisschen auf meine Beziehung ausgewirkt, weil sie mir immer vermittelt hat: „Nicht laut sein, nicht auffallen." (I) Ich war leise. Ich war, wenn du so willst, unauffällig angepasst. Ich habe das übernommen und wenn du mich damals gefragt hättest, ob ich unter einem besonderen Druck stehe, hätte ich wahrscheinlich Nein gesagt. Es war mir als Druck nicht einmal so bewusst, als Kind. (T)

Der Vater war eine wichtige Stütze gegen diese Ängste.

Mich einfach flügge werden zu lassen, mich in einer Gemeinschaft etwas miterleben zu lassen, habe ich meinem Vater zu verdanken. […] Ich habe mich gegen die Überbehütung meiner Mutter gewehrt, gegen ihre Ängste. Ich wollte nicht mich von ihnen irgendwie vereinnahmen lassen. Ich habe mich dagegen gewehrt, in allem irgendwo etwas Bedrohliches zu sehen. Es hat mich trotzdem erwischt, ich konnte mich nicht so absentieren. – Ich habe unheimlich kämpfen müssen dagegen, nicht von den gleichen Ängsten und Sorgen beherrscht zu werden. Ich war 18, knapp 19, wie mein Vater gestorben ist – und die Stütze war weg. (T)

Die Tätigkeit des Vaters als Anwalt bei NS-Prozessen ist unmittelbar ins Familienleben eingeflossen. Lili war als kleines Kind mit Fotos aus den Prozessen konfrontiert. In dieser Zeit traten deutliche kindliche Ängste auf, die erst durch eine psychotherapeutische Intervention der Kinderärztin Olga Kurz[63] (genannt „Tante Olga") entschlüsselt werden konnten.

Naja, ich habe Albträume bekommen. Ich bin in der Nacht nicht mehr aufs Klo gegangen. Wir hatten ein großes Vorzimmer und ich konnte durch das finstere Vorzimmer nicht auf unser Klo gehen … ich war einfach unheimlich erschreckt dann. […] meine Mutter ging dann mit mir zur Tante Olga. Und die hat meine Mutter hinausgeschickt und hat mit mir einmal darüber gesprochen. […] Und dann habe ich ihr diese Geschichte erzählt: […] ich habe immer das Gefühl, wenn ich die Klotür aufmache, dass da – das weiß ich schon noch –

---

63 Dr. Olga Kurz war nach ihrer Rückkehr aus dem Exil in England in Wien als Kinderärztin tätig, sowohl in eigener Praxis als auch im Ambulatorium der Wiener Gebietskrankenkasse. Viele Kinder der Rückkehr waren ihre PatientInnen.

> *Erhängte drinnen sind und ich habe Angst vor diesen Erhängten. Dann hatte sie ein Gespräch mit meiner Mutter, ohne mich, und nie wieder waren Fotos am Tisch. (T)*

Auch an ein späteres Erlebnis aus dem Kontext der Anwaltstätigkeit ihres Vaters erinnert sie sich. Dieses Ereignis kam allerdings nicht aus einer Vergangenheit, die LK nicht bewusst erlebt hatte, sondern war Teil der Gegenwart.

> *Das hab ich bis heute noch im Kopf. Da gab es einen österreichischen Spanienkämpfer, der lange nach dem Bürgerkrieg noch Jahrzehnte in Madrid inhaftiert war. Es war ein Kärntner, wenn ich mich richtig erinnere. Und irgendwie wurden Berichte von ihm aus dem Gefängnis geschmuggelt, Bilder von ihm, Fotos. Da waren Folteropfer aus den spanischen Franco-Gefängnissen und auch eine Beschreibung, welche Foltern es gibt. Um seine Freilassung ist sehr gekämpft worden. Sie ist letztlich auch geglückt. Er ist nach Österreich zurückgekommen. Das kam dann noch dazu. Und das war halt etwas, was nicht Geschichte war. (T)*

Der Übergang von der englischen zur österreichischen Identität, der im Vorschulalter vollzogen wurde, war – geprägt durch die angstbesetzte Ambivalenz der Mutter und das eigene Bedürfnis nach Anpassung – nicht einfach. In der Volksschule war die Nicht-Zugehörigkeit zur österreichischen Mehrheitsreligion ein erlebter Ausschlussfaktor. Die Zuschreibung „Du bist eine Heidin" wurde nicht offensiv beantwortet, jedenfalls nicht mit dem Hinweis auf das eigene Judentum.

Der ursprüngliche Berufswunsch (Kinderpsychologie) wird von LK aus der Identifikation mit dem Vater erklärt. Das Bedürfnis, anderen zu helfen, ist ein wesentliches Identitätsmerkmal und hat zur endgültigen Berufsorientierung als Sozialarbeiterin und Psychotherapeutin geführt.

> *Er hat seinen Beruf auch so verstanden. Es war ihm ganz wichtig, sich die soziale Situation von Leuten anzuschauen, die Leute eher einmal nicht juristisch, sondern anders zu beraten, zu schauen, was ist da los, was kann man da tun. [...] Menschen waren ihm einfach wichtig. Das habe ich natürlich mitgekriegt [...] Ich würde sagen, unbewusst ging sicherlich die ganze Erziehung in Richtung Soziales, Gerechtigkeit, Menschlichkeit, all das, was dazugehört, Interesse für Menschen, der Mensch ist das Wichtigste, der Mensch im Mittelpunkt – das wurde mir immer ganz massiv vermittelt. (I)*

Andererseits betont sie einen Aspekt, der über die Familie hinausreicht und für die ganze Gruppe charakteristisch ist:

Es gibt auffallend viele Psychotherapeuten in unserem Kreis. [...] Ich glaube, dass Menschen, die Verfolgungsgeschichten in der Familie haben, die aus Minderheiten kommen, natürlich eine Tendenz haben, in diese Richtung dann beruflich auch zu agieren, in irgendeinem sozialen Beruf. (I)

Leistung und Verantwortung waren – neben Antirassismus, Engagement für soziale Gerechtigkeit und Toleranz gegenüber Andersdenkenden – wichtige Lebensaufträge, die sie von den Eltern erhalten und auch widerspruchslos übernommen hat.

Gut sein, noch besser sein eigentlich, Leistung erbringen, sozial sein. ... der Gesellschaft gegenüber verantwortungsbewusst sein, hohes Pflichtgefühl. Pflicht, Pflicht, Pflicht. Verantwortung, Verantwortung, Verantwortung. ... Das war schon ein Auftrag. Parasit darfst du keiner sein, du hast zu funktionieren und du hast besser zu funktionieren als die anderen. Du musst beweisen. Es gab immer das Gefühl, ich muss beweisen, dass ich gut bin. Ich muss beweisen, wenn du so willst, dass ich ein Recht darauf habe zu leben. (T)

Diese Sätze stellen zentrale Lebensmaximen dar. Rebellion gegen diese Maximen gab es ebenso wenig wie die sonst üblichen Adoleszenzkonflikte.

Bis 1968 bildeten die KPÖ-Organisationen den Rahmen des politischen Lebens, aber auch des privaten Lebensumfeldes, des Freundeskreises. Da die meisten Freunde nach dem Einmarsch der Warschauer-Pakt-Truppen in die Tschechoslowakei die KPÖ verließen, blieb dieser Kreis weitgehend erhalten und wurde zur Basis der „Kinderjause".

Der Großteil davon war nicht mehr in der KP oder in diesen Organisationen. Es gibt aber auch welche, die sich immer noch zugehörig fühlen. Ich würde sagen, es ist eine Minderheit, aber es gibt sie. Die weitaus größte Mehrheit sind die, die sich im Laufe dieser Ereignisse von der KP verabschiedet haben, wobei sich ja die ganze Jugendorganisation als Organisation verabschiedet hat, die hat sich sowieso getrennt. Die meisten von denen, die zur Kinderjause kommen, sind da mitgegangen. ... Es hat dann jeder so für sich versucht ... sehr viele waren dann Einzelkämpfer, die sich sehr allein gefühlt haben. [...] Und sehr viele sind im luftleeren Raum gestanden. Vielleicht beruflich engagiert, projektmäßig engagiert, aber so wirklich diese Gemeinschaft im Rücken – die war weg. ... Dann kam plötzlich die Idee: „Aber so stimmt's doch nicht, es gibt uns ja." Ich würde sagen, dass einer der Erfolge der Kinderjause genau daran liegt, sich einmal wieder in dieser Gemeinschaft zu fühlen. (I)

Eine politische Heimat gab es danach aber nicht mehr. Das politische Engagement wurde punktueller und anlassbezogener.

Das Bewusstsein gesellschaftlicher Verantwortlichkeit und antifaschistischer Haltung hat LK ihrer Tochter bewusst weitergegeben – z. B. durch eine gemeinsam mit anderen organisierte Fahrt nach Mauthausen.

Die Weitergabe der eigenen Geschichte an ihre Tochter und die Enkelkinder ist aber keine einfache Sache und zwischen den Generationen auch nicht ganz spannungsfrei. Als ihre Enkelin K. in der vierten Klasse Volksschule war, begegneten sie eines Abends auf dem Karmeliterplatz einer Gruppe orthodoxer Juden, die auf dem Weg zur Synagoge waren. Ihre Antwort auf K.s Frage „Oma, wer sind diese vielen schwarzen Leute" lautete: „Das sind Juden." Ihre Tochter konnte aber dem Gedanken, dass es jetzt Zeit sei, K. etwas über die eigene Herkunft zu erzählen, nichts abgewinnen und hat das auf eine spätere Zeit verschoben. Insgesamt war das Thema von Widerstand und Exil leichter zu vermitteln als das Thema des Judentums.

EB: Wie ist deine Position zur Weitergabe? LK: Ich hab mir sehr, sehr schwer getan und ich muss sagen, rückblickend würde ich es anders tun. Also ich glaub schon, dass der Einstieg gut war, aber ich glaube, dass es gut gewesen wäre, wenn ich ihr ein bisschen mehr von der Kultur und der Tradition vermittelt hätte. (T)

Das Spannungsfeld zwischen dem Erleben von Außenseitertum einerseits und dem Aufgehobensein in der Gemeinschaft andererseits stellt ein zentrales biografisches Element dar. LK entwickelt ein Bedürfnis nach Assimilation und Anpassung gewissermaßen als Strategie gegen Ausschluss und Verleugnung. Die Verfolgung der Juden empfindet sie als Verlust der Entscheidungsfreiheit. Dieser Aspekt ist auch Angelpunkt einer emotional geprägten Identifikation mit dem Judentum. Trauma und Angst – ein mütterliches „Erbe" – spielen eine relevante Rolle in der Biografie.

Das Erlebnis des „Andersseins", des Außenseitertums, das Leben in drei Welten – der kommunistischen, der jüdischen und der (Mainstream-)Außenwelt – ist ein zentraler Bestandteil ihres Bewusstseins. Der hohe Leistungsanspruch, einer der elterlichen „Aufträge", wird in einer Interviewpassage in einen interessanten Zusammenhang gestellt: Er könnte auch als notwendiger Beweis des Rechts auf Leben insgesamt verstanden werden. Die Vernichtung vieler Familienmitglieder steht hier möglicherweise im Hintergrund. Auch das Auftauchen des – früher verleugneten oder verdrängten – Bewusstseins der traumatischen Belastungen der

Mutter führt zu emotionaler Bewegung. Im Kontext dieses Projekts gehört es zu den „Tränenthemen" (siehe Kapitel 4.4).

Judentum und jüdisches Leben blieben in allen Generationen präsent – von der religiösen Großmutter über den areligiösen, aber in der IKG aktiven Vater bis zum späten Wiederauftauchen jüdischer Identität bei LK, das im höheren Alter wachsende Bedeutung gewinnt.

7.2 Bert Fragner
Ruth Wodak

7.2.1 Ein „austromarxistisches Produkt"

Professor Bert Fragner (BF) wurde 1941 geboren. Er kommt aus einem kommunistischen Elternhaus, wobei seine Eltern zunächst Sozialdemokraten waren und erst während des Krieges zur kommunistischen Partei wechselten. Dennoch blieb sein Vater den Prinzipien des Austromarxismus so sehr verbunden, dass sich BF in beiden Interviews und immer wieder etwas abstrakt als „austromarxistisches Produkt" bezeichnete. Er sollte also quasi, so BF, die Ideale der Eltern erfüllen, v. a. was seine humanistische und umfassende Bildung betraf. BF sah diese Ideale als Teil des jüdisch-intellektuellen Flügels der Partei; den anderen Flügel bezeichnete er als brachial und simpel, als „prolo".

Durch diesen emanzipatorisch-edukativen Ansatz, aus der austromarxistischen Herkunft heraus, das war mein Startschuss. Der Eintritt in die Sphäre der KPÖ, das hat mir ermöglicht, mit einem Typus von Intellektualität bekannt und eng bekannt zu werden, den ich sonst nicht gekannt habe und wo mir später auch über Schule und Universität klar geworden ist, dass das, was Österreich aufzuwarten hat, das konträre Gegenteil von dem ist, was ich mir dabei vorgestellt habe. (I)

Wenn ich das rückblickend vereinfachen will, dann müsste ich mit Blick auf eine Wahrnehmung österreichischer Gesellschaftsverhältnisse sagen, dass ich von meinen Eltern als austromarxistisches Produkt in die Welt gesetzt worden bin. (I)

> *Meine Eltern waren in dem Sinn mit vier Anführungszeichen „austromarxistische Kulturrevolutionäre", die haben das gesamte Bildungsprogramm des Austromarxismus aufgesogen und gleich über mich drübergestülpt. (I)*
>
> *RW: War das vor allem Bewunderung für Otto Bauer oder was war dieser Austromarxismus?*
> *BF: Otto Bauer war ganz wichtig.*
> *RW: Ja, bei uns auch.*
> *BF: Und die neuen Lebensformen waren wichtig. Ich würde sagen, insbesondere Glöckel, Julius Tandler, dieser soziale Modernisierungsschub, der da durchgegangen ist. Ich glaube, das war das Hauptsächliche. Das würde ich so wahrnehmen.*
> *RW: Du sagst dann, du warst ein Produkt des Austromarxismus, was heißt das?*
> *BF: In vieler Hinsicht. Diese ganzen Bildungsvorstellungen, wie Interesse für Wissenschaftlichkeit ...*
> *RW: Wie ist das gekommen im Alltag?*
> *BF: Dass man sich für alles interessieren kann, weil das spannend ist. Weil man das auch machen kann in einer Zimmerküche, wo auch immer, das geht. Meine Eltern waren beide überzeugte Abstinenzler, meine Mutter noch mehr und er am Schluss nimmer mehr so sehr, sie waren Nicht-Trinker. (T)*

Die Bestätigung dieser Einschätzung BFs, er sei ein „austromarxistisches Produkt", findet man in einem mehrteiligen Interview, das der Zeithistoriker Hans Schafranek am 19. Jänner 1984 mit BFs Vater, Franz Fragner (FF), begonnen und dann über einige Wochen weitergeführt hat. So erinnerte sich FF ausführlich an seine sozialdemokratische Mitgliedschaft, auch daran, dass er in den 1930er-Jahren in Ottakring (dem 16. Wiener Gemeindebezirk) gewohnt, aber in Hernals (im 17. Wiener Gemeindebezirk) gearbeitet hatte. Schon damals waren FF die austromarxistischen Werte in der Erziehung sehr wichtig:

> *„Ich war Hauptführer der ‚Roten Falken' von Hernals, ich war in der Bezirksgemeinschaft sozialistischer Erzieher in Hernals. Wir haben uns hauptsächlich mit Erziehungsfragen befasst und mit praktischer Erziehungstätigkeit [...] Jedes Kind konnte seine eigene Interessengruppe besuchen [...] Wir haben aber damals zehn Gruppen in Hernals gehabt, das waren weit über 200 Kinder. Wir waren eine sehr gute Arbeitsgemeinschaft von Falken-Führern, Mitarbeitern und Helfern. Und haben uns auch mit allen Fragen, auch politischen natürlich, auseinandergesetzt." (Interview Teil 1 von Hans Schafranek mit Franz*

Fragner (FF), 19. Jänner 1984, Dokumentationsarchiv des österreichischen Widerstandes, Wien [DÖW])

Übrigens hat FF nach 1947, dann aber schon innerhalb der KPÖ, eine nicht unähnliche Funktion erhalten und damit die ihm wichtigen Werte weiter gelehrt; er betreute die Junge Garde, die vom Kinderland, der Kinderorganisation der KP,[64] geleitet wurde. So meinte FF im Teil 11 des von Hans Schafranek geführten Interviews am 7. Juni 1984:

„‚Kinderland' war also die Kinderorganisation der KP, so wie ‚Kinderfreunde' die Erziehungsorganisation der Sozialdemokraten sind; das ist auch in dem Sinn gedacht, in einer gewissen Weise auch nachgemacht [...] Die Junge Garde ist eigentlich nicht ein Ableger, sondern eine Umlage von den ‚Roten Falken' von SP auf KP." (Interview mit FF Teil 11, 7. Juni 1984, DÖW Wien)

Diese Werte und Prinzipien als Voraussetzungen wie auch die Parteimitgliedschaft der Eltern machten BF in der Schule (in Hernals) zum Außenseiter. Er war das einzige „linke" Kind im Gymnasium, die meisten anderen Kinder kamen aus konservativen und auch „braunen" Elternhäusern. Damit war für BF von Anfang an klar, dass er anders war als die Mehrheit, also marginalisiert. Außerdem hatten die Ideale von Bildung und Internationalität zur Folge, dass BF von der Hochschule, der Universität Wien, und den österreichischen Verhältnissen enorm enttäuscht war und wurde – Bildung war also im institutionellen Bereich ganz etwas anderes, als er erwartet hatte. Der Verlust der jüdischen Intelligentsia war nicht aufzuholen, der Provinzialismus und die Seilschaften Charakteristika, die BF immer wieder als abstoßend empfand. Er verließ Wien und zog nach Teheran, dann nach Berlin und Freiburg, um zu studieren und wissenschaftlich zu arbeiten, eine erste Flucht aus unliebsamen Verhältnissen und „Befreiung aus Verstrickungen" (I), der weitere folgen sollten. Das Leitmotiv der Marginalisierung wie auch der überaus großen Enttäuschung durch die österreichischen Verhältnisse zieht sich durch beide Interviews – dazu unten mehr.

7.2.2 Die Eltern

Beide Interviews enthalten viele Informationen und auch Geschichten über das Leben der Eltern. BF beschreibt detailliert sowohl im Interview wie auch im Tie-

---

64 Später „Kinderland – Junge Garde" als gemeinsame Organisation (siehe Kapitel 3).

feninterview, wie sehr das Leben des Vaters von der Zwischenkriegszeit und den Erlebnissen während des Zweiten Weltkriegs geprägt war. Immer wieder erfuhr BF genau, was sich 1934 abgespielt hatte, als sein Vater politisch in der Sozialdemokratie engagiert war (die Kommunisten kamen dem Vater damals zu agitatorisch vor, also zu wenig intellektuell, so erzählte FF im Tiefeninterview). Im Gegensatz zu 1938 wurde der Februar 1934 als Heldentum erlebt, als Kampf, aus dem man ungebeugt hervorging. In deutlichen Szenen erinnerte sich der Vater an diese – etwas chaotischen und zeitlich genau strukturierten – Ereignisse (und damit auch BF, obwohl er die Protagonisten nie persönlich kennengelernt hat):

> *Mein Vater war ja bis 1934 den Kommunisten gegenüber sehr reserviert, weil die strammen Roten Falken und Austromarxisten sind ihm ja als viel progressiver und vor allem gebildeter vorgekommen. Die ersten Eindrücke von Kommunisten, die bei ihnen aufgetaucht sind, das war so 1930/31, das waren eher so die Leute, die – was weiß ich: „Jetzt zeigen wir euch, wie man eine Sitzung umdreht." (T)*
>
> *RW: Wie war das eigentlich mit 1934? Das ist ein unglaublich wichtiges Datum, Bürgerkrieg. War das bei euch auch so ein Thema?*
> *BF: Absolut, ja. Das 34er-Jahr. Und wer und wo und an welchem Tag, und an dem Eck' haben sie den und den getroffen und dann sind sie da rüber und da war es schon naja, Armbanduhr haben sie keine gehabt, aber irgendwo haben sie dann mitgekriegt, wie spät es ist, weil ein offenes Fenster war, Nachrichten oder so, „und dann sind wir halt da rübergegangen und dann waren wir da und dann ist die Soundso dazugekommen", und dann haben sie das und das gemacht und dann haben sie gesagt: „Du gehst jetzt da hin, du gehst jetzt dorthin ..."*
> *RW: Also auch ganz oft.*
> *BF: Oft, ständig. Namen von Leuten, die mir nie vorgestellt worden sind. Ich kannte die alle, hab die aber nie gesehen. Als literarische Figuren waren die absolut präsent.*
> *RW: Im Vergleich zu 1938?*
> *BF: 1938 ist alles entsetzlich. 1934 war ein Heldentum und verspielt, verloren. Aber aus dem 34er-Jahr ist man hocherhobenen Hauptes rausgegangen. 1938, glaube ich, war das Erleben, der Kollaps einer Gesellschaft rundherum. (T)*

Ungenau erinnert sich BF daran, dass sein Vater zunächst nach Wöllersdorf kam und dann genauer, aufgrund einer Denunziation durch einen Nachbarn, ins KZ Sachsenhausen. Den Sadismus der KZ-Wächter und der SS beschrieb der Vater in einigen Geschichten immer wieder. BF wiederholt genau dieselbe Geschichte,

die der Vater demnach oft erzählt hat, in beiden Interviews; wobei in der Familie
Fragner anscheinend eine lebendige Erzählkultur herrschte. Diese kurze Geschichte
dürfte BF sehr beeindruckt haben, vor allem weil sie die totale Ausweglosigkeit aus
dem Terror des KZ manifestiert. Menschen waren der Brutalität ausgeliefert, die
Häftlinge waren also keine Helden, sondern Opfer:

> *Da wäre spontan eine Sache, wo ich nicht weiß, ob es ein Stereotyp ist – in dem
> Sinn, dass es oft passiert ist, dass es zu den Standardmethoden der SS-Bewacher
> gehörte. Zu dieser Zeit war Sachsenhausen kein Vernichtungslager – es gab,
> glaube ich, ein Krematorium, aber von der Größe her eher so wie Mauthau-
> sen. Ich glaube, das war der Horror. Eine der Geschichten: Da gab es so einen
> Draht, der war gespannt und über den durfte man nicht drübersteigen – wer
> drüberstieg, wurde erschossen. Da war ein Häftling und ein SSler schmeißt ihm
> die Mütze vom Kopf, und da fliegt ihm die Sträflingskappe über den Zaun und
> sagt zu ihm, er soll sie holen. Der Häftling sagte: „Die hole ich nicht." – „Dann
> erschieß ich dich wegen Befehlsverweigerung." Dann steigt der Häftling drüber
> und der SSler sagt: „Jetzt erschieß ich dich wegen Verbotsüberschreitung." Das
> ist etwas, was sich mir als Kind sehr eingeprägt hat. (I)*

Solche Geschichten scheint es einige gegeben zu haben. Diese dürften BF sehr
geprägt haben. Während eines Spitalaufenthaltes geriet sein Vater in Panik, weil
ihn das Spitalszimmer (ohne Fenster) an das Eingeschlossensein im KZ erinnerte.
FF erzählte Hans Schafranek ausführlich und eindringlich viele schreckliche Erlebnisse aus seiner KZ-Haft in Teil 8 seines Interviews, vom 8. Mai 1984; fast wäre
er nach Auschwitz deportiert worden, hätte er sich nicht mit einem Freund eine
Überlebensstrategie ausgemacht:

> *„Ich wäre beinahe nach Auschwitz gekommen. Das war so: Eines Tages musste
> das ganze Lager antreten zur Selektion, da ist eine Auswahl getroffen worden,
> und zwar ein Kommando, ein Aufbaukommando für Dachau. Und an dem
> Tag, das war der 18. Jänner 1940, musste das ganze Lager antreten, es war ein
> bitterkalter Tag, und wir mussten draußen stehen bis um 4, 5 nachmittags,
> und da ist immer Block für Block gerufen worden, und da haben sie die Leute
> ausgesucht. Das haben wir dann schon gewusst, dass da ein Transport aus-
> gesucht wird, und der P. und ich haben uns ausgemacht, wo der eine hingeht,
> da geht der andere auch hin. [...] und das ist dann wirklich so gekommen,
> wir waren endlich dran, und da sitzt einer beim Tisch, ein Arzt oder was, das
> weiß ich nicht genau, und dabei stehen noch ein paar SSler, und da hat einer
> die Namen vorgelesen, der hat den angeschaut und hat gedeutet ‚dorthin'*

oder ‚dorthin'. Und der H. steht vor mir und die deuten ‚dorthin', und er geht dorthin. Und wie ich drankomme, deutet er ‚daher', ich war ja damals schon ziemlich mager und angegriffen, und ich bin einfach nicht daher gegangen, sondern dem Hans nach. Und das ist in dem Durcheinander nicht aufgefallen, und die anderen sind nach Auschwitz gekommen." (Interview mit FF, Teil 8, 8. Mai 1984, DÖW)

Diese genau erinnerte und sehr plastisch wiedergegebene Szene hat uns BF nicht erzählt. Vielleicht kannte er sie auch nicht. Dass sich FF jedoch derart genau sowohl an Zeit und Ort wie an die beteiligten Akteure und deren Äußerungen erinnert, lässt verstehen, wie tief sich diese traumatischen Erlebnisse und Erfahrungen in FFs Bewusstsein eingegraben haben. Zweifellos war BF oft mit den traumatischen Erinnerungen des Vaters konfrontiert, wobei seine eigene Definition von Trauma vage und abstrakt bleibt; er will sich eigentlich nicht damit beschäftigen, andere Themen sind ihm wichtiger („faszinieren ihn"). Es stellt sich die Frage, ob das zweite angeschnittene Thema – die Geschlossenheit der politischen Gruppe (Sekte) – ihn mehr bedrückt und eingeengt oder ihm aus der Traumatisierung herausgeholfen hat:

Was ich mir unter Traumatisierung vorstelle, würde ich jetzt hier nicht als typisch werten. Das ist nicht ein Moment, über den ich im Speziellen nachdenke. Was mich fasziniert, ist das Problem: Wo gehört man eigentlich dazu? Was sind das für Welten? Ist das eigentlich eine Sekte? Rückblickend kommt es mir ein wenig so vor. Man hat sicherlich irgendwie im Aquarium oder unter einem Quargelsturz gewissermaßen gelebt. Sekte war es keine, weil man sich weltweit verbunden vorgekommen ist. Von meinen Eltern her – die haben mich nicht nur ins Leben, sondern offensichtlich auch auf diese Spur gesetzt, und zwar gar nicht mehr bewusst, sondern durch das So-Sein. Traumatisierung würde ich jetzt nicht sagen. (T)

Der Vater wurde nach einem Jahr aus dem KZ entlassen und in die Wehrmacht eingezogen und kam schließlich in sowjetische Gefangenschaft, aus der er 1947 zurückkehrte. Insofern musste BF auch einige Jahre einer vaterlosen Kindheit erleben, in der er sich einen Onkel als Ersatzvater schuf. BFs Vater, FF, erzählt recht emotional im Teil 11 seines Interviews vom 7. Juni 1984, wie er sich gefreut hat, seinen Sohn nach der Kriegsgefangenschaft 1947 wiederzusehen. FF war quasi der Rückkehrer, die Familie hatte ja in Wien überlebt:

„... bin so am Nachmittag am Südbahnhof angekommen ... dann war die Berta da mit meinem Buben. Ich habe gleich den Buben heraufgenommen,

> *der war damals 6 Jahre, eigentlich habe ich ihn ja nicht viel gesehen gehabt bis dahin, im 44er-Jahr glaube ich, das letzte Mal, und jetzt ist 47 gewesen. Wir waren gleich gute Freunde, er hat mich auch nicht mehr losgelassen, und da haben die Gefangenen als Begrüßung ein Paar Würstel mit Senf gekriegt, und ich habe meine nicht gegessen, ich habe sie meinem Buben gegeben, und so war von Anfang ein recht enger Kontakt gebildet."* (Interview mit FF, Teil 11, 7. Juni 1984, DÖW)

Allerdings fuhr man dann nicht nach Hause, sondern „da hat schon das ZK auf uns gewartet und haben uns hineingelotst in die Wasagasse". Erst um 7 Uhr abends sei man nach Hause gekommen. Die Prioritäten – zuerst Politik und Partei, dann Familie – wurden also gleich klar gesetzt (vgl. Kapitel 3).

Die Mutter BFs kam ebenfalls aus einer sozialdemokratischen Familie, war zunächst Krankenschwester und dann Kindergärtnerin. BF beschreibt sie als sehr prinzipientreu, still, eher pessimistisch, aber gleichzeitig mit viel Humor – und sehr politisch. BF erzählt in beiden Interviews einige Anekdoten über seine Großfamilie, zu der sowohl überzeugte Kommunisten wie Nazis gehörten. Generationskonflikte gab es einige, vor allem wegen der strengen austromarxistischen Prinzipien beider Eltern; gleichzeitig war es schwierig, sich gegen die Eltern zu wenden, weil auch diese marginalisiert waren. BF beschreibt die private und die öffentliche Welt als quasi segregierte (Parallel-)Welten, in denen er sich sehr bewusst „hin und her" bewegt hat (I). Letztlich war auch dies sicherlich ein Grund dafür, dass BF Österreich verließ.

7.2.3 Der weitere Weg

BF ging zunächst nach Teheran, dann nach Deutschland, wo er sich auch habilitierte. Dennoch zog es ihn auch aus Deutschland weg, da er die vielen Diskussionen der Linken (1968er-Bewegung) nicht mitmachen wollte.

> *Wir haben dann festgestellt, sehr bald bin ich draufgekommen, dass, wenn man in einer Sekte, nicht in einer Gruppe drinnen ist, dann verflüchtigt sich ganz schnell das theoretische Räsonieren in ganz andere Bereiche. Es verflüchtigt sich nicht – es geht in ganz andere Bereiche hinein, und das hat mich eigentlich viel mehr interessiert, und das ist ja nicht umsonst, was weiß ich, ohne Partei – mit der Partei kannst du alles sein, aber ohne Partei bist du nichts. Mir ist das dann eingefallen. Mir hat die Verabschiedung, also das Abschneiden meiner Beziehung zur Kommunistischen Partei und überhaupt zum Kommunismus hat lange gedauert, das war schmerzhaft. Das war eigentlich nicht lustig. [...]*

Aber ich habe feststellen können, dass ich mit jedem Schritt, den ich davon wegrücken habe können, dass ich aus dem herausgekommen bin, ist es mir besser gegangen. (I)

Er verschrieb sich der Wissenschaft und beschloss, sich aus dem aktiven politischen Leben zurückzuziehen. Wirklich gefiel es ihm im Iran, wo er interessante Menschen traf und sich – endlich – von den tagespolitischen Querelen entfernen konnte.

Flucht würde ich nicht sagen, aber Gelegenheit. Eine Gelegenheit. Also ich bin ja hier zu Hause gewesen, aber mich hat das immer fasziniert, dass es anderswo anders ist. Einfach irgendwohin zu gehen. Ich kann mich erinnern, unlängst, wie ich mit dem Zug von Ungarn, wie ich in Budapest gewesen bin – mich hat nichts so fasziniert wie Grenzüberschreitungen. Ich habe mich im Zug immer ans Fenster gesetzt und gesagt: „Schau, da sind wir jetzt noch da – da – da." Wo beginnt's? Wie ist es, wenn etwas anderes anfängt? Das hat mich ewig beschäftigt. Immer noch. Daher ist das etwas Lustvolles, in dem Moment, aus etwas, wo man drinnen ist, herauszukommen. (I)

Kurz vor seiner Emeritierung erreicht ihn der Ruf aus Wien, ein Institut an der Akademie der Wissenschaften zur Iranistik zu übernehmen. Trotz einiger anfänglicher Bedenken entschloss sich BF, nach Wien zurückzukehren – aus der kommunistischen Bewegung war er schon lange ausgetreten, und die neue Funktion reizte ihn. Insofern ist BF aus der Marginalisierung tatsächlich in die Mitte, ja sogar in die wissenschaftliche Elite gerückt, als ordentliches Mitglied der ÖAW und als ordentlicher Universitätsprofessor.

Der [Welzig] hat das Konzept entwickelt, das vorgetragen, der hat ein Gremium einberufen, da hat er so sieben, acht Leute von weiß Gott wo eingeladen, da bin ich mit dabei gewesen, weil ich schon bei der Kommission war, da galt ich als ausländisches, auswärtiges Mitglied der Kommission. Den Mayrhofer habe ich sehr geschätzt, an und für sich. Jedenfalls sagte der [Welzig] plötzlich irgendwann nach so einer Besprechung, das war im Frühling 2002: „Wir haben uns das jetzt alles angesehen" – er hatte eine etwas eigenartige Art gehabt – „Wir haben uns das alles angesehen" – er hat dann nochmal hin und her gefragt, etwas, was selten vorkommt, ich habe bei der Befragung unterschiedlichster Fachleute in dem ganzen Zusammenhang, die haben dann alle einhellig gesagt: „Sie wären derjenige, der das am besten organisieren könnte. Sie seien derjenige." Sagt er: „Das ist seltsam, weil normalerweise ist mindestens einer dabei, der mit einem anderen verstritten ist." Dann habe ich gelacht. „Wie alt sind Sie denn? Dann haben Sie jetzt noch so und so viel Zeit, das wäre genau das." Dann haben sie gesagt, das wäre 2003 gewesen, 2005 wäre ich in Pension gegangen. Dann [haben wir] überlegt, sollen wir das probieren oder nicht? Das war dann sehr interessant. (T)

Auch in der ÖAW hielt und hält sich BF aus den tagespolitischen und organisatorischen Diskussionen heraus. Offensichtlich ist die Wissenschaft zum zentralen identitätsbestimmenden Faktor geworden, sodass er sich aus jeglicher aktiven politischen Arbeit heraushält.

7.2.4 Zentrale Erinnerungen

Drei Geschichten, die BF in seinen Interviews erzählt, möchte ich hier genauer analysieren: einerseits in Hinblick auf die Phänomene der Vagheit und Verschleierung, d. h. auf relativ wenig spezifizierte Kontexte und unpersönliche narrative Formen, andererseits in Bezug auf sprachliche Momente, die auf eine mögliche Traumatisierung schließen lassen.

Wie hat BF die vielen Dilemmata verarbeitet – zwischen Elternhaus und Schule; zwischen „braunen" Resten und der linken Sozialisation; zwischen Marginalisierung und elitärer Wissenschaft; zwischen den Ansprüchen des Elternhauses [dem politischen Auftrag] und seiner Entscheidung, politisch nicht mehr aktiv zu sein? Dazu zunächst ein längerer narrativer Abschnitt zu seinen Erlebnissen an der Universität Wien, die entscheidend dazu beigetragen haben, Wien den Rücken zu kehren. Dann eine Erzählung, die in beiden Interviews vorkommt und den Sadismus der Nazis bescheinigt und den jungen BF – als Erzählung seines Vaters – tief beeindruckt zu haben scheint. Es handelt sich um eine *metonymische Erzählung*, also eine Erzählung, die für viele schreckliche Erlebnisse des Vaters steht. Drittens jenes Ereignis, das BF beide Male mit Tränen und gepresster Stimme erzählte und das wir als traumatisch bezeichnen, traumatisch für die von der Mutter erlebte Nazi-Zeit und ihr Ende, die Befreiung durch die sowjetische Armee. Dieses Narrativ steht, so meinen wir, für alle jene Erzählungen, die die Shoah betreffen. Es ist offenbar sowohl eine Befreiungsgeschichte, in der ein jüdischer Nachbar, der versteckt gehalten worden war, aus dem Dunkel des Kellers wieder ans Licht kommen darf und die Familie durch sein Klavierspiel rettet; gleichzeitig auch ein Ausdruck von Angstübertragung (die Angst der Mutter) wie auch möglicherweise von Schuld (warum ist der versteckte Jude nicht schon vorher aus dem Keller geholt worden?). Welche Gefühle hier im Einzelnen verdeckt und verdrängt sein mögen, ist nicht ganz klar. Zweifellos besteht hier ein bestimmter Auslöser für viel Emotion.

Wie die bekannte amerikanische Diskursforscherin Deborah Schiffrin pointiert beschreibt, eröffnen solche Geschichten einen Blick sowohl auf die intentionale Selbstdarstellung des Erzählers wie auch in das „weite innere Land" eines Menschen:

> "Narratives can provide ... a SOCIOLINGUISTIC SELF-PORTRAIT [Hervorhebung im Original]: a linguistic lens through which to discover people's own views of themselves (as situated within both an ongoing interaction and a larger social structure) and their experiences. Since the situations that speakers create through narratives—the transformations of experience enabled by the story world—are also open to evaluation in the interactional world, these self-portraits can create an interactional arena in which the speaker's view of self and world can be reinforced or challenged." (Schiffrin 1997, S. 42)

Erinnerungen an die Universität

BF: Also es ist wahrscheinlich doch so gewesen, dass ich mir in meiner Schule eine gewisse Vorstellung gemacht haben dürfte, wie Lernen, Bildung, Leute [...] Leute, die [berufsgescheit] sind, wenn sie Lehrer sind und so weiter, wie die sind. Unter anderem auch unter dem Gesichtspunkt, wie die mit jemandem umgehen, wenn sie feststellen, der sagt von sich, er ist ein Kommunist oder so. Er ist der Einzige wahrscheinlich. Ich war der Einzige in der Klasse, in der Schule wird es nicht viel mehr gegeben haben. Da hatte ich so gewisse Vorstellungen ganz einfach, die an der Universität – über Urbanität, im Umgang miteinander –, die ich an der Universität nicht angetroffen habe. Erstens einmal war dieser Massenbetrieb, der mich fürchterlich verschreckt hat. Alleine bis ich verstanden habe, was der Unterschied zwischen immatrikulieren und inskribieren ist und kein Mensch mir das damals gesagt hat und wenn man jemanden gefragt hat, dann ist man gleich einmal betrachtet worden wie ein Depp. Dieses erstaunliche, plötzliche Erleben von Unsolidarität. Ich benenne das jetzt so, weil aus meiner schulischen Erfahrung ist das anders gewesen. Da war nichts, da war niemand da. Dieses Alleinsein in der Masse war das eine. (T)

In der „Orientierung"[65] stellt BF den Widerspruch zwischen Erwartungen und Erlebtem zunächst allgemein dar. Dann nennt er das Fehlen von Solidarität – ei-

---

65 Das narrative Modell von Labov und Waletzky (1967) kann hier sinnvoll angewendet werden. In diesem Modell werden zentrale Abschnitte in *Stories* identifiziert, die aber nicht immer in derselben Reihenfolge vorkommen müssen (Orientierung, Höhepunkt, Abschluss, Koda). Wichtig ist jedoch, dass hier Erzählung als einzigartiges Erlebnis mit einem Höhepunkt definiert wird. *Small stories* (Georgakopolou 2007) sind hingegen kondensierte, zusammengefasste Narrative, wo einige Momente des Makromodells fehlen können, der Höhepunkt jedoch auf jeden Fall explizit erzählt wird.

nem offensichtlich wichtigen Wert – als erste zentrale Enttäuschung. All dies im Gegensatz zu dem in der Schule Erlebten. Die mangelnde Solidarität ist eine erste Definition von wie auch ein Hinweis auf für BF wichtige Werte.

> *Das Zweite, was mich also wirklich erstaunt hat, die völlige, die unverblümte Präsenz von schwarzer und brauner – na, nicht Ideologie, sondern Lebensform einfach. Gleichgültig, in welchen Bereichen das war, entweder es hatte etwas mit Monarchisten zu tun gehabt oder mit Nazis, hat man das Gefühl gehabt. In meinem Studienumfeld ist ein einziger Mensch vorgekommen, der irgendwann dann lachend erzählt, dass [er] mit der SP ein gewisses Naheverhältnis gehabt hätte, ansonsten [...] Leute, die sich dann nicht geäußert haben, das war schon relativ angenehm, aber das habe ich alles in sehr unangenehmer Erinnerung. Sowohl was die Mitstudierenden betrifft, zum Teil wenigstens. (T)*

Zweitens wird offensichtlich, wie marginalisiert und einsam BF sich fühlte. Nicht nur war er nicht vorbereitet, es wird deutlich, besonders durch die eingebettete „Small Story", dass nur ein einziger Kollege links von der Mitte positioniert war. Insgesamt erlebte BF die Uni als konservativ, katholisch und braun. Der ganze erste Teil ist relativ allgemein gehalten, als generalisierte Beschreibung, ohne Details, wenn man von der Small Story absieht.

> *EB: Wann hast du inskribiert, immatrikuliert?*
> *BF: Im Herbst 1959. Ich habe dann einen Anlauf gemacht, ich wollte eigentlich Mineralogie studieren. Das hätte mich interessiert. Mit der Mineralogie ist es nichts geworden, weil ich da bei der Einheischung um Auskünfte von den studentischen Hilfskräften auf eher rüde Art und Weise abgewiesen worden bin. Das war eine seltsame Geschichte: Ich bin gefragt worden, ob ich Schifahren kann. Ich habe den Zusammenhang nicht erkannt und habe dann irgendwie auf die Frage „San Sie a Weana?" mit dem jetzt hier phonetisch nicht vorkommenden dazu zu denkenden Tiroler „kch" gesagt: „Ja." Dann sagt er: „Dann gehen S' scheißen." [Gelächter]*
> *RW: Was?*
> *BF: Der war im fünften oder sechsten Semester, für mich war das eine Respektsperson. (T)*

Die zweite Small Story ist zumindest zeitlich genauer situiert, nämlich 1959. Warum BF derart frech abgewiesen wurde, bleibt sowohl ihm selbst wie den LeserInnen unklar: Zorn auf die „Wiener"? In jedem Fall hat dieses Erlebnis, das BF auch mit dem richtigen Dialekt erzählt, sicherlich zu seinem Gefühl der Marginalisierung und Nicht-Akzeptanz beigetragen.

RW: In Deutschland war das anders.
BF: Ja, das war völlig anders.
RW: Warum?
BF: Erstens einmal habe ich dort nicht mehr studiert, sondern da war ich so ein auf dem anderen Ende. Das war halt wissenschaftlich und keine Social Events, keine Selbstinszenierungen, keine Haupt- und Staatsaktionen. Ich habe 1964 die Gelegenheit ergriffen und von einem Stipendium der Universität Teheran Gebrauch gemacht. Das hat mich dazu bewogen, dort zu bleiben und von der Möglichkeit auch wiederum Gebrauch zu machen, dass ich dort an einer österreichischen Gewerbeschule weitere vier Jahre Deutsch unterrichten konnte. Das war also für das dortige Leben völlig passabel. Da bin ich an die dortige Universität weitergegangen. Da habe ich den internationalen, orientalistischen Wissenschaftsbetrieb, jetzt nicht im Speziellen den iranischen, das war ja auch skurril, da war ich ja nicht betroffen bei solchen, das habe ich [eher exotistisch betrachtet]. Aber da habe ich mir gedacht, das möchte ich unbedingt, das gefällt mir. Da war mir dann auch ganz klar, dass das in Österreich eh nichts wird, dass das nicht geht, da habe ich mich gleich gar nicht erkundigt, ob die dort eine Stelle hätten.
EB: Und habilitiert hast du dich dann schon in Freiburg?
BF: Ja. (T)

In diesen wenigen Worten beschreibt BF Jahre seines Lebens und tiefgreifende Entscheidungen – keine Details, keine genaue Lokalisierung nach Zeit und Raum, keine Akteure treten auf. Es war „passabel", „skurril", „exotisch", eben anders – und das hat ihm gefallen! Auf welche Weise ihm klar geworden war, dass „es in Österreich eh nichts wird", bleibt ebenso vage und unausgesprochen wie auch, was ihm am „dortigen Leben" gefallen hat. Deutlich wird die Anziehungskraft der Wissenschaft, im Gegensatz zu den Selbstinszenierungen (von wem? wo?). Hier wird vorausgesetzt, die InterviewerInnen verstehen, dass es sich um seine Erlebnisse in Deutschland und um dortige linke Gruppierungen handelt. Als Subtext scheint klar: BF zieht weg von bekannten politischen Kontexten in eine Umgebung, wo es hauptsächlich auf ihn selbst ankommt und auf seine wissenschaftliche Qualifikation.

Der Donauwalzer

EB: Beim Lesen des Interviews hatte ich den Eindruck, dass dich die Erinnerung an den Herrn Goldschmied irgendwie emotional bewegt hat. Was ist das gewesen?
BF: Das Problem mit dem russischen Offizier.
RW: Mit dem Klavier?
BF: Wie die sowjetischen Truppen dann gekommen sind – und die haben ja ein Haus nach dem anderen gewissermaßen übernommen, die sind von Wohnung zu Wohnung gegangen [...] Die haben ja ständig an den Goldschmied gedacht, die sind in die Wohnung der Hauseigentümerin, der Hausfrau, die irgendwo auf dem Land war, sicherheitshalber ist die nicht da gewesen. Mein Großvater war der Hausmeister, der hat den Schlüssel gehabt, der hat aufgesperrt. Da ist ein Klavier drinnen gestanden, im ganzen Haus hat es so etwas nicht gegeben. Dann hat der russische Offizier, der offensichtlich ein gebildeter Mensch war, der hat gesagt: „So, jetzt sollen die Befreiten antanzen", er wünscht sich, dass da jetzt jemand den Donauwalzer spielt. Es konnte aber niemand Klavier spielen. Da hat er gesagt: „Das gibt es nicht, in Wien können alle Klavier spielen, das ist die Stadt der Musik." Dann hat irgendjemand gesagt: „Doch, da kann einer Klavier spielen, das ist der Goldschmied." Dann haben sie den Goldschmied aus dem Keller rausgeholt und er hat den Donauwalzer gespielt.
EB: Ist das noch eine unmittelbare Erinnerung?
BF: Nein, da war ich zu klein, aber ich muss dabei gewesen sein.
RW: Das heißt ja, dass er potenziell das Haus gerettet hat.
(...)
EB: Noch einmal zurück zum russischen Offizier: Kannst du es fassen, was es ist, was dich bewegt an diesem Bild?
BF: Was mich bewegt, ist eigentlich die Rückkehr von dem Goldschmied aus einem Extremzustand in eine völlig banale und anspruchslose, trockene Banalität.
EB: Dieses Wiederauftauchen aus dem Kerker.
BF: Er ist dort im Verlies und kommt hinauf und stellt sich hin und spielt den Donauwalzer.
RW: Und noch dazu den Donauwalzer. [...]
EB: Würde mich ja jetzt in meiner Psychotherapeutenrolle veranlassen zu fragen, was hat dieses Bild des Auftauchens aus dem Versteck mit dir zu tun?
BF: Das ist interessant. (T)

Diese Geschichte erzählt BF in beiden Interviews. Beide Male ist er zutiefst betroffen und beginnt zu weinen. Es bleibt unklar, wie schon erwähnt (vgl. Kapitel 4.4), aus welchen vielfältigen Gründen sich BF derart aufregt. Es ist eine skurril-makabre

Geschichte, dass der einzige Mensch im gesamten Haus, der dem Wunsch des „gebildeten Offiziers" entsprechen kann, der im Keller versteckte Herr Goldschmied ist. Und dass er den Donauwalzer vorspielt, in der – wie der sowjetische Offizier es formuliert – „Stadt der Musik". Interessanterweise beschreibt BF das Versteck als „Verlies", also als Gefängnis – obwohl es lebensrettend war. Das Wiederauftauchen aus dem Dunkel und die Rückkehr in die „Banalität" werden als Grund für die Emotionalisierung genannt, eine recht abstrakte Erklärung, die nur latent auf den Bezug zur eigenen Geschichte schließen lässt: BFs Rückkehr nach Wien? Oder – viel eher – die Rückkehr des Vaters aus der sowjetischen Gefangenschaft? Oder dessen Befreiung aus dem KZ?

Ein großer Assoziationsraum öffnet sich hier. Es fällt auf, dass Herr Goldschmied als Einziger im ganzen Haus ein Klavier besessen hatte – was dem gängigen Stereotyp des gebildeten Juden (zufällig?) entspricht. Nur weitere psychotherapeutische Gespräche könnten die Tragweite dieser Deckgeschichte genauer interpretieren. Wie in Kapitel 4.4 besprochen, ist es sehr auffällig, dass wir in mehreren Interviews auf eine solche emotionsgeladene Geschichte gestoßen sind – jeweils nur eine einzige Geschichte, die offenbar viel verdrängtes Leid und viel Angst signalisiert, und möglicherweise den Zugang zur erlebten Traumatisierung erlaubt.

Sadismus im KZ

Hier nochmals der oben zitierte Text:

> *Da wäre spontan eine Sache, wo ich nicht weiß, ob es ein Stereotyp ist – in dem Sinn, dass es oft passiert ist, dass es zu den Standardmethoden der SS-Bewacher gehörte. Zu dieser Zeit war Sachsenhausen kein Vernichtungslager – es gab, glaube ich, ein Krematorium, aber von der Größe her eher so wie Mauthausen. Ich glaube, das war der Horror. Eine der Geschichten: Da gab es so einen Draht, der war gespannt und über den durfte man nicht drübersteigen – wer drüberstieg, wurde erschossen. Da war ein Häftling und ein SSler schmeißt ihm die Mütze vom Kopf und da fliegt ihm die Sträflingskappe über den Zaun und sagt zu ihm, er soll sie holen. Der Häftling sagte: „Die hole ich nicht." – „Dann erschieße ich dich wegen Befehlsverweigerung." Dann steigt der Häftling drüber und der SSler sagt: „Jetzt erschieß' ich dich wegen Verbotsüberschreitung." Das ist etwas, was sich mir als Kind sehr eingeprägt hat. (I)*

Diese Geschichte steht metonymisch für alle schrecklichen Erlebnisse, die BFs Vater (FF) über seine Gefangenschaft im KZ Sachsenhausen erzählte. Auch diese Geschichte erzählt BF in beiden Interviews. Im Gegensatz zum Rest des Interviews, wo BF meist sehr selbstbewusst, abstrakt, reflektiert und klar formuliert, ist diese Geschichte von „glauben" und „ungenauem Wissen" durchzogen. BF weiß nicht, ob es ein Klischee oder Stereotyp ist. Er glaubt, dass es ein Krematorium gab, er glaubt, dass es der Horror war, usw.

Erstaunlich, dass ein so guter Wissenschaftler solche Fakten nicht recherchiert hat, obwohl es (vielleicht gerade, weil es) um seinen eigenen Vater ging. Diese Geschichte ist insofern von einem Schleier umgeben, als sie voll von Vagheit und Ungenauigkeiten und weder zeitlich noch räumlich genau einzuordnen ist. Die Personen sind nicht identifiziert oder identifizierbar, es handelt sich um „einen Häftling" und um „einen SSler". Die Szene wird zwar in direkter Rede wiedergegeben, steht aber für viele ähnliche – eben für viele Häftlinge, die solchen Grausamkeiten durch viele SSler ausgesetzt waren. Die Hilflosigkeit, die sinnlosen Überlegungen und kurze Widerrede des Häftlings und dessen unvermeidlicher Tod haben sich BF „tief eingeprägt", als Symbol von Grausamkeit, Ungerechtigkeit und eindeutigem Sadismus.

Diese Geschichte dürfte FF seinem Sohn oft erzählt haben; und genau so gibt sie BF wieder, inklusive der szenischen Erzählung. Ob diese Erzählung des Vaters, die Unlösbarkeit des Konfliktes (zwischen Befehlsverweigerung und Verbotsüberschreitung), BF noch weiter psychisch geprägt haben, ist ohne weitere psychotherapeutische Interpretationen nicht festzustellen. Ob BF – der fast sein ganzes Leben unangenehme Umgebungen verlassen hat und nicht versucht hat, diese zu ändern, sich also wenig Konflikten ausgesetzt hat – durch solche Geschichten in seinen Lebensentscheidungen nachhaltig beeinflusst wurde, muss offenbleiben.

7.3 Georg Herrnstadt, Leon Herrnstadt, Joel Herrnstadt

Ruth Wodak

7.3.1 Lebensweg, Berufswahl und Ausbildung

Mag. Georg (Schurli) Herrnstadt (GH) wurde 1948 geboren. Er hat eine um zwei Jahre ältere, adoptierte Schwester, Mara, die – wie GH erzählt – erst mit 12 oder 13 Jahren von ihrem Anderssein erfahren hat. GH stammt aus einer säkularen, jüdisch-kommunistischen Familie; beide Eltern entwickelten nach dem Ungarnaufstand 1956 erste Distanz zur KPÖ und traten 1968 aus der KPÖ aus. Als GH 18 Jahre alt war, ließen sich die Eltern scheiden.

GHs Mutter, Gundl Herrnstadt-Steinmetz (GHS), kämpfte im Spanischen Bürgerkrieg (bzw. war dort als Krankenpflegerin tätig) und war dann unter gefährlichsten Bedingungen in Belgien und Frankreich im Widerstand. Sie wurde verhaftet und kam nach Deutschland ins Gefängnis – und überlebte dort aufgrund mehrerer glücklicher Zufälle. GHs Vater war ebenfalls im Spanischen Bürgerkrieg (meint Sohn Leon, obwohl dies nicht der historischen Gegebenheit entspricht), floh ebenfalls nach Belgien und Frankreich, war dort im Widerstand, und kam schließlich nach Jugoslawien, wo er im sogenannten „Jugoslawischen Bataillon" kämpfte und schließlich mit dem Bataillon 1945 zurück nach Wien kam.

Im Widerstand lernte er seine spätere Frau, GHs Mutter, kennen. Die beiden fanden sich 1945 in Wien wieder und heirateten. GH ist mit einer Vorarlbergerin verheiratet („sie ist nicht jüdisch und nicht kommunistisch, [...] sie wählt grün und manchmal findet sie mich zu radikal" [I]) und hat zwei Söhne, Joel und Leon. GH war selbst nie Mitglied der KPÖ oder irgendeiner anderen Partei oder politischen Gruppierung, aber dennoch – wie er erzählt – war er emotional und kognitiv überzeugter Kommunist. Er betont in beiden Interviews, dass es ihm wichtig war und noch immer ist, nirgends „dazuzugehören"; auch beispielsweise keinerlei Abzeichen zu tragen. Anderssein wird also positiv konnotiert, die *Marginalisierung* als selbst gewählt erlebt und als Teil der Identität definiert. GH ist tatsächlich stolz darauf, „anders zu sein", fühlte sich niemals „an den Rand gedrängt":

GH: Also nicht dazugehören ist ganz wichtig. Auch nicht, also nicht zur kompakten Majorität gehören, aber auch nicht mit Abzeichen und Fahnen und so. Also meine Mutter war schon eine sehr starke Individualistin. Aber ich bin schon ideologisch als Kommunist aufgewachsen, und ich tu das heute auch noch gerne sagen. [...] Also vieles, was heute gefordert wird, hat der Marx schon gefordert. Also von der Ideologie selbst, also ich bin auf und meine Eltern haben mir den Marx schon relativ früh zum Lesen gegeben, aber ich war nicht in der Partei. Das war für mich nicht besonders wichtig. Für meine Eltern, ab dem Moment, wo ich sie bewusst erlebt habe, auch nicht wichtig. Ich kann mich nicht erinnern, dass meine Eltern zu Versammlungen gegangen sind oder so. Wir sind schon aufs Volksstimmefest gegangen oder ich dann. Oder es hat ein Parteilokal gegeben bei uns, wo ich fernsehen gegangen bin, weil wir keinen Fernseher gehabt haben. Aber ansonsten war das eigentlich nicht Thema, also in einer Partei zu sein oder organisiert zu sein. (I)
GH: Ich habe schon das Gefühl gehabt, in einer speziellen Gruppe aufzuwachsen, die sich nicht unmittelbar verfließt in die Masse. Aber marginalisiert, weiß ich nicht, ob der Begriff [...] Da müsste man wissen, was jetzt marginalisiert heißt, das hat so ein bisschen was Negatives oder Abwertendes, so verkleinert und unbedeutend.

> EB: An den Rand geschoben oder am Rande stehend.
> GH: Das Gefühl habe ich eigentlich nicht gehabt, sondern ich habe mir schon gedacht, es ist eben eine sonderbare Gruppe. Es ist eigenartig, aber es ist auch eine Gruppe, aus der man Selbstwertgefühl herausziehen kann. Man kann manchmal als ganz junger Mensch auch stolz sein, ein bisschen anders zu sein, eben nicht dazuzugehören, das war eigentlich eher meine Vorstellung von dem, wie ich da in einer speziellen Gruppe lebe. An den Rand gedrängt, unbedeutend, nicht wirklich. (T)

GHs Jugend verlief relativ konfliktfrei – er war, wie er selbst im Interview sagt:

> Ich war ein braves Kind. Ich habe alles dürfen, aber ich wollte eh nichts. So irgendwie. Also es war relativ einfach. [lacht] (I)

Die Eltern, vor allem die Mutter, hatten ein liberales Erziehungsmodell, es wurde nichts absolut verboten. Sie führten ein offenes Haus, mit vielen Besuchern und Gästen, die nicht alle zur Partei gehörten. Ganz im Gegenteil, GHs Mutter nahm gerne andere junge Menschen unter ihre Obhut, sie war für viele eine Vertraute, eine Mentorin und ein großes Vorbild. GH sollte zwar, so wollte es der Vater, auch studieren, entdeckte aber relativ bald seine Liebe zur Musik und machte eine durchaus erfolgreiche Musikerkarriere bei der Gruppe „Die Schmetterlinge". GH war Mitbegründer der „Schmetterlinge" – diese Gruppe war und ist noch immer ein zentraler Identitätsfaktor für ihn, und durchaus auch ein Teil seiner politischen Arbeit:

> GH: Ich wollte eigentlich ziemlich lange Physik studieren, habe das ja auch gemacht. Ich wollte Nobelpreisträger werden. Ich habe aber schon in der Schule gemerkt, dass eigentlich, es gibt einen guten Spruch von einem Mathematiker, Hilbert, der hat gesagt: „Die Physik ist für die Physiker eigentlich viel zu schwer." Und das stimmt. [...] Und mir ist dann eigentlich ziemlich klar geworden, auch beim Studium, das ist nicht ganz meines. Und da habe ich begonnen, mit Freunden Musik zu machen. Und das war nicht geplant. Also ich würde nicht sagen, dass ich mit 16 gewusst hätte, ich werde Musiker. Gar nicht. Und ich habe ja auch keine Ausbildung. Ich bin ja ein schlecht Ausgebildeter. Was ich mir dann beigebracht habe, das funktioniert schon ganz gut, aber ich bin kein guter Musikant. Ich kann weder gut Klavier spielen, noch gut Gitarre spielen. Das ist irgendwie gegangen. Aber es war nicht ein Plan. Da bin ich so hineingewachsen und es hat mir halt ziemlich Spaß gemacht.
> Frage: Aber die Schmetterlinge hat es schon lange gegeben, oder?

> GH: Ja, ja. Lange. Das war, zum Glück waren wir alle, außer dem Willi, der halt ein guter Sänger ist, Instrument kann er ja auch keines, aber wir waren alle nicht gut genug, um abgeheuert zu werden von anderen Bands. Dadurch haben wir uns halt immer zusammengerauft und haben, also von '69 bis sicherlich '89 ganz fest. Also da war das auch meine Haupteinnahmequelle und dann von '89, da ist es ein bisschen weniger geworden. Dann haben wir '92 bis '94 noch einmal doch eine größere Serie gehabt. Dann haben wir immer wieder, wir haben jetzt auch gespielt im Akzent vor ein paar Wochen. Aber das war dann eben nur mehr sporadisch. (I)

Durch die Musik distanzierte sich GH noch weiter von der KPÖ und anderen Organisationen. Dennoch schien das Über-Ich (durch den Vater) sozusagen auf ein Studium zu drängen – und GH studierte ab 1996 doch noch (lang nach dem Tod seines Vaters), mit viel Engagement und großer Freude, Philosophie bis zum Magisterium, mit einer Diplomarbeit über Hegel. GH war und ist der Abschluss wichtig; auch – wie sich später im Tiefeninterview herausstellt (siehe weiter unten) – bei seinen Kindern. Trotz eines durchaus absichtlich außerhalb der Norm gewählten Lebensstils sind GH einige Anpassungsleistungen wichtig:

> Und dann war für mich schon klar, dann mache ich jetzt nicht Physik noch einmal weiter, sondern mache Philosophie. Und das hat mir wahnsinnigen Spaß gemacht. Ist ja ein Jungbrunnen. Da fahre ich da mit dem Rad ins Neue Institutsgebäude und lern was und studiere. Und dann macht man Prüfungen, da habe ich Angst gehabt davor. Also da habe ich alles wieder erlebt. Ist empfehlenswert, noch einmal studieren. Aber es war eigentlich nicht mehr dran. Vorangetrieben hat mich dann die Freude. Also es war eigentlich nicht so eine bestimmte Notwendigkeit, sondern, dass ich im Trainer-Beruf arbeite, wo ich überhaupt keine Ausbildung habe. Wobei, das Philosophie-Studium hat mit meiner Tätigkeit überhaupt nichts zu tun.
> Frage: Aber einen Titel hat man halt.
> GH: Aber man hat einen Titel und in der Justiz, wo man mich kennt, da sagen sie halt jetzt Magister Herrnstadt zu mir und so. Und dann hat mich die Freude und dann zum Schluss habe ich mir gedacht, na gut, jetzt mache ich es aber fertig auch. Und habe listigerweise ein Thema behandelt, mit dem ich sehr früh, also ich habe eigentlich, würde ich sagen, als 20-Jähriger schon begonnen, Hegel zu lesen. Dahin bin ich über den Engels gekommen. Also mir hat der Engels eigentlich immer besser gefallen als der Marx [...] Und habe schon relativ früh und habe dann auch über den Hegel diplomiert. (I)

7.3 Georg Herrnstadt, Leon Herrnstadt, Joel Herrnstadt

Im Tiefeninterview beschreibt GH seine Motivation zu studieren, seinen eigenen Ehrgeiz und die Erwartungen, die er an sich selbst gehabt hat, noch genauer. Erwartungen vonseiten der Eltern gab es also sicher, einen relativ großen Leistungsdruck, auch in anderen Bereichen, wie beim Bergsteigen und im Sport. Wie GH sowohl im Erstinterview wie auch im Tiefeninterview recht lebendig und szenisch erzählt, wollte er eigentlich „Nobelpreisträger" werden. In diesen Berichten, Beschreibungen und Erzählungen zeigt sich, dass GH sehr reflektiert und auch selbstironisch über seine Entscheidungen spricht – immer wieder flicht er Exkurse ein oder Zitate von berühmten Gelehrten, Dichtern und SchriftstellerInnen. Stolz ist er auf seine Mutter, die großes Wissen besaß: „Sie war die Gebildete, nach bildungsbürgerlichen Standards!" GH besitzt einen bemerkenswerten Zitatenschatz, auf den er bei vielen Gelegenheiten zurückgreift und der ganz offensichtlich verdeutlichen soll, was er trotz seiner Musikerkarriere alles gelesen und in sein Wissen integriert hat – insofern ist der Bildungsanspruch der Elterngeneration durchaus manifest:

RW: Haben sie so klare Erwartungen gehabt? Dein Vater will unbedingt einen Sohn, der Akademiker ist oder …
GH: Naja, aber auch nicht als Druck, weil sonst hätte ich ja nicht Nicht-Akademiker werden können.
RW: Oder erst recht.
GH: Naja, es ist so, in der Soziologie beschreibt man ja, dass der Erwartungsdruck subkutan in alten Akademikerfamilien gut weitergegeben wird. Die Kinder haben eine hohe Chance. Bei jenen Eltern, die zum ersten Mal Akademiker wurden, und das waren ja meine Eltern, also meine Mutter als Gebildete, ist die Chance relativ groß, dass die Kinder wieder Nicht-Akademiker werden. […] aber ich habe diesen Druck nicht verspürt. Ich wollte ja selber. […] Begonnen hat es eigentlich damit, dass ich in der Verwaltungsakademie gearbeitet habe und ich habe die höchste Trainergage bekommen, obwohl ich eben kein Akademiker war […] Und dann, ich weiß nicht, wie der Direktor, und er hat irgendwie gesagt: „Was hast du für eine Ausbildung? Wieso bist du ein Trainer? Du hast ja gar keine Ausbildung." Und da habe ich mir gedacht, naja, ist eigentlich wahr, fange ich zum Studieren an. Das war eigentlich der erste Anstoß, aber ich weiß schon, dass ich mir gedacht habe, scheiße, dass meine Eltern das nicht erleben, dass ich jetzt doch ein Akademiker geworden bin, weil sie sich wahrscheinlich beide gefreut hätten. Aber ich habe den Druck, also selber, ich wollte Nobelpreisträger werden. Ich habe schon inhaliert gehabt eine eigene Vorstellung von Exzellenz. […] Ich bin ein wahnsinnig ehrgeiziger Mensch, das habe ich. Nicht, was jetzt den Vorzug betrifft, aber bei uns unten ist z. B. ein Licht kaputt, weil man da ein Dings austauschen muss, und die

> wollen einen Elektriker rufen, und ich habe den Ehrgeiz, ich will das selber
> machen, ich baue das selber. Ich bin ein angetriebener Mensch, auch was be-
> stimmte Leistungen betrifft. Das habe ich schon, das habe ich wahrscheinlich
> von meinem Vater. (T)

Die eigene Erfahrung (der Wichtigkeit eines Studiums und vor allem eines abgeschlossenen Studiums) veranlassten GH – trotz seiner liberalen Haltung zu Kindererziehung –, seine zwei Söhne Leon und Joel sehr viel expliziter zu einem Studium zu animieren bzw. zu drängen. „Ein Titel muss her", wiederholt GH öfter; der Widerspruch zu seiner eigenen Erziehung und zu seinen liberalen Werten ist ihm durchaus bewusst.

> GH: Ich will, dass sie Akademiker werden. Ich habe das auch meinen Buben
> gesagt, sie können machen was sie wollen, aber ein Titel muss her.
> RW: Das meinst du jetzt ernst?
> GH: Ja, weil ich habe wirklich Angst, dass man lockerlässt, und der Leon –
> schau, der Leon hat jetzt einen Titel, der ist Magister, der hat noch im alten
> Dings, und hat jetzt in New York ein Praktikum gemacht bei der UNO. Er hat
> dann brav seinen Titel gemacht, auch schneller als seine Freunde. [...] Und
> der Joel, der hat ein Semester Geschichte studiert, wird heuer den Bachelor in
> Raumplanung machen, am liebsten macht er natürlich Musik. Er hat auch
> gesagt: „Heuer mache ich fertig mit Raumplanung, aber das ist der Bachelor."
> Da habe ich gesagt: „Du, das ist für mich nicht fertig. Ich will, dass du einen
> Titel hast." Dann soll er machen, was er will, aber ein Titel muss her. Wobei
> es mir nicht um den Titel selber geht, sondern etwas fertig machen, ich glaube,
> dass die Zeiten schwieriger werden für die Kinder – es gibt genug Akademiker,
> die arbeitslos sind, das glaube ich nicht, ich versuche relativ rigid da zu sein.
> EB: Und was ist, wenn er z. B. unterbricht und später fertig macht?
> GH: Naja, werde ich ihn auch nicht ermorden. Das kenne ich ja von mir.
> Insofern [...] (T)

Wie dies die beiden Söhne erlebt haben – dazu kommen wir später.

7.3.2 Der Blick in die Vergangenheit

Sowohl im Tiefeninterview wie auch im Erstinterview wird deutlich, dass GH wenig über die Flucht und die vielen bedrohlichen und schrecklichen Erlebnisse seiner Eltern weiß. Erstens, so meint GH, hätten die Eltern wenig erzählt, vor allem keine

7.3 Georg Herrnstadt, Leon Herrnstadt, Joel Herrnstadt

„schlimmen Geschichten", um die Kinder nicht allzu sehr zu belasten. Zweitens haben sich – so GH – beide nicht als Opfer empfunden: aber auch nicht als Helden! Sie definierten sich als „Widerstandskämpfer".

Die Fluchtgeschichten sind zunächst etwas konfus, sodass im I die Interviewerin nachfragen musste. Der folgende Text veranschaulicht eine typische Realisierung des *Erzählschleiers* – Orte, Flüsse und Länder sind bekannt (und von uns gerade gesetzt, um das Chronotop zu betonen), genaue Zeitpunkte weniger; und alles, was sich an den Orten und zwischen den Orten abgespielt hat, wird erst auf Nachfragen genauer rekonstruiert und verbleibt – abgesehen von einigen offensichtlich immer wieder erzählten Geschichten (*Retold Stories*) – meist vage (seine Mutter ist beispielsweise *„irgendwie"* über die Brücke gekommen). Diese Vagheit ist GH sichtbar unangenehm – denn offensichtlich hat er wenig gefragt und ist der Lebensgeschichte seiner Eltern nicht im Detail nachgegangen, hat dazu nicht genauer recherchiert, ja nicht einmal die autobiografischen Schriften seiner Mutter zu Ende gelesen. Fazit: Er bezeichnet sich selbst – mit einem Schuss Ironie – als „schlechten Sohn". Er weiß nichts Genaues, er *glaubt* nur zu wissen.

Frage: Ich bin jetzt kurz verwirrt. Ihr Vater war ja in Belgien.
GH: Ja. Aber in Frankreich auch, glaube ich.
Frage: Und wie kommt er nach Gurs?
GH: Wo ist Gurs? Ist ja in Frankreich.
Frage: Ja, ja, aber im Süden von Frankreich.
GH: Ja, na dort war er schon auch.
Frage: Nachher dann quasi? Also er ist von Belgien über –
GH: Er ist von Belgien nach Frankreich und ich weiß, dass er von Marseille weggeflogen ist nach Jugoslawien. Mit einer ganz klapprigen Maschine, wo er gesagt hat, da hat er eine ziemliche Angst gehabt. Das war eine ganz alte Kriegsmaschine. Aber ich habe ziemliche Lücken, was das betrifft. Meine Frau schimpft mich immer, dass ich die . Meine Mutter hat für irgendeinen Sammelband ihre Geschichte genauer aufgeschrieben, und meine Frau hat mich immer geschimpft, dass ich das nicht lese.
Frage: Und haben Sie es bisweilen gelesen?
GH: Naja, ich habe dann immer wieder hineingelesen, aber wie gesagt, ich bin auch von meinen Eltern nie angehalten worden. Oder sie haben das nie als eine Geschichte gesehen, die man Kindern überliefern muss oder so.
Frage: Können wir auch die Geschichte von Ihrer Mutter noch fertig machen? Also die ist dann nach Deutschland gekommen, dann ist von diesem (Wiener) Arzt (der sie schützen wollte) gesagt worden, sie ist nicht transportfähig und dann?

> GH: *Und dann hat man ihr aber, naja, sie hat dann irgendwie fl –, über den Rhein. Ich weiß jetzt nicht, war Köln schon? Köln und Bonn, glaube ich, ist ja zusammen.*
> Frage: *Relativ, ja.*
> GH: *Und da sind die Amis schon beim Rhein und sie ist dann irgendwie über eine Brücke, sozusagen in den amerikanischen Sektor, ist aber dann zurück nach Belgien und erst von Belgien dann wieder nach Österreich gekommen. Wenn ich mich nicht täusche, erst '46. Aber ich weiß das nicht genau. Bin ein schlechter Sohn. (I)*

Im Tiefeninterview fragen wir genauer nach. Uns interessiert, ob es Erinnerungen an traumatische Erlebnisse der Eltern gibt. Und welche Rolle denn das Judentum im Zusammenhang mit der politischen Weltanschauung, mit Flucht, Widerstand, Gefangenschaft und Rückkehr spielt. Beide Bereiche wurden – so empfanden wir dies – von GH im Erstinterview etwas heruntergespielt bzw. Fragen dazu recht schnell und oberflächlich beantwortet.

In einem Interview mit Gundl Herrnstadt-Steinmetz (GHS), das im Spielberg-Archiv[66] zu finden ist und von Ernst Berger[67] publiziert wurde, finden wir mehr Informationen zum Hintergrund der Mutter von GH und auch der Großeltern, zur Widerstandstätigkeit und Gefangenschaft der Mutter, die GH offenbar nicht kannte, vergessen hatte oder nicht erzählen wollte:

> *„Mein Vater stammte aus Westgalizien. Seinen genauen Geburtsort wusste er selbst nicht, weil die Familie wegen der häufigen Pogrome immer wieder den Wohnort wechseln musste. Seine Mutter war eine bildungshungrige Frau, die wollte, dass ihre Kinder Deutsch lernen, um den ‚Faust' lesen zu können. Sein Vater war Förster auf dem Gut eines österreichischen Grafen. Das, was er uns später über die Jahre in Galizien erzählt hat, hatte nichts mit dem Klischee vom jüdischen Stetl mit den tanzenden Juden zu tun. Er hat ganz andere Szenen erzählt, von denen ich die in Erinnerung behalten habe, als er während eines Pogroms einmal in das brennende Haus zurückgelaufen ist, um seine Stiefel zu retten. Er ist mit 14 Jahren, knapp vor der Jahrhundertwende, nach Wien gekommen, weil er studieren wollte und wusste, dass die Familie das Geld dafür nicht aufbringen konnte. Er hat hier verschiedene Berufe begonnen und*

---

66 Herrnstadt-Steinmetz Gundula: Interview 3074836 (22. April 1997), Survivors of the Shoah/Visual History Foundation.
67 Ernst Berger (2018): Träume, Kämpfe, Lebenswege. Berichte aus dem kurzen 20. Jahrhundert, Kapitel Gisela (S. 19 ff). Norderstedt: BoD-Verlag.

ist schließlich im Textilhandel gelandet und ist bald aktiver Gewerkschafter geworden.
Meine Mutter hat meinen Vater immer damit gehänselt, dass er ein ‚Polischer', ein aus Polen Zugereister, war und sie aus einer Wiener Familie stammt. Trotzdem haben sie eine ausnehmend gute Ehe geführt. Meine Mutter war gelernte Stickerin und ihr erzfrommer Vater hat die Berufstätigkeit seiner Tochter kaum ertragen. Nach der Eheschließung hat sie dann aufgehört zu arbeiten. ‚Drei Töchter – kein Gelächter' war der Spruch, mit dem sie das Ausbleiben eines Sohnes kommentiert hat. Ich selbst war die Jüngste und das Lieblingskind der Familie und hatte zwei ältere Schwestern." (Berger 2018, S. 20)

Es bleibt beispielsweise offen, warum beide Söhne „typisch" jüdische Namen haben, nämlich Leon und Joel. Der Stellenwert von Humor und Witz kommt wahrscheinlich aus einer jüdischen Tradition, selbst wenn sie nicht explizit als solche angegeben wurde. Zum jüdischen Hintergrund erfahren wir von GHS mehr – diese Beschreibung lässt beispielsweise die wichtige Rolle des jüdischen Humors besser verstehen. Erst die Söhne von GH wenden sich dem jüdischen Hintergrund der Großeltern und deren Erfahrungen mit dem Vorkriegsantisemitismus mehr zu.

Bemerkenswert ist im folgenden Interviewausschnitt, wie GHS die langsam beginnende, systematische Ausgrenzung von Juden und Jüdinnen in der Zeit des Austrofaschismus ausführlich beschreibt. Hatte man sich anscheinend an den Alltagsantisemitismus in Witzen und Äußerungen zwar „gewöhnt", so nahmen im Austrofaschismus seit 1934 (in der „Dollfuß-Zeit") judenfeindliche Vorurteile andere existenziell spürbare Formen an; GHs Tante bekam aufgrund ihrer jüdischen Herkunft nach 1934 keine Arbeit mehr:

„Jüdische Traditionen haben bei uns keine Rolle gespielt. Meine Mutter hat als Tochter eines Rabbiners ihr Elternhaus als sehr beengend und bedrückend empfunden, ist sehr bald über die Gewerkschaft Sozialdemokratin geworden und hat das Jüdische abgelehnt. Meinem Vater zuliebe hat man sich in unserer Familie zwei Mal im Jahr der Herkunft erinnert – Pessach und Jom Kippur wurden groß gefeiert.

Wir haben in der Leopoldstadt gewohnt und ich bin auch dort in die Schule gegangen. Und obwohl der 2. Bezirk als jüdischer Bezirk bekannt war, hat das in der Volksschulklasse, die total gemischt war, überhaupt keine Rolle gespielt. Im Alltag gab es auch keinen spürbaren Antisemitismus. Man hat damit gelebt, dass die Kirche und die Christlich-Sozialen eine antisemitische Einstellung hatten, das war aber weder lebensgefährlich noch freiheitsbeschränkend. Jüdische Witze, mit denen wir konfrontiert waren, waren nicht bedrohlich. In diesem Sinne war Antisemitismus ein „normaler", aber relativ unwichtiger Teil unseres

Lebens. Erst mit dem Beginn der Dollfuß-Zeit wurde das anders. Meine älteste Schwester hatte nach Abschluss ihres Studiums als Jüdin keine Chance, eine Arbeit in ihrem Beruf als Mittelschullehrerin zu bekommen. Das war dann auch für mich der Grund, das Gymnasium abzubrechen." (Berger 2018, S. 20 f.)

Im Tiefeninterview bekamen wir Antwort auf die Frage, ob denn nicht die lebensgefährliche Verwundung der Mutter als traumatisch erlebt worden war:

EB: Wie meinst du denn, wenn man das so versucht zu relativieren jetzt, wie ist deine Position dazu, wenn du das reale Ereignis für die Gundl betrachtest? GH: Ich glaube, dass es ein erschütterndes Erlebnis war und sicherlich etwas, was in ihr Leben eingegriffen hat, weil sie hat ja dann beim Wandern auch immer Schwierigkeiten am Knie gehabt usw., das war ja ein bleibender Schaden, aber trotzdem ist doch die Frage für mich, wie Menschen dann mit solchen Schicksalsschlägen umgehen, das ist die Frage der Interpunktion. Sagt man „Ich habe so ein glückliches Leben gehabt und dann kam die Krise" oder sagt man „Da war die Krise und dann ist es wieder bergauf gegangen", diese entscheidende Frage, wie man mit einem Ereignis umgeht und was das dann innerpsychisch dann wirklich macht. Trotz allem hat die Gundl von dem Ganzen tatsächlich auch diese komischen Geschichten erzählt. (T)

GHS allerdings erzählt eingehend und sehr detailliert über ihre Verhaftung durch die Gestapo; auch die Folter und die entsetzlichen Verhörmethoden wie auch ihre Versuche, diese trotz großer Schmerzen konsequent durchzuhalten, werden plastisch-szenisch, mit verteilter direkter Rede, dargestellt – so, als wäre dieses Ereignis gerade eben passiert. GHS erinnert sich also ganz genau an die Folterungen; ob sie ihre Erfahrungen auch GH derart detailliert erzählt hat, haben wir im Tiefeninterview nicht erfahren – was GH mit „komischen Geschichten" (siehe oben) gemeint hat, bleibt ebenso unter einem Schleier verborgen:

„In den folgenden Verhören hatte ich keine Ahnung, was sie von mir wollen. Ich hatte mir vorgenommen, die Gestapoleute reden zu lassen, um zu erfahren, warum ich verhaftet wurde. ... Bei den Verhören wurde klar, dass mich die Gestapo für eine ganz große Revolutionärin gehalten hat. Ich habe mich bemüht, ihnen klarzumachen, dass ich nur eine einfache, patriotische Belgierin bin, die keinen Krieg mehr will, und dass ich die Flugblätter gegen Bezahlung für den Gegenwert von zwei Lebensmittelmarken verteile. Die Verhöre waren für mich schwierig, weil ich bis dahin nicht gelernt hatte zu lügen. Ich habe in der

7.3 Georg Herrnstadt, Leon Herrnstadt, Joel Herrnstadt

> *Nacht immer genau überlegt, was man mich fragen wird und die Antworten einstudiert. Das hat gut funktioniert. Die Gestapo hat mir fast alles geglaubt. ... Ich hatte an diesem Tag starke Schmerzen im Bein und Fieber. Ich habe ihnen gesagt: ‚Sie waren doch sicher auch einmal illegale Nazis – hätten Sie Ihre Quartiere angegeben?' Das hat sie so verblüfft, dass sie nicht wussten, was sie sagen sollten. Das hat mir für 2 Stunden Ruhe eingetragen. Mittlerweile waren seit meiner Verhaftung (um 3 Uhr am Nachmittag) ca. 7 Stunden vergangen – es war schon später Abend – und ich habe ihnen dann eine Adresse am anderen Ende der Stadt in einem Vorort von Brüssel, wo ein Cousin von mir in einer noblen Gegend früher gewohnt hatte, gesagt. Dadurch hatte ich eine Nacht Ruhe. Bei den weiteren Verhören bin ich dann entsetzlich gefoltert worden – sie haben mir das verletzte Bein abgedreht und in die Schwellung der Wunde hineingestochen und auf das Bein geschlagen. Als einmal ein Gestapomann mich ins Gesicht schlagen wollte, sagte der andere zu ihm: ‚Lass sie in Ruhe, sonst sagt sie gar nichts mehr.' Ich hatte ihnen zu Beginn gesagt ‚Wenn Sie mich schlagen, mache ich den Mund zu und sag kein Wort mehr.' Und das hat gewirkt. Ich habe später mit vielen Leuten über die Wirksamkeit dieser Strategie gesprochen, und einige haben mir gesagt, dass es nicht immer wirkt." (Berger 2018, S. 35 f.)*

Die Mutter hatte zunächst in Spanien gekämpft, dann den Vater in Belgien kennengelernt; sie hatte mit anderen kommunistisch-jüdischen Frauen in einer sogenannten „Mädchengruppe" gearbeitet – die „Mädlarbeit" (d. h. diese jungen Frauen versuchten, Wehrmachtssoldaten dazu zu überreden, subversive Flugblätter zu verteilen und dem Widerstand zu helfen). Sie wurde verraten und in ein Gefängnis gebracht, wo sie durch viele Zufälle gerade noch überlebte. GH weiß nicht genau, ob es in Belgien oder in Frankreich geschah.

Trotz dieser sehr gefährlichen Erlebnisse betrachtet GH die Geschichte seiner Mutter (und Eltern) als weniger „schlimm" als jene Erlebnisse, von denen KZ-Überlebende berichten. Außerdem hätten die Eltern nichts romantisiert und sich keineswegs als Helden dargestellt – im Gegenteil, vieles sei mit Humor bewältigt worden. Immer wieder betont GH, wie wichtig der Humor für sein Leben (und das seiner Familie) gewesen ist:

> *Ich kann nur vielleicht theoretisch sagen, also bei meiner Mutter kann ich das vielleicht besser einschätzen als beim Pauli [GHs Vater], dass offensichtlich, aber doch, bevor Traumata in einem halbwegs erwachsenen Leben einsetzen, frühe Kindheitserfahrungen die Leute polen, in welcher Richtung, wie werden Traumata verarbeitet. Ich glaube, dass beide grundsätzlich gestärkte Leute*

> waren, die sich auch bewusst waren – meine Mutter hat immer gesagt: „Ich bin kein Opfer. Ich bin dort hingegangen, ich habe das gewusst, ich habe gewusst, welche Gefahren mir da drohen, ich habe ein mir selbst auferlegtes Schicksal erlitten und nicht ein fremdbestimmtes." Beim Pauli war es ja auch so. Der hat ja, wenn ich mich nicht irre, sogar ein Visum nach Brasilien gehabt, weil der hat ja ein bisschen Portugiesisch gelernt, und dann war der Bruder aber in Belgien, und dann ist er aber in Europa geblieben. Das war ja nicht so, dass man da abgeholt wird vor der Haustür oder so wie der Vater vom E., mit dem habe ich mich gerade beschäftigt, das sind arge Sachen. Das heißt, man hat mit einer gewissen Wahrscheinlichkeit auch sehen können, wenn ich in den Widerstand gehe, kann mir das und das passieren, und wenn man da gestärkt hineingeht, glaube ich, dass die Auswirkungen, die seelischen Auswirkungen von tatsächlichen Ereignissen schon unterschiedlich sind bei Menschen, die erstens ein gewisses Grundvertrauen, ein Selbstwertgefühl haben und dann bei Handlungen, die sie selbst setzen, in Gefahr kommen, als wenn sie abgeholt werden. (I)

Allerdings wurden auch nahe Verwandte von GH im KZ ermordet, beide Großväter. GHs Tanten wurden gefoltert und waren ihr Leben lang von diesen Erlebnissen gezeichnet. Bei der Erzählung über die Ermordung seines Großvaters verwendet GH typischerweise (für die österreichische Nachkriegszeit; vgl. Kapitel 6.2) den Begriff „umkommen". Nach einiger Diskussion über diesen die Täter vermeidenden Begriff gibt GH schließlich zu: „Natürlich hast du recht, es ist verharmlosend."

Die Frage nach einem „Tränenthema" verneint GH – er sei zwar ein sehr emotionaler Mensch, „nahe am Wasser gebaut", aber erinnere sich nicht an eine Geschichte, die ihn derart berührt hätte. Im Tiefeninterview wird dann lange eher abstrakt und anhand von Literaturnachweisen über Emotionalität und Trauma diskutiert. Dieser relativ distanzierte Umgang mit der Deportation und Ermordung der Großeltern und anderer Verwandter mag zunächst erstaunen. Allerdings wird dieser Umgang verständlicher, wenn wir GHSs Worte dazu vernehmen – erst relativ spät hat sie selbst Emotionen in Hinblick auf diese schrecklichen Verluste, auf die Einzelschicksale (ihrer Eltern!) zugelassen; diese Erzählweise dürfte den Familiendiskurs mitgeprägt haben:

> „Über meine Eltern habe ich nichts gewusst – ich hatte nur einmal eine Karte bekommen mit der Mitteilung, dass sie deportiert worden waren. Mir war klar, dass mein Vater umgekommen ist. Ich habe aber dem Schicksal meiner Verwandten nie im Detail nachgeforscht – das hätte mir nicht geholfen. Ich habe immer gesagt, das war ein Massenschicksal. 1945 war das auch ein Massen-

> *schicksal. Man wusste von Millionen Toten in Lagern, durch Bombardements und an der Front. Das Einzelschicksal zählte da nicht. Es hat Jahrzehnte gedauert, bis wir draufgekommen sind, dass jeder ein Einzelschicksal hatte."* (Berger 2018, S. 40)

Was die Beziehung zum Judentum betrifft, so ist diese recht distanziert, wenn auch – zumindest in Bezug auf die Musik und den Humor – durchaus explizit vorhanden und positiv konnotiert. Er sei, so meint GH im Erstinterview, nicht in einer jüdischen Identität aufgewachsen. Er habe auch kaum – außer zweimal – antisemitische Erlebnisse gehabt. Dennoch gibt es Verwandte in Israel, die man auch besucht hat; und GH erzählt, dass seine Eltern aufgrund der jüdischen Widerstandsorganisationen und -netzwerke in Belgien schnell integriert worden waren. GHs Frau ist nicht jüdisch; dies sei auch niemals ein Problem gewesen. Das Bildungsbürgertum, das GH von der Mutter übernommen hat, stammt ebenfalls, so GH, von den jüdischen Großeltern, die anscheinend darauf geschaut hätten, dass ihre Kinder genug Deutsch verstünden, um „Goethe" zu lesen. Das Judentum und die Fluchtvergangenheiten stehen in den Interviews mit den Söhnen, vor allem mit Leon, viel mehr im Vordergrund.

Dennoch kamen zwei Erinnerungen zur Sprache, die durchaus von Emotionen begleitet waren und über die GH viel erzählte – auch wenn wir diese Narrative der Form nach nicht als die „typischen Tränenthemen" klassifizieren können.

7.3.3 Erinnerungen und Emotionen

Zweimal erzählt GH eine bestimmte negative Erfahrung, die seine Mutter schon sehr früh, 1938, mit der damaligen KPÖ-Führung erlebt hatte. Sie wollte nach dem Kampf in Spanien zurück nach Wien, um ihren Vater zu retten, ihm also zur Flucht zu verhelfen. Die KPÖ-Führung verbot dies aber und nahm ihr sogar den Pass weg, damit sie nicht reisen konnte. Dieser Großvater wurde später deportiert und ermordet. GHs Mutter hat dies nie vergessen, sie hatte Schuldgefühle, die GH durchaus nachvollziehen konnte. Möglicherweise trug diese Erfahrung zu einer frühen Distanzierung von der hegemonialen KPÖ-Politik bei – eine wieder und oft erzählte Geschichte (*Retold Story*), über die sich GH stark mit der Mutter identifiziert, mit ihrem „anarchistischen" Charakter. Auch er wendet sich gegen jegliche Hierarchie und gegen rigide Vorschriften – möglicherweise nicht ganz zufällig fällt ihm diese Geschichte bei einer Frage nach seiner bewusst eingenommenen Haltung ein, sich nicht Gruppen oder Parteien anzuschließen oder gar an sie zu binden:

> GH: Es ist nicht so, dass ich Gruppen grundsätzlich scheue, ich habe nur das Gefühl, jetzt im Moment gibt es keine, jetzt gibt es da diese Gruppe Mosaik, da war ich jetzt mal dort, vielleicht gehe ich da noch einmal hin, ich habe jetzt nicht eine besondere Kontaktscheu zu anderen; und ein Erlebnis meiner Mutter, meine Mutter war in Spanien im Rahmen der KPÖ oder der französischen KP, das weiß ich jetzt nicht mehr, und hat dann dort eigentlich mit den Anarchisten sympathisiert. Sie hat schon damals sich gedacht, was wir da machen, ich weiß nicht, ob das ganz das Richtige ist. Also eine relativ frühe Erkenntnis. Dazu kam dann noch, das war eine Geschichte, die sie erzählt hat, sie wollte nochmal nach Österreich fahren, 1938, um ihren Vater rauszuholen, und die KPÖler haben ihr den Pass nicht gegeben, die haben gesagt, „du darfst nicht", und sie hat sich da untergeordnet, aber vielleicht hätte sie da raufen müssen, ich weiß es nicht. Wahrscheinlich haben sie gedacht, das ist zu gefährlich, das hat jetzt keinen Sinn, vielleicht waren die auch guten Sinnes, wie sie eben meiner Mutter den Pass nicht gegeben haben. Aber meine Mutter hat immer erzählt, dass sie eigentlich von vornherein – also meine Mutter war eher Oppositionsgeist.
> RW: Hat sie sich dann Vorwürfe gemacht, weil er ja dann deportiert wurde?
> GH: Sie hat sich Vorwürfe gemacht, wobei sie schon natürlich – das könnte wahrscheinlich viel eher eine traumatische Geschichte gewesen sein, wo sie Schuldgefühle hatte, weil es war ja so, ihre Familiengeschichte ... Dann ist sie nach Frankreich gegangen und dann war eben noch der Vater da, und um den wollte sie sich auch kümmern, und das ist ihr dann nicht geglückt. Ob da was möglich gewesen wäre, das lässt sich natürlich schwer beurteilen.
> RW: Natürlich, aber das ist ja etwas, was einen potenziell sehr beschäftigt.
> GH: Beschäftigt, ja, das war schon eine Geschichte, die sie öfters erzählt hat, die sie offensichtlich beschäftigt hat, und die sie aber von vornherein in Opposition gebracht hat, zu Organisationen. Also meine Mutter war sicher ein bisschen anarchistisch angehaucht, über Spanien, heutzutage würden wir alle sagen, dieses strenge Regiment, was es in der KPÖ teilweise gegeben hat, war politisch nicht sinnvoll. (T)

Die zweite Erinnerung, die starke Emotionen bei GH auslöst, betrifft ebenfalls die Mutter. Im Zusammenhang mit der Trennung seiner Eltern (GH war damals 16 Jahre alt) hatte sich die Mutter in einen anderen Mann verliebt, aber zugunsten der noch vorhandenen Hoffnung auf eine wieder funktionierende Ehe auf eine Beziehung verzichtet. Die Eltern hatten damals GH gefragt, ob er etwas gegen eine Scheidung hätte – sie blieben dann noch zwei Jahre zusammen, weil GH sie darum gebeten hatte. Wahrscheinlich – so meint GH retrospektiv – bereute die Mutter dies später, da sie sich doch noch scheiden ließen. Beim Erzählen dieser

Erinnerung identifiziert sich GH mit seiner Mutter; er spricht stockend und klopft dabei zweimal unerwartet auf den Tisch:

> *GH: Und jetzt erzähle ich die kränkende Geschichte, ich weiß nicht, ob du das weißt, der Vater vom XXX, wie hat der Alte geheißen?*
> *EB: XX*
> *GH: XX, der hat meine Mutter gefragt, ob sie ... [klopft zweimal auf den Tisch]*
> *EB: Und sie hat gesagt, nein, das hast du einmal erzählt.*
> *GH: Weil das geht nicht, und das war aber schon in der Zeit, wo sie versucht haben, wieder so zusammenzukommen. ...*
> *RW: Der wollte eine Beziehung mit ihr anfangen?*
> *GH: Ja, ein fescher Italiener, ich kann mich erinnern, der war ein fescher Mann, oder?*
> *EB: Warum hat dich das jetzt bewegt?*
> *GH: Naja, weil das traurig für meine Mutter war.*
> *EB: Sie wollte es nicht oder sie hat sich das nicht gestattet?*
> *GH: Die hat ihn auch geliebt, glaube ich. Der war ein fescher Mann, ein bisschen eine Abwechslung. [...] Da kommt ein fescher Italiener her und sagt: „Komm mit mir", das war natürlich zwiespältig für sie, aber sie hat sich da was vergeben, auch weil es vielleicht so moralisch war, und ist dann aber so gekränkt worden, weil wenn die gewusst hätte, dass die Ehe zwei Jahre später eh [...] Dann hätte sie das gemacht. Und deshalb hat meine Mutter schon immer wieder – nicht oft, aber immer wieder erzählt, dass ihr das leidtut. Und das ist natürlich ein Problem, wenn du im Leben ein paar Sachen hast, wo du dauernd das Gefühl hast, das hättest du machen sollen. (T)*

7.3.4 Auftrag

Ein letzter wichtiger Themenkomplex in unseren Interviews betraf etwaige explizit ausformulierte oder implizit weitergegebene „Aufträge", also nicht nur Werte und Meinungen, sondern – aufgrund der elterlichen Vorbilder – zu setzende politisch emanzipative Handlungen.

Obwohl GH mehrfach betont, nirgends dazuzugehören und dies auch nicht zu wollen, so sehr verstrickt er sich – wo immer er kann – in politische Diskussionen und versucht, andere von seiner Meinung zu überzeugen. Verlangt haben dies seine Eltern nicht; dennoch will er gerne eine Tradition „fortführen", ohne sich parteipolitisch zu engagieren. Es erfasst ihn oft auch einfach eine „Wut", die ihn dann beispielsweise dazu veranlasst, einen Kommentar in der Qualitätszeitung

Der Standard zu verfassen oder sich in Diskussionen vehement zu äußern – aber immer mit Humor.

> GH: *Und dann merke ich schon, wenn dann alle sagen „Das war doch wieder ein tolles Symposium" und ich sage „Aber das war doch nicht in Ordnung" und dann kommen die Leute schon heraus und sagen „Ist eh wahr", aber zuerst wollen sie mal gern dazugehören und das Nicht-dazugehören-Wollen, das habe ich auch, da bin ich eher der, der dagegenredet, oder bei Seminaren, ich bin da viel mit Richtern zusammen, da wird am Abend immer in irgendeiner Weise politisiert.*
> EB: *Würdest du das als einen expliziten oder impliziten Auftrag auch von der Geschichte deiner Eltern für dich abbuchen?*
> GH: *Ja, wahrscheinlich schon, aber sozusagen Erbe, sie haben nicht gesagt „Mach das", sondern das ist eine Tradition, dass man auch herumgeht und dauernd agitiert, didaktisch vernünftig, humorvoll, eine Tradition fortsetzen, glaube ich schon. (T)*

Deutlicher formuliert es GH im Erstinterview – es geht darum, sich in der Gegenwart zu bewegen, zukunftsorientiert und nicht in der Vergangenheit stecken zu bleiben. Außerdem sehr genau politische Ereignisse zu verfolgen, denn – wie GH treffend formuliert – „Umschwünge können schnell passieren":

> *Frage: Und haben Sie das Gefühl, dass aus dem eigenen Umgang der Eltern mit ihrer Vergangenheit, dass dadurch gewisse Botschaften an Sie vermittelt worden sind?*
> *GH: Naja, die Botschaft grundsätzlich einmal das eigene Leben und nicht fortsetzen ein Leben, das man geerbt hat. Schon eine gewisse optimistische Zukunftsorientierung, die nicht besonders stark geprägt ist von der Vergangenheit. Mitbekommen habe ich immer die Möglichkeit des Umschwungs. Also es kann erstaunlich schnell gehen, dass sich eine Situation ändert. Ich glaube, jetzt haben wir es gerade zum Negativen. Mal sehen, was da noch alles kommt. (I)*

7.3.5 Die Söhne: Leon und Joel Herrnstadt

Leon Herrnstadt (LH) begann sehr früh, sich mit der Vergangenheit seiner Familie zu beschäftigen („Und ich hab mich als Kind sehr viel mit dieser Zeit beschäftigt. Also eigentlich schon im Volksschulalter"). Dennoch meint er, von seinen Großeltern wenig erfahren zu haben. Er weiß also nur „ungefähr", was seine Großeltern während des Krieges gemacht haben und dass beide aus der KPÖ ausgetreten sind. Am meisten hat die Großmutter (GHS) erzählt. Leon hat sich auch das Video (ein Interview, das im Rahmen des Spielberg-Archivs mit seiner Großmutter geführt worden war; vergleiche die kurzen Textausschnitte oben) gemeinsam mit seinem Vater angeschaut und sich daher ganz explizit mit der Verfolgung und den schrecklichen Erlebnissen der Großmutter auseinandergesetzt.

In diesem Zusammenhang begegnen wir wieder der sehr bedeutsamen traumatischen Erfahrung der Großmutter GHS, nämlich dass ihr verboten worden war, nach Wien zurückzufahren und ihren Vater zu retten. Damit erhärtet sich die These, dass dieses Narrativ für die überlieferte Familiengeschichte zentralen Stellenwert besaß und sicherlich sehr oft erzählt wurde (*Retold Story*). Auch der Fluchtweg und die vielen Orte, die die Großmutter im Widerstand aufgesucht hatte, sind Leon präsent – wenn auch nicht im Detail; es handelt sich „um Eckpunkte, die mir in Erinnerung geblieben sind". Die oft wiederholten Aussprüche des Glaubens und „Nicht-genau-Wissens" sind auffallend (und im folgenden Text gerade gesetzt; dieser ist außerdem des leichteren Verständnisses wegen nach bestimmten Erlebnispunkten und Sub-Erzählungen absatzweise gegliedert, obwohl LH ihn fortlaufend erzählt hat). Dennoch wird deutlich, dass sich LH wesentlich genauer an die Geschichte und den Fluchtweg der Großmutter erinnert als GH. Die Großmutter muss in diesem Videointerview auch einige schreckliche und eindrückliche Szenen erzählt haben, denn LH erinnert sich an einige Ereignisse, beispielsweise an das völlig willkürliche und sinnlose Erschießen zweier junger deutscher Soldaten gegen Ende des Krieges. Die vielen Zufälle, die seiner Großmutter das Leben gerettet haben, werden, wenn auch immer wieder einschränkend, recht präzise berichtet – der Erzählschleier ist also in der dritten Generation ein wenig gelüftet!

LH: Also ich weiß mehr von meiner Großmutter, weil der Steven Spielberg mal eine Art Archiv aufgebaut hat, wo er verschiedene Leute in ganz Europa, die halt irgendwie in dieser Zeit, Holocaust-Überlebende oder auch Widerstandskämpfer interviewt hat. Und es gibt ein Video, ich hab's schon sehr lang nicht mehr gesehen, aber das hab ich mir mal als Kind angeschaut, wo meine Großmutter, glaub ich, drei, vier Stunden halt ihre Geschichte erzählt. Und da ist natürlich einiges hängen geblieben.
Sie ist mit vielen anderen Österreichern in den Spanischen Bürgerkrieg gegangen. Hat dort, glaub ich, nicht gekämpft, weil das durften Frauen, glaub ich, nicht, sondern eher sich um Verwundete gekümmert oder logistische Aufgaben übernommen. Ist dann gar nicht mehr nach Österreich zurück wegen dem Anschluss. Ich glaub, mein Vater erzählt immer die Geschichte, dass meine Großmutter unbedingt zurückwollte, um ihren Vater rauszuholen, was ihr

aber von der Kommunistischen Partei nicht erlaubt wurde. Sie haben ihr ja auch den Pass abgenommen und ihr ihn nicht gegeben. Deswegen konnte sie auch nicht nach Österreich. Und sie ist dann direkt nach Belgien, glaub ich, oder nach Frankreich. Ich weiß nicht. Aber sie war auf jeden Fall lang in Paris im Widerstand. Ist dort dann aufgeflogen, angeschossen worden, war im Gefängnis. Und hat dann eine ziemlich wilde Odyssee gehabt. Ist dann dort von irgendeinem deutschen Offizier entführt worden und ist mit dem quer durch Frankreich bis nach Deutschland, glaube ich sogar runter. Genau weiß ich es nicht mehr, aber ist eine ziemlich spannende Geschichte. Also Eckpunkte. Es gibt so ein paar Geschichten, die mir in Erinnerung geblieben sind. Besonders eindrücklich war eben die Gefangenschaft in diesem Gefängnis. Weil sie erzählt hat, dass, ich weiß leider nicht mehr genau, wie es passiert ist. Sie hat in Paris diese Mädlarbeit gemacht, wie das damals genannt wurde, wo es darum ging, deutsche Offiziere versuchen quasi für Propagandazwecke einzusetzen. […] Und bei irgendeiner Aktion ist sie da aufgeflogen und eben angeschossen worden. Ist dann lang im Spital gelegen und dann, glaube ich, ins Gefängnis gekommen, wenn ich mich richtig erinnern kann. Und in diesem Gefängnis waren auch andere politische Häftlinge. Und wie dann, ich glaub, die Amerikaner immer nähergekommen sind, ist irgendein deutscher Offizier mit einem Arzt durchgegangen, und die haben irgendwie besprochen, welche Gefangenen dagelassen werden, welche erschossen werden und welche mitgenommen werden. Und sie sagt, dass sie sich, glaub ich, unter der Gefängnisbank versteckt hat und irgendein Schubert-Lied gepfiffen hat, weil sie eben gedacht hat, das war es jetzt. Und der Arzt war irgendwie Österreicher, hat das erkannt und hat gesagt, sie kann dagelassen werden. Und kurze Zeit später ist eben dieser deutsche Offizier herein, der vollkommen aus dem Häuschen war und hat gedacht, er braucht irgendeine Geisel und hat sie mitgenommen. Und ist mit ihr dann im Auto dort geflüchtet.
Eine Erzählung, an die ich mich auch erinnern kann, ist, dass sie irgendwo dann auf einer Landstraße an zwei jungen deutschen Soldaten vorbeigekommen sind, die unter einem Baum gesessen sind und gepicknickt haben und der Offizier hat sie angeschrien, was sie da machen und dass sie gefälligst aufstehen sollen. Worauf sie gemeint haben, der Krieg ist eh vorbei und er soll sich nicht aufregen. Und der hat dann die zwei erschossen.
Und ich weiß nicht genau wo in Deutschland, aber irgendwie ist sie mit dem, glaub ich, bis nach Deutschland. Und hat dann dort, bild ich mir ein, in irgendeinem deutschen Spital dann auch gearbeitet, weil sie eben auch von Spanien so ein bisschen Krankenpfleger gelernt hat. Das sind so die Eckpunkte, aber genau, ich müsst mir das Video noch einmal anschauen. Das ist sehr lange her.

7.3 Georg Herrnstadt, Leon Herrnstadt, Joel Herrnstadt

Frage: Und wie ist sie wieder zurück nach Wien gekommen?
LH: Ich glaube, dass in dieser, ich glaub, dass es dann einfach so, wie der Krieg vorbei war, letztendlich für sie nicht schwer, also sie hat gemeint, wie sie in diesem deutschen Spital gearbeitet hat und teilweise die Leute sich gewundert haben, wer sie ist. Aber in der Zeit war das, glaube ich, das ganze System sich im Auflösen begriffen. Und wie genau sie dann nach Wien gekommen ist, weiß ich nicht. Und ich weiß nur, dass sie dann eben in Wien meinen Großvater, den sie eben dann auch später geheiratet hat, wieder getroffen hat. Den sie eben in Belgien kennengelernt hat und der zwischenzeitlich dann aber nach Jugoslawien gegangen ist. Oder in Jugoslawien mit irgendeiner, er hat die Aufgabe bekommen, mit irgendeinem Gefangenenbataillon, das waren ehemalige Wehrmachtssoldaten, da jetzt Österreich zu befreien, und dann sind sie halt irgendwie hinter der Roten Armee hinterhermarschiert.
Frage: Das ist das, was du über deinen Großvater weißt?
LH: Ja. Also mein Großvater ist, das war ganz interessant, der ist ganz jung, ich glaub, der ist mit, der war nicht in Spanien, aber der ist auch mit 16 oder so oder 17 nach Frankreich geflüchtet mit seinem Bruder. Aber von meinem Großvater weiß ich, ehrlich gesagt, nicht so genau, wie für ihn die Stationen waren.

Die Erinnerungen von Joel Herrnstadt (JH) sind andere, und vor allem durch seine eigene Mutter vermittelt, die „geschaut hat, dass wir uns auskennen". JH erinnert sich eher allgemein an die Shoah, an die politische Geschichte, hat jedoch weder das Video gesehen noch das Buch seiner Großmutter gelesen. Zugegebenermaßen, meint JH, habe die Geschichte seiner Familie großen Einfluss auf ihn gehabt, „die Familie ist dezimiert, und väterlicherseits die einen nach Israel gezogen sind, [...] aber mit sieben hab ich auch noch nicht wirklich verstanden, was das jetzt heißt. Dort Familie zu haben und Beziehungen aufzubauen. [...] Und diese Narben, die einfach immer bleiben werden." JH hat viel darüber nachgedacht, warum er sich bisher nicht so sehr mit der genauen Geschichte auseinandergesetzt hat und was die Großeltern alles erlebt haben müssen. JH versucht sich in die Entscheidungssituationen seiner Großeltern hineinzuversetzen und überlegt, ob er ähnlich gehandelt hätte – dies ist natürlich eine nicht zu beantwortende Frage, die ihn jedoch zu beschäftigen scheint:

Frage: Warum, glaubst du, hast du das Buch noch nicht gelesen?
JH: Ich weiß es eigentlich nicht. Also ich bin nicht der begeistertste Buchleser, leider. Und es war, glaub ich, auch schon mittlerweile sechs, sieben Jahre her, wo meine Mutter dann immer halt gesagt hat, ich soll jetzt das Buch lesen. Und das war grad eher so Ende meiner Schulzeit, wo ich ein bisschen was anderes

im Kopf hatte als –. Obwohl es dumm von mir war, aber irgendwie hab ich das vielleicht ein bisschen noch als Lernen oder als Pflichtlektüre angesehen. Und bin dann bis jetzt einfach nicht mehr wirklich wieder hingekommen oder es ist – [...]
Sondern es war dann eher immer das große Gesamte, was mich eher interessiert hat. Eben genau, wie sowas eben entstehen konnte. Wie die Leute getickt haben müssen, wie die Propagandamaschine funktioniert hat, damit das entsteht. Und das hat mich dann eigentlich mehr interessiert. Und, glaub ich, ist das der Grund, warum ich das Buch nicht gelesen hab. Aber es steht noch auf meiner Liste. ...
Also ist das, glaub ich, der größte Einfluss, dass ich eigentlich schauen will, dass das eben nicht in Vergessenheit gerät. Vor allem mit dem Politischen, was jetzt passiert. Hm. Ansonsten, es ist irgendwie schwer, weil ich hab halt irgendwie eben nicht den Vergleich dazu. Ich wüsst jetzt nicht, wie mein Leben wär, wenn ich noch meine Familie von meinen Vätern hätte, die in Wien leben würden. Also kann ich schwer sagen, ob mein Leben jetzt anders verlaufen wär oder ob ich eh der gleiche Mensch wär, der ich jetzt bin. Es ist, glaub ich, hauptsächlich schon dieser Verlustaspekt, der mich in dem Sinn geprägt hat.
Frage: Und deine Großmutter klingt wie eine sehr mutige Frau.
JH: Ja, glaub ich war sie auch. So von den Geschichten, die ich gehört hat. Sie ist mit 17, glaub ich, schon in den Widerstand gegangen und ich glaub, hatte immer klare Vorstellungen. Also durch die gegebenen Umstände dann, was sie eben machen will. Mein Vater hat immer gesagt, dass sie sehr selbstbewusst ist. Sie ist nach Spanien gefahren und hat gesagt, O. K., sie muss jetzt dagegen ankämpfen. Was ich nicht ganz vielleicht verstehen kann, weil man diese Situation nie verstehen kann, in der man ist. Aber ich für mich wüsste nicht, ob ich wirklich so die Kraft und die Zivilcourage hätte. Ich mein, wie gesagt, ich kann's schwer sagen, aber ob ich das damals auch hätte können sagen. Lieber nicht. So irgendwie versuchen, dann irgendwie in Spanien irgendwo oder nach Israel zu kommen. Sondern dass sie echt gesagt hat, nein, das ist etwas, gegen das man kämpfen muss.

Beide Söhne erleben ihre Eltern als politisch und links. So meint LH, „mein Vater ist ein politischer Mensch [...] je älter er wird, desto politischer wird er [...] Und er redet halt gscheit mit gscheiten Leuten". Daher unterhält sich LH auch mit GH viel über politische Themen. Außerdem hat sich LH politisch engagiert und war zeitweise bei der Sozialistischen Jugend. Später hat LH sich von der SJ distanziert, diese sei ihm zu unkritisch Israel gegenüber gewesen. Ganz deutlich meint LH, dass Antifaschismus nicht mit einer Unterstützung Israels gleichzusetzen sei. Man

7.3 Georg Herrnstadt, Leon Herrnstadt, Joel Herrnstadt

müsse israelische Politik klar vom Holocaust trennen. LH identifiziert sich stark mit seinem Vater, mit dem „Widerständischen", auch wenn es heutzutage, so LH, weniger Ideale gibt, als damals. Jedenfalls scheint LH ebenso gerne zu diskutieren wie sein Vater!

> *LH: Ich mein, ich weiß nicht. Ich würd sagen, ich als Mensch war immer schon ein Quergeist. Also ich hab, das würde ich sagen, hat nichts mit der Geschichte meiner Großeltern, sondern einfach damit zu tun, also ich war als Kind immer schon sehr widerspenstig und wollt mir nie etwas sagen lassen. Ich war sehr freiheitsliebend. Mein Klassenvorstand hat immer zu mir gesagt: „Der Geist, der stets verneint." Ich hab auch oft Positionen eingenommen, die gar nicht meine Überzeugung waren, aber einfach, um andere Leute irgendwie, um Widerstand irgendwie auch darzustellen. Aber ich würd nicht sagen, dass das jetzt besonders viel mit meinen Großeltern zu tun hatte.*
> *Frage: Zumindest nicht bewusst?*
> *LH: Ja, zumindest nicht bewusst.*

JH meint, ähnlich wie sein Bruder, dass seine Eltern „definitiv links" seien. Der Bildungsanspruch sei zu Hause sehr wichtig gewesen. „Wissen ist das Beste, was man haben kann", zitiert JH seinen Vater. Das Judentum ist für JH weniger ambivalent als für seinen Bruder, obwohl er sich „nicht wirklich als Jude bezeichnen würde", wenn das Religiöse gemeint wird. Besonders beeinflusst wurde JH von seiner Geschichtslehrerin, die das 20. Jahrhundert mit den SchülerInnen sehr genau durchgegangen ist. JH hat sich aber im Gegensatz zu seinem Bruder nicht politisch engagiert. Einerseits fehlt ihm die Zeit, andererseits sieht JH keinen Sinn darin, sich momentan zu engagieren. Er ist, scheint es, von der österreichischen Politik enttäuscht, vor allem von jener Partei, die ihn am ehesten anzieht, nämlich den Grünen. Die Familiengeschichte übt, so JH, einen Einfluss dort aus, wo es ihn in die „weite Welt zieht", wobei natürlich hier „flüchten" in einem metaphorischen Sinn verwendet wird:

> *Frage: Spiegelt sich die Geschichte von den Großeltern, also da gibt es Widerstand, Flucht, Verlust, spiegelt sich das in deinem Leben irgendwie wider?*
> *JH: Leider wenig. Also mein politischer Widerstand ist leider sehr gering. Müsste ich eigentlich mehr machen, aber ich bin leider politisch in Österreich sehr verzweifelt, weil auch die politische Partei, der ich am nächsten stehe, ist leider meiner Meinung nach gerade ein bisschen unfähig. Aber –*
> *Frage: Die haben wirklich die blödesten Plakate, das ist unfassbar.*
> *JH: Wurscht, über die Plakate müssen wir beide hinwegsehen.*

> *Frage: Naja. Wenn sie sich selber so infantil sehen, dann –*
> *JH: Na es ist das Niveau von der FPÖ und dann halt irgendwie –*
> *Frage: Grün angemalt. Also du bist politisch verzweifelt, deswegen nicht politisch aktiv, weil du eh das Gefühl hast –?*
> *JH: Ja, es ist irgendwie, es bringt nichts. Was genau eigentlich der Punkt sein müsste, glaub ich, wo man eben aktiv werden sollte. Aber jetzt mit Studium, mit Hobby, Sport und so Geschichten, seh ich jetzt auch nicht wirklich die Zeit leider dafür. Und Flucht, ob mich der Aspekt beeinflusst hat, weiß ich nicht. Vielleicht eher so in einem positiven Sinn. Nicht von etwas flüchten, sondern eher so, wie ich mir denk, meine Oma hat sich, zwar gezwungenermaßen, aber ist nach Spanien gekommen, ist nach Frankreich gekommen. Und auch meine Eltern haben dann in dem Bereich, in dem es für sie möglich war zu reisen, hat mich das vielleicht auch beeinflusst, dass ich sag, eigentlich, ich liebe Wien, ich kann mir keine Stadt vorstellen, wo ich anders leben könnte, aber für mich ist Wien einfach nicht die Welt. Es ist ein kleiner Bereich, und der Rest muss erst erkundet werden. Deshalb schau ich immer, dass ich schon aus Wien auch flüchte.*

Deutlich wird, dass die Söhne von GH weniger Scheu besitzen, sich mit der Familiengeschichte – mehr oder weniger – intensiv auseinanderzusetzen. Beide sprechen auch mehr oder weniger ambivalent über das Judentum bzw. über ihre vorhandene bzw. nicht vorhandene jüdische Identität. Jedenfalls haben sich beide Söhne damit auseinandergesetzt:

> *Frage: Jetzt ist mir noch eingefallen, was ich dich fragen wollte. Hast du Erinnerungen daran, wie du dich so früh in der Volksschule schon beschäftigt hast mit dem Holocaust? Hast du Erinnerungen daran, wie die Reaktionen waren von den Lehrerinnen, anderen Kindern?*
> *LH: Eigentlich nicht so. Ich mein, ich muss ehrlich sagen, dass ich mich nie als Jude gefühlt hab. Schon meine Großeltern waren nicht religiös. Ich verbinde damit eigentlich mehr eine Familiengeschichte als irgendwas anderes. Wir feiern christliche Feiertage. Aber als Kind hab ich schon manchmal diese Karte gespielt: „Ich bin jüdisch." Also zum Beispiel, ich hab mich immer geweigert, bei irgendwelchen Weihnachtsliedern mitzusingen, und hab halt gesagt, ich mach das nicht, weil ich bin Jude. Und das war so lustig, dass die mir das abgekauft haben quasi und ich nicht mitsingen musste. Und ich weiß, dass sich andere Kinder, ich kann mich erinnern, dass sich einmal andere Kinder darüber aufgeregt haben, dass ich nicht mitsingen muss, die halt auch nicht mitsingen wollten. Aber die hatten halt keine Ausrede, die hat es halt geärgert.*

7.3 Georg Herrnstadt, Leon Herrnstadt, Joel Herrnstadt

Aber sonst hab ich nicht das Gefühl, dass es ein wahnsinniges Thema war. Und wie sie auf dieses Referat, keine Ahnung, ich kann mich nicht mehr erinnern.

LH erzählt hier, wie er sich mithilfe des Judentums aus unangenehmen Aufgaben heraushalten konnte. Zugehörigkeit zum Judentum wurde also ab und zu eher instrumentalisiert, war aber insgesamt – so LH – nicht wichtig. Auch JH hat ein distanziertes Verhältnis zum Judentum und betont, niemals schlechte Erfahrungen gemacht zu haben. Ambivalenz schwingt in jedem Fall mit – einerseits, sich nicht als Jude zu erleben, andererseits, sich als solcher zu bezeichnen, wenn es ihm wichtig scheint. Bei beiden Söhnen ist das Judentum jedenfalls ein Thema, mit dem sie sich offensichtlich beschäftigt hatten, um sich gegebenenfalls entweder bewusst davon zu distanzieren oder das Judentum bewusst zu betonen und auch zu instrumentalisieren.

JH: Also ich bin immer relativ offen damit umgegangen, dass ich eben jüdisch, ich würde mich nicht wirklich als Jude bezeichnen. Ich bezeichne mich als Jude eben, wenn ich dann ein bisschen, wie mein Vater, ein bisschen radikal sein will und vielleicht auch einen Punkt machen will in dem Thema. Aber generell hab ich keine einzige negative Erfahrung. Ich bin, ich glaub, ich hab sehr Glück gehabt, weil ich in einem Umfeld aufgewachsen bin, wo die Leute generell politisch links waren und ich sehr wenig Kontakt mit rechten Leuten gehabt hab. In der Schule kann ich mich eigentlich auch an keine Situation erinnern, wo ich mir gedacht hab, O. K., ich werd jetzt wegen meiner Religion, ist eben auch falsch zu sagen, oder wegen meiner Herkunft irgendwie anders behandelt. Also hab ich da –

Was den großelterlichen „Auftrag" betrifft, so ist dieser insofern angekommen, als beide – einer mehr, der andere weniger – politisch engagiert sind und ihre Meinungen und Werte explizit vertreten. Dazu meint LH am Ende seines Interviews, nochmals recht nachdenklich die Unterschiede zwischen seinem Bruder und sich selbst reflektierend:

LH: Ich mein, ich muss, wenn ich darüber nachdenke, hat mich eigentlich die Geschichte meiner Großeltern oder die Geschichte dieser Zeit immer schon sehr beschäftigt. Und ich glaub aber, dass das, das ist schwierig zu sagen, woher das kommt. Ich glaub, das sind mehr persönlicher Charakter oder individuelle Interessen als jetzt Familiengeschichten. Mein Bruder, zum Beispiel, ich mein, der ist generell sehr anders als ich, aber ich hab nicht das Gefühl, dass es für meinen Bruder eine besondere Rolle spielt. Oder vielleicht sogar gar keine. Ich hatte nie das Gefühl, dass er sich damit viel beschäftigt hat. Und ich glaube, das ist halt, ich mein, ich nehm an, dass es bei diesem Interview auch darum geht, quasi wie Intergenerationen-Kommunikation funktioniert. Das hängt halt natürlich schon sehr stark von den Individuen ab, also von den einzelnen Personen und deren Lebenssituation oder Geschichte. Und ich war immer ein Mensch, der ein bisschen ein suchender, ein getriebener und nie so richtig ganz in der Mitte. Und deswegen war das für mich immer so interessant. Als zum Beispiel für meinen Bruder, der ausgeglichener ist und auch ein bisschen ruhiger. Und der dieses Suchen auch in der eigenen Geschichte vielleicht gar nicht so braucht.

7.4 Familie Friedler

Ernst Berger

Die Familie Friedler spiegelt in mancher Hinsicht in drei (eigentlich vier) Generationen ein breites Spektrum wider, das für den Kreis der Kinderjause charakteristisch ist.

Simone – 1973 in Wien geboren und aufgewachsen im Spannungsbogen zwischen dem linken Umfeld ihrer Familie, das von Großeltern und Eltern geprägt wurde, zu dem einerseits die Peergroup ihrer Kindheit gehörte und andererseits das Lycée Français in Wien, eine elitäre Privatschule – ist heute Managerin in einem internationalen Großkonzern. Ihre Eltern – Eva und Georg – haben, in unterschiedlichem Ausmaß, einen Großteil ihrer Jugend im Umfeld der Kinder der Rückkehr erlebt, waren selbst – im wahrsten Sinne des Wortes – Kinder der Rückkehr und sind bis heute gesellschaftlich engagiert und politisch aktiv. Georgs Eltern sind aus dem französischen Exil, wo sie beide in der Resistance aktiv waren, nach Wien gekommen. Evas Mutter ist aus dem Moskauer Exil zurückgekehrt, ihr Vater aus dem Konzentrationslager Dachau, wo er als Interbrigadist inhaftiert war. Auch Simones Urgroßeltern repräsentieren wesentliche Teile der europäischen Arbeiterbewegung. Evas Großvater, Arpad Haasz, und Georgs Großvater, Heinrich Steinitz, waren prominente Funktionäre der Arbeiterbewegung der Zwischenkriegszeit.

7.4 Familie Friedler

Die im Text erwähnten Mitglieder der Familie im Überblick:

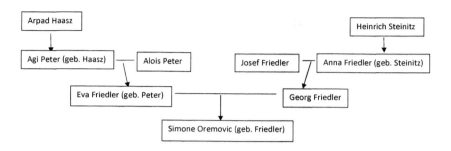

Eva wurde 1947 in Wien geboren, hat nach der AHS-Matura die Ausbildung zur Ergotherapeutin (im zweiten Ausbildungsjahrgang dieses neuen Berufs) absolviert und diesen Beruf auch 14 Jahre lang ausgeübt. Parallel dazu hat sie das Studium der Pädagogik an der Universität Wien mit dem Doktorat abgeschlossen. Danach folgte die Ausbildung zur Psychotherapeutin sowie zur akademisch geprüften Krankenhausmanagerin. Damit war die Grundlage geschaffen für den beruflichen Wechsel in die Position der Leitenden Oberassistentin (Direktionsebene) eines (damals neu eröffneten) großen Wiener Krankenhauses, wo sie bis zu ihrer Pensionierung tätig war. Parallel dazu arbeitete sie als Universitätslektorin und ist auch heute weiterhin als Hochschullehrerin aktiv.

Georg kam 1944 in Lyon zur Welt, wo seine Mutter eine Zeit ihres Exils verbrachte. Seine Mutter kehrte 1946 nach Wien zurück, wo Georg seither lebt. Nach der AHS-Matura absolvierte er ein Architekturstudium (Hochschule für bildende Kunst). Nach dem Studienabschluss (Magister) begann er ein (nicht abgeschlossenes) Dissertationsprojekt in Berlin über den Gemeindebau des Roten Wien. Parallel dazu war er mehrere Jahre Universitätsassistent und danach – bis heute – als selbstständiger Architekt berufstätig.

Wie spiegelt sich die Geschichte in den individuellen Erinnerungen und wie wird sie erinnert und erzählt? Welche Bedeutung hat sie für das Denken und Handeln heute? Die Gegenüberstellung von Interviewpassagen (Simone, Eva, Georg) soll ein Panorama eröffnen, das als Beitrag zu diesen Fragen gelesen werden kann. Simones Perspektive soll das Panorama eröffnen.

Simone – über ihre Haltungen und Einstellungen

Ich merk halt da, da überlegt man so ein bisschen, was sein persönlicher Weg ist, mit dem umzugehen. Was ich eigentlich nicht tu, was sicher auch [...] eine Frage der Zeit und somit der Priorität ist. Ich persönlich engagier mich eigentlich nicht wahnsinnig politisch. Ich bin ein politischer Mensch, ich interessiere mich dafür, aber ich könnte jetzt nicht sagen, dass ich aktiv etwas tu. Vielleicht kommt es noch, weiß ich nicht. (I)

Für Simone ist ganz klar, wo ihre politischen Wurzeln liegen und wie sie heute dazu steht.

Ich hab natürlich ein sozialistisch geprägtes Weltbild und es gibt das soziale Engagement. Aber ich kann nicht dahinterstehen, was dann in viel späteren Jahren [...] dann im klassischen Ostblock passiert ist. Aber ich glaube, auch da ist es leicht, von außen zu urteilen und zu sagen: „Seid ihr blind? Versteht ihr nicht, was da passiert?", wenn man 40, 50 Jahre davor was anderes erlebt hat. Frage: Und für deine eigene politische Orientierung, war diese antifaschistische Geschichte wichtig, in welcher Weise hat das Einfluss genommen? Antwort: Ich glaub, dass immer ganz klar war, wo die Grenzen sind. Man kann jetzt diskutieren, ob man eben irgendetwas im [...] Sozialpolitischen ein bisschen mehr in der oder in der Richtung sieht und sagt, den Ansatz find ich gut oder den. Da soll man und darf man auch eine Bandbreite haben und da darf man auch einmal schwanken. Aber alles, was rechts von der Mitte ist, geht gar nicht. Und Punkt. Und da fährt die Eisenbahn drüber. Rechts von der Mitte ist tabu. Das geht nicht. Und da kann man noch hundert Mal reden, dass man vielleicht manchmal auch tolerant sein sollte, bei gewissen Dingen will ich auch nicht tolerant sein. Das merk ich auch, das ist nach wie vor so. (I)

Sie schlägt auch den Bogen zur nächsten Generation, zur Frage der Weitergabe dieser Geschichte an ihre Töchter.

Also ich glaub, da hat man eine Familiengeschichte, die man einmal weiß, die vielleicht im Hinterkopf präsent ist, aber in erster Linie wars natürlich meine Familie [...] Mit zunehmendem, sag ich mal, Zeitablauf, stellt man sich natürlich vielleicht schon ein bisschen die Frage eben, wie bleibt die Thematik erhalten, wie transportiere ich sie auch an meine Kinder. Die sind jetzt fünf und sieben. Sind noch ein bisschen klein, aber macht das Sinn, auch denen so eine Familiengeschichte noch zu vermitteln oder nicht? Wenn ja, in welcher Form? [...] Und die Frage stellt sich natürlich dann schon, was will man weitergeben. Will man es nur für sich behalten, will man es nur einmal aufgeschrieben haben, damit man es für sich dokumentiert hat. Im Sinn von, ich schreibe auf, was meine vier Großeltern gemacht haben, weil man eben schon auch stolz drauf ist und weil man das schon auch haben will. Oder schreibt man es als historisches Dokument auf. Oder schreibt man es auf, damit man es zumindest den Kindern weitergeben kann. Und wie viel Engagement ist dafür auch notwendig? (I)

Simone – über ihre Kindheit

Über die Generationen hinweg stehen Gemeinsamkeit und Zusammenhalt im Vordergrund – die Politik bleibt im Hintergrund.

Frage: In deiner Kindheit und Jugend, welche Rolle haben politische Themen im Alltag gespielt? Antwort: [...] Ich glaub, im Nachhinein betrachtet war es schon, weil auch ich in gewissen Kreisen halt aufgewachsen bin, wo in Wahrheit alle Kinder meiner Generation einen ähnlichen Background gehabt haben und ein ähnliches, teilweise Schicksal, teilweise eben politische Herkunft. Aber für mich waren das einfach meine Freunde. Mir war das nicht bewusst, dass das aus dieser Ecke kommt. Alle Großeltern haben sich gekannt, alle Eltern haben sich gekannt und jetzt kennen sich halt alle Kinder. Das war ein Freundeskreis. Dass dieser Freundeskreis ursprünglich aus einer politischen Orientierung heraus entstanden ist, habe ich erst im Nachhinein erkannt. (I)

Simone war Anfang der 1980er-Jahre in einer Kindergruppe, die mit Gruppenabenden und Pfingstlagern die Traditionen der Kinder- und Jugendorganisationen der Eltern fortgesetzt hat. Sechs der elf InterviewpartnerInnen der dritten Generation haben an dieser Gruppe teilgenommen.

Eva: Wie sie 10 war ist sie in eine kleine politische Kindergruppe gegangen – sie ist auch gern hingegangen – und hat natürlich auch dementsprechend ihre Kontakte gehabt. (I)

In diesem Alter sind politische Themen expliziter präsent gewesen – so jedenfalls Simones Erinnerung:

Ab einem gewissen Alter wurde natürlich dann eben schon darauf geschaut, dass man erstens ein Wissen und eine Meinung dazu vermittelt bekommt, aber nicht im Sinn von Dauerthema. Nicht im Sinn von, alles muss unter diesem Aspekt beleuchtet werden. Sondern das war klar, das war die Historie unserer

> *Familie. Das war auch die Geschichte des Landes. Man muss es verstehen, man muss verstehen, was da passiert ist. Aber ich hab jetzt nicht eine Kindheit gehabt, wo wir jeden Abend diskutiert haben, warum das so und so und so war. Frage: Und das, was gesprochen wurde – fandest du das wichtig oder lästig? Antwort: Also an lästig kann ich mich gar nicht erinnern. Ich glaub, die Wichtigkeit wurde nicht explizit herausgestrichen. Ich glaub, das hab ich indirekt mitbekommen, weil alle, wenn alle vier Großeltern und beide Elternteile und eben auch der Freundeskreis der Elternteile irgendwie von dem Thema betroffen ist, dann wird das automatisch wichtig. Dann ist das halt als Kind ein Thema, dem man sich weder entziehen kann noch will. Dann ist es halt einfach so. Aber ich hab keinen wie immer gearteten Stress oder Druck, ich hab das eigentlich [...]. Ich kann mich auch gar nicht an so viele Situationen erinnern, wo mir explizit gesagt wurde: „Jetzt setz dich da mal hin, jetzt erklär ich dir das!" Oder: „Jetzt hör doch mal zu, das ist so wichtig!" Das war einfach irgendwie so. Also ich kann das jetzt gar nicht sagen, in welcher Form ich dieses Wissen auch vermittelt bekommen hab. (I)*

Simones Erinnerung an die politische Erziehung deckt sich weitgehend mit der der Älteren aus der dritten Generation. Die Politik war eine der Selbstverständlichkeiten des Alltags.

Wie hat Simone – als Jugendliche – die politischen Schlüsselereignisse Österreichs in den 1980er- und 1990er-Jahren erlebt?

> *Waldheim – 1986 – Ja, 13, 14 war ich. Also ich glaub, dass ich da einfach sehr schnell eine sehr vorgefertigte Meinung gehabt hab, die sicher vom Elternhaus geprägt war, keine Frage. Das ist so gerade die Zeit, wo man vielleicht eh in Wirklichkeit ein bisschen mit anderen Themen und mit sich beschäftigt ist. Und vielleicht nicht gerade so den hundertprozentigen Fokus auf politische Arbeit hat. Da hat es zu Hause eine Meinung gegeben, das geht gar nicht und warum lässt man so etwas zu. Und wie kann man Österreich und gerade mit unserer Geschichte so etwas zumuten und was tut man unserem Land da an. Da hab ich mich relativ „blind" dieser Meinung auch angeschlossen. (I)*

Die selbstverständliche (und unreflektierte) Übernahme der politischen Perspektive der Eltern und Großeltern prägt diese Position. Die nächste politische Zäsur, die schwarz-blaue Regierung 2000 in Österreich, die ja in ganz Europa heftig diskutiert wurde, konfrontiert Simone mit zwei Bausteinen ihrer Identität – dem österreichischen und dem antifaschistischen. Sie war damals als Studentin in Frankreich.

> *Frage: Bei schwarz-blau warst du dann schon junge Erwachsene. Antwort: Ja, da war ich gerade im Ausland in der Zeit. Das war für mich spannend, das auch aus dem Ausland heraus mitzuerleben. Da war ich dann ein bisschen in einem Zwiespalt – dieses Thema, dass man national empfindet, ist per se eigentlich etwas, was man nicht will ... Wenn man dann im Ausland ist, relativiert sich das. Weil wenn dann plötzlich alle über Österreich schimpfen und man sitzt da und denkt sich, die schimpfen eigentlich auch über mein Land und meine Historie und meine Familie. Und meine Familie ist doch eh auch dagegen. Und dann pauschalisieren die, alle in Österreich sind Nazis ... Und ich hab gesagt: „Nein, nein, halt, wir nicht!" Und dann kommt man in diesen Konflikt, dass man sich immer so ein bisschen extra positionieren muss, dass man sagt: „Ja, Ihr habt recht. Schwarz-blau ist fürchterlich und das hätte nie passieren dürfen. Aber ich möcht euch schon auch sagen, es gibt auch in Österreich Leute, die anders denken und anders ticken." (I)*

Der nächste Schritt im historischen Panorama öffnet den Blick auf die zweite Generation.

Geschichte der zweiten Generation (Eva und Georg Friedler)

Simone ist über die Geschichte des politischen Lebens ihrer Eltern gut informiert:

> *Meine Eltern kennen sich von Kindheit an. Sind dann auch gemeinsam in Jugendorganisationen gewesen. Haben sicher tendenziell die gleiche Orientierung. Wie gesagt, das hat sich dann im späteren Leben sicher anders ausgeprägt. Mein Vater eher durch ein sehr klares Engagement in der SP. Auch immer mit einem Freundeskreis, der sehr SP-nahe ist, der auch wirklich regierungsnah ist. Und meine Mutter eher nicht so parteipolitisch, sondern im Sinne von Wertehaltungen, was ist mir wichtig. [...] Erst wie mein Großvater dann gestorben ist, ist sie sozusagen in diese Rolle gestiegen [Engagement in der Lagergemeinschaft KZ-Dachau], um da vielleicht auch ein bisschen so die Verantwortung zu übernehmen, um diese Tradition fortzuführen.*
> *Frage: Welche Rolle hat die politische Geschichte deiner Großeltern für deine Eltern gespielt? Antwort: Für meine Mutter sicher noch viel extremer als für mich. Einfach in diesem Umfeld aufzuwachsen, wo de facto, also das ist jetzt nur eine Mutmaßung, das weiß ich nicht. Ausgedrückt hat sie es nie, aber ich glaube, dass das Umfeld meiner Mutter davon geprägt war, dass alles überschattet ist durch dieses politische Engagement. Wie gesagt, mein Großvater war ein relativ zurückgezogener Mensch, der irrsinnig viel gelesen hat und eben eigentlich sein ganzes Leben nichts anderes gemacht hat als Politik. Ge-*

schrieben, gelesen, recherchiert, transportiert. Ich glaub nicht, dass er viel Zeit gehabt hat, um mit meiner Mutter und meiner Tante zu spielen. [...] meine Großeltern waren einfach sehr politische Menschen. [...] Mein Vater ist ein, sage ich mal, nach außen hin, politischerer Mensch als meine Mutter. Im Sinne von, dass es auf den ersten Blick leichter erkennbar ist, weil er eigentlich immer in irgendwelchen Organisationen tätig war [...] Mein Vater ist auch sehr stolz auf seinen Großvater, also meinen Urgroßvater [Heinrich Steinitz]. (I)

Dazu Evas Perspektive:

Oja, in der FÖJ war ich. Ich bin dann nicht wirklich hingegangen, wie gesagt, ich war da nicht wirklich brauchbar für diese Jugendgruppen. [...] 14, 15 ist der Übergang in die FÖJ [...] Also das hat mich inhaltlich dann schon interessiert, aber meine echten Freunde waren das eigentlich nie. Und der Georg, also mein zukünftiger Mann, der hat das gelebt, total. [...] Er war natürlich bei der Kommunistischen Partei, aber ich selbst hab mich nie aufgerafft. (I)

Eva war eine derjenigen, die – obwohl ihr Vater Berufspolitiker und Mitglied des ZK der KPÖ war – eine enge Bindung an die politischen Organisationen vermieden hat. Das wurde von ihren Eltern vorerst auch akzeptiert. Erst später – nach dem Prager Frühling, der zur Spaltung innerhalb der KPÖ führte – wurde das zum Anlass eines massiven Konflikts.

Und dann war schon '68, da war es überhaupt für mich vorbei. Da war ich 21, also da wär das vielleicht dann spruchreif gewesen, aber da war das sowieso schon, auch politisch, für mich kein Thema mehr. [...] Das war '68, da war das erste wirkliche politische Zerwürfnis, vor allen Dingen mit meiner Mutter. [...] da waren dann die ersten Wahlen. Weil damals war Wahlrecht erst ab 21. [...] ich habe gesagt, ich wähle sicher nicht die Kommunistische Partei, und meine Eltern, oder meine Mutter vor allen Dingen, war total enttäuscht. Automatisch haben die angenommen, dass das so sein wird, und ich habe gesagt, das mache ich sicher nicht. Und da hat sie dann gesagt: „Na dann bist du nicht mehr meine Tochter!" Na habe ich gesagt: „Na dann bin ich nicht mehr deine Tochter und dann ist es halt so. Aber deswegen wähle ich trotzdem nicht die Partei." Und dann hat sie sich ein paar Tage später entschuldigt, dass das natürlich ein Blödsinn ist und dann haben wir das ausdiskutiert. Aber das war eigentlich das einzig echte, auch politische Zerwürfnis, mit meiner Mutter vor allen Dingen. Mein Vater hat dazu nichts gesagt. (I)

7.4 Familie Friedler

Viel später hat Eva dann einen Schritt in eine politische Organisation gemacht.

Frage: Du bist aber Mitglied im Bund Sozialistischer Akademiker oder? [...] Antwort: Ja, das ist das Einzige, wo ich quasi politisch wo dazugegangen bin. Das hat aber einen berufspolitischen Hintergrund, [...] Und diese Leute, die ich gekannt habe, habe ich dann angesprochen und habe gesagt: „Geht's raus aus der Ärzte-Gruppe, wir gründen eine eigene Fachgruppe!" – Und das habe ich dann auch geschafft, die sind dann übergetreten in die Fachgruppe. Und engagiert war ich in x Organisationen, aber nicht unbedingt in einer politischen Partei. (I)

Gesellschaftliches Engagement ist auch bei ihr ein Teil des Lebens.

Simones Vater Georg hingegen war von frühester Jugend an in den KP-Organisationen eingebettet:

Kinderland, Junge Garde, FÖJ [...] Ich war von sechs Jahren an mit von der Partie. Als 12-Jähriger im 1956er-Jahr bei dem Straßenbahnerstreik – keine Ahnung, wann genau das war – kam unser Schuldirektor in die Klasse und sagte: „Die bösen Kommunisten streiken, daher können die Lehrer nicht rechtzeitig in der Schule sein. Verhaltet euch ruhig." Ich habe dann halt als 12-Jähriger angefangen, mit ihm über die „bösen Kommunisten" zu streiten. [...] Ich sage von mir immer, ich bin aufgewachsen in politischen Organisationen: Zuerst Kinderorganisation, die Junge Garde, dann in der FÖJ, dann in der VDS, dort war ich sozialisiert – das Daheim spielte keine Rolle. (I)

Die Bindung an die Gruppe der Gleichaltrigen, an die politische Organisation war wichtiger als die Bindung in der Familie. In dieser expliziten Betonung wird das von anderen nicht formuliert.

Ich war in der frühen Jugend ziemlich unkritisch, sehr militant KP, war außerhalb der KP wahrscheinlich ziemlich stur, aber auch offensiv auftretend, und war innerhalb der KP halt sehr gruppenorientiert. [...] nach 1968 – im Gegensatz zu manchen anderen, die zu den Grünen gegangen sind, war ich bis 1982 zumindest politisch heimatlos. [...] 1981 oder 1982 habe ich dann angefangen, mich in der Friedensbewegung zu engagieren [...] Für mich war der Beitritt zur SP 1990, der ja kein unmittelbarer Wechsel war [zwischen der Zeit in der KPÖ und dem Weg in die SPÖ lagen mehr als 20 Jahre], strukturell kein Problem. Ich bin von der einen in die andere Organisation gekommen, die dieselbe Struktur hatte. (I)

Die drei Erzählungen – von Simone, Eva und Georg – zeichnen ein weitgehend identisches Bild. Zwei Jugendliche, die im Kreis der KPÖ aufgewachsen sind, allerdings mit einem unterschiedlichen Ausmaß des eigenen Engagements in den Organisationen. Auch in den späteren Jahrzehnten waren sie in sehr unterschiedlichem Ausmaß politisch-organisatorisch aktiv, aber immer Teil der kritisch-politischen Zivilgesellschaft. Das war durchaus nicht untypisch für einen großen Teil der zweiten Generation.

In Evas Familie zeigt sich eine Kommunikationsstruktur, die u. a. in der Analyse von Hedi Francesconi (1983) angesprochen wurde:

> *Überhaupt mein Vater – das kann vielleicht eine Folge sein von den Kriegsjahren oder vom KZ – war sehr harmoniebedürftig. Also wenn wir Kinder gestritten haben, irgendwas Banales, wer trägt den Mistkübel hinunter oder wer deckt den Tisch oder irgend sowas, und mein Vater ist nach Hause gekommen, habe ich meine Mutter im Ohr, dass sie gesagt hat: „Kinder, hört auf zu streiten, Ihr wisst, der Papa mag das nicht." Also eher kein lautes Wort, kein Streit. (I)*

Vermutlich wird hier einer jener Wirkfaktoren sichtbar, die dazu beigetragen haben, dass in vielen Familien wenige oder keine Adoleszenzkonflikte aufgetreten sind. Konflikte wurden in der Familie vermieden, um auf die Eltern und ihr Schicksal in der NS-Zeit Rücksicht zu nehmen.

Wie wird die erste Generation – die „Widerstandsgeneration" – von den Kindern und Enkelkindern dargestellt?

Simones Großeltern und Urgroßeltern

Die Biografien dieser Generationen führen mitten hinein ins Zentrum der Geschichte der Arbeiterbewegung der Zwischenkriegszeit. Eva und Georg haben prominente Großväter: Georgs Großvater, Heinrich Steinitz, war sozialistischer Rechtsanwalt in Wien. Er war 1918 der Sozialdemokratischen Arbeiterpartei beigetreten und verteidigte nach deren Verbot 1934 die inhaftierten Genossen. Auch im Sozialistenprozess 1936, bei dem auch Bruno Kreisky, der spätere österreichische Bundeskanzler, auf der Anklagebank saß, verteidigte er den Hauptangeklagten Karl Hans Sailer. 1942 wurde Heinrich Steinitz im KZ Auschwitz ermordet (vgl. Exenberger 2000).

> *[Simone:] Es gibt einige Bücher, die über meinen Urgroßvater [Heinrich Steinitz – Georgs Großvater mütterlicherseits] geschrieben wurden. Und es gibt einen Gemeindebau, der nach ihm benannt ist. (I)*

7.4 Familie Friedler

[Georg:] Der Großvater war Rechtsanwalt, Chefverteidiger im Sozialistenprozess im 36er-Jahr, [...] war Schriftsteller, sehr angesehenes Mitglied der Sozialdemokratischen Partei, ich glaube, Bildungsvorsitzender im 13. Bezirk, sehr engagiert. (I)

Das Schlussplädoyer von Heinrich Steinitz in diesem „Großen Sozialistenprozess" 1936 war durchaus prophetisch: „Es wäre für den Staat zu wünschen, wenn man sich klar machen würde, dass es vielleicht besser ist, statt Hochverratsklage zu erheben, wenn der Klasse, zu der sie sich bekennen, der Idee, der sie huldigen, das gegeben wird, was dieser Klasse und dieser Idee ohne Gefahr für den Staat und vielleicht zum Segen für den Staat gegeben werden kann. Sie haben sich verpflichtet gehalten, die Idee ihrer Partei hochzuhalten für den historisch geglaubten Zeitpunkt. Die Stunde, in der wir sprechen, ist eine der ernstesten der Weltpolitik. Von heute auf morgen können über Europa Ereignisse hereinbrechen, die das ganze Ergebnis dieses Prozesses über den Haufen werfen. Die Angeklagten haben erklärt, dass sie den Kampf geführt haben, weil sie überzeugt sind, dass die Arbeiterklasse die stärkste Gewähr für die Unabhängigkeit Österreichs und damit für den europäischen Frieden ist."[68]

[Georg:] Mein Großvater ist ja nicht mehr weggekommen, der ist nicht mit dem ersten, aber mit dem zweiten Transport mitgegangen, zuerst nach Dachau, dann nach Auschwitz [...] dem Völkischen Beobachter war es eine Notiz mit Bild wert, als er starb. Frage: Da haben sie geschrieben, dass er in Auschwitz gestorben ist? Antwort: Ich glaube, an Lungenentzündung. [...] Die Familie [...] hat erst im Frühjahr 1943 von seinem Tod erfahren; er muss 1942 ermordet worden sein. (I)

Evas Großvater war Arpad Haasz. Er war zur Zeit der ungarischen Räterepublik, die von März bis August 1919 nach dem Vorbild der russischen Oktoberrevolution bestand, Leiter des Departments für soziale Belange junger Arbeiter und Studenten im Volkskommissariat für Unterricht. Nach der Niederlage der Räterepublik wurde er im Jahr 1920 steckbrieflich gesucht:

---

68 *Sozialistenprozess 1936.* Weblexikon der Wiener Sozialdemokratie http://www.dasrotewien.at/seite/sozialistenprozess-1936

Später war er Lehrer an der Internationalen Leninschule in Moskau, während der NS-Zeit im illegalen Widerstand an verschiedenen Orten, zuletzt im KZ Auschwitz inhaftiert. Vor dem Einmarsch sowjetischer Truppen 1956 war Arpad Haasz Dekan an der Universität Budapest.

> *[Eva:] Mein Großvater [Arpad Haasz] war Herausgeber der „Roten Fahne" und war nach dem Februar 1934 eineinhalb Jahre inhaftiert. Nach seiner Haftentlassung ist er 1935 mit Frau und Kind über die Schweiz und Prag nach Moskau emigriert und hat dort bis 1938 die österreichische Sektion der Parteiakademie geleitet. Die nächsten Stationen seiner Tätigkeit waren wieder Prag und dann Paris. Seine Familie blieb in Moskau und hat im berühmten „Hotel Lux", dem Quartier der Komintern-Funktionäre, gelebt. Er wurde später in Frankreich interniert, wieder freigelassen und wegen Widerstandstätigkeit in einem Hochverratsprozess zu zwei Jahren Haft verurteilt und danach 1944 von der Gestapo nach Auschwitz deportiert und auf den Todesmarsch nach Mauthausen geschickt. Die letzten Monate der KZ-Haft hat er – bis zur Befreiung – im Außenlager Ebensee verbracht. Dort war er in einem so schlechten Zustand, dass er von den Mithäftlingen versteckt werden musste, da*

er die Arbeitseinsätze nicht überstanden hätte. Er ist dann schnell nach Wien zurückgekommen. 1948 sind meine Großeltern nach Ungarn zurückbeordert worden, um am Aufbau der Volksdemokratie mitzuwirken. (I)

Georgs Eltern

Georg erzählt über seine Mutter:

Meine Mutter ist eine geborene Steinitz, kommt aus einer alten sozialdemokratischen Familie. Nach dem 34er-Jahr ging meine Mutter zu den Kommunisten bzw. Roten Studenten, hat dann auf der TU studiert. Sie war immer relativ intensiv politisch engagiert. (I)

In seiner Biografie der Familie Wodak hat Bernhard Kuschey sie als „Lit-Mann des RSV" [illegaler Roter Studentenverband, in dem Sozialisten und Kommunisten zusammenarbeiteten] unter dem Namen „Techniker-Hertha" und als besonders schöne Frau erwähnt (Kuschey 2008, S. 132).

Meine Mutter war mit Joschi Holaubek [1947–1972 Wiener Polizeipräsident] befreundet, war mit Bruno Kreisky [1970–1983 österreichischer Bundeskanzler] befreundet. Sie hat sich in den heftigeren Demonstrationsjahren [nach 1945] darüber beschwert, dass der Holaubek als Polizeipräsident sie über die Linien hinweg mit „Servas, Madl!" begrüßt hat – das war ihr fürchterlich peinlich. – Beim Kreisky –, da hat sie ein bisschen mehr erzählt, das dürfte eine etwas längere Beziehung, nämlich wirklich eine Beziehung, gewesen sein, die der Kreisky dann beendet hat, weil er nicht mit einer Kommunistin zusammen sein konnte [...] 1938 ist sie dann emigriert. [...] Frage: Die Mutter war also in Lyon im Widerstand – die ganze Zeit? Antwort: Zuerst eben, das war auch in der Umgebung von Lyon, im Kinderheim, und dann ist sie in Lyon geblieben. (I)

Anni Friedler (geb. Steinitz) erzählt in einem Interview für das Dokumentationsarchiv des österreichischen Widerstandes über die illegale Arbeit in Frankreich:

„Schauen sie, gefährlich war alles. Und wenn ich ehrlich bin, habe ich mich auch meistens gefürchtet [...] Da sind wir vor einer Kaserne Flugblätter streuen gewesen und da hat es von dort nur einen Weg gegeben. Da ist eine Straße über die Rhone-Brücke hinüber zur Straßenbahn gegangen. [...] wir haben oben Flugblätter verteilt und dann ist ein Radfahrer vorbeigekommen ... Und wie wir auf der Straße hinunterkommen, steht der französische Radfahrer mit zwei Gendarmen dort. Uns war natürlich sehr ungemütlich. Und ich war damals

schwanger –" *(Interview Anna Friedler, DÖW, 19. Juni 1984. Interviewerin: Irene Etzersdorfer)*

Später erzählt sie vom Kriegsende im besetzten Paris:

„In den letzten Tagen sind die Deutschen verrückt geworden. Da sind sie durch die Straßen gefahren und haben bei den Fenstern mit Maschinengewehren hineingeschossen [...] Ich hab das Kind [Georg] genommen und habe es auf den Boden unter einen toten Winkel gelegt, dass wenn sie reinschießen, dass es drübergeht." *(Ebenda)*

Nach Kriegsende bringt sie Georg in die Schweiz zu ihrer Mutter:

„Ich habe schaun müssen, dass ich das Kind anbringe. Das heißt, meine Mutter war in der Schweiz, dorthin habe ich es dann gebracht. Weil nach Wien hat man es ja nicht mitnehmen können." *(Ebenda)*

Anna Friedler erzählt von diesen – teilweise dramatischen – Ereignissen mit emotionsloser Distanz. Dass dies auch auf die Erzählung über ihren kleinen Sohn zutrifft, interpretiert Georg heute als ihre bewusste Bemühung, aus einem historischen Interview Emotionen draußen zu halten.

Georg erzählt über seinen Vater:

Auch mein Vater war immer politisch engagiert. Er war 1934 – er ist ein 1911er-Jahrgang – beim Schutzbund [sozialdemokratische paramilitärische Organisation] auf der Universität organisiert. Er war genauso frustriert wie viele andere auch von der Untätigkeit der Parteiführung im 34er-Jahr und ist dann auch zu den Kommunisten gegangen 1934. (I)

Zahlreiche Sozialdemokraten haben nach der Niederlage im Februar 1934 als Konsequenz aus der zögerlichen Haltung der sozialdemokratischen Parteiführung gegenüber der Aufnahme des bewaffneten Kampfes diesen Schritt gemacht.

Von meinem Vater weiß ich, dass er eigentlich nach Spanien wollte – als Arzt war er noch nicht genug ausgebildet, da hat ihn die Transportorganisation nicht nach Spanien weitergeleitet und er ist in Frankreich geblieben, war auch kurz interniert, ist dann als Prestataire [unbewaffneter Arbeitsdienst] durch die Gegend gezogen, war mit Karl Farkas und Arpad Haasz in einer Kompanie ... und ist in Lyon gelandet. (I)

7.4 Familie Friedler

Für Georgs Eltern war der Verbleib in Frankreich keine Option.

Für beide war klar, sobald es geht, geht's zurück nach Österreich, wobei sie mich nicht mitgenommen haben, sondern in der Schweiz bei der Großmutter gelassen haben, weil einfach weder die humanitäre noch die sonstige Lage in Österreich so war, dass man mit einem einjährigen Kind dort auftaucht, wenn es vermeidbar ist. ... Ich war dann eben ein Jahr lang, bis mein Bruder dann auf die Welt gekommen ist, in Le Locle, das ist ein Ort in der französischen Schweiz, ganz nah am Genfer See. (I)

Die übrigen Familienmitglieder haben sich nicht zur Rückkehr entschlossen.

Nachdem meine Großmutter und mein Onkel in der französischen Schweiz gut etabliert waren – meine Großmutter ist dann zurückgekommen, aber mein Onkel ist ausgewandert, der ist bis zu seinem Tod in der Schweiz geblieben. (I)

Evas Eltern

Evas Vater, Alois Peter, nach seiner Teilnahme als Interbrigadist am Spanischen Bürgerkrieg im KZ Dachau inhaftiert, danach Parteifunktionär und Mitglied des ZK der KPÖ, in Simones Erinnerung:

Mein Großvater mütterlicherseits, der hat vor allem über die Zeit als Spanienkämpfer geredet. [...] Und danach war er in Dachau und das war sozusagen der zweite Teil. – Er war als politischer Gefangener in Dachau [...] In Dachau war ich auch viele Jahre später mit ihm. Also wie ich dann meine Zeit in München gelebt habe, er hat mich dann besucht und auch herumgeführt. Das war natürlich extrem spannend, da auch nochmal wirklich vor Ort zu sein. Zu den Spanienkämpfern hat er gar nicht so viel direkt erzählt. Das hat er vielfach für sich aufbereitet. (I)

Die Familie von Evas Mutter Agi – die Familie Haasz – war eine ungarisch-jüdische Familie, die größtenteils ermordet wurde. Sie sind dem Völkermord an den ungarischen Juden (mehr als 500.000 ungarische Juden wurden im Zuge der „Endlösung" ermordet) nach dem Einmarsch der deutschen Armee 1944 zum Opfer gefallen, an dem sich auch die ungarischen Rechte aktiv beteiligte.

Die Familie meiner Mutter, die großväterliche Familie, die kommen ursprünglich aus dem Grenzland Ungarn-Burgenland und da war meine Mutter als Kind natürlich in Ferien und hat diese Familie besucht und ich glaube, die sind alle umgekommen. Aber da hat meine Mutter auch nie im Detail, sondern hat gesagt, sie ist einmal nach Rechnitz gefahren auf den Friedhof, schauen, ob sie dort etwas findet. Und hat dort eine alte Frau angesprochen, die gleich weggegangen ist, wie sie gefragt hat, weil sie sichtlich nicht reden wollte. Und solche Episoden sind erzählt worden. Aber wer da wirklich aller umgekommen ist von den Ungarn, im Detail hat sie nie erzählt. (I)

Über ihre Mutter Agi Peter (geb. Haasz) erzählt Eva:

Meine Mutter hat zuerst in Moskau [Arpad Haasz war damals Lehrer an der Parteihochschule] Maschinenbau studiert, war aber nicht fertig, wie der Krieg aus war und in Österreich, hat sie gesagt, war das damals undenkbar eigentlich, dieses Studium für eine Frau. Und sie hat dann Diplomdolmetsch [studiert], was naheliegend war, mit der Lisa Markstein, der Tochter vom Koplenig [KPÖ-Vorsitzender]. – Und die haben gemeinsam studiert, die waren gemeinsam im Hotel Lux [Quartier der Komintern-Funktionäre in Moskau], und haben dann gemeinsam als Simultandolmetscherinnen gearbeitet [...] Sie hat dann gearbeitet viele Jahre als Dolmetscherin der Schiffswerft Korneuburg und die haben ja von den russischen Aufträgen gelebt. War ja Staatsvertragsabkommen auch. (I)

Das weitere Familienumfeld

Die Familie Steinitz wird auf der Flucht vor den Nationalsozialisten in der ganzen Welt zerstreut. Dazu Georg:

Sie waren vier Kinder ... Die ältere Schwester und sie [Georgs Mutter Anna Friedler, geb. Steinitz] waren sehr stark politisch engagiert, die zwei jüngeren eher weniger. [...] Die ganze Familie Steinitz, die sehr zerfleddert und jeder für sich in die Emigration gegangen ist ... Nur mein Onkel ist mit der Großmutter gemeinsam in die Schweiz gegangen, aufgrund der internationalen Beziehungen meines Großvaters hatten die eine Möglichkeit, in die Schweiz zu gehen. [...] die zwei älteren Madln beide nach Frankreich, unabhängig voneinander, und die Jüngste nach England. Erstaunlicherweise konnte meine Großmutter auch das gesamte Hab und Gut mitnehmen, es ist die gesamte Bibliothek meines Großvaters erhalten geblieben, es sind ein Haufen Bilder erhalten geblieben, Silbersachen von den Wiener Werkstätten ... Das war offensichtlich eine Ausnahmesituation. (I)

Die Familie Peter

Evas Vater Alois Peter stammt aus einer – nichtjüdischen – katholischen Wiener Arbeiterfamilie.

> *Bei meinem Vater haben eigentlich auch alle überlebt, alle Geschwister, es ist niemand gestorben, auch die Eltern nicht, die waren in Wien, die waren in dem Sinn auch nicht gefährdet. Und die Geschwister waren ... also der Bruder war eingerückt bei der Wehrmacht, aber hat auch überlebt, und die zwei Schwestern sind in Wien geblieben und waren zum Schluss dann am Land bei Verwandtschaft, wo sie halbwegs Essen und so gehabt haben. (I)*

Der Unterschied der Schicksale jüdischer und nicht jüdischer Familien spiegelt sich überdeutlich in der Geschichte von Simones Urgroßeltern. Die jüdischen Familien wurden ermordet oder – wenn ihnen die Flucht gelang – über die ganze Welt verstreut. Die nicht jüdische Familie Peter konnte den Nationalsozialismus in ihrem Heimatland überleben, sofern nicht der aktive politische Widerstand zu KZ-Haft führte.

Judentum

Simones Familiengeschichte ist – typisch für viele Familien des Kinderjause-Kreises – eine jüdisch/nichtjüdische Familiengeschichte. Drei von vier Großeltern stammen aus jüdischen Familien. Trotz der NS-Zeit und der Ermordung vieler Familienmitglieder war das Judentum kein Thema. Weder Eva noch Georg wurden mit diesem Thema direkt konfrontiert und haben ihrerseits auch ihre Tochter Simone nicht damit befasst. Das heißt aber nicht, dass das eigene Judentum verleugnet wurde. Es wurde vielmehr als ein religiöses Thema dargestellt, das für eine atheistische Familie bedeutungslos ist. Diese Haltung galt bereits in der Generation von Simones Urgroßeltern, die den Schritt aus den Traditionen des Judentums in die Kreise der politischen Arbeiterbewegung gemacht hatten.

> *[Simone:] Was wir als Familie nie thematisiert haben –, war das Thema der Religion. Das war bei uns absolut kein Thema. Nie hat jemand über Religion gesprochen. Es war immer ganz klar bei uns in der Familie, dass alle nicht religiös sind, alle atheistisch. Meine Großeltern, meine Eltern, ich. Und diese Thematik der sozusagen religiösen oder auch Abstammung, das wurde nie thematisiert. Das heißt, es war nie das Thema, wir sind verfolgt worden, weil wir jüdisch waren. Sondern immer, wir sind verfolgt worden, weil wir politisch waren. Und das ist mir erst unlängst aufgefallen eigentlich, das finde ich span-*

nend, weil wir ganz oftmals dieses Thema der Historie und Familiengeschichte gerade im Nationalsozialismus immer in diesem [...] wenn man jüdisch war, war es schwierig. Und man ist vertrieben worden, weil man jüdisch –, ja, hat nie auch nur jemand ein Wort darüber verloren. Obwohl es von der reinen Abstammung her, die Mutter meiner Mutter war rein jüdisch und somit meine Mutter und somit auch ich. Es war nie ein Thema. (I)

[Eva:] Das Jüdische war überhaupt nicht Thema in der Familie –, wir sind eben nicht religiös. Und das ist so quasi eine Religion und das interessiert uns nicht. Also das war nie Thema. Im Nachhinein bin ich mir nicht sicher, ob sie uns nicht schützen wollten, wer weiß, was noch einmal passiert. Ich bin mir nicht sicher, ob das nicht auch ein Aspekt war. Wir haben da überhaupt nichts erfahren. Weder von Traditionen, noch davon, wie es in ihrer Familie war. Ganz wenig, auch eher am Schluss, dass sie erzählt hat, dass die Großmutter, weiß ich, irgendwelche jüdischen Feste oder beim Essen, aber wirklich erzählt hat sie da auch nichts. Also es war für uns überhaupt nicht vorhanden. Auch die Budapester Großeltern haben nie irgendwas erzählt. Die waren auch fest in der kommunistischen –, darum haben sie sie ja zurückgeholt, ist das nie Thema gewesen. Das war nie Thema, völlig ausgeblendet. Mein Großvater hat die Tätowierung von Auschwitz gehabt und wenn wir als Kinder gefragt haben: „Was hast du da?", dann hat er halt gesagt: „Ja, das haben sie mir im Lager eintätowiert", aber erzählt hat er auch nie etwas darüber. – Und ich wunder mich oft über die jetzigen Leute, die aus demselben Kreis stammen, wo das sicher als Kind nicht Thema war, aber jetzt behauptet wird, ich sage behauptet, ich glaube es ihnen nicht, dass das schon Thema war. Also ich bin mir da nicht sicher, ob das jetzt nicht auch ein bisschen eine Mode ist. (I)

Die Drei-Generationen-Perspektive, die in der Einleitung dieses Buches im Überblick dargestellt wurde, wird mit dieser in mehreren Aspekten relativ typischen Familiengeschichte nochmals beleuchtet. Mit der Erweiterung auf eine vierte Generation (Simones Urgroßeltern) und die Erwähnung der heutigen Kindergeneration (Simones Kinder) umfasst sie etwa ein Jahrhundert und schlägt den Bogen von den Kämpfen der Zwischenkriegszeit bis an den Anfang des 21. Jahrhunderts. Simones Frage, was von dieser Geschichte man weitergeben will und in welcher Form, wird in unserem Buch zumindest teilweise beantwortet.

7.5 Zwei Kommunistenkinder

Ernst Berger

Zwei junge Menschen wachsen – mit dem geringen Altersunterschied von zwei Jahren – in den 1950er- und 1960er-Jahren in unmittelbarer Nähe des Zentrums der KPÖ auf. Marina Fischer-Kowalski (geb. 1946), die Tochter von Ernst Fischer und Ruth Mayenburg, und Ernst Fritz (geb. 1948), der Sohn von Heinrich (Julio) und Mali Fritz. Marinas Eltern (Ernst, geb. 1899, Ruth, geb. 1907) sind einige Jahre älter als die von Ernst. Sie haben die NS-Jahre in der Sowjetunion (Moskau, Hotel Lux) verbracht, ihre Mutter als Offizierin der Roten Armee in lebensgefährlichen Geheimdiensteinsätzen, ihr Vater als Teil des Machtzentrums der Kommunistischen Internationale.

Die Mutter von Ernst hat nach ihrer Verhaftung (Resistance in Frankreich) einige KZs überlebt, darunter auch Auschwitz, sein Vater ist 1936 aus Moskau nach Spanien gegangen, war Polit-Kommissar der 11. Internationalen Brigade und danach im KZ Dachau inhaftiert. 1945 wird Marinas Vater Mitglied der provisorischen österreichischen Regierung (verantwortlich für Unterricht) und Mitglied des Polit-Büros der KPÖ. Ernsts Vater wird Kaderchef [Leiter des Funktionärsapparats der Partei] und später Leiter der Auslandsabteilung der KPÖ. Beide sind also Kinder von Eltern in hoher Parteifunktion. Im Folgenden wollen wir untersuchen, inwieweit Gemeinsamkeiten bzw. Unterschiede in ihrer Sozialisation, in ihren Weltbildern und Lebenswegen sichtbar werden.

Ernsts Erzählung über die Volksschulzeit:

In der Volksschule, also, ich meine die Dichte an Nicht-Religions-Kindern – war höher als anderswo. Die Ausgrenzung in der Schule, allein, weil man nicht der katholischen Kirche angehört hat, hat nicht funktioniert, weil wir waren, glaube ich, zu sechst oder zu siebent. .... das zweite Problem ist schon ein individuelles von mir, dass erstens mein Vater Funktionär der KPÖ war und zweitens in sensiblen Positionen, über die er nicht gesprochen hat oder nicht viel gesprochen hat oder die nur erwähnt worden sind. Aber – man nimmt ja immer Sachen als Kind, die nicht gewollt oder nicht beabsichtigt oder sonst was sind, sondern irgendwo entscheidet man, was man von den Eltern aufnimmt oder nicht. Und ich habe das konspirative Verhalten aufgenommen, das irgendwie ja nicht wirklich für mich Sinn gemacht hat. Ich war ein kleiner Geheimnisträger – ich war kein Geheimnisträger, aber von der ganzen Haltung her war bei mir schon im Kopf, unsere Familie ist anders und da kannst du mit den meisten Leuten über das nicht reden. – EB: War das anstrengend oder hast du dich einsam gefühlt? Antwort: Es war an sich nicht anstrengend, weil ich ja meinen Kreis gehabt habe. Ich war dann bei den Sturmvögeln, also ich war ja – von klein auf habe ich die ganze Liste durchgemacht der Kinder- und Jugendorganisationen. Aber irgendwo, im Rückblick war das schon so, du bist da jetzt von Leuten umgeben, die gehören zur anderen Seite. Und das war diese Spaltung, diese Kalte Kriegs-Spaltung. (T)

Marinas Erinnerungen:

Wie ich in die Volksschule kam, gab es ungefähr ein Drittel der Klasse, die konfessionslos waren. Das waren aber die Nazis. Es gab zwei protestantische Kinder, es gab fünf oder sechs oder sieben konfessionslose und da war ich die einzige Kommunistin. (T) – In meiner Volksschulzeit wohnten wir in Mauer, und dort bin ich dann zu den Sturmvögeln [KPÖ-Kindergruppe] gegangen. ... Die waren aber in der Gußhausstraße, das war eine Reise. Da bin ich als G'schropp gereist oder von meinem Vater, der ja im ZK am Schwarzenbergplatz gearbeitet hat, mit dem Chauffeur mitgenommen und heimgebracht worden oder so. Da kann ich mich nicht mehr genau erinnern. [...] Es ist mir dort ein bisschen zu diszipliniert zugegangen und zu paramilitärisch würde ich sagen. Alle Kinder machen etwas gleichzeitig, wir singen jetzt oder wir tun das und jenes jetzt, alle, das hat mir nicht getaugt. (I)

In beiden Erzählungen gibt es in der Volksschule keine (als relevant erlebte) religionsbedingte Randständigkeit – anders als in anderen Interviews. Die Einbettung in die KPÖ-Kindergruppe („Sturmvögel") wird von den beiden recht unterschiedlich erinnert – für Ernst war es „mein Kreis", Marina hat das „Paramilitärische" nicht getaugt.

Beide Familien gehörten zum Kreis der Führungsgruppe der KPÖ, die zu diesem Zeitpunkt eine zwar abnehmende, aber doch noch bedeutende gesellschaftspolitische Position hatte. Trotz der Gemeinsamkeit sind die Familienbilder unterschiedlich. Dazu Ernst:

Aber ich kannte immer nur die Kernfamilie. Also wir drei Personen, mein Vater, meine Mutter und ich. ... Aber Familie war für mich irgendwas, das habe ich gekannt aus der Literatur sozusagen. Das ist für mich ein fremdes Konzept. (T)

Familie im Sinne einer größeren Beziehungsgruppe, die über die Kleinfamilie hinausführt, hat für Ernst nicht existiert. Ein großer Teil der jüdischen Familie der

7.5 Zwei Kommunistenkinder

Mutter konnte rechtzeitig fliehen und lebte nach 1945 über die ganze Welt verteilt. Zu ihnen gab es nahezu keinen Kontakt.

> *Frage: Und dann gab es aber noch fünf weitere Geschwister von der Mutter. [Ernst:] Die waren in der ganzen Welt, in Israel und dem Rest der Welt. Meine Großeltern waren in Israel, – dann gibt es eine Schwester in New York – und einen Bruder in Jerusalem ... Dann gab es einen – in Amsterdam oder so ... Für mich ist das alles sozusagen Oral History, das kenne ich alles nur vom Erzählen. Für mich war die Familie immer drei Personen. Alles, was bei anderen weiterging, das war mir fremd. Mit Familie und Cousins und Neffen und Onkel und Tanten konnte ich nichts anfangen, weil das habe ich nicht verstanden. Intellektuell ja, aber das war mir fremd. Da wusste ich nur, dass die existieren. (I)*

Besonders spannungsreich war das Verhältnis zum jüdischen Teil der Familie:

> *Und dann gab es noch einen berühmten Rabbiner in London, der von einer bestimmten Sekte das Oberhaupt war. – Das war ein Bruder meiner Mutter, also auch ein Onkel. Aber das war auch eine schwierige Sache, die sehr an meiner Mutter genagt hat, dass sie gesagt hat, nachdem sie irgendwann einmal nach Israel konnte, um die Eltern zu besuchen, sie kann mich nicht mitnehmen, weil die würden sofort merken, dass ich keinen Ritus kenne und nichts und ich würde sofort in Beschlag genommen werden, um das jüdische Kind zu retten. Das war für sie eine sehr schmerzliche Geschichte. Und sie selber, dass sie sich mit einem Goj verheiratet hat – da hat der Vater die komplette Totenveranstaltung durchgemacht für die Tochter. Der ist seine zehn Tage gesessen und hat das alles durchgezogen und hat sie aber dann später akzeptiert, als sie gekommen ist und ihn gepflegt hat. – Sie hat dann nur Kontakt über den Jüngsten gehabt, der jetzt noch in Jerusalem lebt, die Korrespondenz ist da gelaufen, da konnte man die Familienangelegenheiten verfolgen. (I)*

In der Familie Fritz gab es eine Art konspiratives Pflichtgefühl. Ernst erlebt sich als „kleiner Geheimnisträger". Der Auftrag zu konspirativem Verhalten ist sogar in seiner Beziehung zu den Eltern wirksam:

> *Ich war ein sehr verschwiegenes Kind. Also ich habe nicht geredet mit meinen Eltern, also in dem Sinne, über mich. Das ist für mich nicht in Frage gekommen. Also das war auch einer der konspirativen Aspekte. Konspirativ hat für mich in erster Linie die Bedeutung „man redet nicht". Ja, ist eigentlich schweigen.*

Also nicht zu viel sagen, sondern für sich behalten. Also die Sachen für sich behalten. Und das habe ich eben gelernt von meinem Vater. Das war in der Familie ein ungeschriebenes Gesetz. Das musste man nicht aussprechen, das war klar. Bestimmte Sachen fragt man nicht nach. Es kommt eh keine Antwort, aber man fragt gar nicht. (T)

Insofern wurde bei Ernst der „Erzählschleier" sehr bewusst auf die Erinnerungen und Geschehnisse gelegt – etwas, worunter er offenbar recht gelitten hat.

Bei Marina war die Struktur „Kernfamilie" nur temporär vorhanden, sie fühlte sich aber als Teil einer Großfamilie gut aufgehoben. Nach der Trennung ihrer Eltern hat sie bei ihrer Mutter gelebt, später kam der Stiefvater hinzu, den sie nicht mochte und mied. Zwischen ihrem 10. und 14. Lebensjahr war sie weitgehend auf sich gestellt in der mütterlichen Wohnung. Auch hier blieb vieles unausgesprochen: Während die beruflichen und politischen Verhältnisse Gegenstand regelmäßiger Gespräche, etwa bei den gemeinsamen Mahlzeiten, waren, blieb Persönliches unter einem Schleier der Diskretion verdeckt.

Also als Kernfamilie hab ich mein Zuhause eigentlich nicht verstanden. Beide Eltern haben wie die Wahnsinnigen gearbeitet. [...] Dann in Mauer [6. Lebensjahr] hat mein Vater sich sehr schnell ... absentiert und da war dann von Kernfamilie nicht mehr so viel [...] Es gab aber immer die starke Fischer-Brüder-Familie, den Otto Fischer mit seiner Frau Phini und den beiden Töchtern, meinen Cousinen, den Walter Fischer mit seiner Frau Magda und ihrer Tochter [...] Zwei der Fischer-Brüder hatten ja jüdische Frauen geheiratet und das war eine Riesenmischpoche, die sich regelmäßig traf und verlässlich unterstützte. Frage: Und die Herkunftsfamilie deiner Mutter? Antwort: Das war eine aristokratische Familie und die wurde durch den Faschismus gespalten. Die älteste Schwester meiner Mutter wurde eine richtige Nazine, der Bruder meiner Mutter hat sogar seinen Vater bei der Gestapo angezeigt und der ist dann nach einer peinlichen Befragung auf den Treppen der Gestapo gestorben. Der Vater hat in Teplitz-Schönau den Juden eine große Menge Geld gegeben, damit die emigrieren können, und der Sohn hat ihn dafür angezeigt. [...] Die dritte Schwester [...], die hat einen Herder geheiratet und mit dem auf irgendeinem Schloss gewohnt, die sind dann aus der DDR vertrieben worden [...] Ich galt ja immer als jüdisch. Das war zwar nicht so, wurde aber weitgehend geglaubt, aus welchen Gründen auch immer. Ich habe natürlich eine Familie, die sehr viele jüdische Mitglieder hat, aber blutsmäßig, von der Mutterlinie her, wie sich das bei anständigen Juden gehört, bin ich eben keine. (I)

7.5 Zwei Kommunistenkinder

Gleichzeitig gibt es ein familiäres Umfeld, das von beiden recht unterschiedlich erinnert wird.

[Marina:] Wir haben ungeheuer viele Gäste gehabt. Bis zu meinem sechsten Lebensjahr waren wir in Gersthof, da hatten wir ein Haus und jeden Tag Gäste, und mit Personal, so ein richtiges bürgerliches Haus. [...] der Hanns Eisler war die ganze Zeit bei uns und der Rudi Hausner und der Brecht – es war schon ein buntes Haus, aber es wurde deutlich weniger, als mein Vater sich langsam entfernt hat. (I)

Also dieses offene Haus und auch mein Mittendrin-Sein, das war nicht: „Du gehst jetzt ins Bett, jetzt sind die Gäste da", das hat schon eine richtige, wichtige Funktion gehabt. Ich habe mich auch von denen allen schleppen lassen und mit dem Hanns Eisler, den fand ich wahnsinnig lustig, der hat mit mir Klavier gespielt [...] Das war schon wichtig, glaube ich. Dann wurde ich als Kind auch verschickt zu diesen Freunden, nach Holland oder so. Also, dass die Welt nicht aus Familie besteht, sondern aus einem gut vernetzten Freundschaftskreis, der interessant ist, der einander achtet und wo man als Kind sich frei bewegen kann, das war wichtig. Das war sicher wichtig. Das hat mich sicher mitgeprägt. [...] Dieses Grundgefühl, die Welt ist ein freundlicher Platz, weil es überall auf der Welt Leute gibt, wo du eine Anlaufstation findest, die so denken wie du, wo du zu Hause sein kannst, das mal auf jeden Fall. (T)

[Ernst:] Aber wenn man in den Resselpark geht oder sonstwohin, dann kannst du in die feindliche Umwelt kommen, wenn du Sachen thematisierst, die nicht --. Also Kontakte, es hat nur sehr wenige gegeben. Ich meine, es hat gelegentlich, wie ich noch jünger war, als Kind, war es mehr üblich noch. Da hat es noch Ausflüge gegeben oder da bin ich, da sieht man so auf Filmen, weißt eh, die Schmalfilme, die es damals gegeben hat, da ist der Honner [Innenminister der provisorischen Regierung] und der Friedl [Fürnberg, Generalsekretär der KPÖ] und die Dings und rennen herum. – Also da war ich mit den Leuten unterwegs auch, als Kind. Und das ist später dann ganz abgekommen. Dann hat es noch ab und an Besuche gegeben und dann hat das ganz aufgehört. Mein Vater war dann schon nervlich sehr belastet und mit dieser Geschichte, weil er dann die Finanzen [er war auch Finanzchef der KPÖ] gehabt hat. Das war für ihn auch was, ich glaube, er hat sehr viel befürchtet, wo man sich irgendwo privat sieht, dann will der was. Und er hat alles vermieden, wo irgendwer was privat von ihm will. Was auch immer. (T)

Beide sind Einzelkinder mit relativ alten Eltern. Das Gefühl des Alleinseins spielt – trotz Einbettung in die Kindergruppe und andere Freundeskreise – bei beiden eine gewisse Rolle. Marinas Mutter, bei der sie nach der Trennung der Eltern lebte, lebte einige Jahre (Marinas 11. bis 14. Lebensjahr) in Paris. Damals wurden Bedürfnisse nach Beziehung mehr von der Haushälterin und dem geliebten Hund kompensiert als vom (ungeliebten) Stiefvater. Dass diese Kompensation in einer sensiblen Lebensphase möglicherweise nicht ausreichend war, legt folgende Interviewpassage nahe:

> *EB: Aber in Wirklichkeit warst du ein einsames Kind, ist das richtig? [Marina:] Puh, ja. Ich glaube, einsam ... Ich kann mich halt nicht erinnern, dass ich mich einsam gefühlt hätte, ich weiß ein bisschen später, dass ich dann so am Fenster meines Zimmers am Fensterbrett saß und in diesen herbstlichen Garten hinausblickte und da habe ich so eine Melancholie, das habe ich in Erinnerung. Aber in der Zeit ... Ich weiß nicht ... Ich habe mich eigentlich in der Schule gut integriert gefühlt, mit Freunden gut integriert, ich bin auch ganz gern alleine gewesen. (T)*

Auch Ernst spricht über den Kontrast seines Lebens zu dem in der kinderreichen Familie seines Freundes Alexander David:

> *Ich habe mich schon alleine gefühlt. Der Alex David, ein Schulkollege von mir, mit einem Bruder, einer Schwester ... Ich bin dann öfter bei ihnen gewesen, habe hie und da auch dort übernachtet. Da war immer was los, da war Leben in der Bude – bei mir nicht. (T)*

Ernst kompensiert seine Einsamkeit mit einem Fantasiefreund – nicht ungewöhnlich für Kinder in diesem Alter:

> *[ich habe] Fantasiefreunde, also einen Kasperl, gehabt. Ich weiß nicht, wie alt ich da war, aber das muss irgendwo so im frühen Volksschulalter oder noch früher gewesen sein, wo ich den Kasperl hatte. Der ist eine Zeit lang, das war vielleicht eine relativ kurze Zeit, aber das war ... der war immer dabei. Mit dem habe ich auch gesprochen, wenn wir zusammen spazieren gegangen sind in der Stadt. (T)*

Das Alter der Eltern hat wahrscheinlich zu diesem relativen Einsamkeitsgefühl beigetragen:

7.5 Zwei Kommunistenkinder

[Ernst:] Sie waren ja beide relativ alt, wie sie mich bekommen haben, 36 und 40. Und jetzt war das Thema der Schonung auch etwas, das mich belastet hat. Weil hie und da bin ich gerne unter dem Tisch gesessen, wenn er nach Hause gekommen ist, versteckt und habe dann am Hosenbein gezupft oder irgendwas. Das war dann irgendwann, wurde mir klar gemacht, geht gar nicht, weil ... die Herzkondition ist nicht geeignet für solche Scherze. (T)

[Marina:] Mein Vater war für mich alt, der war ja doch relativ krank. Die Ruth war so vital. Die hatte eigentlich das Erscheinungsbild einer zehn Jahr jüngeren Frau, als sie war. Die hat mich mit 40 gekriegt, da hätte sie auch 30 sein können. (T)

Die Erinnerungen an den Erziehungsstil sind ebenfalls recht unterschiedlich.

[Marina:] Die Bilder, die ich davon habe, sind, dass ich zum Unterschied von den anderen Kindern nicht tyrannisiert werde, dass ich ein freier Mensch bin und mache, was ich will. Und dass das toll ist und dass die anderen das nicht haben. (T)

[Ernst:] Aber da ist mit Liebesentzug und solchen Sachen, böse und „Du musst dich entschuldigen" und „Das geht so nicht". Ich habe es so gesehen, es war ein bisschen überdramatisch. (T)

Trotz KP-Zugehörigkeit ihrer Familien haben beide das Bedürfnis, „dazuzugehören", was sich unter anderem an ihrem Umgang mit den Symbolen der katholischen Religion zeigt. Ernst war mehrere Wochen in einem streng katholisch geführten Kinder-Sanatorium in Tirol:

Und dort war unter anderem auch jeden Sonntag Messe. Also bin ich immer mitgegangen. Keine Ahnung, was los ist, aber es war interessant. Alle sind dort hingegangen, ich bin auch dort hingegangen, habe meine Hostien entgegengenommen, Zunge hinausgestreckt, etwas hinaufbekommen. Habe mir gedacht, ja, es soll sein. Nicht sehr interessant, geschmacklich indifferent, aber man ist dabei, man gehört dazu. (T)

Auch Marina hat eine Affinität zu diesen Ritualen der umgebenden Mehrheitsgesellschaft:

> *Ja, das ist widersprüchlich, also ich wollte schon dazugehören. Ich bin ja eben auch zur Erstkommunion gegangen ... Polsterl tragen und so. Mir hat auch dieses Zeremoniell gefallen, das war halt so dörflich. Das war wirklich wie ein Dorf in Mauer, da wollte ich auch dabei sein. (T)*

Die innerfamiliäre Kommunikation ist unterschiedlich. Marina erinnert sich an viel Emotionalität in der Beziehung zu beiden Eltern, gleichzeitig aber an eine deutliche Distanz:

> *Über Privates wurde überhaupt in meiner Familie nicht geredet. Eigentlich nie. – Das ist mir abgegangen. Auch wenn beide Eltern sehr liebevoll und zärtlich zu mir waren und mit mir viel über alles Mögliche geredet haben. Das habe ich schon in der Familie vermisst, dass man nicht über persönliche Sachen redet. Das, was meine Mutter irgendwie [...] Also die war so diskret – ich würde auch sagen Respekt – also Diskretion oder Respekt oder Privatheitsgrenze. (T) Dieser Respekt für Kinder, diese Nicht-Einmischung eigentlich letztlich ... Desinteresse ist vielleicht zu viel gesagt, aber fast, bis an die Grenze des Desinteresses. (I)*

Ernst fühlte sich oft überfordert von den Erzählungen seiner Mutter, die in der Kommunikation mit ihm das familiäre Schweigegebot kompensiert hat:

> *Aber ich war dann schon oft die Vertrauensperson meiner Mutter. Bei mir hat sie dann abgeladen. Was ja auch eines meiner Probleme ist, dass ich als Kind ... das sind Sachen, man weiß ja nicht, wann das anfängt und man erinnert sich nicht an den Zeitpunkt. Ich habe dann später, ist mir das eben so aufgefallen, auch im Zuge einer Therapie, auf mich wurde viel abgeladen an Sachen wie: „Das sage ich nur dir und das darfst du nicht wissen, da darfst du dich nicht wissend machen ... Das sage ich dir jetzt." (T)*

Auch Erzählungen über Partnerkonflikte haben hier ihren Platz gefunden – seine Reaktion darauf:

> *Habe ich mir gedacht, brauche ich das wieder als Vertrauensperson meiner Mutter, dass sie mir solche Geschichten erzählt? (T)*

Auch die Selbstbilder von Handlungsfähigkeit sind deutlich unterschieden. Ernst ist in den frühen 1960er-Jahren (er ist etwa 16 Jahre alt) über die deutlicher wahrnehmbaren Rechtstendenzen in Österreich besorgt, weil er nicht über den Widerstandsgeist seiner Eltern verfügt:

> *Na wenn sich da etwas ändert, was werde ich machen? Weil ich würde das nicht aushalten. Ich würde bei der ersten –, würde ich eingehen. Und das alles, das war mir zu viel. Ich habe sozusagen, ich habe eine Schwächereaktion gehabt, nicht eine „Jetzt erst recht" oder gestählt durch meine Elterngeschichte und Erlebnisse. (T)*

Nahezu in entgegengesetzter Richtung geht Marinas Selbsteinschätzung; sie spricht von einem Persönlichkeitszug, den sie mit ihrer Mutter teilt, den sie Phobophobie – die Angst davor, Angst zu haben – nennt:

> *Also zum Beispiel diese Phobophobie ... schon ganz früh habe ich mir vorgenommen, ich mache nie etwas nur deswegen nicht, weil ich mich fürchte – entweder es zu unterlassen oder ... Ich muss einen guten Grund haben, es zu tun oder nicht zu tun, aber nur, weil ich Angst habe, was dann passieren könnte, das ist kein Grund und da war ich mit mir total streng. – Nicht widersprechen, weil ich mich fürchte, kommt nicht in Frage. [...] Ich habe schon Angst gehabt, aber gerade weil ich gemerkt habe, dass ich Angst habe, habe ich es gemacht. [...] Also wenn, dann war natürlich die Vorbildwirkung meiner Mutter, dass man mutig ist, das war schon da. [...] klassisches Über-Ich als erzieherischer Auftrag war das nicht. (T)*

Wie sehen die aktuellen Selbstbilder aus? – Interviewfrage: Wenn Sie ein Bild von sich selbst gestalten würden, eine Collage? Ernst:

> *Mit dem tue ich mir noch schwerer, weil das ist genau der Bereich, den ich nicht abdecken kann. – – – Ich möchte eigentlich wahrgenommen werden als jemand, der zuhören kann, nachdenklich reagieren auf andere und nicht ohne Humor oder Ironie oder was weiß ich immer. [...] Ich habe immer das Problem, das ist etwas, das ich offensichtlich in der Auseinandersetzung mit meiner Mutter mitgenommen habe. Ich will nicht, dass jemand etwas von mir will. Da blockiere ich, grabe mich ein.*
> *Frage: Kennen Sie Leute, die ganz anders damit umgegangen sind als Sie mit den Tatsachen der Eltern? Antwort: Ich muss sagen, ich weiß es nicht. Ich kann mich nicht erinnern, dass das thematisiert wurde, dass man darüber gesprochen hat, wie die Eltern agieren oder ticken oder sonst irgendetwas. An das kann ich mich nicht erinnern, das war kein Thema. Später, wenn man reflektieren könnte mit fortgeschrittenen Jahren, war es einfach nicht so, dass ich in irgendwelchem Kontakt mit solchen Leuten war, wo das dann zufällig oder anderswie thematisiert würde. (I)*

Marina – zur Collage:

Ich glaube Musikstück ist besser, weil es müsste sich bewegen. So was, was da einfach so steht und wo gepickt ist, das kann ich nicht. - - - - - Es wäre am ehesten der Boogie. [...] Mir ist sehr wichtig, dass andere mir vertrauen und dass sie Grund haben, mir zu vertrauen. Ich habe immer wieder darüber nachgedacht, das hat eigentlich zwei Seiten: Das eine ist die Aufrichtigkeits-Seite, aber das andere ist die Kompetenz-Seite. Du musst es dann auch können, das einlösen. Das hat etwas mit Stärke und auch damit zu tun. Ich begeistere Leute gerne für was, deswegen unterrichte ich gerne und arbeite gerne mit meinen Studenten und Mitarbeitern. Ich reiße sie gerne mit, mit so was wie wissenschaftlicher Neugier. Ich bin auch ganz gerne eine erotische Frau, auf meine alten Tage mag ich das noch nicht einfach abschalten, ich freue mich dann, dass sich das bestätigt. Das ist es, glaube ich. (I)
Frage: Gibt es Menschen, deren Eltern ganz ähnliche Biografien hatten wie deine und die ganz anders umgegangen sind als deine Familie und du? Oder gibt es niemanden, wo du das Gefühl hast, endlich mal ein ähnlich gestreiftes Zebra? Antwort: Sehr viele waren Juden. Die, die auch Kommunisten waren, die waren nicht aus so privilegierten bürgerlichen Häusern wie ich oder gar aristokratischen. – Es war einerseits aristokratisch, andererseits kein Geld. – Aristokraten wurden selten Kommunisten, sage ich dir. Das war nicht üblich. (I)

Zwei Menschen, bei denen man auf den ersten Blick große Ähnlichkeit von Sozialisationsbedingungen und Persönlichkeitsentwicklung erwarten würde. Beide Väter sind führende Funktionäre der KPÖ und übernehmen unmittelbar nach Kriegsende in Wien zentrale – allerdings unterschiedliche – Funktionen. Beide Kinder erleben in ihrem schulischen Umfeld zwar ein Anderssein, aber keinen Ausschluss, und verbringen einen großen Teil ihrer Freizeit in den Kindergruppen der KPÖ.

Trotzdem unterscheiden sich sowohl die Kernfamilien als auch das familiäre Umfeld deutlich. Die Kommunikation nach außen ist ebenso unterschiedlich wie die Kommunikation nach innen und die Persönlichkeitsentwicklung. Die Gegenüberstellung zeigt, dass es weder möglich noch sinnvoll ist, aus den erzählten Erinnerungen der Kinderjause-Gruppe ein einheitliches Bild oder mehrere charakteristische Muster von Persönlichkeits- und Identitätsentwicklung zu modellieren. Die Unterschiede der erinnerten Lebensgeschichten sind ebenso groß wie die strukturellen Gemeinsamkeiten.

Die dritte Generation

Ernst Berger

Die Enkelkinder der Widerstandsgeneration sind mittlerweile erwachsen. Die Erlebnisse ihrer Großeltern – Flucht und Verfolgung – liegen mehr als 70 Jahre zurück. Die Berücksichtigung dieser Generation ist in der einschlägigen Forschung weit verbreitet (Rosenthal 2015, Zöchmeister 2015), wobei meist die Familienperspektive gewählt wird: Drei Generationen ein und derselben Familie werden einander gegenübergestellt – manchmal auch im wörtlichen Sinne in direkter Konfrontation. In unserem Kontext einer Gruppe, die über Jahrzehnte verbunden ist, war es naheliegend, die dritte Generation in den Kreis der InterviewpartnerInnen einzubeziehen. Die Familienperspektive haben wir allerdings nur in einem Fall entwickelt – in der Familienvignette Friedler im Kapitel 7.4. Ansonsten sind wir dem gleichen Weg gefolgt, den wir bei den Interviews mit der zweiten Generation beschritten haben: Ausgehend von einer Hypothesenmatrix, haben wir Interviewleitfäden entwickelt und die Interviews entsprechend ausgewertet (der qualitativen Inhaltsanalyse nach Mayring 2015 folgend).

Die Hypothesenmatrix:

- Die meisten sind über die politische Geschichte (NS-Zeit) der Großeltern informiert.
- Die Information über konkrete Erlebnisse ist besser als die der zweiten Generation.
- Dieses Wissen ist subjektiv bedeutsam.
  - Positiv besetzt.
    - Alternative: Oder auch nicht mehr als so wichtig erachtet.
- Auswirkungen auf eigenes politisches Engagement sind gering/unterschiedlich.
- Auswirkungen auf grundsätzliche Haltungen (gesellschaftliches Interesse, Verantwortungsgefühl) sind vorhanden und bewusst.
  - Oder auch nicht …?
- Traumatisierung der Großeltern ist bewusst/wie sehr? Bestimmend wofür?

- Das eigene Lebensumfeld (Peergroup) war in bestimmten Lebensphasen von der Geschichte der Großeltern geprägt.
- (Bewusste) Auswirkungen auf die eigene Lebensgestaltung sind gering/unterschiedlich ausgeprägt.
- Die Geschichte der Großeltern kann problemlos im eigenen Umfeld kommuniziert werden.
- Themenkreis „Dilemmakinder":
  - Spannungsfeld zwischen extrem unterschiedlichen politischen Positionen der Großeltern-Paare.
- Gibt es konkrete politisch-moralische Ansprüche an Lebensinhalte?

Elf Personen aus acht Familien (drei Geschwisterpaare, Altersunterschied 1–3 Jahre), geboren zwischen 1964 und 1991, bildeten die Gruppe unserer InterviewpartnerInnen. In diesen knapp 30 Jahren hat sich das gesellschaftliche Umfeld in Österreich ebenso grundlegend gewandelt wie die Stellung der Eltern in diesem Umfeld. Während die späten 1960er- und frühen 1970er-Jahre die Zeit des Weges „vom Rand in die Mitte" waren, wuchsen die zwischen 1983 und 1991 Geborenen ganz anders auf.

Die Älteren (Geburtsjahre 1964–1972) sind in Familien aufgewachsen, die sich aktiv an der Studentenbewegung 1967/68 und der sozialdemokratisch geprägten Reformperiode Österreichs (der „Kreisky-Zeit" der 1970er-Jahre) beteiligt haben. Die meisten Eltern waren zugleich dabei, ihren Platz in der österreichischen Gesellschaft zu finden. Die Großeltern (oder zumindest Verwandte aus dieser Generation) gehörten noch zum Lebensumfeld der Kinder und vermittelten manchmal auch noch aus erster Hand Informationen über Leben und Kampf in der NS-Zeit (vgl. Fallstudie Herrnstadt, Kapitel 7.3). Haben die Kinder die „Randständigkeit" der früheren Jahre noch wahrgenommen? Wie erinnern sie sich an ihre Position in ihren Schulklassen? Für die Eltern war die Einbindung in eine politisch geformte Subgruppe wesentliche Voraussetzung für die Kompensation der (objektiv gegebenen) Randständigkeit. Hat es diese Bedingungen für die Kinder auch gegeben? Waren sie relevant?

Ihre Jugend war geprägt von wichtigen Wendepunkten der österreichischen Nachkriegsgeschichte nach 1986. Die Diskussionen über die Kandidatur des ehemaligen UN-Generalsekretärs Kurt Waldheim bei der Bundespräsidentschaftswahl des Jahres 1986 drehten sich vor allem um seine Rolle in der deutschen Armee während des Zweiten Weltkriegs. Bald danach beendete Bundeskanzler Franz Vranitzky (SPÖ) die Koalition mit der FPÖ, die seit 1983 erstmals Teil der österreichischen Bundesregierung war. Grund für diesen Schritt war das Erstarken der rechtsradikalen Teile der FPÖ unter dem neuen Parteiobmann Jörg Haider. Vor

8 Die dritte Generation

diesem Hintergrund vollzog Vranitzky auch den – an sich logischen – Schritt, das konsensuelle Nachkriegsnarrativ von der Rolle Österreichs als erstem Opfer Nazi-Deutschlands zu relativieren und auf die aktive Beteiligung vieler Österreicher an den Nazi-Gräueln zu verweisen. Hatte das Wiederaufleben der Debatte um die Rolle Österreichs in der NS-Zeit, die eine unmittelbare Verbindung zur Biografie der Großeltern herstellte, (rückblickend) Bedeutung in ihrem Leben? Waren diese Debatte und die schwarz-blaue Regierungsperiode (2000–2006, neuerliche Regierungsbeteiligung der FPÖ, diesmal in Koalition mit der ÖVP) für die dritte Generation Anlass für eigenes politisches Engagement?

Die Kindheit der Jüngeren (Geburtsjahre 1983 bis 1991) ist eingebettet in gesellschaftlich etablierte Familien, die der sogenannten Mittelschicht angehörten. Die Großeltern sind – wenn überhaupt – nur mehr am Rande ihrer frühen Kindheitsjahre existent. Ist die – mittlerweile etwa 40 Jahre zurückliegende – Widerstands- und Fluchtgeschichte in den Familien noch präsent? Diese 40 Jahre entsprechen etwa jenem Intervall, das die Kinderjause-Gruppe von der Jahrhundertwende trennt, vom Wien des Jugendstils und der Entwicklung der Psychoanalyse, die als relevantes kulturelles Faktum, aber nicht als Teil der eigenen Geschichte erinnert werden. Das gilt wohl auch für die Geschichte des Ersten Weltkriegs, der durchaus in die unmittelbaren Familiengeschichten eingegriffen hat. Der Impetus der gesellschaftlichen Neugestaltung, der die 1960er- und 1970er-Jahre dominiert hatte, war im letzten Jahrzehnt des 20. Jahrhunderts, also in der Schulzeit dieser Gruppe, kaum mehr spürbar. Wie spiegelt sich das in ihrem eigenen politischen Bewusstsein – sofern es ein solches gibt?

Die Berufswege der InterviewpartnerInnen der dritten Generation sind weit gestreut: In der Gruppe finden sich vier BerufspolitikerInnen, zwei, die im Management- und Finanzbereich tätig sind, eine Kulturpädagogin, eine Journalistin und ein gelernter Buchhändler. Den Jüngsten steht am Ende ihres Studiums die Berufsentscheidung noch bevor. Die hohe Zahl von PolitikerInnen fällt – im Vergleich zur zweiten Generation (nur ein Berufspolitiker) – auf. Vor dem Hintergrund des linken politischen Umfeldes der Herkunftsfamilien ist wohl auch der Weg in den Finanz- und Managementbereich auffällig. Gibt es biografische Elemente, eventuell auch Gemeinsamkeiten, die auf die Geschichte der Großeltern schließen lassen? Wie konkret ist diese Geschichte in der Erinnerung noch vorhanden und wie relevant wird sie für die eigene Lebensgestaltung wahrgenommen? Zwei unserer InterviewpartnerInnen (geb. 1970 und 1988) haben z. B. einen Teil ihrer Studienzeit in Südamerika verbracht und betonen in diesem Zusammenhang die bewusste Konfrontation mit Unterdrückung in einem anderen Erdteil.

8.1 Das Wissen über die Geschichte der Großeltern

Das ist nicht eine Geschichte, die mit dem Dampfhammer uns beigebracht wurde ... Aber im Großen und Ganzen ist es erzählte Familiengeschichte. (I 35)

Ein typisches Erzählmuster lautet:

Es waren weder Helden- noch Trauergeschichten [...] Ich hab eigentlich wenig wirklich erfahren, was für Rollen meine Großeltern gespielt haben, sondern es ging eher um die ganze Zeit. [...] Also Widerstandsgeschichte waren eben dann die paar Details, die mein Vater mir erzählt hat. [...] über die Großeltern, über seine Eltern, wenig. Und ich hab irgendwie auch selten nachgefragt. Mein Vater erzählt immer viel, aber sobald es dann irgendwie zur Familiengeschichte kam, war er eben ein bisschen zurückhaltend (I 42) [geb. 1991]

Das Wissen über die Biografie der Großeltern ist hinsichtlich konkreter Details recht unterschiedlich, aber als Wissen über die NS-Zeit, über Verfolgung und Widerstand und über die aktive Rolle der Großeltern bei allen vorhanden – unabhängig von der Geburtsperiode. Als „erzählte Familiengeschichte" ist dieses Wissen schon im Kindesalter präsent, wie es auch Markus Zöchmeister (2015, S. 560) beschreibt. Das ist für die dritte Generation aber keineswegs typisch. Gabriele Rosenthal beispielsweise schreibt über das Interview mit den Enkeltöchtern einer jüdischen Familie aus Nord-Siebenbürgen: „Susanne und Klara konnten über ihre Familienvergangenheit vor 1945 nur wenig erzählen. Dabei fiel auf, dass beiden zwar einige Einzelheiten aus der Geschichte ihrer Großeltern mütterlicherseits bekannt sind –. Ähnlich wie ihre Eltern konzentrieren sie sich auf die Familienvergangenheit nach 1945" (Rosenthal 2015/1996, S. 76). Auch die Enkelgeneration bei Bettina Völter, die Familiengeschichten am Schnittpunkt Judentum und Kommunismus in der DDR analysiert, verfügt über auffallend wenig Informationen zur Geschichte ihrer Großeltern (Völter 2002, S. 296).

Auch hier liegt die Vermutung nahe, dass es die aktive Haltung – Widerstand und Rückkehr – war, die den Umgang mit der Geschichte und ihrer Weitergabe – zumindest in allgemeiner Form – prägte. Der konkrete Bezug zu den eigenen Großeltern und die Einschätzung ihrer Rolle wird meist erst im eigenen Jugendalter, zwischen 15 und 17 Jahren, entwickelt.

Alle InterviewpartnerInnen der dritten Generation haben die Bedeutung, die die Großelterngeschichte für ihre Eltern hatte, sehr deutlich wahrgenommen.

8.1 Das Wissen über die Geschichte der Großeltern

> *Frage: Welche Rolle spielt die politische Geschichte von den Großeltern für deine zwei Elternteile? Antwort: Ich würd sagen, eine sehr große. Meine Eltern sind beide auch politisch gewesen und immer noch politische Menschen, politisch aktiv. Und es war sicher oder ist prägend bis heute. (I 39) [geb. 1970]*

> *Das heißt, die haben alle großen Wert auch drauf gelegt, diese Familiengeschichte auch zu transportieren … In Dachau war ich auch viele Jahre später mit ihm [dem Großvater]. (I 32) [geb. 1973]*

Viele haben die Großelternbiografien aus den Erzählungen der zweiten Generation – also in einem doppelten Vermittlungsschritt – erfahren. Nur einige der Älteren konnten sich dabei noch unmittelbar auf die Erzählungen der Großeltern stützen.

> *Da hatte ich Glück, da habe ich sie wirklich … ein, zwei Jahre, bevor sie gestorben ist, haben wir uns hingesetzt und ganz viele Interviews gemacht, die ich dann transkribiert habe. (I 30) [geb. 1972]*

Diese Großeltern-Enkel-Beziehung wird in der Literatur als spezifisch beschrieben: „Es zeigte sich, dass es in der dritten Generation ein anderes, entspannteres Verhältnis zum Sprechen mit den Großeltern gegeben hatte, als dies zwischen den Eltern und Großeltern der Fall war. Die dritte Generation hatte weniger Ängste oder Hemmungen, ihre Großeltern nach deren Geschichte zu fragen. Der intergenerationelle Dialog zwischen der ersten und der dritten Generation war weniger konfliktbeladen und angstbesetzt." (Zöchmeister 2015, S. 521)

Es gibt aber auch die wenig erzählbereiten Großeltern und die eigenaktiv-wissbegierigen Enkel der jüngeren Gruppe:

> *Ich hab mich als Kind sehr viel mit dieser Zeit beschäftigt. Also eigentlich schon im Volksschulalter. Und hab sehr viel darüber gelesen. Aber ich hab mit ihr [der Großmutter] direkt darüber jetzt nie so viel geredet, weil ich auch das Gefühl hatte, … das sind so vage Kindheitserinnerungen, dass sie darüber nicht so gern gesprochen hat. Und ich auch das Gefühl hatte, dass sie eigentlich nicht unbedingt wollte, dass wir uns viel damit beschäftigen. (I 41) [geb. 1988]*

Wenige sind aktiv der Biografie der Großeltern nachgegangen:

> *Also mir war es nicht bewusst, dass meine Großeltern derartige Persönlichkeiten waren –, wie ich mit 17 die Bücher gelesen hab, ist mir das wirklich bewusst geworden, in welchem Ausmaß das war. (I 38) [geb. 1983]*

Die aktive Auseinandersetzung mit der Geschichte der Großeltern ist zumindest nicht atypisch für die dritte Generation: „Ronen setzt sich intensiv mit den Auswirkungen der Verfolgungsvergangenheit seiner Großeltern auf seine Familie auseinander. Der Abstand zwischen den Generationen gestattet ihm eine größere Nähe zu dieser Vergangenheit als seinem Vater", schreibt Rosenthal (2015/1997, S. 102) über den in Israel lebenden Enkel einer jüdischen Familie aus Lodz. Der Großvater hatte Auschwitz überlebt.

Detailwissen ist in unserer Gruppe eher die Ausnahme:

Die sind, glaube ich, relativ spät, 1939/40 noch aus Wien rausgekommen. Der Großonkel – war der jüngere Bruder, der war Sozialist. Die sind ja schon auch während des Ständestaats gesessen, die waren damals schon Illegale und damals schon in der Elisabethpromenade, Wöllersdorf, was weiß ich und der F. ist in der Pogrom-Nacht in Wien gleich verhaftet worden und nach Dachau deportiert worden, wo ihn der Großvater nach einem halben Jahr rauskaufen konnte, um ihm die Ausreise zu ermöglichen. (I 37)

Bei aller Beschränkung des konkreten Wissens treffen wir immer wieder auf die Erzählung über die Rückkehr der Großeltern:

Aber von der ganzen Geschichte her, wie erzählt, ist es nie zur Diskussion gestanden, für mich zumindest, dass sie woanders wohnen würden. (I 35)

Es war nie eine Frage, ob sie nach Österreich zurückgehen oder nicht, sie wollten unbedingt zurückgehen nach Österreich und dieses Land wieder aufbauen und jetzt wird alles besser und jetzt fangen sie von vorne an. (I 30)

Die Rückkehr hatte also im Narrativ der Familie eine besondere Bedeutung, ebenso wie das Bewusstsein, dass nicht alle Familienmitglieder diese Entscheidung getroffen hatten. In einigen Familien war der Großvater/die Großmutter der/die einzige von mehreren Geschwistern, die diesen Schritt machten.

Der [Onkel] war in England im Exil und ist auch dortgeblieben. Es sind eigentlich die, die weggekommen sind, sind alle im Exil geblieben. (I 37)

Dieser Verbleib in den Emigrationsländern ist wohl auch die Grundlage eines gewissermaßen kosmopolitischen Bewusstseins:

> *Ich habe so viele Verwandte, die natürlich in der ganzen Welt verstreut sind, es war ja nicht nur englische Emigration, ich hatte Verwandte in Russland, in der ehemaligen Tschechoslowakei, in Deutschland, die sind alle von Seiten meiner Mutter, von Seiten meines Vaters hatte ich sie in Amerika. (I 30)*

8.2 Die individuelle Bedeutung der Zwei-Generationen-Geschichte

Für alle elf InterviewpartnerInnen ist die Geschichte der „Widerstandsgeneration", die Kampf- und Fluchtgeschichte der eigenen Großeltern wichtig – unmittelbar oder durch die Lebenshaltung der Eltern vermittelt. Dieser Umstand korrespondiert zweifellos mit dem Phänomen der Weitergabe von Überzeugungen, Haltungen und Aufträgen, die wir im Kapitel 4 diskutiert und im Kapitel 6.1.6 dargestellt haben. Die Haltungen, die dort an die zweite Generation und hier an die dritte Generation vermittelt wurden, sind nicht abstrakt, sondern knüpfen – ungeachtet des „Erzählschleiers" – konkret an die Widerstandsgeschichte der ersten Generation an.

> *Was meine Großeltern mir mitgegeben haben im Sinne von, warum sie sich für Dinge entschieden haben, [...] jeder auf seine Art, sich zu engagieren. Sich gegen den Nationalsozialismus zu stellen, ist etwas, wo ich sage, da habe ich tiefsten Respekt davor. Das war mutig und da kann man, glaube ich, stolz sein darauf. (I 32)*

> *Aber eigentlich, wenn ich darüber nachdenk, bin ich dann schon immer ein bisschen stolz, wenn ich dann eben weiß, dass meine Oma wirklich dagegen gekämpft hat und was sie dann noch durchgemacht hat ... Das ist dann schon ein bisschen vielleicht film- und heldenreif. (I 42)*

> *Mein Bezug ist, dass ich schon [...] in einer durch und durch linken Familie, progressiven Familie aufwachsen konnte. Das ist, glaube ich, ein sehr großer Vorteil – aber natürlich die Grundwerte und vor allem auch Bekenntnis zu Freiheit, Gleichheit, insbesondere, was sicher auch für uns als Mädchen oder Frauen wichtig war und ist, in einem Selbstverständnis aufzuwachsen, alles zu können, alles zu dürfen, alles zu bewegen, alles ... (I 37) [geb. 1972]*

Die zeitüberdauernde, transgenerationale Bedeutung der Geschichte des Widerstandes wird deutlich, wenn junge Menschen mit dem Geburtsjahr 1991 noch sagen:

Der größte Einfluss, dass ich eigentlich schauen will, dass das eben nicht in Vergessenheit gerät. (I 42) [geb. 1991]

Es ist wohl berechtigt, hier von einem „Auftrag" zu sprechen, der allerdings tief in der eigenen Lebensperspektive verankert ist.

In einigen Interviews wird deutlich, dass mit den Erinnerungen auch Emotionen verbunden sind, Emotionen, die eine Brücke schlagen über drei Generationen hinweg. In der psychoanalytisch orientierten Forschung wird dieser Emotionsaspekt vor allem im Kontext des weitergegebenen Traumas besprochen, das sich in Angstfantasien und Angstträumen manifestiert (Zöchmeister 2015, S. 523). Frank, ein Enkel der Widerstandsgeneration im Sample von Völter, wird vom Gedanken an die Ermordung seines Urgroßvaters im KZ bewegt, die er sich immer wieder bildlich vorstellt (Völter 2002, S. 185). Eine unmittelbare emotionale Bewegtheit in der Interviewsituation oder in positiv besetzten Erinnerungen, wie wir es bei einigen gefunden haben, sind allerdings selten. Enkel, deren Großeltern im Exil waren, zeigen – bei Völter – keine positiven Besetzungen der Exilsituation. Ein Besuch des Ortes in Belgien, an dem der Großvater von Partisanen befreit wurde, weckt zwar „faszinierende" Assoziationen, die sich aber auf die Vorstellung beziehen, dass der Großvater hätte erschossen werden können (Völter 2002, S. 249). Die Erinnerungen unserer Enkelgruppe klingen doch – zumindest teilweise – anders.

[…] viele nette Geschichten von meiner Mutter als Kind in England […] sie ist immer zur Peter-Pan-Statue gegangen, das hat sie total fasziniert als Kind und davon hat sie mir immer erzählt. Und wie ich das erste Mal in England war, da haben wir wirklich alle Parks abgesucht, ob wir die Peter-Pan-Statue finden … Da war ich mit der Schule. Frage: Und da hast du dir die Mühe gemacht, diese Statue zu finden? Antwort: Ja, diese Erzählung hat mich begleitet. (I 30) [geb. 1972]

Ich war mit meinen Großeltern in der Schweiz –, da muss ich irgendwie so fünf oder so gewesen sein, um die Leute zu besuchen, bei denen sie damals untergekommen sind. Das waren zwei Frauen, – die haben sie mit mir gemeinsam besucht und das war schon irgendwie was ganz Besonderes. (I 40)

[…] mich diese Sachen insgesamt natürlich sehr emotional aufwühlen. Vor allem, wenn es um meinen Lieblingsopa geht. – Ich fang jetzt natürlich auch fast zu weinen an, das ist immer so. (I 39)

8.2 Die individuelle Bedeutung der Zwei-Generationen-Geschichte

> *Ich hab „Das Mädchenorchester von Auschwitz" gelesen [...], da hab ich schon ein Kind gehabt und dann monatelang dauernd diese Geschichten im Kopf gehabt von verfolgten Kindern und so – grauslich. (I 39)*

All diese emotionalen Interviewpassagen stammen von Frauen und aus der Gruppe der Älteren, die noch einen unmittelbaren Bezug zu ihren Großeltern hatten.

Nur wenige Hinweise gibt es darauf, dass den Enkelkindern psychische Belastungen der Großeltern (oder auch der Eltern) bewusst sind:

> *[...] immer wieder Gräben bei ihnen aufgerissen, also bei der Großmutter vor allem, wenn sie darüber geredet hat, sie hat nicht wirklich gern darüber gesprochen. (I 35)*

> *Sie wird ihre Gründe haben, warum sie es nicht erzählt. Und da kann ich halt ... Also ich habs begonnen zwei, drei Mal und da habe ich dann gesehen, sie blockt ab. (I 36)*

Diese beiden Aussagen beziehen sich auf die gemeinsame Großmutter des Brüderpaares.

Eine andere Interviewpassage bezieht sich auf einen Vater:

> *Naja, mein Vater ist 1940 geboren. Was ich mitkriege, ist, dass er heute noch Angst hat vor Feuerwerk, weil ihn das einfach erinnert an die Bombenangriffe. (I 30)*

Die Einbeziehung von drei Geschwisterpaaren in den Kreis der InterviewpartnerInnen der dritten Generation sollte auch die Frage beantworten, ob innerhalb einer Familie unterschiedliche Narrative, unterschiedliche Botschaften existieren bzw. unterschiedliche Erinnerungen behalten werden. Das trifft nicht zu – die Erzählungen der drei Geschwisterpaare weisen keine relevanten Unterschiede auf, weder in der inhaltlichen Erinnerung noch in der Erzählung über Haltungen und atmosphärische Bedingungen.

8.3 Prägung des (kindlichen) Lebensumfeldes

Sucht man in der Erzählung der Kindergeneration nach Spuren dessen, was für die zweite Generation konstitutiv war, nach den Hinweisen auf Gruppenleben und Zusammengehörigkeit – so finden sich Hinweise darauf zum Teil noch in den Interviews der Gruppe der Älteren (geb. zwischen 1964 und 1972).

> *[...] durch diese Kindergruppe, wo wir doch ein paar Jahre lang regelmäßig einmal in der Woche uns getroffen haben und unser Programm gestaltet haben [...] Es war nicht nur im Zuhören, was die Eltern da machen, sondern durchaus ein Teil unseres Lebens oder unserer Freizeitgestaltung und ich habe das eigentlich sehr positiv erlebt immer. (I 40) [geb. 1970]*

> *[...] dass man viel gemeinsam macht. Also immer auch wirklich viele andere Menschen involviert waren. Auch im Urlaub. Ich kann mich erinnern, dass wir eigentlich immer mit mehreren Leuten auf Urlaub gefahren sind und selten wirklich ganz alleine. (I 36) [geb. 1964]*

8.4 Vermittlung von Haltungen und Bedeutung für die Gestaltung des eigenen Lebens

Die Präsenz von Politik im Lebensalltag wird von allen InterviewpartnerInnen bestätigt. Gespräche über Politik prägten das Familienleben, wobei aktuelle Politik gegenüber der politischen Geschichte eindeutig im Vordergrund stand. Die Geburtsjahre machen da keinen Unterschied.

> *Frage: Welche Rolle haben politische Themen gespielt? Antwort: Dass sie eben allgegenwärtig waren. Es war ein schleichender Prozess, der aber sehr präsent war. (I 42) [geb. 1991]*

> *Frage: War auch politische Geschichte und NS-Zeit alltäglich präsent? Antwort: Alltäglich präsent würd ich nicht sagen. (I 41) [geb. 1988]*

> *Da hat es die Nachrichten gegeben, die interpretiert wurden von ihr [der Mutter]. Die hat es eh jeden Tag gegeben ... Und in der Regel waren halt die politischen Auseinandersetzungen dann am Wochenende bei den gemeinsamen Familienfrühstücken oder Abendessen. (I 38) [geb. 1983]*

8.4 Vermittlung von Haltungen und Bedeutung für die Gesdtaltung... 293

> *Politik war immer präsent und auch eine Lust daran, zu diskutieren – politisch [...] Interessant glaube ich, auf jeden Fall gut, normal. Ja, also lästig sicher nicht. (I 40) [geb. 1970]*

Die Eltern haben im Kontext dieser permanenten Präsenz von Politik und in der (impliziten) Vermittlung der Geschichte der NS-Zeit auch Haltungen und Botschaften transportiert.

> *Dass man sich einfach immer selber eine eigene Meinung bilden muss. Und das war das oberste Maxim von beiden [Eltern], dass sie einfach nicht das annehmen, was Mainstream ist oder was gesagt wird, dass es gut ist. (I 38)*

> *Wir wurden schon immer so erzogen: hinterfragen, nicht einfach dem blind folgen, was passiert. Und das, find ich, ist eigentlich auch das Größte, das ich wahrscheinlich gelernt hab aus dieser ganzen Geschichte. (I 42)*

All diese Antworten sind typisch für die ganze Gruppe – auch die Aussage, dass niemand die ständige Präsenz politischer Themen als lästig empfunden hat. Bei wenigen ist hingegen daraus das subjektive Bewusstsein eines expliziten Auftrages entstanden:

> *[...] so eine gewisse schon auch Erwartung. Für meinen Vater – was machst du und wo engagierst du dich und wieso stellst du dich nicht zur Wahl oder warum nimmst du das nicht an oder solche Dinge. Also so ein bisschen ein Schubsen auch und so eine Erwartungshaltung. (I 40) [geb. 1970]*

> *Dass wir halt als Kinder so erzogen worden sind, dass wir solidarisch sein sollen, dass man den Schwächeren helfen soll, dass man eher schaut, was gemeinsam zu machen, als das Ellbogenprinzip und der Stärkere gewinnt oder so. Also das würde ich am ehesten sagen. Aber das würde ich eher den Eltern zuschreiben als den Großeltern. (I 36) [geb. 1964]*

> *Wenn man so eine Familiengeschichte hat, ist man sensibler gegenüber Unterdrückung und Verfolgung generell. Also ich glaub es macht, wenn man kein Vollidiot ist, einen sicher toleranter gegenüber anderen Menschen. Weil man irgendwie nachempfinden kann, was es bedeutet, verfolgt zu werden oder flüchten muss. (I 41) [geb. 1988]*

> *Dieses Bedürfnis, sich zu engagieren, das ich habe und das ich meinen Großeltern und auch meinem Vater zuschreibe, aber ich habe da andere Formen für mich gefunden, als diese parteipolitischen ... ich war halt Schulsprecherin und war auf der Uni irgendwie mit der Studentenvertretung in Kontakt, aber so auf Basisgruppen-Niveau und bin jetzt Betriebsrätin. – AKS, Aktion Kritischer Schüler. (I 40)*

Soziale Sensibilität und – bis zu einem gewissen Grad – gesellschaftliche Verantwortung sind Bausteine, die in das eigene Leben integriert worden sind, wenn auch in individuell oft unterschiedlicher Form.

Und noch ein Gedanke soll hervorgehoben werden:

> *Wissen ist das Beste, was man haben kann im Leben. Danach kommt Familie und alles, also Glück. Und ganz hinten kommt dann irgendwann mal Geld. (I 42)*

Die Bildungsorientierung wurde über zwei Generationen weitergegeben, ebenso wie die relative Geringschätzung des Geldes.

8.5 Marginalisierung und Reaktion des Umfeldes auf die Großeltern-Biografie

Auch die dritte Generation hat ihr „Anderssein" subjektiv wahrgenommen, ohne dadurch „am Rand" zu stehen – unabhängig von der Geburtsperiode.

> *Frage: Wann bist denn du draufgekommen, dass das nicht österreichische Familiennormalität und Mehrheitsgeschichte ist? Antwort: Eigentlich ja, mit 15, wie ich begonnen habe, Lehrling bei Jugend und Volk zu werden. ... dann die ersten Polizeieinsätze, dass man da schon mitbekommen hat, man ist doch ein bisschen anders. (I 36) [geb. 1964]*

> *[...] wie wir kleine Kinder waren, Volksschulkinder, dass wir immer gefunden haben, ... wieso gehen immer nur wir auf Demos und niemand sonst? Das war irgendwie schon eigen halt ... aber die Tatsache, dass meine Familiengeschichte, also diese Opfergeschichte, so eine Minderheitengeschichte war, ist mir eigentlich erst damals so richtig bewusst geworden und da war ich schon recht alt eigentlich – weil da war ich in unserer Kindergruppe und in dem allen, wie*

> ich noch jünger, und dann war ich in der SJ und ich war ja da immer nur mit Leuten zusammen, die irgendwie anders waren. (I 31) [geb. 1970]

Die Enkelgeneration hat die Geschichte von Widerstand und Flucht offener und unbefangener kommuniziert als der Großteil ihrer Eltern und hat auch einen unbefangeneren Umgang ihres Umfeldes erlebt.

> Aber ich habe nie jemanden erlebt, der gesagt hat, wenn man gesagt hat, die Großeltern wären Widerstandskämpfer gewesen, der gesagt hätte, Verräter oder so. Also es haben sich die, die Nazis als Großeltern gehabt haben, immer 100 Mal mehr geniert. (I 35) [geb. 1965]

> Also ich war die Einzige ohne religiöses Bekenntnis oder wir waren nur zu zweit oder so ... da bin ich mir schon ein bisschen anders vorgekommen als die anderen [...] In der Volksschule weiß ich nicht, im Gymnasium insofern, dass man da ja auch im Unterricht den Holocaust behandelt und wir auch Projekte gemacht haben zu dem Thema, da habe ich mich sicher geoutet, aber ich kann mich überhaupt nicht erinnern, dass das eine Rolle gespielt hätte. (I 40) [geb. 1970]

Dennoch ist auch heute dieses Thema nicht ganz belanglos.

> [...] wenn es sich ergibt, erzähle ich es auch dann immer und komme schon drauf, da sind ganz viele Leute ganz überrascht, dass sie überhaupt wen kennen, also auch jetzt im beruflichen Umfeld. ... also auch auf meiner Ebene, Kolleginnen, Kollegen ... da gibt es ganz viele, die mit offenem Mund dasitzen, so nach dem Motto: „Ach so schaut so eine aus." Also ganz komisch. (I 31) [geb. 1970]

8.6 Persönlicher Bezug zum Judentum

Zehn der elf InterviewpartnerInnen der dritten Generation haben zumindest durch einen Elternteil eine jüdische Herkunft, die aber in keiner einzigen Familie religiös oder als bewusster Teil der eigenen Identität gelebt wurde. Alle zehn haben das Thema der jüdischen Familienzugehörigkeit, das kein Teil des Interviewleitfadens war, spontan – mit unterschiedlicher Ausführlichkeit und unterschiedlicher Betroffenheit – angesprochen. In deutlich höherem Maß, als das bei ihren Eltern der Fall war.

Also grundsätzlich fühle ich mich überhaupt nicht jüdisch im Sinne von – , ich bin völlig unreligiös, meine Familie ist unreligiös, meine Großeltern waren nicht religiös. Ich bin auch, also den Nürnberger Rassegesetzen und dem israelischen Staat nach bin ich ein Mischling zweiten Grades. Aber jetzt auch vom Religiösen her – null Bezug. Aber wenn jemand einen antisemitischen Schas redet, dann bin ich natürlich auf einmal superjüdisch. Eh klar. (I 39)

Das Judentum hat bei mir nie eine Rolle gespielt ... Also ich bin immer relativ offen damit umgegangen, dass ich eben jüdische –, ich würde mich nicht wirklich als Jude bezeichnen. Ich bezeichne mich als Jude eben, wenn ich dann ein bisschen, wie mein Vater, ein bisschen radikal sein will und vielleicht auch einen Punkt machen will in dem Thema. (I 42)

[...] dass ich mich nie als Jude gefühlt hab ... hab mich aber immer geweigert, bei irgendwelchen Weihnachtsliedern mitzusingen und hab halt gesagt, ich mach das nicht, weil ich bin Jude. Und das war so lustig. (I 41)

[...] die Tatsache, dass ich jüdische Vorfahren habe, also im Sinne von jüdisch-religiös, hat keine Rolle gespielt, also ich bin in einer Familie aufgewachsen, wo die Religion keine Rolle gespielt hat [...] Es hat mich dann schon beschäftigt, in der Nazi-Ideologie, wie wäre ich jetzt eingestuft oder so. (I 40)

Trotz der Distanz zum Judentum, die in allen Interviews zum Ausdruck kommt, ist das Thema subjektiv relevant, sonst wäre es nicht spontan angesprochen worden. Einige bringen darüber hinaus eine emotionale Komponente zur Sprache:

[...] dass ich mich eben mit dem Judentum auseinandergesetzt habe ... das war auch erst mit 14, 15, 16 dann erst. [...] Wie war das? Es war halt sehr zweischneidig. Einerseits, weil ich zu dem Zeitpunkt Fußballfan war. Ich bin auf den Rapid-Platz gegangen und neben mir haben dann die Leute „Judenschwein" geschrien ... Hab ich mir gedacht, na oag. Die Leute haben mich zum Teil gekannt, die das geschrien haben. Die haben halt nicht gewusst, dass ich jüdische Wurzeln habe. Und da hab ich mir schon gedacht, ja, oag. Und da ist das erste Mal dann wirklich eine Auseinandersetzung halt mit, ja, mit der eigenen Geschichte. (I 36)

Also der Holocaust hat mich sehr beschäftigt als Jugendliche, es war durchaus ein präsentes Thema. (I 40) [geb. 1970]

> *Der größte Einfluss auf mich ist, dass eben meine Familie dezimiert ist und väterlicherseits die einen nach Israel gezogen sind. Und deshalb ist, glaub ich, der Verlustaspekt für mich der größte. (I 42) [geb. 1991]*

> *Und was mir schon auch immer bewusst war, dass wir eine kleine Familie sind, hat schon auch damit zu tun, dass unsere Familie vertrieben wurde. … dass andere Leute zu Familienfesten gegangen sind und da ihre Cousins und Cousinen getroffen haben und so und ich hab das irgendwie nie gehabt. (I 41)*

> *Bei uns sind ja sehr viele im KZ umgekommen. Ich weiß die Zahl nicht mehr, aber die Zahl ist durch meine Kindheit geistert, so und so viele Familienmitglieder sind gestorben. Das hat sie [die Eltern] extrem geprägt. (I 30) [geb. 1972]*

Offenbar handelt es sich hier um ein übergreifendes Phänomen, das wir auch in der Studie über kommunistische Juden in der DDR finden. Bettina Völter (2002, S. 298) weist darauf hin, dass für alle EnkelInnen das Jüdischsein – dort im Kontext der politischen Wende 1989 – bedeutsam wurde. Ähnliches beschreibt Markus Zöchmeister (2015, S. 523).

8.7 Parallele und diskrepante Elternbiografien

In drei Familien kommen beide Eltern aus dem gleichen politischen Umfeld – aus dem Umfeld von Widerstand und Flucht. In weiteren drei Familien findet sich zwar bei beiden Großelternpaaren ein kommunistischer Hintergrund, auf einer Seite aber keine Geschichte von Flucht oder aktivem Widerstand. In zwei Familien liegt der Hintergrund der Großelternpaare politisch weit auseinander – auch bei diesen gab es aber zwischen den Eltern keine relevanten politischen Diskrepanzen und keine Brüche, die sich daraus ergeben hätten, dass einer der Elternteile aus einer jüdischen Familie stammt.

Familie H

> *Der Vater von meiner Großmutter ist in Theresienstadt umgekommen – der Großvater väterlicherseits von meiner Mutter war Wehrmachts-, war Gendarm, ist dann in die Wehrmacht eingezogen worden. [...] weiß nicht genau, wo und wie und was, aber er war irgendwie an diesem ersten Polenfeldzug beteiligt [...] es gibt sowieso nicht viele Konflikte zwischen meinen Eltern, aber die, die*

> *es gibt, sind eher auf persönlicher Ebene und nicht jetzt dadurch bedingt, ...*
> *dass sie unterschiedliche politische Ansichten haben.* (I 41)

Familie K

Eine der anderen Familiengeschichten zeigt deutliche Brüche zur ersten Generation auf – ungeachtet des gemeinsamen Themas „Flucht", das allerdings große Unterschiede im politischen Hintergrund aufweist:

> *Ich weiß, dass sie [Eltern des Vaters] in die Schweiz geflüchtet sind oder ausgewandert sind, also rechtzeitig. Ich weiß, dass mein Vater in der Schweiz auf die Welt gekommen ist, – [die Eltern des Vaters] Kurierdienste gemacht haben, das ist aber auch schon irgendwie alles. Also ich weiß von Abwesenheiten meiner Großeltern während dieser Exil-Zeit, die anscheinend für meinen Vater recht schlimm gewesen sein dürfte – meine Großmutter dann [nach 1945] auch Friedensarbeit gemacht hat [...] Meine Mutter hat auch eine ziemlich turbulente Geschichte, ist geboren in Brünn und die haben wiederum flüchten müssen, als die Vertreibung der Sudetendeutschen begonnen hat. Sie hat einen österreichischen Vater, aber eine Mutter, die aus der Region, also aus Brünn kommt [...] Ja, die war ein Baby und die Erfahrung ist, dass sie verloren gegangen ist mit ihrer Großmutter, das war eine schlimme Erfahrung, die meine Mutter immer noch beschäftigt, weil sie ihren Eltern vorwirft, dass sie sie da nicht wirklich gesucht hätten – und es hat ein Jahr gedauert, bis die Familien wieder vereint waren. [...] dass sich meine Mutter ja sozusagen im Unfrieden von ihrer Familie getrennt hat, also sie ist früher ausgezogen als sie erwachsen war, also sie ist mehr oder weniger rausgehaut worden auch von ihrem Vater und hat sich politisch gesehen distanziert von den Ansichten ihrer Familie.* (I 40)

Die Eltern haben eine gemeinsame weltanschauliche Basis gefunden:

> *Frage: die politischen Einstellungen deiner beiden Eltern? Antwort: Bei meinem Vater fällt mir als erstes Adjektiv ein: links. Bei meiner Mutter fällt mir als erstes ein, so ein Kind der Frauenbewegung.* (I 40)

Die Unterschiede des politischen Hintergrundes sind aber über die Generationen hinweg existent:

> *[...] dass es eine Lust und auch eine Versiertheit meiner Eltern in so einer politischen Streitkultur auch gegeben hat, die dann eher schwierig war auch auszuleben im Rest der Familie. Aber so ... War irgendwie normal, sich da*

auch ein bisschen aneinander zu reiben und irgendwie ... auch so kleine Konflikte auszutragen, was jetzt auch so Alltagsrassismus betrifft oder solche Dinge. Also es war irgendwie bei den Familienfeiern durchaus üblich und ist es immer noch, mittlerweile halt mit meiner Beteiligung. (I 40)

8.8 Weitergabe an die nächste Generation

Die Geschichte der „Widerstandsgeneration" endet nicht mit der dritten Generation. Auch die Weitergabe der Haltungen an die nächste Generation, an die Urenkel, ist ein Thema.

Die Frage eben, wie bleibt die Thematik erhalten, wie transportiere ich sie auch an meine Kinder. Die sind jetzt fünf und sieben. Sind noch ein bisschen klein, aber macht das Sinn, auch denen so eine Familiengeschichte noch zu vermitteln oder nicht? Wenn ja, in welcher Form? (I 32) [geb. 1973]

Ich fahr mit meinem Kind nach Mauthausen und erklär ihm halt, und zwar seit er geboren ist ... Und da hab ich ihm auch immer gesagt, dass die Oma eine Heldin ist. (I 39)

Ich bin neugierig, wo der I. [Sohn] landen wird. Ich bin auch neugierig, wo der M. [Neffe] landen wird, [...] was bei uns unumstritten ist, ist die absolute Ablehnung gegenüber Rechten und Rechtsextremen. Da fällt es schwer, dem Kind zu sagen: „Suche deinen eigenen Weg." (I 37)

Abschließend noch die Frage: Was wissen die InterviewpartnerInnen über die „Kinderjause" – über das wiederholte Treffen ihrer Eltern? Die Antwort in den Interviews ist ziemlich einheitlich: so gut wie nichts. Das bezieht sich allerdings nur auf die konkrete Struktur dieses Kreises, nicht auf das politische Umfeld und den Freundeskreis ihrer Eltern, von dem sie eine relativ klare Vorstellung haben.

Welche Schlussfolgerungen können wir aus der Drei-Generationen-Perspektive ziehen? Ein Vergleich mit ähnlichen Forschungsansätzen zeigt, dass sowohl das Wissen über die Geschichte der Großeltern als auch die Identifikation mit ihren Haltungen keineswegs selbstverständlich ist. Die Studien von Gabriele Rosenthal (2015/1997), Bettina Völter (2002) und Markus Zöchmeister (2015) zeigen diesbezüglich recht unterschiedliche Ergebnisse, die zweifellos auch mit dem unterschiedlichen Lebenshintergrund (Israel, DDR, Österreich und andere Länder) zu tun hat. Die größte Parallelität zu unseren Ergebnissen findet sich bei Zöchmeister: „Zum Zeitpunkt der Interviews waren die Interviewten aus der dritten Generation zwischen 30 und 40 Jahre alt. Sie kannten die Familiengeschichte aus den Erzählungen ihrer Eltern und Großeltern zum Teil sehr genau. Ähnlich wie in der zweiten Generation existierte für sie ein Wissen um die Familiengeschichte, das vor der Sprache stand. Das immer schon da war" (Zöchmeister 2015, S. 520).

Unabhängig vom Stellenwert eines aktuellen eigenen politischen Engagements ist allen GesprächspartnerInnen der dritten Generation die politische Relevanz der Familiengeschichte, die Rolle der Großeltern in der NS-Zeit und auch das politische Engagement der Eltern bewusst. Die Weitergabe von Haltungen und Werten reicht bis in die dritte (und auch in die vierte) Generation. All das ist in dieser oder jener Weise auch in die eigene Haltung, in die eigene Identität integriert und positiv besetzt. Es ist also keineswegs übertrieben, zu sagen, dass die Großelterngeschichte von Flucht und Widerstand über die Distanz von zwei Generationen hinweg präsent und wirksam ist.

Die Biografien zeigen auch, dass die Enkel der Widerstandsgeneration den Weg vom Rand in die Mitte fortgesetzt haben, wenngleich ihnen das Gefühl des „Andersseins" keineswegs fremd ist.

Vom Rand in die Mitte?

Ruth Wodak und Ernst Berger

9

Vier Generationen kommen in unserem Buch zu Wort: die Großeltern der Kinder der Rückkehr nur in ganz wenigen Fällen, wo es gelang, einzelne Originaldokumente zu finden bzw. auszuheben. Von der Elterngeneration besitzen wir in manchen Fällen Briefe und andere Quellen; manche hatten Interviews in ihrer Rolle als Zeitzeugen gegeben, die wir mit den erzählten Erinnerungen ihrer Kinder in Beziehung setzen. Die im Mittelpunkt stehende Gruppe – die Kinder der Rückkehr – konnten wir selbst interviewen. Die vierte Generation (deren Kinder) zogen wir auch ins Gespräch – denn oftmals erfuhren die Enkel mehr von den Rückkehrern als die eigenen Kinder.

Insofern ist es uns gelungen, ein recht vollständiges Bild einer bisher in der Öffentlichkeit wie auch in der Forschung vernachlässigten Gruppe innerhalb der österreichischen Gesellschaft zu rekonstruieren und wiederzugeben: Informationen über und Erinnerungen an aufrechte WiderstandskämpferInnen gegen den Faschismus und Nationalsozialismus, also jene Menschen, die den rassistischen Rattenfängern nicht auf den Leim gegangen waren. Das nicht nur, weil sie teilweise in den Augen des nationalsozialistischen Regimes und dessen Ideologie ohnehin zur Gruppe der Ausgeschlossenen, also der Juden gehörten; sondern aus bewusster politischer Einsicht, aus tiefster Überzeugung.

Als wir 2011 mit unserer Forschung begannen, hatten wir zwar viele Annahmen und auch persönliche Erfahrungen mit den Kindern der Rückkehr, diese gingen aber oftmals nicht über intuitive und spekulative (Vor-)Urteile hinaus. Beispielsweise waren wir uns der mehrfachen, kontroversiellen und ambigen Bedeutungen der Konzepte „Marginalisierung" und „Vom Rand in die Mitte" in unserem Projekt-Arbeitstitel zunächst nicht bewusst. Wir dachten, es sei für alle eindeutig, dass Marginalisierung in unserem Verständnis keineswegs negativ gemeint war, sondern lediglich als Beschreibung einer Tatsache – nämlich, dass (jüdisch-)kommunistische Rückkehrer aus Exil, Widerstand, KZ und Nazi-Haft in Österreich nach 1945 nicht unbedingt willkommen waren und demnach an den

Rand der Gesellschaft gedrängt wurden. Sie sollten möglichst unsichtbar bleiben, ihr politisches und soziales Engagement sollte verhindert werden.

Die Rückkehrer wurden, wie auch aus den Interviews ersichtlich wird, als bedrohlich empfunden, da sie im Laufe der nationalsozialistischen Diktatur, des Krieges und der Shoah vieles gesehen und erlebt hatten, was manche gerne unter den Teppich gekehrt hätten bzw. haben. Keinesfalls wollte das offizielle Nachkriegs-Österreich an die begangenen Kriegsverbrechen, Deportationen und Arisierungen erinnert werden. Außerdem stellten diese Rückkehrer und Überlebenden den bekannten österreichischen Nachkriegs-Mythos des „Ersten Opfers des Nationalsozialismus" allein durch ihre Anwesenheit in Frage; denn sie waren Zeugen dafür, dass es viele österreichische Täter und Mittäter, Mitwisser und Denunzianten unter den Nazis gegeben hatte, viele auch in führender Position.

Außerdem brachten die Rückkehrer die alternative Vision einer anderen und besseren Welt mit, einer Welt, die den Nachkriegskonsens, vor allem im damals gerade beginnenden Kalten Krieg – so meinten viele – unterminierte, die Vision einer egalitären, antifaschistischen Gesellschaft, getragen von einem klaren und lauten „Nie wieder". All dies war der hegemonialen Meinung fremd und wurde als gefährlich empfunden.

Marginalisierung bedeutete damals in manchen Fällen, wie unsere InterviewpartnerInnen erzählten, von einigen öffentlichen Ämtern ausgeschlossen zu werden, auch von manchen wichtigen Debatten, Öffentlichkeiten und Karriereoptionen. Der Kalte Krieg ab den 1950er-Jahren beruhte darauf, dass es wieder eine klar dichotomisierte Welt gab, in der der Westen als gut und der Osten als böse galt. Deshalb wurden die Eltern der Kinder der Rückkehr ein zweites Mal ausgegrenzt: ab 1934 als Antifaschisten und nach 1945 als Kommunisten.

Subjektiv fühlten sich die Kinder der Rückkehr, also die Kinderjausner, allerdings zumeist nicht marginalisiert, da sie in einer relativ geschlossenen Gruppe aufwuchsen, gefüttert mit all den Utopien und Wünschen ihrer Eltern und umhüllt von einem Schleier des Schweigens. Denn auch die Rückkehrer und Überlebenden erzählten meist wenig – aus vielen, von unseren InterviewpartnerInnen näher ausgeführten Gründen. Dennoch übertrugen sich Ängste, Wut und Traumata natürlich in den Familien unbewusst und prägten das Leben der Nachkriegsgenerationen in vielerlei Weise. In unserem Fall das Leben unserer Interviewpartner und Interviewpartnerinnen und ihrer Kinder, der dritten Generation. Unsere Interviews zeigen, dass viele Kinderjausner überraschend wenig Konkretes über die Kriegs-, Exil- und Gefangenschafts-Erfahrungen der Eltern wussten. In der dritten Generation hingegen gibt es, wie unsere Fallstudien über drei bzw. vier Generationen hinweg beweisen, einige, die dieses Wissen aktiv vertieft haben – teilweise noch im

Gespräch mit den Großeltern, die den Enkelkindern oftmals mehr Details erzählt haben als den Kindern.

Erstaunlicherweise hatten viele aus der zweiten Generation, vor allem Männer, nicht oder nur selten nachgefragt. Die Erzählungen waren, wie unsere Interviewanalysen illustrieren, zumeist nüchtern und berichtartig, mit ganz wenigen Ausnahmen. Eruptiv und unerwartet brachen dann bei manchen Kinderjausnern abgespaltene szenische Erinnerungen hervor, meist begleitet von Tränen und Emotionen. Wir haben diesen Episoden den Namen „Tränenthemen" zugeordnet und ihnen ein eigenes Kapitel gewidmet. Doch weil die Eltern vor allem als Kämpfer (manchmal auch als Helden) und selten als Opfer erlebt worden waren, fokussierten die Erinnerungen auf den siegreichen Kampf gegen Faschismus und Nationalsozialismus, und nur selten auf das erlittene Leid, meist recht nüchtern und rational erzählt. Diese Abwehr gegen Emotionen aller Art, die Distanzierung, die viele Kinderjausner durchgemacht haben, trug – so unsere Interpretation – erheblich zur Resilienz der Nachkriegsgeneration bei, gemeinsam mit den Erinnerungen an eine zumeist angenehm erlebte Kindheit – ganz im Gegensatz zu Kindern traumatisierter Holocaust-Überlebender.

Die Frage, warum die Eltern wenig erzählt haben, ist nicht einfach zu beantworten; dafür gibt es viele Gründe. Einer davon war sicherlich die Belastungsvermeidung. Die Widerstandsgeneration wollte die Kinder nicht durch Erzählungen über ihre Erlebnisse belasten – so Gundl Herrnstadt-Steinmetz. Sicher standen die Überlebenden auch ganz pragmatisch vor der Frage, was denn das „richtige" Alter sei, um den Kindern von dieser Zeit zu erzählen, insbesondere, wenn es um Details und um eigene emotionale Betroffenheit ging. Auch Scham und Schuldgefühle werden eine Rolle gespielt haben. Und natürlich hat der Blick nach vorne, die Zukunftsorientierung, die Erzählungen über die Vergangenheit übertüncht, ja das Überleben und Weiterleben überhaupt ermöglicht.

Dennoch spürten und spüren Kinder und Jugendliche natürlich auch nicht verbalisierte Gefühle, die oft verdrängt wurden, außer bei den erwähnten Tränenthemen: Einzelne Erzählungen stehen dabei für die gesamte Erfahrung, öffnen sozusagen ein Fenster in die erlittene Trauer, in Angst und Schmerz, aber auch in die Freude, überlebt zu haben.

Und warum haben die Kinder wenig gefragt? Einige fast stereotyp wiederkehrende Erzählungen, die sich zu „Familienromanen" verfestigt haben, konnten und wollten sie schon nicht mehr hören. Diese Narrative zu entschlüsseln hätte erfordert, die Schranken der Emotionsvermeidung zu überwinden, ja diese aufzubrechen und zu hinterfragen. Darauf haben die meisten verzichtet, wiederum aus ganz unterschiedlichen Gründen, wie die Interviewten berichten. Erst die Enkel wurden – Jahrzehnte später – zu GesprächspartnerInnen und zu EmpfängerInnen der Botschaften aus der Vergangenheit.

Deshalb sind wir in unseren Analysen mit den Phänomenen der „zeitlosen Orte" und des „Erzählschleiers" konfrontiert: Die Eltern haben erzählt, wie sie auf ihrer Flucht oder in ihrer Gefangenschaft von einem Ort zum nächsten gelangten – doch jegliches Zeitgefühl schien verloren. Dies lässt sich damit erklären, dass es beispielsweise in der Gefangenschaft (im KZ oder in einem Gefängnis) ums tägliche Überleben ging; andere Zeit-Ort-Konzepte wurden relevant, andere Chronotope, eine quasi homogenisierte Zeit. Im Exil hingegen war die gesamte Hoffnung auf das Kriegsende und die Befreiung vom Nazi-Regime gerichtet. Nur einige wenige, wichtige Zäsuren wurden weitererzählt: wie manche Eltern mit der Information über den Hitler-Stalin-Pakt 1939 – einem für alle Kommunisten traumatischen Ereignis, das das eigene politische Selbstverständnis meist tief erschütterte – umgingen oder umzugehen versuchten; ob und wann man etwas über die in Österreich zurückgebliebenen Verwandten und Freunde erfuhr; oder ab wann und welchem Ereignis mit einem Sieg der Alliierten gerechnet werden konnte.

Dem österreichischen Nachkriegsdiskurs entsprechend, treten in den erzählten Erinnerungen auch nur ganz wenige Täter auf. Ganz selten wird beschrieben, wer genau was wem angetan oder wer was verschuldet hatte. Die Täter verschwinden allerdings in diesen Fällen, weil sie nicht mehr wichtig waren, weil die Rückkehrer gewonnen hatten – sie hatten ja überlebt. Im hegemonialen öffentlichen Diskurs hingegen verschwanden die Täter nach Kriegsende, weil man die Beteiligung von ÖsterreicherInnen an Kriegsverbrechen und an der Shoah verschweigen wollte.

Daher sprachen letztlich alle nach 1945 nur sehr vage von Ereignissen und Aktionen während des Nazi-Regimes: Man ist irgendwohin gekommen, andere sind umgekommen, und man ist zurückgekommen. Genaues weiß man nicht, sondern glaubt sich zu erinnern oder es einmal gehört zu haben. Ein Schleier breitete sich offenbar über ganz Österreich aus, über Opfer, Mitwisser, Zuschauer und Täter. Dieser wurde, wie wir es auch im Detail analysieren konnten, erst durch ganz bestimmte Ereignisse im Nachkriegsösterreich schrittweise durchbrochen: vor allem durch die Borodajkewycz-Affäre 1965, durch die Waldheim-Affäre 1986 sowie die Wehrmachtausstellungen 1995 und 2002. An antifaschistischen Demonstrationen und Aktionen im Zuge all dieser Ereignisse nahmen die Kinder der Rückkehr natürlich teil.

In unserem Buch haben wir versucht, den sehr unterschiedlichen, oft fragmentierten Lebensweg einiger KinderjausnerInnen nachzuzeichnen und welchen Einfluss die ereignisreichen, häufig tragischen und kampferfüllten Biografien ihrer Eltern darauf hatten. In unseren Analysen stellte sich schnell heraus, dass es kaum einheitliche Muster gab: Jeder und jede versuchte auf eigene Art, mit den schwierigen

Vergangenheiten und den klaren politischen Haltungen und Überzeugungen der Eltern umzugehen, diese zu verarbeiten und autonome Entscheidungen zu treffen – trotz vieler Gemeinsamkeiten der Sozialisation in Kinder- und Jugendgruppen und vor allem der kommunistischen Utopie. Die Eltern sprachen auch selten offen über ihre Einstellungen, die meist latent als eine Art „Auftrag für die eigene Lebensführung und den eigenen Wertekanon" empfunden wurden. Die Textbeispiele aus den Interviews zeigen das breite Spektrum der Persönlichkeitsentwicklung, die sich auf oft recht unterschiedliche Bausteine stützt – unterschiedliche Widerstandserfahrungen der Eltern in der NS-Zeit, unterschiedliche Lebensbereiche im Nachkriegs-Österreich und unterschiedliche Persönlichkeiten der Eltern. Auffallend ist jedoch, dass zwar alle KinderjausnerInnen einer insgesamt linken, fortschrittlichen politischen Gesinnung treu blieben, sich jedoch – mit wenigen Ausnahmen – im Erwachsenenleben nicht öffentlich parteipolitisch betätigten. Die Berufswahl weist bei vielen auf mehr oder weniger großes soziales Engagement hin, in therapeutischen, künstlerischen, journalistischen, wissenschaftlichen und erzieherischen Berufen, oft mit großem Erfolg und herausragenden Leistungen.

Der Zeitgeist in den 1960er- und 1970er-Jahren wirkte einer generellen beruflichen Marginalisierung der KinderjausnerInnen im Erwachsenenleben entgegen. Denn in der damaligen Aufbruchsstimmung und nach den großen Enttäuschungen aufgrund der Niederschlagung des Prager Frühlings 1968 (und auch schon des Ungarnaufstands 1956) durch sowjetische Truppen vereinten sich viele unterschiedliche linke, fortschrittliche Bewegungen in der Suche nach neuen Lebensformen und Ideologien wie auch in der Infragestellung der hegemonialen Gesellschaftsorientierung und der elterlichen Vorstellungen. Man musste sich, auch die KinderjausnerInnen, neu orientieren. Trotz der notwendigen Neuorientierung kam es nur selten zu einer völligen Anpassung an die hegemonialen Werte. Kompromisse wurden zweifellos – wie in jedem Berufsweg – gemacht; aber nur bis zu einem gewissen Grad. Das subjektive Bild von Widerständigkeit findet sich in den meisten Interviews auch heute. Daher ist die häufige Wahl von Nischen und (mehr oder weniger) selbstständigen Berufen nicht überraschend, denn dort ist der Anpassungszwang geringer.

Bei manchen KinderjausnerInnen, deren Eltern noch nach 1968 der österreichischen KPÖ-Linie folgten, gab es – meist wenig nachhaltige – Konflikte mit der elterlichen politischen Haltung. Der Verlust der Kindheitsvisionen und -utopien war sicherlich schmerzhaft; geblieben ist vielen eine gewisse Nostalgie und Ambivalenz zu der noch so klaren und ungebrochenen Politik während ihrer Kindheits- und Jugendjahre, trotz aller rationalen Distanzierungsleistungen.

Manche jüdischen Kinder der Rückkehr wandten sich im Zuge der Distanzierung von der elterlichen politischen Positionierung mehr dem Judentum zu; nicht so sehr im religiösen Sinne als viel mehr zur Ergänzung der eigenen Identität. Denn für viele jüdische KommunistInnen spielte das Judentum in den 1930er-Jahren und auch während ihrer Flucht, im Exil oder in der Gefangenschaft trotz der expliziten antisemitischen Ideologie und Praxis im Nationalsozialismus in ihrer Selbstdefinition und -wahrnehmung nur eine untergeordnete Rolle. Sie fühlten sich primär als Kommunisten. Manche Kinder der Rückkehr jedoch traten vor allem während und nach der Waldheim-Affäre 1986 der Kultusgemeinde bei und begannen, sich explizit auch als österreichische Juden und Jüdinnen zu definieren. In unseren Interviews erzählen vor allem die InterviewpartnerInnen aus der dritten Generation über ihre Beschäftigung mit Judentum, jüdischer Geschichte, der Shoah und der Kontaktnahme mit Verwandten, die nach Israel geflüchtet waren. Die jüdische Herkunft im Sinne einer Schicksalsgemeinschaft wird also bewusster Teil der eigenen Identität.

Die gewaltige Modernisierung Österreichs (oft auf Kosten eines kompromisslosen Antifaschismus) in der Kreisky-Zeit (den 1970er-Jahren) öffnete die Universitäten, den öffentlichen Dienst bzw. andere Organisationen und andere Berufe für jene, die ansonsten wahrscheinlich aufgrund ihrer politischen Gesinnung und/oder ihres Geschlechts als Frauen ausgeschlossen geblieben wären. Damit wurde der Weg vom „Rand in die Mitte" möglich.

Was bedeutet aber „Mitte der Gesellschaft"? Da dieser Slogan heutzutage immer mehr auch von rechtspopulistischen und auch rechtsextremen Parteien und Bewegungen beansprucht wird, möchten wir am Ende des Buches noch klären, was damit gemeint ist.

In der Mitte der Gesellschaft anzukommen, bedeutet zunächst, nicht aufgrund willkürlicher Kriterien ausgeschlossen zu sein. Die KinderjausnerInnen sind heute von keinen Berufen ausgeschlossen, sie leben meist in „gutbürgerlichen" Verhältnissen, die schon von ihren Eltern in der Nachkriegszeit begründet wurden. Trotz Marginalisierung hatten die meisten dieser Eltern in der zweiten Hälfte der 1940er-Jahre die Möglichkeit der Existenzsicherung und Familiengründung in verschiedenen gesellschaftlichen Bereichen.[69] Anders als bei den Antifaschisten in anderen Ländern wie Frankreich oder Italien allerdings blieb ihnen gesellschaftliche Anerkennung meist versagt. Finanzielle Existenzprobleme gab es unter den KinderjausnerInnen nur vereinzelt, kranken- und pensionsversichert sind (fast) alle, manche sind durchaus (sehr) wohlhabend. Eine linke Nachfolgepartei der KPÖ gibt es in Österreich nicht, die meisten sind sozialdemokratische oder Grünwähler und damit durchaus Teil des Establishments geworden. Manche gehören sogar zu den sogenannten Eliten (im Journalismus, in Kunst und Medizin, auch in der Wissen-

---

69 Viele der Eltern haben – aus soziologischer Perspektive – im Vergleich mit ihrem beruflichen Vorkriegsstatus einen relativen sozialen Aufstieg gemacht.

schaft), andere haben den „Weg durch die Institutionen" beschritten, sei es in der Arbeiterkammer oder in der Gewerkschaft. Die österreichische „Erfolgsstory" der Nachkriegsentwicklung umfasst also durchaus auch die ehemals marginalisierten KinderjausnerInnen.

Aufgrund ihrer linken und fortschrittlichen Gesinnung bleiben sie jedoch von manchen Spitzenpositionen ausgeschlossen – sollten sie diese überhaupt anstreben oder angestrebt haben. Wo immer die in Österreich auch heute noch stark vertretenen Burschenschaften und der rechtslastige Cartellverband präsent und vernetzt sind, gibt es eine ähnliche „gläserne Decke", wie sie auch für Frauen in vielen Berufen noch immer besteht. In die allerobersten Etagen gelangen die KinderjausnerInnen kaum. Die oben geschilderte Berufswahl bedingt aber ohnehin eine geringere Bereitschaft zu Anpassung und Kompromiss, als an der sogenannten Pyramidenspitze erforderlich wäre. Wir meinen, dass diese Entwicklung, obwohl jeweils individuell, nicht zufällig ist. Fast alle KinderjausnerInnen haben ein kritisches Bewusstsein bewahrt, und dieses kann nur in Freiräumen, in Diskussionen und jeweils autonom gedeihen.

Es ist sicherlich kein Zufall, dass sich die Institution „Kinderjause" zu einer Zeit gebildet hat, als linke Opposition zur schwarz-blauen Koalition (der Regierungskoalition aus konservativer Österreichischer Volkspartei und der rechtsextremen Freiheitlichen Partei Österreichs) im Jahr 2000 gefragt war. Auch heute, nach der globalen Finanzkrise 2008 und der Flüchtlingsbewegung seit 2014, trifft man sich und diskutiert intensiv.

Flucht, Gefangenschaft, Widerstand und Exil bleiben als epochale Themen auch im 21. Jahrhundert bestehen. Die Genfer Konvention, entstanden nach den schrecklichen Erfahrungen des Zweiten Weltkrieges und des Nazi-Regimes, wird von manchen Politikern heutzutage hinterfragt, als zweitrangig angesehen und manchmal sogar stillschweigend ignoriert. Kein Schleier breitet sich mehr über Österreich aus, sondern eher eine bequeme Geschichtsvergessenheit. Doch Österreich hat die Genfer Konvention ganz im Sinne eines „Nie wieder" 1953 ratifiziert. In neuerlichen Krisenzeiten rückt man näher zusammen – auch jene, die einander Jahrzehnte nicht gesehen oder gesprochen haben. Ein gemeinsames Verständnis wichtiger Werte ist weiterhin vorhanden, auch durchaus die Bereitschaft, sich je nach individuellen Möglichkeiten dafür einzusetzen. Ganz im Sinne der Eltern, jedoch ohne deren dogmatische Sicherheit und Rigidität.

Literatur

Achugar, Mariana (2016) Appropriating the Recent Past: Meaning-Making Processes through Time. In: Achugar, Mariana (2016) *Discursive Processes of Intergenerational Transmission of Recent History*. London: Palgrave/Macmillan, S. 188–197.
Achugar, Mariana (2016) *Discursive Processes of Intergenerational Transmission of Recent History*. Basingstoke: Palgrave/MacMIllan.
Anthonissen, Christine, Blommaert, Jan (eds.) (2006) Critical Linguistic Perspectives on Coping with Traumatic Pasts: Case Studies. *Special Issue, Journal of Language and Politics*.
Anzengruber, Margarethe (2014) *Frauen von Widerstandskämpfern*. Wien: new academic press.
Ariés, Philippe (1988) *Zeit und Geschichte*. Frankfurt: Athenäum.
Assmann, Aleida (2002) Gedächtnis als Leitbegriff der Kulturwissenschaften. In: Musner, Lutz, Wunberg, Gotthart (Hg.) *Kulturwissenschaften. Forschung – Praxis – Positionen*. Wien: Edition Parabasen, S. 27–47.
Assmann, Aleida (2009) From Collective Violence to a Common Future: Four Models for Dealing with a Traumatic Past. In: Wodak, Ruth, Auer-Boreo, Gertraud (eds.) *Memory and Justice*. Wien: Passagen Verlag, S. 31–48.
Assmann, Aleida (2011) To Remember or to Forget: Which Way out of a Shared History of Violence? In: Assman, Aleida, Shortt, Linda (eds.) *Memory and Political Change*. New York: Palgrave/MacMillan, S. 53–71.
Baker, Paul, Gabrielatos, Costas, KhosraviNik, Majid, Krzyżanowski, Michał, McEnery, Tony, Wodak, Ruth (2008) A useful methodological synergy? Combining critical discourse analysis and corpus linguistics to examine discourses of refugees and asylum seekers in the UK press. In: *Discourse & Society* 19/3, S. 273–306.
Bakhtin, Michael (1981) *The Dialogic Imagination: Four Essays*. Translated by Caryl Emerson, Michael Holquist. Edited by Michael Holquist. Austin: University of Texas Press.
Bal, Mieke (1997) *Narratology: Introduction to the theory of narrative*. Toronto: University of Toronto Press.
Bamberg, Michael (1997) Positioning between Structure and Performance. In: *Journal of Narrative and Life History* 7/1–4, S. 335–42.
Bartlett, F. C. (1932) *Remembering: A Study in Experimental and Social Psychology*. New York: MacMillan.
Bauman, Richard, Briggs, Charles L. (1990) Poetics and Performance as Critical Perspectives on Language and Social Life. In: *Annual Review of Anthropology* 19, S. 59–88.

Baynham, Mike (2005) Network and Agency in the Migrations Stories of Moroccan Women. In: Baynham, Mike, De Fina, Anna (eds.) *Dislocations/Relocations. Narratives of Displacement.* Manchester: St. Jerome, S. 11–35.

Berger, Ernst, Katschnig, Tamara (2013) Gewalt in Wiener Heimen zwischen 1945 und 1990 – eine retrospektive Studie aus psychotraumatologischer Perspektive. In: *Neuropsychiatrie* 27, S. 188–195.

Berger, Ernst, Schuch, Bibiana (1981) Entwicklungsneurologische Grundlagen des Ich-Bewusstseins. In: *Acta Paedopsychiatrica* 47, S. 253–259.

Berger, Ernst (1988) Psychiatrie im Faschismus. *Behinderte in Familie, Schule u. Gesellschaft* 11/5, S. 59–62.

Berger, Ernst (Hg.) (2007) *Verfolgte Kindheit – Kinder und Jugendliche als Opfer der NS-Sozialverwaltung.* Wien: Böhlau.

Berger, Ernst (2010) *Neuropsychologische Grundlagen kindlicher Entwicklung.* Wien: Böhlau/UTB.

Ernst Berger (2018) *Träume, Kämpfe, Lebenswege. Berichte aus dem kurzen 20. Jahrhundert.* Norderstedt: BoD-Verlag.

Biermann Wolf (2016) *Warte nicht auf bessre Zeiten! Die Autobiographie.* Berlin: Propyläen.

Bietti, Lucas (2014) *Discursive Remembering.* Berlin: De Gruyter.

Boschowitsch, Lidia Iljitschna (2016) Etappen der Persönlichkeitsentwicklung in der Ontogenese. In: Lanwer, Willehad, Jantzen, Wolfgang (Hg.) *Jahrbuch der Luria-Gesellschaft 2015.* Berlin: Lehmanns Media (Orig. 1.–3. Teil 1979–1980).

Brainin, Elisabeth, Ligeti, Vera, Teicher, Samy (1993) *Vom Gedanken zur Tat. Zur Psychoanalyse des Antisemitismus.* Frankfurt: Brandes & Apsel.

Brainin, Elisabeth, Ligeti, Vera, Teicher, Samy (1994) Die Zeit heilt keine Wunden. Pathologie zweier Generationen oder Pathologie der Wirklichkeit? In: Wiese Jörg, Olbrich Erhard (Hg.) *Ein Ast bei Nacht kein Ast.* Vandenhoeck & Ruprecht, Göttingen, S. 21–51.

Brichacek, Emmi (1950) Unsere Helden – Ludwig Schmidt. In: *Jugend und Sozialismus, Zeitschrift der Jungen Generation* 3/1, S. 6–7.

Buber, Martin (1986) *Reden über Erziehung.* Heidelberg: Verlag Lambert Schneider (7. Aufl.; Erstausgabe 1953).

Dalianis-Karambatzakis, A. Mando (1994) *Early trauma and adult resiliency: A mid-life follow-up study of young children whose mothers were political prisoners during the Greek Civil War.* Doctoral Dissertation, Karolinska Institute, Stockholm.

Dausien, Bettina, Kelle, Helga (2005) Biographie und kulturelle Praxis. Methodische Überlegungen zur Verknüpfung von Ethnographie und Biographieforschung. In: Völter, Bettina et al. (Hg.) *Biographieforschung im Diskurs. Theoretische und methodologische Verknüpfungen.* Wiesbaden: VS Verlag für Sozialwissenschaften, S. 189–212.

De Cillia, Rudolf, Wodak, Ruth (Hg.) (2009) *Gedenken im „Gedankenjahr".* Innsbruck: Studienverlag.

De Fina, Anna, Georgakopoulou, Alexandra (2012) *Analyzing Narrative. Discourse and Sociolinguistic Perspectives.* Cambridge: Cambridge University Press.

De Fina, Anna (2003a) Crossing Borders: Time, Space, and Disorientation in Narrative. In: *Narrative Inquiry* 13/2, S. 367–391.

De Fina, Anna (2003b) *Identity in Narrative: A Study of Immigrant Discourse.* Amsterdam: Benjamins.

Delanty, Gerard, Wodak, Ruth, Jones, Paul (eds.) (2011) *Migration, Identity and Belonging.* Liverpool: LUP.

Dokumentationsarchiv des österreichischen Widerstandes (DÖW) (Hg.) (1977) Österreicher im Exil 1934 bis 1945 (Redaktion Maimann, Helene, Lunzer, Heinz). Wien: Österreichischer Bundesverlag.

Eitinger, Leo (1992) Die Jahre danach. Folgen und Spätfolgen der KZ-Haft. In: Benz Wolfgang, Distel Barbara (Hg.) Überleben und Spätfolgen. *Dachauer Hefte* 8, S. 3–17.

Erdheim, Mario (1984) *Die gesellschaftliche Produktion von Unbewußtheit*. Frankfurt: Suhrkamp.

Erikson, Erik Homburger (1971) *Identität und Lebenszyklus*. Frankfurt: Suhrkamp (Orig. englisch 1959).

Exenberger, Herbert (2000) *Heinrich Steinitz (1897–1942)* https://www.doew.at/erinnern/biographien/spurensuche/alle-biographischen-skizzen/heinrich-steinitz-1897-1942 (Download 15. August 2017).

Feuchtwanger, Lion (1974) *Exil*. Berlin und Weimar: Aufbau-Verlag (Erstausgabe 1940).

Figes, Orlando (2008) *Die Flüsterer. Leben in Stalins Russland*. Berlin: Berlin-Verlag (Orig. englisch 2007).

Fischer, Ernst (1949) Stalin glaubt nicht an das Schicksal. In: *Jugend und Sozialismus, Zeitschrift der Jungen Generation* 2/12, S. 1–11.

Fischer, Lars (2017) ‚It could all have been much worse': Benedikt Kautsky's Post-War Response to the Shoah. In: Seymour, David M., Camino, Mercedes (eds.) (2017) *The Holocaust in the Twenty-First Century. Contesting/Contested Memories*. London: Routledge, S. 245–262.

Fleck, Christian (1996) Autochthone Provinzialisierung. Universität und Wissenschaftspolitik nach dem Ende der nationalsozialistischen Herrschaft in Österreich. In: *Österreichische Zeitschrift für Geschichtswissenschaften* 7, S. 67–92.

Francesconi, Hedi (1983) *Extremtraumatisierung und ihre Folgen für die nächste Generation. Die psychischen Störungen der Nachkommen ehemaliger KZ-Häftlinge*. Wien: Sensen-Verlag.

Franzosi, Roberto (1998) Narrative Analysis – Or Why (And How) Sociologists Should be interested in Narrative. In: *Annual Review of Sociology* 24, S. 517–554.

Franzosi, Roberto, de Fazio, Gianluca, Vicari, Stefania (2012) Ways of Measuring Agency: An Application of Quantitative Narrative Analysis to Lynchings in Georgia (1875–1930). In: *Sociological Methodology* 42/1, S. 1–42.

Friedländer, Saul (ed.) (1992) *Probing the Limits of Representation. Nazism and the „Final Solution"*. Cambridge, MA: Harvard University Press.

Garscha, Winfried R. (2005) Die KPÖ in der Konzentrationsregierung 1945–1947: Energieminister Karl Altmann. In: *Mitteilungen der Alfred Klahr Gesellschaft* 12, S. 1–6.

Genette, Gérard (1980) *Narrative Discourse: An Essay in Method*. Ithaca, NY: Cornell University Press.

Georgakopoulou, Alexandra (2007) *Small Stories, Interaction and Identities*. Amsterdam: Benjamins.

Goffman, Erving (1959) *Presentation of Self in Everyday Life*. New York: Penguin.

Goffman, Erving (1963) *Stigma: Notes on the Management of Spoiled Identity*. Englewood Cliffs, NJ: Prentice Hall.

Gottschlich, Helga (2012) *Das Bild in mir. Ein Kriegskind folgt den Spuren seines Vaters*. Gießen: Psychosozial-Verlag.

Grubrich-Simitis, Ilse (1984) Vom Konkretismus zur Metaphorik: Gedanken zur psychoanalytischen Arbeit mit Nachkommen der Holocaust-Generation. In: *Psyche* 38, S. 1–28.

Haderlap, Maja (2012) *Engel des Vergessens*. Göttingen: Wallstein.

Halbmayr, Brigitte (2012) *Zeitlebens konsequent. Hermann Langbein 1912-1995. Eine politische Biografie.* Wien: Braumüller.
Halbmayr, Brigitte (2015) *Herbert Steiner. Auf vielen Wegen, über Grenzen hinweg.* Wien: edition seidengasse.
Halbwachs, Maurice (1985) *Das kollektive Gedächtnis.* Frankfurt: Suhrkamp.
Hall, Murray G. (2011) *Buchforschung und Verlagsgeschichte als integrierende Methoden der Kinder- und Jugendliteratur-Forschung.* http://www.murrayhall.com/content/articles/VO130048.pdf (Zugriff 17. 3. 2017).
Hautmann, Hans (2010) Der „Kommunisten-Putsch" 1950. Entstehung und Funktion einer Geschichtslegende. In: *Mitteilungen der Alfred Klahr Gesellschaft* 17/2, S. 1-8.
Hautmann, Hans (2012a) Kommunisten und Kommunistinnen in der Wiener Polizei. In: *Mitteilungen der Alfred Klahr Gesellschaft* 19/2, S. 11-25.
Hautmann, Hans (2012b) Die Kulturvereinigung der Polizeibediensteten. In: *Mitteilungen der Alfred Klahr Gesellschaft* 19/4, S. 1-7.
Heer, Hannes, Manoschek, Walter, Pollak, Alexander, Wodak, Ruth (Hg.) (2003) *Wie Geschichte gemacht wird. Zur Konstruktion von Erinnerungen an Wehrmacht und Zweiten Weltkrieg.* Wien: Czernin.
Heer, Hannes, Manoschek, Walter, Pollak, Alexander, Wodak, Ruth (eds.) (2008) *The discursive construction of history: remembering the Wehrmacht's war of annihilation.* Basingstoke: Palgrave (translation from the German by Steven Fligelstone).
Helmreich, William B. (1992) *Against all Odds: Holocaust Survivors and the Successful Lives they Made in America.* New York: Taylor & Francis.
Herrnstadt-Steinmetz, Gundula: *Interview 3074836* (22. April 1997) Survivors of the Shoa/Visual History Foundation.
Hirsch, Marianne (1997) *Family Frames: Photography, Narrative and Postmemory.* Cambridge, MA: Harvard University Press.
Hobsbawm, Eric (1995) *Das Zeitalter der Extreme. Weltgeschichte des 20. Jahrhunderts.* München: Hanser (Orig. englisch 1994).
Hobsbawm, Eric, Ranger, Terence (eds.) (1983) *The Invention of Tradition.* New York: Academic Press.
Holquist, Michael (1990) *Dialogism: Bakhtin and His World.* London: Methuen.
Huck, Benedikt, in: Michel Max (Hg.) Gesundheitsschäden durch Verfolgung und Gefangenschaft und ihre Spätfolgen. Frankfurt 1955, zitiert nach Vadehra-Jonas, Rosel (2011) Gesundheitsschäden und Spätfolgen durch die KZ-Haft. In: Lagergemeinschaft Ravensbrück (Hg.) *Kinder von KZ-Häftlingen - eine vergessene Generation.* Münster: Unrast, S. 16-24.
IFES-Institut für empirische Sozialforschung (1985) Züchtigung als Erziehungsmittel. In: Bundesministerium f. Familie, Jugend und Konsumentenschutz (Hg.) *Gegen die Gewalt am Kind: Österreichische Enquete, Juni 1984.* Tagungsbericht, Wien.
Jacquemet, Marco (2005) The Registration Interview. Restricting Refugees' Narrative Performances. In: Baynham, Mike, De Fina, Anna (eds.) *Dislocations/Relocations. Narratives of Displacement.* Manchester: St. Jerome, S. 194-216.
Kandel, Eric (2006a) *Psychiatrie, Psychoanalyse und die neue Biologie des Geistes.* Frankfurt: Suhrkamp (Orig. englisch 2005).
Kandel, Eric (2006b) *Auf der Suche nach dem Gedächtnis.* München: Siedler (Orig. englisch 2006).

Kellermann, Nathan P. F. (2011) „Geerbtes Trauma" – Die Konzeptualisierung der transgenerationellen Weitergabe von Traumata. In: *Tel Aviver Jahrbuch für deutsche Geschichte* 39, S. 137–160.
Keupp, Heiner (2009) Psychotherapie im gesellschaftlichen Umbruch – Neue Herausforderungen. In: Stemberger, Gerhard (Hg.) Psychotherapie zwischen gesellschaftlicher Anpassung und Emanzipation. *sozialpolitik in diskussion,* Heft 9, S. 9–26. https://media.arbeiterkammer.at/wien/PDF/studien/Sozialpolitik_in_Diskussion_9.pdf [Download 10. 7. 16].
Keupp, Heiner, Ahbe, Thomas, Gmür, Wolfgang, Höfer, Renate, Mitscherlich, Beate, Kraus, Wolfgang, Straus, Florian (2002) *Identitätskonstruktionen. Das Patchwork der Identitäten in der Spätmoderne.* Reinbek: Rowohlt (2. Aufl.).
Kinderland – Junge Garde (1966) *Schlussfolgerungen aus der Beratung über Erfahrungen aus der Ferienaktion.* Erweiterte Bundessekretariatssitzung vom 22. Oktober 1966. Privatarchiv Ernst Berger.
Kinderland – Junge Garde (o. J.) *Ratgeber für Gruppenleiter.* Privatarchiv Ernst Berger.
Köhler, Katharina, Wodak, Ruth (2011) Mitbürger, Fremde und „echte Wiener". Ein- und Ausgrenzungen über Sprache. In: *Deutschunterricht* 6/11, S. 64–74.
Kommunistische Partei Österreich (KPÖ 1968) *Protokoll der 32. Plenartagung des ZK am 22. August 1968.*
Kommunistische Partei Österreich (KPÖ 1969) *Protokoll der 7. Plenartagung des ZK am 27. und 28. Oktober 1969.*
Köper, Renate-Carmen (1995) *Ein unheiliges Experiment. Das Neue Theater in der Scala (1948–1956).* Wien: Löcker.
Korp, Max (1996) *50 Jahre Kinderland Steiermark.* http://www.kinderland-steiermark.at/pdf/chronik_kinderland_stmk_1996.pdf (Download 12. 3. 2017).
Koselleck, Reinhard (2002) *The Practice of Conceptual History: Timing History, Spacing Concepts.* Stanford, CA: Stanford University Press.
Köstenberger, Julia (2016) *Kaderschmiede des Stalinismus. Die Internationale Leninschule in Moskau (1926–1938) und die österreichischen Leninschüler und Leninschülerinnen.* Wien: LIT.
Köstner, Christina (2001) *„Wie das Salz in der Suppe". Zur Geschichte eines kommunistischen Verlages – Der Globus Verlag.* Diplomarbeit, Universität Wien; http://members.aon.at/zeitlupe/uz.html (Zugriff 17. 3. 2017).
Kraemer, Harald (2018) *Robert Lettner. Das Spiel vom Kommen und Gehen. Widerstand – Utopie – Landschaft – Ornament.* Klagenfurt: Ritter-Verlag.
Krag, Helen Liesl (2005) *Unsere Schulklasse. Erwachsen werden nach dem Krieg.* Wien: Böhlau.
Krahn, Elisabeth (2013) Transcending the „Black Raven": An Autoethnographic and Intergenerational Exploration of Stalinist Oppression. In: *Qualitative Sociology Review* 9/3, S. 46–73.
Kronberger, Marie-Luise (unter Mitarbeit von Ernst Berger) (2007) Krankengeschichten und Diagnosen. In: Berger, Ernst (Hg.) *Verfolgte Kindheit – Kinder und Jugendliche als Opfer der NS-Sozialverwaltung.* Wien: Böhlau, S. 335–346.
Krzyżanowski, Michał, Wodak, Ruth (2009) *The Politics of Exclusion – Debating Migration in Austria.* New Brunswick, Nj: Transaction Publishers.
Kubin, Otto (1949) Kinderorganisationen in Österreich. In: *Jugend und Sozialismus, Zeitschrift der Jungen Generation* 2/4, S. 21–22.

Kuschey, Bernhard (2008) *Die Wodaks. Exil und Rückkehr. Eine Doppelbiografie.* Wien: Braumüller.
Labov, William, Waletzky, Joshua (1967) Narrative Analysis: Oral Versions of Personal Experience. In: *Essays on the Verbal and Visual Arts. Proceedings of the 1966 Annual Spring Meeting of the American Ethnological Society,* edited by June Helm. Seattle: University of Washington Press, S. 12–44.
Lagergemeinschaft Ravensbrück (Hg.) (2011) *Kinder von KZ-Häftlingen – eine vergessene Generation.* Münster: Unrast.
Langbein, Hermann (1950) Was ist die Diktatur des Proletariats? In: *Jugend und Sozialismus, Zeitschrift der Jungen Generation* 3/1, S. 11–12.
Langbein, Kurt (2006) Vom Willen etwas zu bewegen. In: Löw Raimund (Hg.) *Die Fantasie und die Macht. 1968 und danach.* Wien: Czernin, S. 177–201.
Lebow, Richard N. (2006) The Memory of Politics in Postwar Europe. In: Lebow, Richard N., Kansteiner, Wulf, Fogu, Claudio (eds.) (2006) *The Politics of Memory in Postwar Europe.* Durham: Duke University Press, S. 1–39.
Lebow, Richard N., Kansteiner, Wulf, Fogu, Claudio (eds.) (2006) *The Politics of Memory in Postwar Europe.* Durham: Duke University Press.
Leontjew, Alexej N. (1982) *Tätigkeit, Bewußtsein, Persönlichkeit.* Frankfurt: Pahl-Rugenstein (Orig. russisch 1975).
Lesniak, Roman, Szymusik Adam, Teutsch, Aleksander (1964) Psychiatrische Studien an ehemaligen Häftlingen des Konzentrationslagers Auschwitz. In: Internationale Föderation der Widerstandskämpfer (FIR) (Hg.) *Ätiopathogenese und Therapie der Erschöpfung und vorzeitigen Vergreisung.* Kongressbericht, Bukarest, S. 351–358.
Lev-Wiesel, Rachel (2007) Intergenerational Transmission of Trauma across Three Generations. A Preliminary Study. In: *Qualitative Social Work* 6/1, S. 75–94.
Lidz, Theodore (1970) *Das menschliche Leben.* Frankfurt: Suhrkamp (Orig. englisch 1968).
Link, Bruce G., Phelan, Jo C. (2001) Conceptualizing Stigma. In: *Annual Review of Sociology* 27, S. 363–385.
Loseke, Donileen R. (2013) Empirically Exploring Narrative Productions of Meaning in Public Life. In: *Qualitative Sociology Review* 9/3, S. 12–30.
Ludwig Boltzmann Institut für Geschichte und Gesellschaft (LBIGG) *Archiv der Freien Österreichischen Jugend,* Signatur 1.7.1.9.
Maimann, Helene (2016) „Die Kinderjause". In: Berger, Ernst, Maimann, Helene, Wodak, Ruth: *Die Kinderjause – zur Geschichte einer marginalisierten Jugend.* Endbericht Projekt Nr. P11-1017 des Zukunftsfonds der Republik Österreich (unveröffentlicht), S. 8–24.
Marek, Franz (2017) *Beruf und Berufung Kommunist. Lebenserinnerungen und Schlüsseltexte.* Wien: Mandelbaum.
Marrus, Michael R. (2016) *Lessons of the Holocaust.* Toronto: University of Toronto Press.
Matthiessen, Christian M. I. M., Halliday, Michael A. K. (1997) *Systemic Functional Grammar: A First Step into the Theory.* Beijing: Higher Education Press.
Mayenburg, Ruth (1977) Einige Erfahrungen aus der Kriegsgefangenen- und Frontarbeit in der Sowjetunion. In: Dokumentationsarchiv des österreichischen Widerstandes (DÖW) (Hg.) *Österreicher im Exil 1934 bis 1945* (Redaktion Maimann, Helene, Lunzer, Heinz). Wien: Österreichischer Bundesverlag, S. 144–154.
Mayenburg Ruth (1977) Diskussionsbeitrag. In: Dokumentationsarchiv des österreichischen Widerstandes (DÖW) (Hg.) *Österreicher im Exil 1934 bis 1945* (Redaktion Maimann, Helene, Lunzer, Heinz). Wien: Österreichischer Bundesverlag, S. 549–551.

Mayring, Philipp (2015) *Qualitative Inhaltsanalyse: Grundlagen und Techniken.* Weinheim: Beltz.
Meeropol, Robert (2008) *Als die Regierung entschied, meine Eltern umzubringen. Der Fall Rosenberg.* Frankfurt: Zambon (Orig. englisch 2003).
Meier, Charles S. (1993) A Surfeit of Memory? Reflections on History, Melancholy and Denial. In: *History & Memory* 5/2, S. 136–151.
Menasse, Robert (1993) *Das Land ohne Eigenschaften. Essay zur österreichischen Identität.* Wien: Sonderzahl.
Mitscherlich, Margarete (2011) *Die Radikalität des Alters.* Frankfurt: Fischer.
Moses, Hans (1974) *The Case of Major X (From the Double-Agents Viewpoint).* Records from the Central Intelligent Agency 1894–2002. File Unit Spring 1974 https://research.archives.gov/id/7283880 (Download 26. 3. 2017).
Moskovitz, Sarah (1983) *Love despite hate: Child survivors of the Holocaust and their adult lives.* New York: Schocken.
Moynier, Guttieres (1964) Studie über die Folgen des Lebens in der Illegalität. In: Internationale Föderation der Widerstandskämpfer (FIR) (Hg.) *Ätiopathogenese und Therapie der Erschöpfung und vorzeitigen Vergreisung.* Kongressbericht, Bukarest, S. 88–89.
Mueller, Wolfgang (2005) *Die sowjetische Besatzung in Österreich 1945–1955 und ihre politische Mission.* Wien: Böhlau.
Müller, Reinhard (2008) *Marienthal. Das Dorf – Die Arbeitslosen – Die Studie.* Innsbruck: Studienverlag
Mugrauer, Manfred (2016) Die KPÖ im Staatsapparat. In: *Mitteilungen der Alfred Klahr Gesellschaft* 19/4, S. 1–18.
Mugrauer, Manfred (2017) Die „Moskauer Clique" – und weitere Legenden. Zur Struktur der KPÖ-Führung nach 1945. In: *Mitteilungen der Alfred Klahr Gesellschaft* 24/1, S. 13–28.
Neugebauer, Wolfgang (2008) *Der österreichische Widerstand 1938–1945.* Wien: Edition Steinbauer.
Neruda, Pablo (1974) *Ich bekenne, ich habe gelebt.* Darmstadt: Luchterhand.
Neugebauer, Wolfgang, Ganglmaier, Siegwald (2003) „Remigration". In: Dokumentationsarchiv des österreichischen Widerstandes (Hg.) *Jahrbuch 2003: Schwerpunkt Exil,* S. 96–102.
Norrick, Neal R. (1997) Twice-Told Tales: Collaborative Narration of Familiar Stories. In: *Language in Society* 26/2, S. 199–220.
Oliner, Marion M. (2015) *Psychische Realität im Kontext. Reflexionen über Trauma, Psychoanalyse und die persönliche Geschichte.* Frankfurt: Brandes & Apsel.
Piaget, Jean (1981) Intelligence and Affectivity. Their Relationship During Child Development. In: *Annual Review, Palo Alto* (Orig. französisch 1954).
Politisches Büro des ZK der KPÖ (1950) Die Aufgaben der Partei zur Gewinnung der jungen Generation (Resolution Dezember 1949). In: *Jugend und Sozialismus, Zeitschrift der Jungen Generation* 3/1, S. 18–23.
Radebold, Hartmut (Hg.) (2012) *Kindheiten im Zweiten Weltkrieg und ihre Folgen.* Gießen: Psychosozial-Verlag (3. Aufl.).
Rathkolb, Oliver (2015) *Die paradoxe Republik. Österreich 1945–2015.* Wien: Zsolnay.
Reisigl, Martin, Wodak, Ruth (2001) *Discourse and Discrimination. Rhetorics of Racism and Antisemitism.* London: Routledge.
Rheindorf, Markus (2017) Diskursanalyse in der Linguistik: Der Diskurshistorische Ansatz. In: Wilk, Florian (Hg.) *Sprache und Identität. Tagungsband der Wissenschaftlichen Gesellschaft für Theologie.* Neunkirchen: Neunkirchner Verlag, S. 17–62.

Rheindorf, Markus, Wodak, Ruth (2017) „It was a long, hard road": A Longitudinal Perspective on Discourses of Commemoration in Austria. In: *10plus1. Living Linguistics* 3, S. 22–41.

Rosner, Robert (2015) *Kommunistische Remigration aus dem Westen.* Vortrag beim Symposium Bilderbuch-Heimkehr. Remigration im Kontext (Institut für Germanistik, Universität Wien). Unveröffentl. Manuskript.

Rosenstrauch, Hazel (1988) *Aus Nachbarn wurden Juden.* Berlin: DTV.

Rosenstrauch, Hazel (1992) *Beim Sichten der Erbschaft.* Mannheim: Persona.

Rosenthal, Gabriele (2015/1997) *Erlebte und erzählte Lebensgeschichte.* Frankfurt: Campus.

Rowland-Klein, Dani, Dunlop, Rosemary (1998) The Transmission of Trauma across Generations: Identification with Parental Trauma in Children of Holocaust Survivors. In: *Australian and New Zealand Journal of Psychiatry* 32/3, S. 358–369.

Rutter, Michael (2000) Resilience Reconsidered: Conceptual Considerations, Empirical Findings, and Policy Implication. In: Shonkoff, Jack P., Meisels, Samuel J. (eds.) *Handbook of Early Childhood Intervention.* Cambridge: Cambridge University Press, S. 651–682.

Schacter, Daniel (2001) *Wir sind Erinnerung. Gedächtnis und Persönlichkeit.* Frankfurt: Rowohlt Taschenbuchverlag (Orig. englisch 1996).

Schaffranek, Hans (1990) *Zwischen NKWD und Gestapo.* Frankfurt: ISP.

Schiffrin, Deborah (1997) The Transformation of Experience, Identity, and Context. In: Guy, Charles, Schiffrin, Deborah, Baugh, John (eds.) *Towards a Social Science of Language. Papers in Honor of William Labov.* Amsterdam: Benjamins, S. 41–55.

Schiffrin, Deborah (2002) Mother and Friends in a Holocaust Life Story. In: *Language in Society* 31, S. 309–353.

Schiffrin, Deborah (2003) We Knew That's It: Retelling the Turning Point of a Narrative. In: *Discourse Studies* 5/4, S. 535–561.

Schiffrin, Deborah (2006) *In other words: Variation in Reference and Narrative.* Cambridge: Cambridge University Press.

Schlesinger-Kipp, Gertraud (2012) *Kindheit im Krieg und Nationalsozialismus. PsychoanalytikerInnen erinnern sich.* Gießen: Psychosozial-Verlag.

Schröter, Melanie (2013) *Silence and Concealment in Political Discourse.* Amsterdam: Benjamins.

Scott, John, Marshall, Georg (eds.) (2015) *Dictionary of Sociology.* Oxford: Oxford University Press, Online-Version (http://www.oxfordreference.com/view/10.1093/acref/9780199533008.001.0001/acref-9780199533008)

SDS (Sozialistischer Deutscher Studentenbund) (1968) *Facit aktuell 3.* Dokumentation über die IX. Weltfestspiele der Jugend und Studenten in Sofia. Hektographiert, Eigenverlag.

Seliger, Maren (2006) KPÖ-Firmen und Osthandel 1945–1989. Rahmenbedingungen und einige Aspekte der Außenhandelspraxis. In: Enderle-Burcel, Gertrude, Stiefel, Dieter, Teichova, Alice (Hg.) „Zarte Bande". Österreich und die europäischen planwirtschaftlichen Länder. In: *Mitteilungen des Österreichischen Staatsarchivs*, Sonderband 9, S. 107–129.

Sève, Lucien (1986) Historische Individualitätsformen und Persönlichkeit. In: *Marxistische Studien, Jahrbuch des Institut für Marxistische Studien und Forschungen (IMSF)* 10, S. 17–41.

Sonnert, Gerhard, Holton Gerald (2008) *Was geschah mit den Kindern? Erfolg und Trauma junger Flüchtlinge, die von den Nationalsozialisten vertrieben wurden.* Wien: LIT.

Spiegel, Tilly (1977) Österreicher in der Belgischen und Französischen Resistance. In: Dokumentationsarchiv des österreichischen Widerstandes (DÖW) (Hg.) *Österreicher im Exil 1934 bis 1945* (Redaktion Maimann, Helene, Lunzer, Heinz). Wien: Österreichischer Bundesverlag, S. 52–69.

Spiel, Hilde (1977) Psychologie des Exils. In: Dokumentationsarchiv des österreichischen Widerstandes (DÖW) (Hg.) *Österreicher im Exil 1934 bis 1945* (Redaktion Maimann, Helene, Lunzer, Heinz). Wien: Österreichischer Bundesverlag, S. xxii – xxxvii.

Spira, Leopold (1992) *Kommunismus adieu. Eine ideologische Biographie.* Wien: Europa.

Steindling, Ruth, Erdheim Claudia (2017) *Vilma Steindling. Eine jüdische Kommunistin im Widerstand.* Wien: Amalthea.

Strauss, Anselm, Corbin, Juliet (1996) *Grounded Theory: Grundlagen qualitativer Sozialforschung.* Weinheim, Beltz: Psychologie Verlags Union.

Tausig, Otto (2005) *Kasperl, Kummerl, Jud. Eine Lebensgeschichte.* Wien: Mandelbaum.

Titscher, Stefan, Meyer, Michael, Wodak, Ruth, Vetter, Eva (2000) *Methods of Text and Discourse Analysis.* London: Sage.

Van den Hoonaard, Deborah K. (2013) Telling the Collective Story: Symbolic Interactionism in Narrative Research. In: *Qualitative Sociology Review* 9/3, S. 31–45.

Van Dijk, Teun A. (1984) *Prejudice in Discourse.* Amsterdam: Benjamins.

Van Dijk, Teun A. (2009) Semantic Macro-structures and Knowledge Frames in Discourse Comprehension. In: Just, Marcel A., Carpenter, Patricia A. (eds.) *Cognitive Processes in Comprehension.* New York: Psychology Press, S. 3–32.

Van Leeuwen, Theo (1995) Representing social action. In: *Discourse & Society* 6/1, S. 81–106.

Van Leeuwen, Theo (1996) The Representation of Social Actors. In: Caldas-Coulthard, Carmen R., Coulthard, Malcolm (eds.) *Texts and Practices: Readings in CDA.* London: Routledge, S. 32–70.

Van Leeuwen, Theo (2008) *Discourse and practice: New tools for critical discourse analysis.* Oxford: Oxford University Press.

Van Leeuwen, Theo, Wodak, Ruth (1999) Legitimizing immigration control: a discourse-historical analysis. In: *Discourse Studies* 1/1, S. 83–118.

Verdoolaege, Annelies (2008) *Reconciliation Discourse.* Amsterdam: Benjamins.

Völter Bettina (2002) *Judentum und Kommunismus. Deutsche Familiengeschichten in drei Generationen.* Wiesbaden: Springer Fachmedien.

Vygotsky, Leo S. (1978) *Mind in Society: The Development of Higher Psychological Processes.* Cambridge, MA: Harvard University Press.

Wachs Walter (1959) Friede und Freundschaft siegen. In: *Jugend voran*, August, S. 3.

Welzer, Harald (2010) Re-narrations: How Pasts Change in Conversational Remembering. In: *Memory Studies* 3/10, S. 5–17.

Werner, Emmy E. (2000) Protective Factors and Individual Resilience. In: Shonkoff Jack P., Meisels Samuel J. (eds.) *Handbook of Early Childhood Intervention.* Cambridge: Cambridge University Press, S. 115–134.

Werth, Nicolas (2006) *Die Insel der Kannibalen. Stalins vergessener Gulag.* München: Siedler (Orig. französisch 2006).

White, Hayden (1973) *Metahistory. The Historical Imagination in Nineteenth-Century Europe.* Baltimore: Johns Hopkins University Press.

Winter, Renée (2014) *Geschichtspolitiken und Fernsehen. Repräsentationen des Nationalsozialismus im frühen österreichischen TV (1955–1970).* Bielefeld: transcript.

Wiseman, Hadas, Metzl, Einat, Barber, Jacques P. (2006) Anger, guilt, and intergenerational communication of trauma in the interpersonal narratives of second generation Holocaust survivors. In: *American Journal of Orthopsychiatry* 76/2, S. 176–184.

Wodak, Ruth (1980) *Das Wort in der Gruppe.* Wien: Verlag der Österreichischen Akademie der Wissenschaften (Übersetzung ins Englische 1986).

Wodak, Ruth (2011a) Suppression of the Nazi Past, Coded Languages, and Discourses of Silence: Applying the Discourse-Historical Approach to Post-War Antisemitism in Austria. In: Steinmetz, Willibald (Hg.) *Political Languages in the Age of Extremes*. Oxford: Oxford University Press, S. 351–379.

Wodak, Ruth (2011b) „Us" and „Them": Inclusion and Exclusion – Discrimination via Discourse. In: Delanty, Gerard, Wodak, Ruth, Jones, Paul (eds.) *Migration, Identity and Belonging*. Liverpool: Liverpool University Press, S. 54–77.

Wodak, Ruth (2015) *The Politics of Fear: What Right-wing Populist Discourses Mean*. London: Sage.

Wodak, Ruth (2016) *Politik mit der Angst. Zur Wirkung rechtspopulistischer Diskurse*. Wien, Hamburg: Konturen.

Wodak, Ruth, Auer-Boreo, Gertraud (eds.) (2009) *Memory and Justice*. Wien: Passagen Verlag.

Wodak, Ruth, De Cillia, Rudolf (2007) Commemorating the Past: The Discursive Construction of Official Narratives about the „Rebirth of the Second Austrian Republic". In: *Discourse & Communication* 1/3, S. 337–363.

Wodak, Ruth, Pelikan, Johanna, Nowak, Peter, Gruber, Helmut, De Cillia, Rudolf, Mitten, Richard (1990) *„Wir sind alle unschuldige Täter!" Diskurshistorische Studien zum Nachkriegsantisemitismus*. Frankfurt: Suhrkamp.

Wodak, Ruth, Reisigl, Martin (2015) Discourse and Racism. In: Hamilton, Heidi, Tannen, Deborah, Schiffrin, Deborah (eds.) *Handbook of Discourse Analysis*, 2. Auflage. Oxford: Wiley-Blackwell, S. 576–596.

Wortham, Stanton (2001) *Narratives in Action. A Strategy for Research and Analysis*. New York: Teachers College Press.

Wygotski, Lev (1987) *Ausgewählte Schriften*, Bd. 2. Köln: Pahl-Rugenstein (Orig. „Pädologie des frühen Jugendalters" 1930–1931, russisch).

Zappavigna, Michele (2013) *Tacit Knowledge and Spoken Discourse*. London: Bloomsbury.

Zehetner, Michaela (2004) *Nicht stillhalten, wenn Unrecht geschieht. Die Lebenserinnerungen von Agnes Primocic*. Salzburg: Akzente Verlag.

Ziegler, Meinrad, Förster, Waltraud (2017) *Österreichisches Gedächtnis*. (Zweite Auflage). Innsbruck: Studien Verlag.

Zimbardo, Philip G. (1983) *Psychologie*. Berlin: Springer-Verlag.

Zöchmeister Markus (2015) *Vom Leben danach. Eine transgenerationelle Studie über die Shoah*. E-Book-Ausgabe (Orig.: 2013 Gießen: Psychosozial-Verlag).

Epilog – Zwei Nachrufe 11

Robert Lettner

Robert Lettner wurde am 23. Mai 1943 im Lager Gurs in Südfrankreich geboren. Sein jüdischer Vater, von dessen Existenz Robert erst im Erwachsenenalter erfuhr, wanderte 1945 nach Kanada aus. Fritz Lettner, der aus einer Arbeiterfamilie in Salzburg stammte und auf der Seite der Spanischen Republik im Spanischen Bürgerkrieg kämpfte, wurde sein realer Vater. Nach Salzburg kehrte die Familie Lettner 1945 zurück und übersiedelte 1953 nach Wien. Robert machte im Globus-Verlag (1958 bis 1962) seine Berufsausbildung zum Lithografen und Fotolithografen, war in dieser Zeit in der FÖJ aktiv und bewarb sich 1964 um Aufnahme an der Akademie für bildende Künste, wo er 1969 sein Studium als akademischer Maler abschloss. Zu seinen Förderern zählten Oswald Oberhuber und Monsignore Mauer. Erst 1966 war ihm die österreichische Staatsbürgerschaft verliehen worden. In der Wiener Studentenbewegung der Jahre 1967–1969 war Robert Lettner im Rahmen der Vereinigung Demokratischer Studenten aktiv. In den folgenden Jahren wurde sein malerisches Werk vielfach ausgestellt.[70] Ab dem Wintersemester 1976/1977 erhielt er einen Lehrauftrag an der Hochschule für angewandte Kunst. 1978 fertigte er 31 Portraits seiner Freunde – darunter mehrere InterviewpartnerInnen dieses Buches – an, die unter dem Titel „smile, baby, smile" ausgestellt wurden. Er war zwei Mal verheiratet (mit Grete Ties und Margit Zorn) und hatte zwei Kinder. Robert Lettner verstarb am 6. September 2012.

---

70 Siehe auch Harald Kraemer (2018) Robert Lettner. *Das Spiel vom Kommen und Gehen. Widerstand – Utopie – Landschaft – Ornament.* Klagenfurt: Ritter-Verlag.

© Springer Fachmedien Wiesbaden GmbH, ein Teil von Springer Nature 2018
E. Berger und R. Wodak, *Kinder der Rückkehr*,
https://doi.org/10.1007/978-3-658-20850-9

Abb. 9
Porträt Georg Friedler
(Serie „smile. baby, smile"
/ Robert Lettner)

Abschied von Robert Lettner

Ernst Berger am 21. September 2012

An einem Abend vor ca. 50 Jahren trafen wir uns auf dem Heimweg nach Transdanubien am Praterstern. Robert war zu dieser Zeit Drucker im Globus, ich war Schüler in der Stubenbastei. Der 16er, auf den Robert wartete, fuhr ein gutes Stück des Weges die gleiche Strecke wie der 25er. Kagran und Stadlau liegen nicht weit voneinander entfernt. Im 25er hat mir Robert von seinem Entschluss erzählt, Künstler zu werden. Ich erinnere mich noch gut an meine Reaktion: verständnislose Bewunderung. Das mit dem Verständnis war im Dialog mit Robert allerdings immer so eine Sache, weil sich diese Dialoge auf einer Metaebene bewegten – unser Freund Peter Aberle hat das als „Parallelreden" bezeichnet. Sein eigentliches Ausdrucksmittel war die Malerei und nicht die Sprache – auch wenn er gern und viel geredet hat.

Robert war ein politischer Mensch. Er folgte einer Idee – auch dann noch, wenn diese Idee für ihn und für uns vieles von ihrer Kontur, vielleicht auch von ihrem Inhalt verloren hatte. Seine Kunst wurzelte vor allem im kollektiven Handeln und war dort authentisch, wo dieses kollektive politische Handeln den Alltag prägte – im politischen Leben der späten 60er- und frühen 70er-Jahre. Es ist schwierig, diesen Anspruch durchzuhalten, wenn die Bewegung, wenn das handelnde Kollektiv verloren geht. In diesem Spannungsfeld, das Roberts Schaffen in den letzten Jahrzehnten bestimmte, wählte er eine Außenseiter-Identität – am Rande des Kunstbetriebs – diesen verachtend und dennoch um Anerkennung kämpfend..

Natürlich machte ihn diese Position auch wütend. Mit der Außenseiter-Identität gepaart war der **Widerstand** als Roberts Leitmotiv. Der Widerstand gegen Haltungen, die in Österreich immer präsent sind: gegen Faschismus, Rassismus, Antisemitismus, Fremdenfeindlichkeit. Der Widerstand gegen die kleinbürgerliche Pervertierung von Kunst. Der Widerstand gegen den Kunstmarkt, den Robert verachtete – bis zur Selbstverletzung. Aber er hat seine Verletzungen und seine Verletzlichkeit gut verborgen – meist auch vor sich selbst.

Robert war jedenfalls kein „Befriedungsverbrecher", wie Franco Basaglia die dienstbaren Intellektuellen genannt hat. Kampf und Widerstand blieben seine Maximen. Er kämpfte weiter, ohne seinen Humor zu verlieren und war mit seinem Leben zufrieden.

Schani Margulies

Jean Margulies wurde am 7. April 1939 als Kind jüdischer und kommunistischer Eltern in Brüssel geboren. Die Eltern waren aktiv in der Résistance, und Nouf Nouf (sein Nickname) wurde von 1942 bis zum Kriegsende von einem französischen Lehrerehepaar in der Nähe von Marseille versteckt. 1945 Rückkehr nach Österreich und Einschulung in Wien. Mit 14 Jahren begann er eine Lehre als Starkstrommonteur bei Brown Boveri, die er 1958 abschloss, daneben legte er 1958 die Externistenmatura ab. Ein Studium der Physik schloss er nicht ab. Er arbeitete bei verschiedenen Unternehmen als Techniker und wurde in der KPÖ aktiv, wo er als Vertreter der „Jungen" auch im Zentralkomitee saß. Aufgrund seiner wachsenden Opposition zur Politik der KPÖ-Führung im Kontext des Prager Frühlings wurde er 1970 aus der KPÖ ausgeschlossen. 1973 begann er ein Studium an der Sozialakademie der Arbeiterkammer, ab 1974 war er als Sekretär im ÖGB für die Gewerkschaftliche

Einheit/Alternative GewerkschafterInnen tätig und wurde Mitglied im Bundesvorstand des ÖGB. Ab 1983 arbeitete er beim Aufbau der Alternativen Liste zur Partei „Die Grünen" mit und war lange Zeit Mitglied im Landesvorstand. Von 1991 bis 1996 vertrat er die Grünen im Wiener Gemeinderat, von 1996 bis 2001 war er Bezirksrat der Grünen in Favoriten. „Schani" Margulies war seit 1962 mit Uschi (geb. Nettel) verheiratet und hatte zwei Söhne. Er verstarb am 29. September 2015.

Schani Margulies – Gedanken zu seinem Tod

Bert Fragner am 15. Oktober 2015

Schani Margulies war ein Mensch, bei dem es immer sehr schwer war, Politisches vom Privaten, Persönlichen zu trennen – und umgekehrt. Seine stets aufrecht vertretenen und praktizierten ethischen Werte haben eine derartige Trennung niemals zugelassen. Manche mögen hier vom Prinzip der Einheit von Theorie und Praxis sprechen. Ich setze einen zusätzlichen Akzent: Schani lebte dieses Prinzip stets auch als Einheit von ethischer Überzeugung und Praxis. Theorie ohne Anständigkeit wäre ihm zeit seines Lebens unverständlich gewesen oder er hätte sie abgelehnt. Ein Blick auf seine früheste Jugend kann diesen Umstand verständlich machen.

Schani wurde im April 1939 in Brüssel geboren. Seine Eltern, im gesamteuropäischen antifaschistischen Kampf jener Zeiten als Kommunisten heftig engagiert, hatte es im Rahmen dieses Engagements nach Belgien verschlagen. Nach der nationalsozialistischen Machtübernahme in Österreich im März 1938 war ihnen als Juden die Rückkehr in ihre Heimat ohnehin verwehrt, und spätestens seit dem Ausbruch des Zweiten Weltkriegs hatte der politische Kampf gegen den Faschismus eine europäische Dimension angenommen. Mitten in diesen Kampf wurde Schani hineingeboren.

Nach dem Einmarsch der Nazis in Belgien musste die Familie unter höchstem Risiko nach Frankreich flüchten – Schani war dabei, von Genossen seiner Eltern erfuhr er später, wie sie ihm auf der Flucht das Leben gerettet hatten. Frankreich wurde eine weitere Station des Widerstands. Sein Vater wurde 1941 im Gefangenenlager Fresnes inhaftiert, organisierte nach 18 Monaten einen Ausbruch und schloss sich endgültig dem organisierten Widerstand an – der „Résistance".

Seine Mutter lebte bis dahin illegal mit dem kleinen Schani in Marseille. Doch ihr Kind zu verbergen, wurde immer schwieriger. Schließlich wurde Schani 1942 von einem französischen Lehrerehepaar in Moulin Vieux unweit von Grenoble in Pflege genommen, das schon zuvor Waisenkinder aus dem Spanischen Bürgerkrieg aufgenommen hatte. Schani war das einzige Kind jüdischer Herkunft auf ihrem ländlichen Anwesen. Die beiden – Henriette und Henri Julien – werden seit dem Jahr 2008 in der Gedenkstätte Yad Vashem in Jerusalem als „Gerechte unter den Völkern", als Retter von Schani Margulies geehrt.

1943 wurde sein Vater erneut verhaftet, seine Mutter arbeitete im Widerstand in der von den Deutschen geführten Marineadministration in Paris. Moulin Vieux – in „Vichy-Frankreich" gelegen – wurde von deutschen Truppen besetzt, ein Kind aus Schanis Heimstatt wurde erschossen, weil es sich nicht an das deutsche Ausgehverbot gehalten hatte.

1944 gelang Schanis Vater erneut die Flucht, dieses Mal vom letzten Transport in das KZ Dachau*, der ihn in die Vernichtung geführt hätte. Seine Mutter, die – vorgeblich als Algerierin und in der Schweiz erzogen – Materialien aus dem Marineministerium für den Widerstand schmuggelte, wurde enttarnt, gefoltert und erst im letzten Moment durch die Befreiung von Paris gerettet. Schani und seine Eltern waren danach in Paris nach mehr als zwei Jahren wieder vereint. So war er endgültig der Vernichtung entgangen, der etwa die Kinder von Maison d'Izieu zum Opfer fielen.

Alsbald folgte sein Vater dem nächsten Parteiauftrag: Ende 1944 wurde er als hoher Offizier mit Organisation und Führung des Zweiten Österreichischen Freiheitsbataillons in Jugoslawien betraut, das unmittelbar nach Kriegsende in Österreich einmarschierte. Neben anderen Widerstandsgruppen galten diese Freiheitsbataillone später als Beleg für Leistungen im Kampf gegen den Nationalsozialismus, deren Nachweis von Österreich für seine Unabhängigkeit gefordert wurde.

Schanis Vater wurde ein hoher Funktionär der KPÖ. Er selbst kam mit seiner Mutter im November 1945 aus Paris in Wien an. Er war bereits sieben Jahre alt und hatte umgehend die Volksschule zu besuchen.

Um einem Missverständnis vorzubeugen: Hier geht es nicht um ein Kapitel aus der großen Saga der antifaschistischen europäischen Linken, sondern eher darum, zu verstehen, dass Schanis Leben von Beginn an in politischen Kampf, politisches Leben und politische Kultur eingebettet war. Daran wäre nicht zu rütteln gewesen – selbst wenn er sich in seinem weiteren Leben politischer Tätigkeit entzogen hätte (was er nie getan hat), wäre die politische Primärprägung immer ein Teil von ihm gewesen!

Als Schani in seine erste Wiener Schule eintrat, konnte er kein Wort Deutsch sprechen. In Wien tauchte er so sehr in die deutsche Sprache ein, dass ihm das Französische – vordem seine erste und einzige Sprache – nahezu völlig abhandenkam. Mit der Kenntnis des Französischen gingen ihm auch die meisten Erinnerungen

---

* Zum Ziel des Transports gibt es im Familiennarrativ unterschiedliche Varianten.

an seine Kindheit in Frankreich verloren: Nur das Bild des von deutschen Kriegern (Soldaten der Wehrmacht oder SS-Leuten?) erschossenen Kindes in Moulin Vieux hat sich in ihm festgesetzt und ihn nach eigener Aussage zeit seines Lebens verfolgt.

Die Aufgabe, sich in einer völlig anderen Umwelt unter dem Eindruck neuer Verhältnisse einerseits und von allem, was ihm erzählt wurde, andererseits neu definieren und neu finden zu müssen, hat ihn vermutlich völlig durchdrungen. Sie spiegelte sich in der besonderen Eigenschaft, sein ganzes Leben hindurch politische und ethische Prinzipien miteinander zu verbinden – im Streben nach einer gerechten Welt und einem mitfühlenden, solidarischen Leben. Sein Bemühen um persönliche Aufrichtigkeit war bis in seine letzten Tage mit geduldiger und unermüdlicher Konzilianz, Zuwendung anderen Menschen gegenüber und der aus seiner Überzeugung gespeisten Bereitschaft verbunden, auf alle GesprächspartnerInnen einzugehen, ihre Argumente ernst zu nehmen und ihnen die eigenen entgegenzustellen.

Es wäre verwegen, Schani – so wie wir ihn in Erinnerung haben – auf seine außergewöhnliche und in hohem Maß beunruhigende Kindheit zurückzuführen. Aber ich glaube, dass alle, die ihn kannten, liebten und wertschätzten, über die näheren Umstände dieser Kindheit Bescheid wissen sollten.

Einige seiner besonderen – „auffälligen" – Eigenschaften sollten wir in diesem Zusammenhang sehen:

- zunächst seine ganz besondere Zuneigung, ja Liebe, für Kinder: seine eigenen, seine Enkelkinder und alle Neffen und Nichten usw., und alle anderen Kinder, die sich in welchen Gruppierungen auch immer um ihn scharten;
- seine konsequente, bewusste und oft leidenschaftliche Stellungnahme für Menschen – einzelne und solche ganzer Kategorien –, die er als unterdrückt, ungerecht behandelt, „untergebuttert" erkannte: An ihnen konnte er nicht vorbeigehen, unabhängig davon, was sie politisch oder kulturell denken mochten;
- seine Fähigkeit, sich über schöne, heitere oder unterhaltsame Dinge einfach zu freuen und diese Freude anderen zu vermitteln;
- seine spezielle Freude an Science-Fiction, vor allem aber an dem, was heute „Fantasy" genannt wird: Märchen aus Vergangenheit und Zukunft, in denen die Dramatik von geschichtlichen Ereignissen durch Einfallsreichtum und Erzählfreude überhöht wird. In einer Unterhaltung über den (von mir persönlich sehr geschätzten) Stanislaw Lem sagte er einmal: „Ach weißt du – wenn ich Philosophie will, lese ich etwas Philosophisches, und wenn ich Science-Fiction will, dann sehe ich lieber ‚Star Wars' und lese ‚Die Nebel von Avalon'!" Ich akzeptierte das, blieb ihm gegenüber auf meinem Stanislaw Lem sitzen und hatte stets große Freude daran, wenn wir dann und wann gemeinsam in den neuesten Fantasy-Film gingen!

- seine Freude an Genüssen und gutem Essen – insbesondere, wenn es ihm selbst schmeckte –, an Musik, Tanzen, Spielen und vor allem an den vielfältigen Formen gelebter Gemeinsamkeit mit seinen Lieben, seinen Enkelinnen und allen anderen Kindern und der großen Zahl von Freundinnen und Freunden um ihn herum – was uns schon wieder auch zur Politik zurückführt.

In den 70 Jahren seit der Gründung der Zweiten Republik hat sich bekanntlich vielerlei getan. Politisches Engagement gehörte stets zu Schanis Leben, ohne dass er eine politische Karriere gemacht hätte. In den 1960er-Jahren stand er in der damaligen KPÖ unmittelbar davor, einen solchen Weg zu beschreiten. Sein hartnäckiges Bemühen um neue Ansätze, die sich damals in ganz neuen Formen der politischen Jugendarbeit ausdrückten, sowie das Wissen und tiefe Ahnungen um die politische Welt seiner Eltern und ihrer Leidensgeneration führten ihn letztlich in eine rigide Absage an Stalinismus und Panzerkommunismus, nicht zuletzt auch innerparteilichen Antisemitismus. Sein stets konfrontatives, aber konsequentes Bekenntnis zu demokratischem und humanistischem Denken und Handeln ließ hier keine Kompromisse zu! Viele andere (ich selbst, zum Beispiel) hätten in dieser Situation den Weg in die Enttäuschung und den Rückzug beschritten – das war aber nicht Schanis Stil: Er folgte stets der Überzeugung, dass es da noch etwas ganz Anderes, Neues und – ich sage das Wort sehr bewusst – GUTES geben müsse, wofür es lohnte, sich einzusetzen; neue Themen gab es seit den späten 1960er-Jahren in Hülle und Fülle, und sich ihnen zuzuwenden, war eine große Leidenschaft seines Lebens.

In diesem Sinn sehe ich in ihm auch ein markantes politisches Muster: Gerade das Österreich der Zweiten Republik, das er sieben Jahrzehnte hindurch begleitet und gelebt hat, sollte schon allein um seiner politischen Hygiene willen darauf achten, die Erinnerung an Menschen wie Schani Margulies in seinen Annalen lebendig zu halten, nicht nur wegen ihrer Überzeugungen, sondern vor allem mit Blick auf deren hohe ethische Qualität.

Interviewleitfäden

Leitfaden zweite Generation

Einstieg

- Was ist die „Kinderjause"? Bitte beschreiben Sie mir die Kinderjause aus Ihrer Sicht.
- Wie war Ihre Reaktion auf die erste Einladung zu diesem Treffen?
- Was bedeutet Ihnen die Kinderjause heute? Warum sind Sie dabei?

Dann folgen, jeweils inhaltlich passend, weiter mit einem der Themenkomplexe. Runde Klammern kennzeichnen Punkte für mögliche Nachfragen, eckige Klammern optionale Fragen, die unter bestimmten Umständen gestellt werden.

Themenkomplex Herkunftsfamilie

- *Leitfrage*: Geben Sie mir bitte eine typische Erzählung Ihrer Eltern über ihr Erleben der NS-Zeit wieder.
- Was war die Geschichte des Vaters?
- Was war die Geschichte der Mutter?
- Inwiefern ist diese Geschichte typisch?
- Wie wurde über diese Erfahrungen kommuniziert?
- [*Wenn nichts kommt bzw. keine Geschichten erzählt wurden*: Was wissen Sie jetzt? Und woher?]

- Glauben Sie, dass sich Ihre Eltern als traumatisiert sehen? Bzw. würden sie sich so gesehen haben? (Sehen sich die Eltern in der Opferrolle bzw. Kämpferrolle?)
- [*Wenn ja*: Wie waren die Traumata der Eltern für Sie bemerkbar? Welche Folgen hat das für Sie?]

- Welche Botschaften und Werte ergaben sich für Sie aus den Biografien der Eltern?
- Wie war die Haltung der Eltern zu Lernen und Bildung, zu Kultur im Allgemeinen?
- Wie würden Sie die Erziehungshaltung Ihrer Eltern charakterisieren?

- Bitte beschreiben Sie, wie die Adoleszenz und die Ablösung von den Eltern verlief.
- Welche Konflikte gab es?
- Wurden Konflikte vermieden?

- Wann sind Ihnen Brüche oder Widersprüche in der Biografie Ihrer Eltern aufgefallen?
- Welche waren das?
- Welche Bedeutung hatte das für Sie?
- Wurde darüber kommuniziert?
- Wie haben diese Brüche/Widersprüche Ihr Bild der Eltern beeinflusst?

- Wie würden Sie die Verortung Ihrer Herkunftsfamilie innerhalb der österreichischen Gesellschaft beschreiben? Welche Position hatte sie darin? (War es z. B. das Zentrum, welches Zentrum, oder die Peripherie? Fühlten Sie sich nicht dazugehörend aufgrund von anderen Dingen?)
- In welchen Kreisen hat die Familie sich bewegt? (Welche sozialen Netzwerke, Strukturen, Freunde usw. gab es?)
- Wo bestand ein Gefühl des „Dazugehörens"? Wo bestand es nicht?
- Wie sind die Eltern/Wie sind Sie selbst mit dieser Erfahrung umgegangen?
- Erinnern Sie sich an Situationen, in denen Sie sich als AußenseiterIn fühlten?
- [*Falls ja*: Gibt es Nachwirkungen dieser Erfahrungen bis heute?]
- Welche waren die relevanten Freundeskreise Ihrer Kindheit? Lagen diese in der Wohn- und Schulumgebung oder anderswo?

Themenkomplex Jugendzeit

- *Leitfrage*: Was sind – aus heutiger Sicht betrachtet – die wichtigsten Merkmale Ihrer Jugendzeit?
- Wie ist Ihre Schulkarriere verlaufen? [*Falls das Gymnasium Stubenbastei in Wien besucht*: Wie haben Sie es damals empfunden, was war prägend, wer war in der Klasse, was bewirkte das Zusammengehörigkeitsgefühl/das Außenseitergefühl usw.?]

- In welchen Organisationen (politischen, gesellschaftlichen usw.) waren Sie aktiv? An welche besonderen Ereignisse aus dieser Zeit/Gruppe/Organisation erinnern Sie sich? Bitte erzählen Sie.
- Von wem wurde die Organisationszugehörigkeit entschieden und welche Bedeutung hatte diese für Sie – und für Ihre Eltern?

Themenkomplex eigene Familie

[*Falls selbst nun Eltern*: Und, schließlich sind Sie selbst heute Vater/Mutter:]

- *Leitfrage*: Was haben Sie bewusst anders gemacht als Ihre Eltern? Was wollten Sie bewusst fortführen?
- Was wollten Sie bewusst weitergeben? (Z. B. Wissen über die Eltern, Erfahrungen der Eltern, Prägungen durch die Eltern?)
- Oftmals hat ja die Enkelgeneration einen (ganz) anderen, meist offeneren Zugang zu schwierigen Erlebnissen der Großelterngeneration. Welche Beobachtungen dazu gibt es bei Ihren Kindern? Sehen Sie da ähnliche Züge?
- Wie ist/war das Verhältnis Ihrer Kinder zu deren Großeltern bzw. zu deren Geschichte (also zu der Ihrer Eltern)? [Möglicherweise *haben sie diese nie gekannt; keine „Normalbiografie"*]

Themenkomplex Lebensweg (äußere Stationen)

- *Leitfrage*: Welche Auswirkungen hat die Geschichte der Eltern auf Sie als erwachsenen Menschen (gehabt), wie haben sie Ihren Lebensweg mitbestimmt? (Etwa in Hinblick auf Berufswahl/Karriere, Partnerwahl, Werte, Gefühle, politische Einstellung, politisches Engagement. Welche „Spuren" gibt es?)
- Haben Sie die Biografie Ihrer Eltern für Sie eventuell in bestimmten Situationen als hinderlich erlebt? Oder als bereichernd?
- Mit wem sprechen Sie darüber – und seit wann?

Themenkomplex Lebensweg („Sie und die Welt")

- *Leitfrage*: Was ist Ihnen wichtig, dass bei anderen Menschen von Ihnen rüberkommt? Wie wollen Sie wahrgenommen werden?

- Wenn Sie ein Bild von sich selbst gestalten würden, aus Fotos, Bildern, Musik oder Begriffen – wie eine Collage: Wie sähe dieses aus?
- Wem sind Sie ähnlich/zu welchen Gruppen gehören Sie aufgrund von Gemeinsamkeiten dazu?
- Von wem unterscheiden Sie sich maximal/welche Gruppen sind in maximaler Distanz zu Ihnen?
- Welche Veränderungen gab es in diesem Bereich im Laufe der Jahre?

Themenkomplex Identität (innere Entwicklung)

- *Leitfrage*: Bisher haben wir den äußeren Lebensweg thematisiert – wie ist Ihr „innerer" Lebensweg, Ihre „innere Entwicklung" verlaufen?
- Wir haben vorhin schon über die NS-Zeit und die Erlebnisse der Eltern gesprochen. In welcher Form war (ist) dieser Lebensabschnitt Ihrer Eltern für Ihre heutige Identität bedeutsam? (Etwa politische Positionierungen, Engagement, psychische Ebene, Suche nach Wurzeln, Aufbau der eigenen Identität: Wann und wer war involviert, kam es zum Verleugnen/Verschweigen bestimmter Anteile/Aspekte, gab es Opposition zu Eltern oder Aufträge der Eltern?)
- Welche Änderungen gab es über die Jahrzehnte in Bezug auf all diese Themen, die Sie eben besprochen haben?
- Welche Bedeutung hat die Mitgliedschaft in der KP für Ihre Familie gehabt? Welche hatte sie für Sie?
- Und welche Bedeutung hat die Zugehörigkeit zu jüdischen Organisationen gehabt? Welche hatte sie für Sie?

Vergleich

- Kennen Sie Menschen, deren Eltern ähnliche Biografien haben wie Ihre, die aber anders damit umgegangen sind als Sie? Was sind Ihre Überlegungen zu den Gründen?
- Inwiefern ähneln die Geschichten Ihrer Geschwister der Ihrigen? Oder: Was haben die Geschwister anders gemacht/erlebt/empfunden?

Kinderjause

- Was, denken Sie, ist die Zukunft der „Kinderjause"?

Abschluss

- Von mir aus wäre es das. Vielleicht gibt es noch etwas, was Sie mir sagen wollen, etwas, das Ihnen wichtig ist, dann können Sie das jetzt tun.
- Danke für Ihre Zeit und die Bereitschaft, über diese Themen zu sprechen.

Leitfaden dritte Generation

- Wollen Sie mir Eckpunkte Ihres Lebens erzählen, Bildungsabschlüsse, Berufsweg und familiärer Stand?

Zum Thema

- Haben Sie von der „Kinderjause" gehört?
- Wie haben Sie davon erfahren?
- Was verbinden Sie damit?
- (*Optional*: Welcher Ihrer Elternteile ist mit der Geschichte des antifaschistischen Kampfes/der Flucht in der NS-Zeit verbunden?)

Eigener Bezug

- Wie sind Ihre Erinnerungen an Ihre Großeltern?
- Welchen Bezug haben Sie zur politischen Geschichte Ihrer Großeltern?
- Welche Inhalte/Fakten sind Ihnen bekannt?
- Wie haben Sie davon erfahren? Durch wen?
- Wie wurde zu Hause davon geredet?
- Welche Folgen hat das für Sie?

Eigene Meinung über politische/gesellschaftliche Haltung der Eltern

- Welche Rolle spielt die (politische) Geschichte Ihrer Großeltern für Mutter bzw. Vater?

- Wie sehen Sie die politische Orientierung Ihrer Eltern? Sind Vater und Mutter darin ähnlich oder unterschiedlich?

Politische Themen im Familiengeschehen

- Welche Rolle haben politische Themen im Familienalltag Ihrer Kindheit/Jugend gespielt?
- Haben jeweils aktuelle politische Themen eine Rolle gespielt?
- Haben die politische Geschichte bzw. NS-Zeit eine Rolle gespielt?
- Wie haben Sie den Umgang Ihrer Eltern mit diesen Themen (aktuelle Politik/ NS-Zeit) erlebt? (War es ihnen wichtig, lästig usw.?)
- Bitte beschreiben Sie mir die Ähnlichkeiten/Unterschiede in den politischen Haltungen Ihrer Eltern.
- Haben unterschiedliche Haltungen zu Konflikten in der Familie geführt?

Bedeutung der antifaschistischen Geschichte für eigene Orientierung

- In welcher Weise haben die Themen „politisches Engagement" und „NS-Geschichte" Einfluss auf Ihr eigenes Leben genommen?
- Haben Sie sich diesen Themen eher zugewendet oder von ihnen abgewendet?
- Wie haben sich Ihre Einstellungen dazu im Laufe des Lebens verändert? Wodurch?
- Spiegelt sich die politische Geschichte Ihrer Großeltern (Widerstand, Flucht) in Ihrem eigenen Leben wider?
- Inwiefern haben Sie Einstellungen/Haltungen/Engagement aus der Geschichte der Großeltern übernommen?

Andere Ebenen

- Wir haben jetzt viel über politische Themen gesprochen. Es gibt noch andere menschliche Ebenen, auf denen die Großelterngeschichte Auswirkungen auf das eigene Leben haben kann. Bitte erzählen Sie mir, inwiefern das bei Ihnen so ist.

Erfahrungen mit Reaktionen/Haltungen im eigenen Freundeskreis

- Wissen Ihre Freundinnen und Freunde von der Geschichte Ihrer Großeltern?
- Welche Reaktionen darauf haben Sie erlebt?

Abschluss

- Von mir aus wäre es das. Vielleicht gibt es noch etwas, was Sie mir sagen möchten, etwas, das Ihnen wichtig ist, dann können Sie das jetzt tun.
- *Basisfragebogen checken.*
- Danke für Ihre Zeit und die Bereitschaft, über diese Themen zu sprechen.
- Bitte sehen Sie sich die Einverständniserklärung an und unterzeichnen sie.

Printed by Books on Demand, Germany